GLENVIEW PUBLIC LIBRARY

3 1170 00315 1432

D0022897

SPEKTRUM

GRAMMATIK IM KONTEXT

Glenview Public Library
1930 Glenview Road
Glenview, Illinois

SPEKTRUM

GRAMMATIK IM KONTEXT

438.2421
B15

Helga Bister-Broosen
Herbert Genzmer
Penelope Pynes

PRENTICE HALL, ENGLEWOOD CLIFFS, NEW JERSEY 07632

Glenview Public Library
1930 Glenview Road
Glenview, Illinois

Library of Congress Cataloging-in-Publication Data

Bister-Broosen, Helga (date)
    Spektrum : Grammatik im Kontext / Helga Bister-Broosen, Herbert
Genzmer, Penelope Pynes.
        p.   cm.
    English and German.
    Includes index.
    ISBN 0-13-517293-4
    1. German language—Grammar—1950- 2. German language—Readers.
3. German language—Textbooks for foreign speakers—English.
I. Genzmer, Herbert, 1952-   . II. Pynes, Penelope. III. Title.
PF3112.B44 1992
438.2'421—dc20   91-38144
                                                                  CIP

Acquisitions editor: Steven R. Debow
Editorial/production supervision: Hilda Tauber
Design supervision: Janet Schmid
Cover design: Caliber
Manufacturing buyer: Patrice Fraccio
Prepress buyer: Herb Klein
Photo research: Rona Tuccillo and Page Poore

Photographs on page 19 courtesy of German Information Center, New York.

Cover photo: Paul Klee, *Double Tent.* 1923.
Watercolor on paper, mounted on cardboard, 19 $7/8$ × 12 $1/2$ in.
Collection: Rosengart, Lucerne.

 © 1992 by Prentice-Hall, Inc.
A Simon & Schuster Company
Englewood Cliffs, New Jersey 07632

All rights reserved. No part of this book may be
reproduced, in any form or by any means,
without permission in writing from the publisher.

Printed in the United States of America
10 9 8 7 6 5 4 3 2 1

ISBN 0-13-517293-4

Prentice-Hall International (UK) Limited, *London*
Prentice-Hall of Australia Pty. Limited, *Sydney*
Prentice-Hall Canada Inc., *Toronto*
Prentice-Hall Hispanoamericana, S.A., *Mexico*
Prentice-Hall of India Private Limited, *New Delhi*
Prentice-Hall of Japan, Inc., *Tokyo*
Simon & Schuster Asia Pte. Ltd., *Singapore*
Editora Prentice-Hall do Brasil, Ltda., *Rio de Janeiro*

Glenview Public Library
1930 Glenview Road
Glenview, Illinois
MAR 1 1 1993

Contents

ЕЅН I I 8АН

KAPITEL 2   **Word Order**   47

KAPITEL 3   **Past Tenses**   **91**

KAPITEL 4   **The Subjunctive**   **119**

KAPITEL 5   **Future Tenses; Nouns**   **149**

KAPITEL 7 **The Dative Case**   **229**

KAPITEL 8   The Genitive Case; Reflexives   270

KAPITEL 11   The Passive Voice   375

KAPITEL 12   The Special Subjunctive   402

Quick Reference   437

Glossary   461

Index   483

Preface

Spektrum is an exciting new German program designed for the wide "spectrum" of college and university courses characterized as intermediate in level. It can be used as the core text for Intermediate German or as a grammar review in conversation and composition courses usually offered in the third and fourth years of study. The program targets functional use of language and communicative competence in its comprehensive review of German grammar.

Spektrum draws on the collective teaching experience of its team of authors. Each grammatical explanation begins with *Grammatik im Kontext,* a brief selection from different types of contemporary materials (poems, stories, news articles, reviews, advertisements, etc.) chosen to illustrate a particular grammatical feature in its natural context. Grammar topics are recycled throughout the book in a variety of *Anwendung und Kommunikation* and *Zusammenfassende Aktivitäten* sections. We have included many art- and realia-based activities to stimulate student interest and creativity in German.

In developing **Spektrum**, we have attempted to take into account differences in language usage, known as language variation. Throughout the text, we draw student attention to distinctions between standard and colloquial German. It is important to learn standard German because it is the most widely recognized and understood form of the language. It is afforded the most prestige and it is promoted in school. In reality, very few native speakers actually speak in standard German without a regional accent, and most speakers reserve their "best" German for formal situations and when writing. In general, most speakers use colloquial German (*Umgangssprache*) in informal situations and with people they know. Colloquial German can be written, as well, if the writer wishes to make use of an informal style. **Spektrum** offers standard and colloquial forms of usage wherever possible.

Components of the *Spektrum* Program

Spektrum is supported by an array of ancillaries for instructors and students: The **Instructor's Resource Manual** includes warm-up activities, resource notes, background information for each reading included in the *Grammatik im Kontext* sections, additional expansion activities, pre- and post-reading activities, and so on. The manual is based on the comments and results of colleagues' class testing **Spektrum** while in its final stage of manuscript development. The **Testing Program** is included in the Instructor's Resource Manual and consists of one chapter test for each of the twelve chapters in the book, two mid-term examinations, and one final. One copy of the Testing Program is available on diskette and free to each adopting institution.

The *Arbeitsbuch* is divided into two sections: (1) a **Lab Manual** that requires students to practice and respond to authentic recordings which incorporate grammar and vocabulary from the corresponding chapter; and (2) a **Workbook** that contains exercises and activities which enhance and reinforce the vocabulary, structures, and themes presented in each chapter. Both the **cassette program** and the **tapescript** are available free of charge to each adopter of the text.

Acknowledgments

Spektrum is the result of years of class testing and revision. Over the years, many people have contributed ideas to the text. We are indebted to the teaching assistants in the German Department at the University of North Carolina, whose enthusiasm, encouragement, and patience assisted us in shaping our book. We are also grateful to the host of intermediate German students at UNC, whose candid evaluations and comments clearly showed us what works and what does not work in a second-year language course.

We greatly appreciate the assistance and support of our publisher, Prentice Hall. First and foremost, we extend our personal thanks to Steve Debow for his encouragement, guidance, and enthusiasm. We also wish to thank Maria Garcia, Traute Marshall, Cindy Westhof, Mark Tobey, Jan Stephan, Janet Schmid, Herb Klein, Patrice Fraccio, Chris Freitag, Kathy Shawan, Kathy Nietzke, and Renate Hiller. We owe a special note of thanks to Hilda Tauber for the many extra hours she devoted to the production and final editing of **Spektrum**.

Many colleagues and readers offered invaluable suggestions and comments at various stages in the writing process. We gratefully acknowledge the assistance of David P. Benseler, *Case Western Reserve University;* Becky Brown, *The University of North Carolina at Chapel Hill;* Maria Dobozy, *University of Utah;* Elke Frederiksen, *University of Maryland;* Christian Hallstein, *Carnegie Mellon University;* Trudy Gilgengast, *University of Delaware;* Beverly Harris-Schenz, *University of Pittsburgh;* Frauke A. Harvey, *Baylor University;* George Koenig, *State University of New York at Oswego;* Claire J. Kramsch, *University of California at Berkeley;* Brian Lewis, *University of Colorado, Boulder;* Elaine Martin, *University of Alabama;* Evelyn Moore, *Kenyon College;* Arthur D. Mosher, *University of South Carolina;* Dennis Mueller, *University of Missouri at Columbia;* Ronald C. Reinholdt, *Orange Coast College;* Edmun B. Richmond, *Georgia Institute of Technology;* Judith Ricker, *University of Arkansas;* Charlie Rowe, *The University of North Carolina at Chapel Hill;* Gerlinde Ulm Sanford, *Syracuse University;* Renate A. Schulz, *University of Arizona;* Morris Vos, *Western Illinois University;* Ronald Warner, *Ball State University;* Mary Wildner-Bassett, *University of Arizona.* We owe a special debt of gratitude to Katherine Arens, *The University of Texas at Austin* for helping us to improve and coordinate many of the explanations and activities.

Finally we would like to express our deepest gratitude and appreciation to Steven Lamb, Roland Willemyns, and Sheron P. Wiltshire for their unwavering interest and support.

SPEKTRUM

GRAMMATIK IM KONTEXT

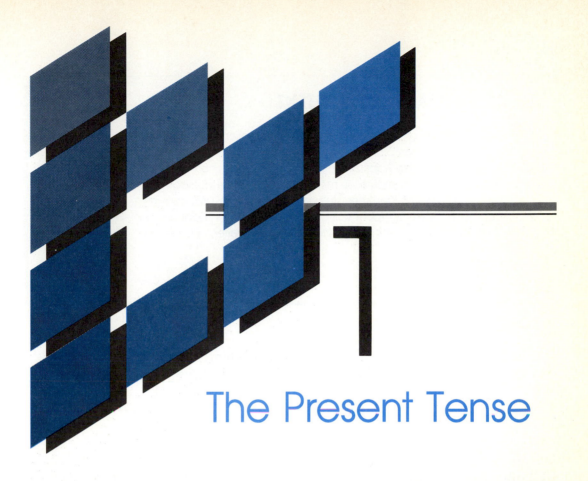

The Present Tense

A verb is a word that expresses an action, a state of being, or a condition. The verb is the most important part of the sentence. In fact, to form a complete grammatical sentence all you need is a verb (**Bleib!** *Stay!*). Although the subject may precede or follow, the verb has a fixed place in the German sentence. In German, as in English, the subject and the verb must agree in number (singular or plural) and person (first, second, third). It is therefore helpful, when you read a German text, to locate the complete verb first and then find its subject.

♦ **GRAMMATIK IM KONTEXT**

Das Mädchen wird von Walter Klemmer fröhlich umschultert°. Es lacht   *held around the*
laut auf und birgt° seinen blonden Kopf kurz an Klemmers Hals, welcher   *shoulder /*
seinerseits einen blonden Kopf zu tragen hat. Das Mädchen kann vor   *buries*
lauter Lachen nicht stehen, wie es mittels Körpersprache aussagt. Das
Mädchen muß sich auf Klemmer stützen°. Die anderen pflichten ihm   *to lean*
bei°. Auch Walter Klemmer lacht voll auf und schüttelt sein Haar. Sonne   *agree*
umfängt° ihn. Licht umspielt ihn. Laut lacht Klemmer weiter, und die an-   *envelops*
deren stimmen vollhalsig° zu.   *heartily*

aus: Elfriede Jelinek, Die Klavierspielerin

Find the verbs as you reread the text. What are the infinitive
forms of the verbs you found? Do you know which are auxiliary
or helping verbs? Compare the list below. The text contains sev-
enteen verbs:

> auflachen, aussagen, beipflichten, bergen, schütteln, stehen,
> stützen, tragen, umfangen, umspielen, umschultern, weiter-
> lachen, zustimmen

including four auxiliaries:

> werden, haben, können, müssen

When you look up a verb in the dictionary, you find it in its
infinitive form.

> ′**bei** · **pflich** · **ten** ⟨V.i.⟩ *recht geben, zustimmen;*
> jmdm. od. einer Sache ~

Formation of the Present Tense

Most German infinitives end in **-en**. When you remove this ending, you have the present-tense verb stem. The conjugated verb is
formed by adding endings to this stem.

Infinitive	**Stem**
trinken	trink-
umfangen	umfang-
lachen	lach-

Verbs usually convey four types of information:

1. grammatical person + number	**ich**, **Sie**, **du**, etc.; singular or plural
2. time	present tense, past tense, etc.
3. reality or unreality	indicative or subjunctive
4. agent or recipient of action	active or passive

This chapter is concerned only with person, number, and the present tense. The other aspects of verbs are dealt with in subsequent chapters.

Look at the following table, and match a subject from the first column with a verb in the second column.

das Mädchen		Kaffee
Klemmer	trinke	Tee
ich	trinkt	Bier
die anderen	trinken	Wein
die Klavierspielerin		Saft

As you know from other German classes, the form of the verb reflects grammatical person:

ich trink**e**
die anderen trink**en**
Klemmer trink**t**

Person and number are indicated by endings attached to the stem of the verb (see table on page 4).

In spoken informal German, the -**e** ending in the first person singular is often dropped: **ich trink**.

This conjugation pattern is altered slightly in three cases:

A. When the verb stem ends in -**d** or -**t**, an -**e**- is inserted before the endings. Compare the two verbs **lachen** (*to laugh*) and

		Singular		Plural
1st person		**ich** trinke		**wir** trinken
2nd person	*familiar*	**du** trinkst	*familiar*	**ihr** trinkt
	formal	**Sie** trinken	*formal*	**Sie** trinken
3rd person	*masculine*	**er** trinkt	*masculine*	
	feminine	**sie** trinkt	*feminine*	**sie** trinken
	neuter	**es** trinkt	*neuter*	

beipflichten (*to agree, go along with*), a verb whose stem ends in **-t**:

	lachen	**beipflichten**
ich	lache	pflichte ... bei
du	lachst	pflichtest ... bei
Maria	lacht	pflichtet ... bei
ihr	lacht	pflichtet ... bei

The **-e-** in the 2nd and 3rd person singular and the 2nd person plural makes these endings easier to pronounce.

B. When the verb stem ends in **-s**, **-ss**, **-ß**, **-tz**, or **-z**, only a **-t** (not **-st**) is added in the 2nd person singular:

du stütz**t**
du heiß**t**

C. When the infinitive ends in **-n** (rather than **-en**), some endings also vary from the regular pattern. The 1st and 3rd person plural forms end in **-n** rather than **-en**:

ich schüttele
wir schüttel**n**
Maria und Walter schüttel**n**

The 1st person singular form can be both **schüttle** and **schüttele**. In prescriptive grammar **schüttle** is considered the more formal of the two. However, **schüttele** or **schüttel** are more common in spoken German.

The other most common verbs of this type are:

> ändern, kitzeln, plaudern, sammeln, tun, wandern

The verbs covered so far, which simply add endings to the verb stem, are called *weak verbs*. Most German verbs are weak.

In the reading section, however, some verbs have a different vowel in their infinitive than in their conjugated form:

bergen	→	es birgt seinen blonden Kopf
umfangen	→	Sonne umfängt ihn

These vowel changes occur only in the 2nd and 3rd persons singular. Verbs that make this change are called *strong verbs*, and there are about 200 of them, approximately 100 of which are used frequently.

Most strong verbs follow one of the two vowel change patterns shown in the following list:

a(u) → ä(u)   ich umfange   du umfängst
ich laufe   du läufst

OTHER EXAMPLES
a → ä: fahren, fallen, fangen, lassen, schlafen, tragen, waschen

au → äu: saufen

e → i(e)   ich berge   du birgst
ich lese   du liest

OTHER EXAMPLES
e → i: essen, geben, helfen, sprechen, sterben, treffen, vergessen, werfen

e → ie: empfehlen, geschehen, sehen, stehlen

Only one verb undergoes the vowel change
o → ö: stoßen → stößt.

The verbs **halten**, **laden**, and **raten** follow the pattern **a → ä** but deviate from the change expected of verbs ending with **-d/-t**; these three verbs do not add **-e-** after **-d/-t** in the 2nd and 3rd person singular:

ich	halte	lade	rate
du	hältst	lädst	rätst
Walter	hält	lädt	rät

A few verbs undergo a consonant as well as a stem vowel change:

	nehmen	**treten**
ich	nehme	trete
du	ni**mm**st	tri**tt**st
Maria	ni**mm**t	tri**tt**

A complete list of strong and irregular weak verbs appears in the Quick Reference section at the back of the book.

◢ Anwendung und Kommunikation

A. Rollenspiele: Tagesablauf   Wie sieht Ihr Tag aus? Machen Sie kurze Interviews mit Ihren Kommilitonen!

BEISPIEL   Was machst du morgens? Wann lernst du? Und du?

lernen	morgens
arbeiten	nachmittags
tanzen	abends
duschen	montags
schwimmen	sonntags
trinken	...
rauchen	
...	

Und jetzt machen Sie Interviews mit Vorgesetzten bei der Arbeit.

BEISPIEL   Was machen Sie morgens? Wann ... ?

B. Der Mensch ist ein Gewohnheitstier   Bilden Sie Sätze!

BEISPIEL   Ich trinke manchmal Cola.
            Und du?

werden	nie	Wurstbrot
vergessen	selten	Käsebrot
brauchen	manchmal	Cola
trinken	oft	Bier
essen	fast immer	Buch
fahren	immer	Geld
nehmen	...	Wagen
...		müde
		schnell
		...

Sprechen Sie auch über die Angewohnheiten Ihrer Eltern, Freunde und Bekannten.

1.2 Separable and Inseparable Prefixes

Mark Twain (like many students of German) was not very fond of separable-prefix verbs:

> The Germans have another kind of parenthesis, which they make by splitting a verb in two and putting half of it at the beginning of an exciting chapter and the *other half* at the end of it. Can any one conceive of anything more confusing than that? These things are called "separable verbs." The German grammar is blistered all over with separable verbs; and the wider the two portions of one of them are spread apart, the better the author of the crime is pleased with his performance.
>
> Mark Twain, *A Tramp Abroad*

Things are not, however, as confusing as Mark Twain would lead us to believe. This section will help you to identify and use verbal prefixes.

Some verbs (both weak and strong) add other words or prefixes that change or modify the meaning of the basic verb. These prefixes can be categorized as either *inseparable* or *separable*.

 ## a   Inseparable Prefixes

Inseparable prefixes never separate from the main verb. The inseparable prefix is never stressed; the root verb carries the stress:

(1) Sonne **umpfängt** ihn.

The following is a list of inseparable prefixes (for their meanings see section 9.6).

be-	besúchen
emp-	empfínden
ent-	entstéhen
er-	ertrágen
ge-	gefállen
miß-	mißfállen
ver-	verstéhen
zer-	zerstóren

 # Anwendung und Kommunikation

Bildgeschichte   Beschreiben Sie die folgenden Bilder. Benutzen Sie die Verben in der Liste:

besuchen	empfangen
zeigen	gefallen
mißfallen	zerstören
zerreißen	verstehen
ertragen	gehen

   ## Separable Prefixes

Unlike inseparable prefixes, separable prefixes exist as words in themselves, for example, as prepositions or adverbs.

ab	abfahren	mit	mitkommen
an	ankommen	nach	nachfragen
auf	aufstehen	um	umziehen
aus	austrinken	vor	vorhaben
bei	beibringen	weg	weggehen
ein	einladen	weiter	weiterfahren
her	herkommen	zu	zumachen
hin	hinfahren	zurück	zurückkommen

In the present tense, the separable prefix appears at the end of the clause. This prefix forms a frame with the conjugated verb that is the second element in the sentence. Unlike inseparable prefixes, separable prefixes are stressed.

(1) Das Mädchen **lacht aúf**.

(2) Die anderen **pflichten** ihm **béi**.

(3) Auch Walter Klemmer **lacht** voll **aúf**.

(4) Die anderen **stimmen** vollhalsig **zú**.

It is important to know whether the verb carries a prefix, because
it changes the meaning of the verb:

(5) Sie **bringt** ihm das Schachspiel.
She is bringing him the chess game.

(6) Sie **bringt** ihm Schachspielen **bei**.
She is teaching him [to play] chess.

In general, if you understand the context conveyed by the main verb, the separable prefix at the end of the clause will not come as a surprise. The prefix can be anticipated because the conjugated verb by itself may make no sense in the given context. Try reading aloud the following sentences containing common verbs with separable prefixes:

Ich rufe dich heute abend _____ .
Es ist kalt, mach das Fenster _____ .
Es ist dunkel, ich mache das Licht _____ .

 # Anwendung und Kommunikation

A. Noras Tag   Nora hat für ihre Mutter ihren Tagesplan aufgeschrieben, damit sie weiß, was Nora heute vorhat. Was macht Nora? Schreiben Sie den Plan in vollständigen Sätzen!

BEISPIEL   Um 8.00 Uhr steht Nora auf.
Um 9.00 Uhr ...

8.00	aufstehen
9.00	frühstücken
10.00	anrufen
10.15	einkaufen
11.00	Hans abholen
12.00	vorbeikommen
13.00	Essen vorbereiten
13.15	essen
14.00	aufräumen
15.00	...
16.00	...

Wie sieht Ihr Tag aus? Schreiben Sie einen Plan!

BEISPIEL   Um 7.00 Uhr stehe ich auf.

B. Die Verabredung   Brigitte und Hans gehen zusammen aus. Wer ruft wen an? Was machen sie? Wohin gehen sie? Wann? Wie verläuft das Gespräch? Führen Sie das Gespräch mit einem/r Kommilitonen/in. Benutzen Sie möglichst viele der folgenden Verben!

anrufen   einladen
ausgehen   gefallen
mißfallen   erlauben
mitkommen   mitfahren
vorbeikommen   abholen
bekommen   bezahlen
zurückzahlen

BEISPIEL   anrufen →
Hans ruft Brigitte an, ...

Variable Prefixes

A few prefixes can be both separable and inseparable. Their meanings and stress patterns vary accordingly. In general, when the prefix is inseparable (verb stem stressed), the verb has a more abstract meaning. When the prefix is separable (accent on the prefix), the verb tends to have a more concrete or literal meaning.

Here are the most common variable prefixes:

durch-   unter-
hinter-   voll-
über-   wider-
um-   wieder-

Observe the following pairs of sentences. Remember that with inseparable verbs, the stress is on the verb stem. When a prefix is separable, it is stressed and will appear at the end of a sentence or clause (in the present tense).

(1) Wir **setzen** hier mit der Fähre **über**.
     We're crossing here by ferry.

(2) Er **übersetzt** den Text.
     He is translating the text.

(3) Das Dach ist undicht; das Wasser **läuft durch**.
     The root has a leak in it; the water runs through.

(4) Der Junge **durchläuft** eine schwierige Entwicklungsphase.
     The boy is going through a difficult developmental stage.

Prefixes, whether separable or inseparable, modify the verb they are attached to. In most cases, the original meaning of the verb is obvious. But sometimes, as you may have noticed in the examples above, the verb with the prefix has an entirely new meaning. For more information about the use and placement of prefixes see sections 9.6a and 3.2a.

1.3 Noun-Verb Compounds

Some German verbs are commonly used in combination with a noun:

> Auto fahren, Klavier spielen, Zeitung lesen

The noun is used here without an article and is placed at the end of the clause. This noun-verb compound forms a frame just like a verb with a separable prefix, and the noun functions as a separable prefix.

(1) Walter Klemmer **spielt Klavier**.
(2) Walter Klemmer **spielt** jeden Tag **Klavier**.
(3) Walter Klemmer **spielt** jeden Tag mit seiner Lehrerin **Klavier**.

Some very common noun-verb compounds are:

> Basketball (Tennis, Squash, ...) spielen
> Klavier (Flöte, Gitarre, ...) spielen
> Schach (Dame, Backgammon, ...) spielen
> Auto (Motorrad, Skateboard, ...) fahren
> Platten (Radio, Musik, ...) hören
> Sport treiben
> Zeitung lesen
> Kaffee (Bier, Tee, ...) trinken

These noun-verb compounds are, for the most part, well on their way to becoming proper verbs. The verbs **radfahren** and **ski-**

laufen are instances in which this transformation has already taken place.

Anwendung und Kommunikation

Sind Sie sportlich? Besprechen Sie Ihre Vorlieben und Abneigungen!

BEISPIEL   Was machst du gern?
Ich schwimme gern. Und du?

Sport treiben	Bergsteigen
laufen	skilaufen
tanzen	Tennis/Fußball/Schach spielen
schwimmen	ins Kino gehen
wandern	fernsehen
radfahren	Musik hören

Beschreiben Sie, was Ihr bester Freund/Ihre beste Freundin (nicht) gern macht. Machen Sie alles gern, was er/sie macht? Machen Sie eine Liste der Unterschiede und der Ähnlichkeiten.

BEISPIEL   Ich schwimme gern, aber meine Freundin Maria schwimmt überhaupt nicht gern. Aber sie tanzt ...

1.4   **sein** and **haben**

Both **sein** and **haben** function both as auxiliaries and as main verbs. As auxiliaries, **sein** and **haben** help form the present perfect tense of the verb. See section 3.2b for the use of **haben** and **sein** as auxiliaries.

sein	haben

Singular

ich bin	ich habe
du bist	du hast
Sie sind	Sie haben
er/sie/es ist	er/sie/es hat

Plural

wir sind	wir haben
ihr seid	ihr habt
Sie sind	Sie haben
sie sind	sie haben

A form of **sein** and a predicate adjective or a noun is used to describe people or things:

(1) Walter Klemmer ist ein Klavierschüler.
(2) Seine Lehrerin ist blond.
(3) Die beiden sind Österreicher.

Note that German uses no article when referring to nationalities and professions:

(4) Ich bin Österreicherin; er ist Amerikaner. Er ist Lehrer.

The verb **haben** is often used to show possession:

(5) Erika hat ein neues Kleid.

Haben can express physical and mental conditions and is used where English often uses the verb *to be*:

(6) Ich habe Hunger/Durst/Kopfweh/Zahnschmerzen usw.
(7) Ich habe Wut/Angst/Sorge/Lust/Glück/Pech usw.

◢ Anwendung und Kommunikation

A. Stimmungen   Hier ist eine Liste mit Adjektiven verschiedener Stimmungen:

deprimiert, nervös, freundlich, glücklich, wütend, traurig, aggressiv, verrückt, ernst, enthusiastisch, optimistisch, pessimistisch, überdreht, aufgeregt, einsam

Schreiben Sie, was Sie machen, wenn Sie sich so fühlen. Achten Sie auf die Wortstellung.

BEISPIEL   Wenn ich nervös bin, ... ich ... →
             Wenn ich nervös bin, rauche ich viele Zigaretten.

1. Wenn ich nervös bin, ... ich ...
2. Wenn ich deprimiert bin, ... ich ...
3. Wenn ich freundlich bin, ... ich ...
4. Wenn ich traurig bin, ... ich ...
5. Wenn ich ... bin, ... ich ...

Wählen Sie Adjektive aus der Liste von Stimmungen in der vorigen Übung und schreiben Sie, was Personen, die Ihnen nahe stehen (z.B. ein Freund, eine Freundin, Ihr Bruder, Ihre Schwester, Ihr Vater, Ihre Mutter) tun, wenn sie sich so fühlen. Geben Sie Gründe und erklären Sie, warum diese Personen so reagieren.

BEISPIEL   traurig →
             Wenn meine Freundin traurig ist, geht sie immer spazieren, weil sie alleine sein will. Sie sagt nicht, daß sie traurig ist, aber man kann es sehen, weil sie dann nie lacht.

B. **Körperliches Befinden**   Hier sind Ausdrücke für körperliches Befinden:

Kopfschmerzen, Bauchschmerzen, Zahnschmerzen, Kater, Muskelkater, Erkältung, Grippe, Fieber, Liebeskummer

Schreiben Sie, was Sie machen, wenn Ihnen etwas fehlt.

BEISPIEL   Zahnschmerzen →
             Wenn ich Zahnschmerzen habe, gehe ich zum Zahnarzt.

1. Wenn ich Kopfschmerzen habe, ... ich ...
2. Wenn ich Bauchschmerzen habe, ... ich ...

3. Wenn ich eine Erkältung habe, ... ich ...
4. Wenn ich einen Kater habe, ...
5. Wenn ich ... , ...

> Wählen Sie Wörter aus der Liste in der vorigen Übung und schreiben Sie, was ein Freund, eine Freundin, Ihr Bruder, Ihre Schwester, Ihr Vater, Ihre Mutter, usw. tun, wenn sie krank sind. Geben Sie Gründe und erklären Sie, warum diese Personen so reagieren.

BEISPIEL   Grippe →
Wenn meine Freundin Grippe hat, legt sie sich immer ins Bett, weil sie nur schlafen will. Sie sagt nicht, daß sie krank ist, aber man kann es sehen.

1.5   The Second Person: **du** or **Sie**?

In English there is only one standard form of address: *you*—the second person. In German there is a familiar form (**du**) and a polite form (**Sie**), and it is important to know when to use each form. The following guidelines apply.

A. It is common to use **du** (**duzen**):

> —with children under age 16
> —with family members
> —with people over age 16, if using the **du**-form has been agreed upon
> —with pets
> —with a deity (in prayer and liturgy)

Young people and students usually use **du** among themselves. People who work together do not automatically use **du**; they have to agree to do so. Blue-collar workers are more likely to say **du** to each other than white-collar workers and professionals.

B. It is common to use **Sie** (**siezen**):

> —with all people over age 16, unless you have agreed to use **du**.

In some cases even friends prefer the **Sie**-form. **Sie** does not hinder friendship and **du** does not guarantee it. But if used with strangers, **du** can be considered insulting or condescending.

When you are not sure what to use, use **Sie**. The other person will suggest using **du** if he or she finds it more appropriate.

Note that the forms of address **Sie, Ihnen, Ihr** are always capitalized. **Du, Dich, Dir, Dein** are capitalized mainly in letters.

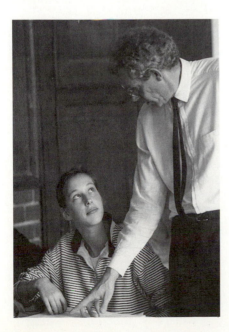

1.6   Modal Verbs

A modal verb may modify the meaning expressed by a verb. The modal verbs express the *modality* of the verb, that is, ability, necessity, possibility, desire. These verbs express the subjective judgment of the speaker and his/her attitude toward the action the verb describes. The modal and the infinitive of the main verb together form the frame of the sentence. Can you identify the modals in the following text?

◆ GRAMMATIK IM KONTEXT

Schließlich muß man doch zu was da sein auf der Welt. Aber vorher will ich noch ein neues Auto kaufen. Kostet ja alles Geld. Aber man muß doch mithalten° können. Und Kinder kosten noch viel mehr Geld. Die kann man ja fast gar nicht bezahlen. Und wenn ich Kinder habe, dann sollen die auch alles bekommen, was andere Kinder auch haben. Da will ich ihnen nichts schuldig bleiben.

to keep up

aus: Dagi Bernhard, *Jung gegen Alt*

Modal verbs are conjugated differently from other verbs (see table). The plural forms are constructed from the stem of the infinitive and are regular. The singular forms are irregular and must be memorized. The vowels of the singular forms are different from those of the plural forms. Note that the 1st and 3rd person singular forms are identical: **ich/er kann**, **muß**, **will**, etc.

	können	**müssen**	**sollen**	**dürfen**	**wollen**	**möchten**	**mögen**
Singular							
ich	kann	muß	soll	darf	will	möchte	mag
du	kannst	mußt	sollst	darfst	willst	möchtest	magst
Sie	können	müssen	sollen	dürfen	wollen	möchten	mögen
er/sie/es	kann	muß	soll	darf	will	möchte	mag

Plural

wir	können	müssen	sollen	dürfen	wollen	möchten	mögen
ihr	könnt	müßt	sollt	dürft	wollt	möchtet	mögt
Sie	können	müssen	sollen	dürfen	wollen	möchten	mögen
sie	können	müssen	sollen	dürfen	wollen	möchten	mögen

The meanings of these seven modal verbs are given below.

♦ **Können** indicates:

A. an ability

(1) Ich **kann** autofahren.

B. a possibility

(2) Man **kann** in einem anderen Beruf mehr Geld verdienen.

C. a request for permission

(3) **Kann** ich hier rauchen?

Here **können** expresses the English *may* and is a synonym of **dürfen.**

♦ **Müssen** indicates:

A. a necessity

(4) Man **muß** zu was da sein auf der Welt.

B. an obligation or compulsion

(5) Ich **muß** alles tun für meine Kinder.

Müssen is also used in indirect discourse to paraphrase an imperative (see Kapitel 12).

There are two possible ways to negate **müssen**:

When you want to say that something is not necessary or obligatory, you negate **müssen**. (Note that **nicht müssen** corresponds to English *not to have to*):

(6) Du **mußt nicht** deinen Kindern alles kaufen, was die Nachbarn haben.
You don't have to buy your children everything that the neighbors have.

To express the English *don't have to,* in the sense that there is *no need* to do something, you use the negative of **brauchen** with an infinitive + **zu**:

(7) Ich **brauche nicht** alles für meine Kinder **zu tun**.
I don't have to (need to) do everything for my children.

Although grammarians will say:

> Wer "brauchen" ohne *zu* gebraucht, braucht "brauchen" gar nicht zu gebrauchen.

in colloquial speech **zu** is often dropped. And since in literature many authors adopt colloquial usage, the **zu** omission has found its way into standard German. For example, in his 1987 novel *Cherubim*, Werner Fritsch writes:

(8) Für den Garten haben wir nichts zahlen brauchen.

Note that although **müssen** means *must,* English *you must not* in the sense of *you should not* is expressed by the negative imperative or by **dürfen** + **nicht**:

> Vergiß das nicht!
> Du **darfst** das **nicht** vergessen.
> *You must not forget this.*

♦ **Sollen** indicates:

A. an order, request, or wish from a third person

  (9) Die Kinder **sollen** hier nicht spielen.
  (10) Wenn ich Kinder habe, dann **sollen** sie alles haben.

B. a moral duty

  (11) Ich **soll**/Du **sollst** nicht stehlen.

The first person can be used with this meaning of **sollen** but what is expressed is always in reference to a moral code, e.g., a religious or moral commandment.

Sollen is also used in indirect discourse to paraphrase an imperative. For further information on indirect discourse, see section 12.1; for the subjective usage of modal verbs, see section 12.5.

♦ **Dürfen** indicates:

    A. permission from an authority

        (12) Mein Vater sagt, ich **darf** sein neues Auto nicht benutzen.

    B. general or specific prohibition

        (13) Autos **dürfen** hier nicht fahren.

Note that the permission or prohibition can also come from the speakers themselves.

        (14) Ich **darf** kein Fett essen. Ich mache eine Diät.

♦ **Wollen** indicates:

    A. wish or desire

        (15) Da **will** ich ihnen nichts schuldig bleiben.

    B. plan or intention

        (16) Vorher **will** ich noch ein neues Auto kaufen.

The realization of plans, wishes, and desires happens in the future. Therefore, **wollen** may denote a future aspect, but is *not* the future tense (see Kapitel 5).

♦ **Möchten** is very close in meaning to **wollen**, and like **wollen** indicates:

    A. wish or desire
    B. plan or intention

        (17) Ich **möchte** alles für meine Kinder haben.

Möchten is more polite than **wollen**; it is often combined with either **bitte** or **gern**.

> (18) Ich **möchte gern** einen Kaffee (haben).
>   Ich **möchte bitte** einen Kaffee (haben).

An important difference between **wollen** and **möchten** is that **wollen** can be used to express one's *right* to something, whereas **möchten** is always used if one wishes to obtain something from somebody *politely*:

> (19) Ich **will** mein Buch zurückhaben!
>   *I want (to have) my book back!*

but

> (20) Ich **möchte** mein Buch zurückhaben.
>   *I would like (to have) my book back.*

♦ **Mögen** is not really a modal verb.

Traditionally the verb **mögen** has been listed among the modal verbs, with **möchten** given as its polite subjunctive II form. In modern German these verbs have evolved into two separate forms with distinctly different meanings. **Mögen** denotes a liking for or inclination toward a thing, person, or activity. It is used as a verb without an infinitive. Synonyms of **mögen** are **lieben** and **gern haben**.

> (21) Ich **mag** Kaffee.
> (22) Ich **mag** Bier.
> (23) Ich **mag** keine laute Musik.

In spoken discourse and in many written forms as well, the modal verbs are frequently used without the infinitive of a verb. This is mainly reserved for a context which has been established, as for instance, by a question. (See also section 2.3a.)

> (24) Warum kaufst du dir ein neues Auto?
>   —Weil ich **will/muß**.

Overview

The differences in meaning between the modals are reviewed in the following examples:

◆ Strong wish, intention

(25) Vorher **will** ich noch ein neues Auto kaufen.
*Before [doing anything] I **want** to buy a new car.*

◆ Wish, preference

(26) Vorher **möchte** ich noch ein neues Auto kaufen.
*Before [doing anything] I **would like** to buy a new car.*

◆ Ability

(27) Vorher **kann** ich noch ein neues Auto kaufen.
*Before [doing anything] I **can** buy a new car. (I have the time, money, etc.)*

◆ Necessity

(28) Vorher **muß** ich noch ein neues Auto kaufen.
*Before [doing anything] I **must** (**have to**) buy a new car.*

◆ Obligation

(29) Vorher **soll** ich noch ein neues Auto kaufen.
*Before [doing anything] I **am supposed to** buy a new car. (I have an obligation to do so.)*

◆ Permission

(30) Vorher **darf** ich noch ein neues Auto kaufen.
*Before [doing anything] I **may** (**am allowed to**) buy a new car.*

Anwendung und Kommunikation

A. Pläne für den Abend   Anne und Robert sitzen zu Hause. Sie wollen ins Kino gehen, aber ...

ROBERT: Ich _____ (müssen) noch ein paar Briefe schreiben.
ANNE: Na ja, dann _____ (können) wir eben nicht gehen, wenn du deine Briefe schreiben _____ (müssen).
ROBERT: Ich _____ (wollen) eigentlich nicht. Ich _____ (möchten) sie lieber morgen schreiben.

(Da klingelt das Telefon. Peter ist am Apparat.)

PETER: Hallo, _____ (wollen) ihr zu mir kommen? Dann
_____ (können) wir zusammen etwas essen und
trinken.
ANNE: Ich habe keine Lust, ich _____ (möchten) lieber
fernsehen oder ins Kino gehen, und Robert _____
(können) sowieso nicht. Er _____ (müssen) noch
einige dringende Briefe schreiben, die nicht länger
liegenbleiben _____ (dürfen). Tut mir leid. Vielleicht
ein andermal.

B. Bildsymbole   Was bedeuten diese Bilder?

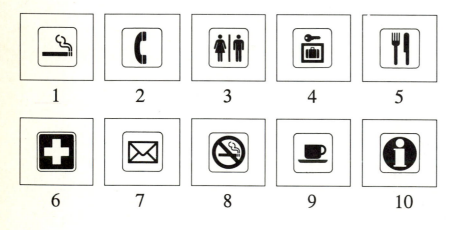

1   2   3   4   5

6   7   8   9   10

BEISPIEL   10
Hier kann man Information bekommen.
Hier darf man Fragen stellen.

C. Besondere Talente   Fragen Sie Ihre Kommilitonen, was sie können, dürfen, wollen oder möchten.

BEISPIEL   Kannst du Gitarre spielen?
Nein, ich kann nicht Gitarre spielen.

Möchtest du Gitarre spielen?
Ja, aber ich darf hier nicht spielen.

Willst du einmal Gitarre spielen?
Nein, überhaupt nicht.

HILFREICHE FORMELN

> Ja, ... ein bißchen ...
> Ja, ... (sehr) gut ...
> Nein, ... (überhaupt, absolut, gar) nicht ...
> Nein, ... kein (keine, keinen) ...

1. Klavier spielen	7. gut singen
2. einen Roman schreiben	8. anderen Menschen helfen
3. Auto fahren	
4. einen Fernseher reparieren	9. Rollschuh laufen
5. bauchreden	10. ein Lied komponieren
6. seiltanzen	11. mit den Ohren wackeln
	12. Chinesisch kochen

Bringen Sie noch viele eigene Beispiele, und fragen Sie Ihre Kommilitonen.

D. Wünsche und Pflichten   Was wollen Sie machen, aber was müssen Sie tun? Schreiben Sie über die Dinge in Ihrem Tagesablauf, die Sie machen wollen und die, die Sie machen müssen.

BEISPIEL   lange schlafen; aufstehen →
Ich will lange schlafen, aber ich muß früh aufstehen.

1. zu Hause bleiben; das Haus verlassen
2. mit dem Auto fahren; den Bus nehmen
3. spazierengehen; ins Seminar gehen
4. ...

E. Viel zu tun   Geben Sie zwei Aufforderungen. Sagen Sie, welche Sache zuerst erledigt werden soll. Verbinden Sie jeweils die beiden Ausdrücke mit **dann**!

BEISPIEL   du/Schuhe putzen/Zimmer aufräumen →
Du mußt deine Schuhe putzen, dann kannst du dein Zimmer aufräumen.

1. du/sich die Schuhe abtreten/ins Haus gehen
2. ihr/sich entschuldigen/mit ihnen ausgehen
3. du/sich rasieren/deine Freundin küssen
4. ihr/sich ausziehen/ins Wasser springen
5. wir/anrufen/zu meinen Eltern zum Abendessen fahren

F. Vorlieben und Abneigungen Fragen Sie Ihren Nachbarn/
Ihre Nachbarin, wen oder was er/sie (nicht) gern hat oder
(nicht) mag.

BEISPIEL   Magst du Bücher?
            Hast du deine Schwester gern?

Bücher/Zeitschriften/Romane/Comics
Poster/Bilder/Gemälde/Fotos
Basketball/Fußball
große Fenster/dunkle Zimmer
Filme/Fernsehserien/Quizsendungen
Eis/Kuchen/Erdbeeren/Kaffee
Elvis/die Beatles/die Rolling Stones
Oprah Winfrey/Johnny Carson/David Letterman
Otto/Michael Keaton/Steve Martin
Verwandte/Freunde
...

1.7   The Imperative

One way of asking (or telling) someone to do something is to use
the imperative form of a verb. The imperative can function as a
command, an order, or a request. It can also be used to give instructions, to make suggestions, or even to wish someone well.
Imperatives cannot be phrased in the past, they are limited to the
present, and they are carried out in the future.

There are four imperative forms of the verb:

du-form	Bedenk(e)!
ihr-form	Bedenkt!
Sie-form	Bedenken Sie!
wir-form	Bedenken wir!

Notice that, except for the **du**-form, all imperative forms are the
same as the present tense conjugated verb forms. The **wir**-form

♦ **GRAMMATIK IM KONTEXT**

HOROSKOP: Zwillinge°, 22.5–21.6.   *Gemini*

Treffen Sie Abmachungen° nur auf Widerruf. Bleiben Sie standhaft, auch   *agreements*
wenn Sie jemand bedrängt.° Seien Sie nicht zu bescheiden, wenn Sie   *is pressuring*
die Wahl haben. Ein Aufstieg° kündigt° sich am 24.7. an. Bedenken Sie,   *promotion/is in*
daß Sie im August höchst diplomatisch sein müssen.   *the air*

aus: Der Stern

and the **Sie**-form include the personal pronoun, and therefore
look similar to a question. The **du**- and **ihr**-forms consist only of
the verb. The **du**-form consists of the stem of the verb without an
ending but with an optional -**e**.

Here are some rules about forming the imperative in German.

A. Verbs with the stem vowel change **e → i(e)** undergo the same
   change in the **du**-form of the imperative:

   treffen   →   (1) Tr**i**ff Abmachungen!
   geben   →   (2) G**i**b mir das Buch!
   nehmen   →   (3) N**i**mm ein Buch!

B. All verbs with vowel change **a(u) → ä(u)** in the present tense
   do NOT take an umlaut to form the **du**-imperative:

   schlafen   →   (4) Schl**a**f nicht so lange!
   laufen   →   (5) L**au**f nicht so schnell!

C. Separable prefixes are placed at the end of the phrase.

   mitnehmen   →   (6) Nimm das Buch **mit**!

D. The -**e** ending in the **du**-form is mandatory when the verb
   stem ends in:

   -t   arbe**ite**
   -d   fin**de**
   -ig   besicht**ige**

E. Verbs ending in **-d** or **-t** add the ending **-et** in the **ihr**-form:

(7) Arbeit**et** nicht so viel!

F. **Sein** drops the **-n**; imperatives are formed with the stem **sei-**.

(8)   **Sei** nicht zu bescheiden!
(9)   **Seid** nicht zu bescheiden!
(10) **Seien** Sie nicht zu bescheiden!
(11) **Seien** wir nicht zu bescheiden!

◢ Anwendung und Kommunikation

A. Vorbereitung auf einen Besuch   Schreiben Sie die Befehls-
formen für die angegebenen Verben! Frau Hermann
kommt zum Abendessen. Anna und Karl helfen ihrer Mutter.

ANNA: _____ (kommen), Karl! Wir helfen Mutti. _____
    (bringen) Butter und Käse! Ich bringe das Brot.
KARL: _____ (warten)! Das ist zu viel. _____ (helfen) mir!
ANNA: _____ (anstellen) dich nicht so _____! _____
    (geben) mir das Brot. Jetzt _____ (holen) Gabeln und
    Messer.
MUTTER: Anna! Karl! _____ (gehen) an die Tür! Frau
    Hermann ist schon da! Und _____ (sprechen) ein
    bißchen mit ihr. Ich komme sofort.
FRAU HERMANN: Guten Abend!
MUTTER: Guten Abend! _____ _____ (nehmen) Platz,
    und _____ _____ (trinken) ein Glas Wein!

B. Ratschläge   Was sagen Sie zu anderen Leuten? Geben Sie
Ihren Kommilitonen Ratschläge und Befehle.

BEISPIEL   froh sein →
        Herr Neumann! Seien Sie froh!
        Peter und Barbara! Seid froh!
        John! Sei froh!
        Seien wir alle froh!

1. freundlich sein
2. nicht beleidigt sein

3. Spanisch lernen
4. das Licht anmachen
5. zufrieden sein
6. im Restaurant essen
7. in die Stadt fahren
8. das Paket abholen
9. ...

C. Befehle   Eltern geben Ihren Kindern oft Befehle.

BEISPIEL   Das Kind stellt seine Schuhe auf den Tisch. →
           Stell deine Schuhe nicht auf den Tisch!

1. Es schreibt an die Wand.
2. Es ißt zuviel Schokolade.
3. Es steht auf dem Tisch.
4. Es sitzt auf dem Schrank.
5. Es liest immer Comics.
6. Es sieht so viel fern.
7. Es vergißt seine Hausaufgaben.

BEISPIEL   Die Kinder gehen nicht in die Schule.
           Geht in die Schule!

8. Sie spülen das Geschirr nicht.
9. Sie machen die Tür nicht zu.
10. Sie trinken keine Milch.
11. Sie machen die Hausaufgaben nicht.
12. Sie sprechen kein Deutsch.

D. Ein faules Lieschen/ein faules Hänschen   Liese und Hans
   machen immer Sachen, die sie nicht machen sollen. Was sagt
   ihre Mutter dazu?

BEISPIEL   Liese spricht mit vollem Mund. →
           Liese, sprich nicht mit vollem Mund!

1. Liese gibt dem Hund ihr Frühstück.
2. Hans trinkt Cola zum Frühstück.
3. Liese streut Pfeffer in Vaters Kaffee.
4. Liese und Hans essen soviel Schokolade, daß sie schon ganz
   dick sind.

5. Hans bestellt das teuerste Gericht und ißt es dann nicht.
6. Liese läßt die Kühlschranktür immer offen.

E. Simon sagt... Schreiben Sie jetzt 1–4 Befehle für Ihre Klassenkameraden, die sie ausführen sollen!

BEISPIEL   John, mach das Licht an!
Steigen wir alle auf den Stuhl!
Professor [x], machen Sie das Licht aus!

HILFREICHER WORTSCHATZ

aufstehen
sprechen
(an die Tafel/ auf ein Stück Papier) schreiben

1.8   Other Command Forms

Aside from the imperative form, there are other ways to express commands, wishes, requests, and suggestions.

A. For general orders, prohibitions, or rules, the infinitive is often used as an impersonal instruction to the general public:

(1) Sofort einsteigen!
(2) Ausfahrt freihalten!
(3) Nicht hinauslehnen!

These types of commands are usually reserved for situations where there is a hierarchy, such as in the military. When such imperatives are used in spoken discourse, they are considered impolite:

(4) Mund halten!
   Shut up!

The infinitive is often used to give directions, especially in recipes.

Ausfahrt freihalten

PARKEN VERBOTEN

Betreten des Rasens Verboten

◆ **GRAMMATIK IM KONTEXT**

Kochrezept: Polenta° mit Salbei°   *cornmeal / sage*

Knoblauch° und Salbeiblätter° fein hacken. Die Butter bei Küchen-   *garlic / leaf-*
temperatur weich werden lassen. Knoblauch, Salbei und wenig Salz mit *sage*
der Butter gut mischen.

Die Hälfte der Polenta in eine Schüssel geben, in der Mitte etwas eindrücken, die Salbei-Knoblauch-Butter in Flocken° darüber verteilen und *small pieces*
mit dem restlichen Maisbrei bedecken.

aus: Der Stern

B. The particle **verboten** is often used with a verbal noun as subject to express a prohibition. This is in effect an abbreviated
sentence with the auxiliary implied:

(5) (Das) Rauchen (ist) verboten!

C. Modal auxiliaries (except for **wollen** and **möchten**) can be
used to express commands. In certain contexts, they clearly
convey the meaning of an imperative.

    (6) Sie **müssen** den Knoblauch fein hacken!
    (7) Du **sollst** die Butter weich werden lassen!
    (8) Ihr **könnt** die Polenta in die Schüssel geben!
    (9) Sie **dürfen** die Salbei-Knoblauch-Butter nicht zu lange kochen!

D. The passive voice can be used to give impersonal commands or to establish a set of rules or procedures (as in recipes):

    (10) Um 8.00 Uhr **wird aufgestanden**! Um 8.30 Uhr **wird geduscht**! Um 9.00 **wird gefrühstückt**!
    (11) Hier **wird nicht gespielt**!
    (12) Die Pfanne **wird eingefettet.** Der Maisbrei **wird umgerührt** und zum Kochen **gebracht.**

    For more information on the passive, see Kapitel 11.

E. With the appropriate intonation, any German sentence can express a command.

    (13) Susanne, du gehst auf dein Zimmer und bleibst dort!
    (14) (*Zu einem Kellner*): Ich bekomme Kaffee!

F. With the appropriate intonation, the future (formed with **werden** and the infinitive) can be used to give a command or an order:

    (15) Sie **werden** das nicht morgen sondern heute **machen**!
    (16) Du **wirst** heute nicht **fernsehen**!

Overview

As we have seen, German can express commands, requests, and suggestions with imperative forms. Other grammatical forms may be used to express the same meaning. In many cases, intonation or the situational context can turn an utterance into a command. Commands are often distinguished from requests by intonation as well. **Mal** and **bitte**, when added, also change the flavor of the utterance. **Mal** will be discussed in the following section.

Anwendung und Kommunikation

A. Schwer zu verstehen Es ist sehr laut im Klassenzimmer. Deshalb ist es schwer, andere Studenten zu verstehen. Sie müssen Ihren Nachbarn/Ihre Nachbarin bitten zu wiederholen, was er/sie gesagt hat.

BEISPIEL   mich anrufen →
    ST1: Ruf mich an!
    ST2: Was sagst du?
    ST1: Du sollst mich anrufen.

mal vorbeikommen	doch die Zeitung mitnehmen
doch mit mir essen	mich später abholen
mir das Buch geben	mir doch helfen

B. Rezepte Was ist Ihr Lieblingsgericht? Schreiben Sie das Rezept auf, und erklären Sie Ihren Kommilitonen, wie es zubereitet wird.

Spätzle

500 g Weizenmehl
etwas Salz
2 Eier
3/8 l. Wasser oder Milch
zum Bräunen: etwas Butter

Das Mehl in eine Schüssel sieben, in der Mitte eine Vertiefung eindrücken und die mit Salz und etwas von der Flüssigkeit verquirlten° Eier hineingeben. Nun von der Mitte aus Eier und Mehl verrühren, nach und nach die übrige Flüssigkeit dazugeben und darauf achten, daß keine Klumpen° entstehen. Den Teig° so lange mit einem Holzlöffel schlagen, bis er Blasen wirft. Den Teig entweder durch einen Spatzenreiber oder durch ein groblöcheriges Sieb° (Gemüsedämpfer) in auf großer Flamme kochendes Salzwasser geben und auf halbgroßer Flamme gar werden lassen. Den Teig evtl. aber auch auf ein Holzbrett streichen und mit einem Messer kleine Stücke in auf großer Flamme kochendes Salzwasser schaben.

beaten

lumps/dough

colander with big holes

Kochzeit: 5–8 Minuten
Veränderung: 200 g feingehackten° gedünsteten° Spinat oder 150 g geriebenen° Käse in den Teig geben.

finely chopped/ steamed/grated

HILFREICHER WORTSCHATZ

Verben	*Zutaten*	*Utensilien*
in Stückchen schneiden	Pfeffer/Salz	der Topf
rühren	Mehl	die Pfanne
salzen	Eier	die Schüssel
(Eier) schlagen	Zwiebel	das Messer
hinzugeben	Gemüse	die Gabel
gießen		der Löffel
backen/kochen		der Schneebesen
		der Mixer

C. Wer sagt was?   Schauen Sie sich die Zeichnung gut an! Was sagen diese Leute? Erfinden Sie einen Befehl oder eine Aufforderung für die Sprechblasen der Personen. Seien Sie freundlich und höflich oder auch sehr direkt und rüde! Lassen Sie dann die angesprochenen Personen reagieren. Sie können sich entschuldigen oder sie können ebenfalls rüde reagieren. Achten Sie auf die Anredeform (du, Sie, ihr…)!

1

2

3

4

5

6

7

D. Am Strand   Was soll man Ihnen geben oder für Sie tun, wenn Sie sagen ...? Beziehen Sie sich auf die folgenden Sätze.

BEISPIEL   Ich friere. →
Gib mir doch mal mein Handtuch!

HILFREICHE FORMELN

Kannst du (mir) bitte ...
Ich brauche dringend ...
Mach mal ...
Bring mir mal ...

1. Ich will mal ein Foto von dir machen.
2. Es ist zu heiß hier.
3. Auf dieser Toilette ist nie welches.
4. Die Sonne ist sehr grell.
5. Ich muß mal telefonieren.
6. Ich habe mir einen Sonnenbrand geholt.
7. Ich kann die Musik nicht hören.
8. Das Essen schmeckt nach nichts.
9. Ich habe Durst.
10. Wir wollten doch Tennis spielen.

E. Kurzbefehle   Wenn man sehr unfreundlich und unhöflich sein will, kann man sehr kurze Befehle geben. Schreiben Sie die folgenden Kurzbefehle so um, daß sie freundlicher oder höflicher klingen!

BEISPIEL   Aufstehen! →
Ich habe dir doch schon hundertmal gesagt, daß du aufstehen sollst.
oder
Kannst du nicht bitte aufstehen?

1. Fenster zu!   5. Schneller!
2. Raus!   6. Laß das!
3. Schluß jetzt!   7. Iß nicht so schnell!
4. Ruhe!   8. Denk doch mal nach!

1.9 Modal Particles: **mal**

Modal particles are used to convey attitudes or expectations, to emphasize a point, and to establish a closer contact with the listener. They are extremely important in conversational German. To an English speaker, they may seem redundant or insignificant. Particles *do* change the meaning, or rather, the flavor of a sentence. In order to use particles correctly, always learn them in context, and note how native speakers use them. Generally, modal particles appear after the conjugated verb.

Mal is a commonly used modal particle. It softens requests or commands and makes them more polite or friendlier. **Mal** is used with the imperative, in questions, and in statements.

(1) Halt **mal** das Buch!
Would you mind holding the book for a moment?

(2) Besuch mich **mal**!
Why don't you drop by sometime?

In these examples the use of **mal** conveys the impression that the request is easy to fulfill and requires no special effort on the listener's part. **Mal** is a shortened form of **einmal**, and introduces a time factor into the request. Depending on the verb used, the time can be the very moment of the request or some future time.

Other particles used in combination with **mal** are **eben** and **doch**:

(3) Kannst du mir **mal eben** einen Gefallen tun?
Could you do me a favor just now?

The combination of these two particles makes the request even more polite. The sentence implies that the request can be readily fulfilled and it should be done right away.

(4) Du kannst mir **doch mal** einen Gefallen tun.
You really could do me a favor.

The combination with **doch** implies a certain reluctance on the listener's part to do what the speaker asks. It conveys a final appeal to the listener to do what the speaker considers an easy task. The combination of **doch** and **mal** creates tension between the listener's reluctance and the friendly insistence of the speaker to get something done.

Often you will find **mal** combined with an infinitive:

(5) **Mal** sehen, was heute im Kino läuft.

This is a general statement directed to a group of people or to oneself. It corresponds to the **wir**-form of the imperative:

(6) Wollen wir **mal** sehen, was heute im Kino läuft.
(7) Ich will **mal** sehen was heute im Kino läuft.

The phrase **Mal sehen!** (in English: *time will tell* or *wait and see*) is used frequently in German. It expresses doubt and is often an attempt to stall for time; the person is not very sure that he/she wants to do what has been suggested. It often means **Ich weiß nicht!**

(8) Kommst du mit ins Kino? — **Mal** sehen!

Often you find **mal** in a combination with **erst**:

(9) Erst **mal** abwarten!

 # Anwendung und Kommunikation

A. Aufforderungen anders ausgedrückt! Aufforderungssätze mit **mal** können auch als Fragesätze ausgedrückt werden, oft mit **können**. Das macht sie höflicher. Bauen Sie die folgenden Aufforderungssätze um, und machen Sie sie freundlicher.

BEISPIEL   Mach mal die Tür zu! →
            Kannst du mal die Tür zumachen?
            oder
            Machst du mal bitte die Tür zu?

1. Geben Sie mir mal ein Bier!
2. Reich mir mal das Salz!
3. Helft mir mal mit den schweren Taschen!
4. Halt mal eben meinen Mantel!
5. Warte mal!
6. Geht mir mal aus der Sonne!
7. Zeig mir mal dein neues Hemd!
8. Zünden Sie mir mal eine Zigarette an!

B. Ist das Liebe?   Anna und Bernd möchten alles zusammen machen.

BEISPIEL   tanzen →
Tanz mal mit mir!
oder
Tanzen wir mal zusammen!

1. zu Mittag essen
2. in der Stadt einkaufen gehen
3. fernsehen
4. ein Liebeslied singen
5. ein Picknick machen
6. nach Europa reisen
7. ins Theater gehen

C. Pläne für die Woche   Machen Sie mit Ihrem Freund/Ihrer Freundin Pläne für die Woche!

Was machen Sie nächste Woche?
Um wieviel Uhr?
Wo?
Wohin?

BEISPIEL   **Montag**:   Frühstücken wir mal zusammen!
Dienstag: Wir können mal bei McDonald's essen!
Mittwoch: Gehen wir...!
Donnerstag:
Freitag:
Samstag:
Sonntag:

Zusammenfassende Aktivitäten

A. Nachsichtige Eltern Hier sind einige Befehle, die Eltern ihren Kindern oft geben. Reagieren Sie darauf wie ein Kind. Schreiben Sie dann eine Antwort, die Ihnen ihre nachsichtigen Eltern geben.

BEISPIEL   ELTERN: Laß das! →
            KIND(Sie): Warum darf ich das denn nicht?
            ELTERN: Na gut, du kannst es ruhig machen.
            und
            ELTERN: Heb die Füße hoch!
            KIND(Sie): Muß ich denn immer die Füße hochheben?
            ELTERN: Na gut, du brauchst die Füße nicht hochzuheben.

1. ELTERN: Beeil dich doch!
2. ELTERN: Sitz gerade!
3. ELTERN: Iß mit Messer und Gabel!
4. ELTERN: Laß das Singen!
5. ELTERN: Mach dein Zimmer sauber!
6. ...

B. Eine Party Sie wollen eine Party im Haus Ihrer Eltern machen, während Ihre Eltern nicht zu Hause sind. Stellen Sie sich vor, was Ihre Eltern Ihnen erlauben, und was sie Ihnen verbieten. Stellen Sie eine Liste auf. Benutzen Sie die folgenden Modalverben:

dürfen, können, sollen

HILFREICHER WORTSCHATZ

tanzen
Wein/Bier trinken   fernsehen
Gläser zerbrechen   laute Musik hören
rauchen   die Teppiche zusammenrollen
die Wände mit   im ganzen Haus sein
   Grafitti beschreiben   kochen
...   ...

BEISPIEL   ST1: Können wir bei euch rauchen?
            ST2: Nein, das dürfen wir nicht.

ST3: Sollen wir vor der Party den Teppich zusammenrollen? ...

C. Ausreden   Sie sind zu einer Party eingeladen, aber sie
müssen leider ablehnen. Begründen Sie ihre Entscheidung.
Benutzen Sie die Modelle!

BEISPIEL   ST1: Kannst du Samstag zu meiner Party kommen?
ST2: Nein, tut mir leid! Ich kann nicht. Ich will/muß/soll
meine Hausaufgaben machen.
ST1: Komm doch! Bitte! Du kannst das später machen.

HILFREICHER WORTSCHATZ

arbeiten	Koffer packen
ins Konzert	in Hamburg sein
Briefe schreiben	Freunde besuchen
ausschlafen	meine Eltern treffen
selbst Gäste haben	...

D. Ein schlecht gelaunter Polizist   Sie sind gerade in Deutschland angekommen. Ein Polizist hält Sie an. Er ist sehr
schlecht gelaunt und macht Ihnen Probleme.

BEISPIEL   POLIZIST: Fahren Sie mal rechts ran!
SIE: Wie bitte?
POLIZIST: Fahren Sie bitte rechts ran!
SIE: Ich kann Sie nicht verstehen.
POLIZIST: Rechts ranfahren sollen Sie!

Spielen Sie die Situation mit einem/r Kommilitonen/in in der
Klasse durch! Benutzen Sie die Modalpartikel **mal** in den
Aufforderungen und Befehlen. Der/die Polizist/in will, daß
Sie:

Führerschein zeigen	Licht einschalten
aussteigen	in die Tüte blasen
Kofferraum öffnen	hupen
Warndreieck zeigen	auf die Bremse treten
Verbandskasten aufmachen	Blinker betätigen
Reifen prüfen	...

E. Überlegungen   Besprechen Sie mit Ihrem/Ihrer Partner/in, was man in den folgenden Situationen bedenken muß. Machen Sie sich Notizen.

BEISPIEL   Sie haben 50DM im Lotto gewonnen. →
ST1: Ich habe 50 Mark im Lotto gewonnen! Was kann ich damit machen? Ich kann nicht nach Australien fliegen.
ST2: Aber du kannst ein Buch über Australien kaufen.
ST1: Ich kann mit dem Geld nicht im Hilton übernachten.
ST2: ...

1. Sie haben 50DM im Lotto gewonnen. Was können Sie damit machen, was nicht?
2. Eltern lassen ihr Kind bei einem Babysitter und geben Anweisungen, was der Babysitter bzw. das Kind machen soll. Zeitplan: Um 7 Uhr soll er/sie aufstehen. Um 8 Uhr soll er/sie gebadet werden. Um 9 Uhr soll er/sie essen. Um ...
3. Sie machen eine Reise. Erzählen Sie, was Sie noch machen müssen, bevor sie abreisen!
4. Was darf man, was nicht, wenn man eine Grippe hat?
5. Was wollen Sie an einem langen Wochenende machen?

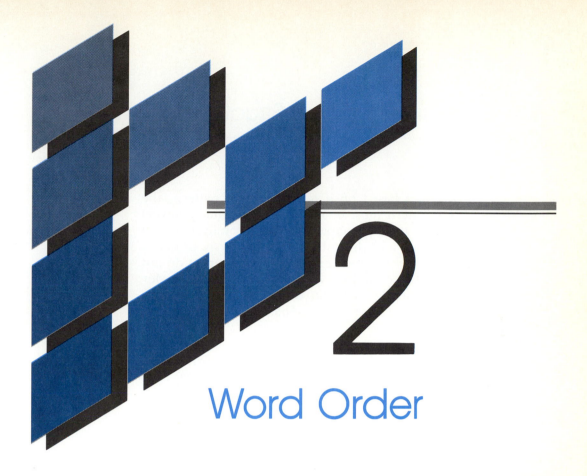

2

Word Order

In general, word order is more flexible in German than in English. The typical declarative sentence in English uses subject–verb word order, but in German there are several possibilities.

2.1   Basic Sentence Structure

German word order is based on a four-positional pattern; the four "slots" in this pattern must be filled (or may remain empty) in specified ways. The basic principle is that the conjugated verb goes in second position, and the subject either directly precedes or directly follows the conjugated verb. German sentences do not necessarily begin with the subject; the so-called inverted order (verb–subject) is frequently used. So when reading a German text, you should not expect to find the subject in first position in every sentence.

The diagram below shows the basic German word order. The chart on page 49 shows the types of words and phrases that typically fall into each of the four different positions in a German sentence.

As you read the following text, try to identify the verb in each sentence and then locate the subject. Notice, too, the different positions of the subject relative to the verb.

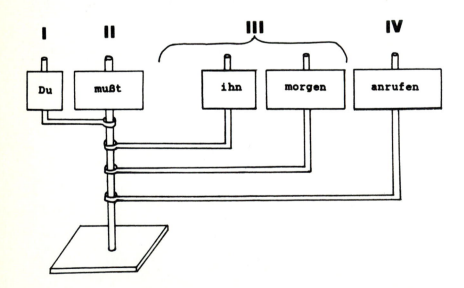

♦ ## GRAMMATIK IM KONTEXT

New Age: Die globale Erleuchtung°   *enlightenment*

Silvester 1980 feierte ich mit goldkarierten° Haaren bei den Hamburger   *gold-checked*
Punks. In meinem Körper wehte° ein Frischzellenwind° aus dem Weltall°,   *blew / live-*
gegen den andere scheinbar noch immun waren: New Age. Im Hand-   *celled wind /*
umdrehen° war die innere Leuchtkraft° des Universums eine vollendete°   *universe*
Tatsache für mich.   *in the twinkling*
                                                                                                                     of an eye /
                                                                                                                     brightness /
Kurz darauf besuchte ich in Bombay den Kongress der „Internationalen   *completed*
Transpersonalen Gesellschaft". Die Leute waren gut drauf, hatten was zu
sagen, und ich dachte: Wenn das New Age ist, will ich dabeisein°.   *to be there*

aus: Micky Reman in *Tempo*

Position I	Position II	Position III	Position IV
(1) Wann	feierte	er mit den Punks?	
(2) Wann	hat	er mit den Punks	gefeiert?
(3)	Hörst	du dir New-Age-Musik	an?
(4) New Age	wird	uns Musik	bescheren.
(5) In meinem Körper	wehte	ein Frisch-zellenwind.	
(6) Silvester 1980	feierte	ich mit den Punks.	
(7) Scheinbar	waren	andere noch	immun.
(8) Den Kongreß in Bombay	wollte	ich kurz darauf	besuchen.
(9) Ich mit gold-karierten Haaren	feierte	Silvester bei den Punks.	

Let's examine more closely each of the four positions in turn, saving Position III for last.

 Position I

This part of the sentence usually forms the link to the preceding sentence, whether in a conversation or a written text. It can be occupied by a word or phrase, as in examples (4) through (8). Most of the time there is only one element before the verb, but the word or phrase can also be modified:

(10) Ich, mit goldkarierten Haaren (geschmückt),

feierte Silvester bei den Punks.
      II   III

(11) Kurz darauf, als ich in Bombay war, besuchte
                                          II

ich einen Kongreß.
      III

In (10) **ich** is modified by **mit goldkarierten Haaren (geschmückt)** and together they fill Position I. The time phrase **kurz darauf** in (11) is modified by the subordinate clause **als ich in Bombay war**, and therefore also fills Position I. The verb, as expected, is in Position II.

Position I can also be left empty (see sentence 3 in the chart), i.e., the sentence can begin with the verb. There are five types of sentences in which Position I is vacant:

♦ Imperatives

   (12) Fahr nach Bombay!
         II   III

   (13) Besuch den Kongreß!
         II   III

♦ Yes/no question

   (14) Interessieren Sie sich für New-Age-Musik?
         II   III

◆ Conditions (when **wenn** is left out)

(15) Will man auf einen Kongreß gehen, dann muß man sich
II   III   IV   I   II   III

vorbereiten.
IV

instead of

> Wenn man auf einen Kongreß gehen will, dann muß
> man sich vorbereiten.

◆ Wishes

(16) Hätte ich doch mit den Punks gefeiert!
II   III   IV

◆ Sentences with omitted elements

(17) Habe mich dafür interessiert.
II   III   IV

instead of

(18) Ich habe mich dafür interessiert.
I   II   III   IV

Sentences with omitted elements are often found in casual speech.

b Position II

In a main clause, Position II is occupied by the conjugated verb only. The conjugated verb may be a full verb, an auxiliary such as **haben**, **sein**, or **werden**, or a modal verb.

c Position IV

This position contains the rest of the predicate, i.e., the part of the verb phrase that will complete the verb in Position II. This may be a past participle (as in sentence 2), or the separable prefix of a verb (3), or the future tense (4), or a predicative adjective (7), or an infinitive with the modal construction (8).

 ## Position III

Position III consists of the elements that do not occupy any of the other three positions, such as objects, adverbs, prepositional phrases, and so on (see sentences 1–9). The order of words within this position is less fixed, but follows these general rules:

♦ If the subject is not in Position I, it will be in Position III. The subject is not necessarily the first element in Position III because the reflexive pronoun precedes it if the subject is longer than one syllable.

♦ Adverbs or adverbial phrases follow, but with flexible word order. (The sequence of several adverbs or adverbial phrases is discussed in section 2.7.)

♦ If there is both a dative and an accusative object (an indirect and direct object) word order rules apply depending on whether the object is a noun or a pronoun:

A. two nouns (*order:* dative–accusative)

(19) Ich habe **meinem Freund die New-Age-Langspiel-platte** geliehen.

B. two pronouns (*order:* accusative–dative)

(20) Ich habe **sie ihm** geliehen.

C. pronoun and noun (*order:* pronoun–noun)

(21) Ich habe **sie Peter** geliehen.
(22) Ich habe **ihm die LP** geliehen.

 ## Word Stress and Word Order

The order of words in a sentence can be altered to give stress or emphasis to a particular word or phrase. This word or phrase also receives more vocal stress.

(23) Ich habe die New-Age-LP **Peter** geliehen.

Position I generally contains or implies information previously mentioned. New information is usually reserved for Position III.

(24) Wo ist die New-Age-Langspielplatte?
    Die (Platte) habe ich **Peter** geliehen.
      I   II   III   IV

However, if the new information is stressed, it can appear at the beginning of the sentence, that is, in Position I.

(25) Wo ist die New-Age-Langspielplatte?
    Peter hat die.
     I   II III

German and English Word Order Compared

As previously stated, German word order is more flexible than English. This is made possible by the German case system. The case ending on the article enables German to distinguish between the subject, the direct object, and the indirect object, regardless of their position in the sentence. English, however, has only one definite article—*the*. In English the position of words in the sentence (as well as the use of prepositions) conveys the grammatical information that is expressed through articles and/or case endings in German.

(26) Ich habe mein**em** Bruder **den** Schlüssel gegeben.
    I gave my brother the key.
    I gave the key to my brother.

In English, the subject of a declarative sentence always precedes the verb. Changing the order of what precedes and what follows the verb results in a dramatic change in meaning. Look at the following sentences:

(27) *The dog bites the boy.*
(28) *The boy bites the dog.*

As you have seen, in German the verb can either precede or follow the subject. To identify the subject, look at case forms and the agreement between the verb and the subject of the sentence.

(29) Der Hund beißt den Jungen.
(30) Den Jungen beißt der Hund.

Since the object in German **den Jungen** is clearly marked by the masculine, accusative singular article **den**, its function as receiver of the action is clear in both of the examples above. There is, however, a slight difference in meaning between the two German sentences. Moving the direct object to the beginning of the sentence emphasizes the direct object. The word order *object-verb-subject* is used mainly when case markings clearly differentiate the subject from the object. There are instances in which the case markings for the nominative (subject) and accusative (object) are the same:

	Mas.	*Fem.*	*Neut.*	*Pl.*
Nom.	der	**die**	**das**	**die**
Acc.	den	**die**	**das**	**die**

(31) Das Mädchen beißt das Tier.
(32) Das Tier beißt das Mädchen.
(33) Die Frau kratzt die Katze.
(34) Die Katze kratzt die Frau.

Since the definite article forms are the same here, the subject is not clearly distinguished from the direct object. Only context or intonation will convey the intended meaning of the sentence. For example:

(35) (Wen beißt das Tier?)
     Das Mädchen [beißt das Tier].
(36) (Wen kratzt die Katze?)
     Die Frau [kratzt die Katze].

Overview

In the New Age text (p. 49), the verbs are all in Position II, and most of the sentences begin with something other than the subject. In Position II, the verb serves as an axis around which the other sentence parts revolve, allowing the author considerable flexibility of expression.

Anwendung und Kommunikation

A. Ein Paar macht Pläne für den Abend Eine(r) hört nicht gut zu und fragt ständig nach. Stellen Sie die folgenden Sätze um! Benutzen Sie so viele verschiedene Möglichkeiten, wie Sie können!

BEISPIEL Ich arbeite den ganzen Nachmittag im Büro. →
ST1: Wie lange?
ST2: Den ganzen Nachmittag arbeite ich im Büro.
ST1: Wo?
ST2: Im Büro arbeite ich den ganzen Nachmittag.
ST1: Wer?
ST2: Ich arbeite den ganzen Nachmittag im Büro.

1. Um fünf Uhr rufe ich dich im Büro an.
2. Ich komme um 6 bei dir vorbei.
3. Wir essen gegen 7 Uhr im Restaurant um die Ecke.
4. Später können wir ins Kino gehen.
5. Wir gehen anschließend wieder nach Hause.
6. Zu Hause können wir dann später noch etwas trinken.

B. Umstellübung Arbeiten Sie in Gruppen. Stellen Sie so viele Fragen wie möglich und stellen Sie die Sätze so oft wie möglich um.

BEISPIEL Eine Frau geht am Nachmittag schnell zum Fenster. →
Am Nachmittag geht eine Frau schnell zum Fenster.
usw.

Eine Frau geht am Nachmittag schnell zum Fenster.
Sie öffnet das Fenster langsam mit der linken Hand.
Sie ruft: „Hanna, komm bitte sofort zum Essen!"

2.2 Negation

The simplest negation in German is the word **nein** followed by a clarification:

(1) Erzählst du den Witz?
    Nein, erzähl du ihn!

Negation is also often expressed by either the negative article **kein** or the adverb **nicht**.

◆ GRAMMATIK IM KONTEXT

„Also jetzt mach mich nicht böse, Trude! Wenn ich einen Witz anfange, will ich ihn auch zu Ende erzählen ... "
„Du hast ihn ja gar nicht angefangen ... ich habe ihn angefangen!" —
„Das ist ganz egal—jedenfalls will ich die Geschichte zu Ende erzählen; denn du kannst keine Geschichten erzählen, wenigstens nicht richtig!" —
„Und ich erzähle eben meine Geschichten nach meiner Art und nicht nach deiner, und wenn es dir nicht paßt, dann mußt du eben nicht zuhören ... "

aus: Kurt Tucholsky, Ein Ehepaar erzählt einen Witz

Observe the use and function of the negation words **kein** and **nicht** in the reading text.

Kein

Kein, which is used to negate a noun, corresponds to English *no, not any*. **Kein** is, in effect, the negative form of the indefinite article **ein**. Note, however, that where the indefinite article **ein** has no plural, **kein** does:

(2) Ich will eine Geschichte erzählen!
    Du kannst **keine** Geschichten erzählen!
(3) Mein Mann meint, er kann Witze erzählen. Aber er kann gar **keine** Witze erzählen.

As a pronoun, **kein** corresponds to the English *nobody, no one, none*:

(4) **Keiner** hat über den Witz gelacht.
Nobody laughed at the joke.

The position of **kein** in a sentence is simple: when used as an article it precedes the noun it negates, when used as a pronoun it replaces the noun it negates.

 ## Nicht

Nicht negates elements other than nouns or it can negate the entire idea of the utterance. In most cases, **nicht** precedes the word or group of words it specifically negates.

(5) Sie lachen **nicht** oft.   TIME
(6) Er ist **nicht** hier.   PLACE
(7) Er macht das **nicht** gern.   MANNER

Nicht is the last element in Position III if the entire utterance is negated:

(8) Erzählen Sie ihm den Witz heute abend **nicht**,
         II   III

Nicht precedes all elements in Position IV:

(9) Das ist **nicht** richtig.   PRED. ADJ.
      I   II   IV

(10) Der Witz hört und hört **nicht** auf.   SEP. PREFIX
       I   II   II   IV

(11) Du mußt mir **nicht** zuhören.   INFINITIVE
      I   II   III   IV

(12) Du hast den Witz **nicht** angefangen.   PARTICIPLE
      I   II   III   IV

Emphatic vs. Non-emphatic Negation

Nicht may precede almost any word in order to negate it with special emphasis. However, if **nicht** negates a specific word, the **nicht** indicates that contradictory information will follow. This contradictory information is introduced by the coordinating conjunction **sondern**. This is called *emphatic negation*. In non-emphatic negation, the general idea of the sentence itself is negated.

◆ Non-emphatic negation

   (13) Erzählen Sie ihm den Witz heute abend **nicht**!
        Don't tell him the joke tonight!

◆ Emphatic negation

   (14) Erzählen Sie **nicht ihm** den Witz, sondern ihr.
        Don't tell him the joke, tell her.

   (15) Erzählen Sie ihm **nicht diesen Witz**, sondern
        einen anderen.
        *Don't tell him **that** joke, tell him another one.*

   (16) Erzählen Sie ihm den Witz **nicht heute abend,**
        sondern erst morgen.
        Don't tell him the joke tonight, wait until tomorrow.

Other negation words include the following:

nie	*never*
noch nie	*never yet, never before*
nie und nimmer	*never ever*
nicht (ein)mal	*not once*
auf keinen Fall	*on no account*
nichts	*nothing*
nirgendwo	*nowhere*
nirgendwohin	*nowhere, not anywhere*
nirgendwoher	*from nowhere, not from anywhere*

The negation **nicht** (*not*) should not be confused with **nichts** (*nothing*).

(17) Sie erzählt **nicht** gern.
(18) Sie erzählt **nichts**.

You will often see and hear the particle **gar** used with **kein** or **nicht**. It is used to intensify a negation, like English *not at all.*

(19) Du hast ihn ja **gar nicht** angefangen.
You didn't start it at all.

(20) Du kannst **gar keinen** Witz erzählen.
You can't tell a joke at all.

◢ Anwendung und Kommunikation

A. Nicht zu glauben!   Sie glauben einem Freund nicht, wenn er über einen anderen Freund spricht. Sagen Sie immer das Gegenteil!

BEISPIEL   Er ist Student. →
                   Das stimmt nicht. Er ist kein Student.

1. Er ist Amerikaner.
2. Er sieht heute einen Film.
3. Er fährt auch gern Auto.
4. Abends hört er immer Radio.
5. Heute fährt er mit dem Auto in die Stadt.
6. Er übertreibt immer.
7. Er hört oft auf mich.
8. Er treibt viel Sport.

B. Landeskunde: Das stimmt doch nicht!   Korrigieren Sie die folgenden Sätze!

BEISPIEL   Frankreich liegt nördlich von Deutschland. →
                   Nein, Frankreich liegt nicht nördlich von Deutschland.
                   Es liegt westlich von Deutschland.

1. Hamburg liegt in der Nähe von München.
2. Würzburg ist die Hauptstadt von Bayern.
3. Berlin ist eine Kleinstadt.
4. Es gibt 12 Länder in Deutschland.

5. Frankreich ist ein deutschsprachiges Land.
6. Die Schweiz liegt nördlich von Deutschland.
7. Alle Schweizer sprechen Deutsch als Muttersprache.
8. Der Schwarzwald liegt in Schleswig-Holstein.
9. München ist die Hauptstadt der BRD.
10. Ein Deutscher kann gleichzeitig einen schweizer Paß haben.
11. Von München nach Wien muß man durch die Tschechoslowakei fahren.

C. Was haben Sie?   Fragen Sie Ihre Kommilitonen, ob sie auch haben, was Sie haben.

BEISPIEL   ST1: Ich habe einen Wagen. →
ST2: Ich habe keinen./ Ich habe auch einen.

1. einen Fernseher
2. ein Klavier
3. ein Segelboot
4. eine Gitarre
5. viele CDs
6. einen Videorecorder
7. deutsche Bücher
8. ...
9. ...
10. ...

D. Einkaufsszene   Sie wollen eine neue Wohnung mit Freunden einrichten und brauchen viele Sachen. Fragen Sie einander nach allem, was Sie brauchen!

BEISPIEL   Hast du einen/eine/ein ... ? →
Nein, ich habe kein- mehr.
Ja, haben wir.
Nein, haben wir nicht.

der Schrank
das Sofa
der Stuhl
das Bett
der Eßtisch

der Fernseher
der Kassettenrecorder
das Radio
die Stereoanlage
...

E. Talente   Hat Ihr Nachbar irgendwelche besonderen Talente? Fragen Sie danach!

BEISPIEL   schwimmen →
ST1: Kannst du schwimmen?
ST2: Nein, das kann ich nicht. / Nein, ich kann nicht schwimmen.
Natürlich kann ich schwimmen. / Natürlich kann ich das.

Fußball/Tennis spielen
Flöte/Gitarre spielen
Filme drehen
Opern komponieren
ein Orchester dirigieren

Werbetexte machen
Deutsch/Französisch/Italienisch sprechen
...

F. Stundenplan   Sie wollen in dieser Woche jeden Tag mit jemandem im Deutschkurs für eine Prüfung lernen. Zuerst füllen Sie Ihren eigenen Stundenplan für diese Woche aus. Finden Sie zusammen für jeden Tag einen passenden/freien Termin, ohne dem anderen Ihren Stundenplan zu zeigen. Sie müssen für jeden Tag einen gemeinsamen Termin vereinbaren.

	Mo	Di	Mi	Do	Fr
9.00					
10.00					
11.00					
12.00					
13.00					
14.00					
15.00					
16.00					
17.00					
18.00					

BEISPIEL   16.00 →

ST1: Hast du am Montag um 4 Uhr Zeit?
ST2: Nein, das geht leider nicht. Wie ist es denn mit 9 Uhr?
ST1: Ja, das geht. Also am Montag um 4.
ST2: Das geht bei mir wieder nicht.

2.3   The Frame Construction

A characteristic feature of German word order is the **Satzklammer**—the frame, or bracket construction. In a German sentence, certain related elements can be separated from each other. These separated elements appear in fixed positions within the sentence and form a frame within which other (less related) elements can be found. It helps to recognize the first element of the frame as a signal telling you to be on the lookout for the closing of the frame. Mark Twain referred to this feature of German as "parenthesis distemper."

> You observe how far the verb is from the reader's base of operations; well, in a German newspaper they put their verb away over on the next page; and I have heard that sometimes after stringing along on exciting preliminaries and parentheses for a column or two, they get in a hurry and have to go to press without getting to the verb at all. Of course, then, the reader is left in a very exhausted and ignorant state.
>
> Mark Twain, *A Tramp Abroad*

Read the following text and see if you can identify its sentence frames.

◆   **GRAMMATIK IM KONTEXT**

Ich wollte mich schon immer einmal in einen anderen Menschen hineinversetzen und nicht immer nur an mich denken ... Durch einen Vulkanausbruch in Kolumbien, der eine Schlammlawine° auslöste, ergab sich die Gelegenheit. Das Fernsehen machte mich mit Olmayra Sanchez bekannt, die aus einem Wasserloch schaute und unter den Blicken der Welt über Tage hin starb. Als alles vorbei war, schloß ich mich ein und sammelte meine Gedanken.

°avalanche of mud

aus: Bodo Kirchhoff, *Olmayra Sanchez und ich*

The frame construction is very common in German. Learning to recognize the frame opening and the frame ending elements gives you access to some of the most important information in a sentence.

There are basically four types of frame constructions.

 ## a   The Verbal Frame

The verbal frame is made up of the parts of the verb that are separated and occupy Position II (the conjugated verb) and Position IV (the rest of the verb phrase).

◆ Future tense

        II   IV

(1) sie **wird** über Tage hin **sterben**

◆ Perfect tense

        II   IV

(2) der Vulkanausbruch **hat** eine Schlammlawine **ausgelöst**

◆ Present tense with separable prefix

        II   IV

(3) das Fernsehen **machte** mich mit Olmayra Sanchez **bekannt**

◆ Modal constructions

        II   IV

(4) Ich **mußte** mich **einschließen**, als alles vorbei war.

The second part of the frame is not always occupied, but the space is potentially reserved for the second element that is understood from the context of the sentence, but not always expressed:

(5) Ich **kann** Englisch (**sprechen**).

(6) Sie **will** nach Hause (**gehen**).

The Subordinating Frame

Within a subordinate clause, the frame is formed by a subordinating conjunction and the conjugated verb. This means that when a subordinating conjunction begins the clause, the verb appears at the end:

(7) ..., **als** alles vorüber **war**

The frame can also be formed by a relative pronoun and the conjugated verb:

(8) ..., **der** eine Schlammlawine **auslöste**

For a further discussion of subordinating conjunctions, see section 2.4b.

 ## The Extended Adjective Frame

A frame consisting of a noun and its adjective modifiers is called an extended adjective construction. The frame starts with an article (**der**, **eine**, etc.), a preposition, or a pronoun, and ends with the noun. Within this frame goes an adjective which, in turn, may be modified or extended.

(9) **die** aus einem Wasserloch schauende **Frau**

The extended adjective construction is further discussed in section 12.2.

 ## The Infinitive Frame

An infinitive frame construction is formed by a preposition (**um**, **ohne**, **statt**) and an infinitive with **zu**:

(10) **Um** meine Gedanken zu **sammeln**, mußte ich mich einschließen.

The **zu** + infinitive construction is further discussed in section 2.5.

◢ Anwendung und Kommunikation

A. Aus der Musikszene   Lesen Sie den folgenden Text aufmerksam durch und finden Sie die verschiedenen Satzklammern
im Text. Unterstreichen Sie sie und schreiben Sie, welche
Art von Satzklammer es ist.

1 „Eine typische Eintagsfliege", sagten die Pop- und
2 Rockpäpste, als 1984 ein Girl namens „Madonna" und eine
3 LP mit ihrem Namen auf der Szene erschien.
4   „Sie hat eine Stimme, wie das jämmerliche Blöken eines
5 Schafes", höhnte der Senior-Musikrezensent des „Rolling
6 Stone", Kurt Loder, und empfand den Namen „Madonna"
7 als Blasphemie. Bis er erfuhr, daß das Mädchen tatsächlich
8 auf den Namen Madonna Louise Veronica Ciccone getauft
9 war. Seymour Stein, eigentlich schon halbwegs in Pension
10 gegangener Co-Manager von Warner Brothers, kehrte an
11 seinen Schreibtisch zurück und erfand das neue Platten-
12 Label: Sire—für Madonna. Er glaubte an sie.
13   Am allermeisten aber glaubte an Madonna ... Madonna!
14 Mit Recht. Denn inzwischen schreibt man das Jahr 1989 und
15 Madonna ist nicht nur immer noch da, sie ist der Super-
16 Mega-Star der Pop-Musik und hat, laut „Forbes"-Magazin,
17 allein im Jahre 1988 46 Millionen Dollar verdient.

aus: Wiener

2.4   Conjunctions

Words used to connect parts of a sentence are called conjunctions. They are of two types: coordinating conjunctions and subordinating conjunctions.

Coordinating Conjunctions

Coordinating conjunctions connect items of equal grammatical status. They connect words to words, phrases to phrases, and sentences to sentences. Coordinating conjunctions do not fill any of the four sentence positions and therefore do not affect word order.

◆ **GRAMMATIK IM KONTEXT**

**Wir suchen nicht einfach schnellen
Kontakt zu Ihnen, sondern dauerhaften.**

Denn je mehr Sie <u>vor</u> dem Kauf wissen, desto weniger haben Sie <u>nachher</u> zu bereuen. Dazu möchten wir Sie zuerst einmal so umfassend wie nur möglich informieren. Das kann über schriftliches Material, aber auch im persönlichen Beratungsgespräch geschehen. Nutzen Sie unser individuelles Beratungssystem, senden Sie den ausgefüllten Coupon an:
Mercedes-Benz AG
»Individueller Beratungsservice«
Abt. MBVD/VNM
Postfach 60 02 02, 7000 Stuttgart 60.
Wir rufen Sie umgehend an zur Terminabsprache.

Following is a list of the most common coordinating conjunctions with their meanings and uses.

◆ **aber** *(but, however)* has a contrastive meaning and combines sentence units and clauses.

   (1) Sie können sich schriftlich informieren, **aber** das kann auch im persönlichen Beratungsgespräch geschehen.

◆ **sondern** *(but, rather)* expresses a contrast or a contradiction. It is used after a negative first clause, combining two ideas that are mutually exclusive. If the contrast is not based on mutual exclusion, **aber** is used.

(2) Wir suchen nicht einfach schnellen Kontakt zu Ihnen, **sondern** (wir wollen) dauerhaften.

♦ **denn** *(because, since, for)* introduces a clause that gives the reason for a preceding main clause. Note that you can never answer a **warum**-question by beginning with **denn**. **Weil** must be used instead.

(3) Wir suchen dauerhaften Kontakt zu Ihnen, **denn** es ist wichtig, daß Sie vor dem Kauf gut informiert sind.

♦ **oder** *(or)* offers a choice between two or more possibilities.

(4) Das kann über schriftliches Material **oder** sogar im persönlichen Beratungsgespräch geschehen.

♦ **und** *(and)* combines parallel sentence units or clauses.

(5) Senden Sie uns den ausgefüllten Coupon, **und** wir rufen Sie umgehend an, um einen Termin zu vereinbaren.

Denn is always followed by a complete sentence. However, a complete sentence is optional with **oder**, **sondern**, **aber**, and **und**. A comma is required only if a whole sentence follows the coordinating conjunction. In a series of items there is no comma before **und**:

(6) Wir haben Äpfel, Orangen und Bananen gekauft.

 # Anwendung und Kommunikation

A. Pläne   Bilden Sie fünf logische Sätze mit den Konjunktionen **und, aber, oder, denn, sondern**. Benutzen Sie jede nur einmal.

Ich gehe in die Stadt.   Ich habe kein Geld.
Ich gehe nicht in die Stadt.   Ich bleibe zu Hause.
                                  Ich kaufe da ein Buch.

B. Ausflug in München   Sie und ein Freund wollen München besichtigen. Sie besprechen, was Sie in zwei Tagen machen können. Sehen Sie sich den Stadtplan an.

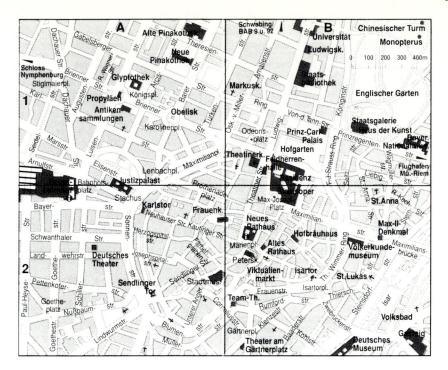

Sehenswürdigkeiten: das Deutsche Museum, das Schloß Nymphenburg, die Frauenkirche, Marienplatz, die Alte Pinako-thek, das Olympiastadion, die Residenz, der Hofgarten, die Isar, das Hofbräuhaus, der Zirkus Krone

BEISPIEL Wir können das Deutsche Museum und die Alte Pinakothek besuchen, oder wir können zum Olympiastadion fahren.

b Subordinating Conjunctions

A subordinating conjunction links a main clause and a subordinate clause. The subordinating conjunction introduces the subordinate clause. Learning to differentiate between main and subordinate clauses is important in German because word order in the two types of clauses is different.

◆ **GRAMMATIK IM KONTEXT**

„Was tun Sie", wurde Herr K. gefragt, „wenn Sie einen Menschen lieben?"
„Ich mache mir einen Entwurf° von ihm", sagte Herr K. „und sorge, daß er   *sketch*
ihm ähnlich wird." „Wer? Der Entwurf?" „Nein", sagte Herr K., „der
Mensch."

aus: Bertolt Brecht, Geschichten vom Herrn Keuner

The subordinating conjunction represents the first part of the subordinate frame (see section 2.3). The conjugated verb of the subordinate clause falls at the very end of the clause and represents the second part of the frame:

(7) Ich sorge, **daß** er ihm ähnlich **wird**.

(8) Was tun Sie, **wenn** Sie einen Menschen **lieben**?

In a subordinate clause, a modal verb, being the conjugated verb, goes to the end of the clause and is preceded by an infinitive:

(9) Ich weiß, **daß** er ihm ähnlich werden **kann**.

The same holds true for the conjugated form of **werden** in the future tense:

(10) Ich sorge, **daß** er ihm ähnlich sehen **wird**.

In the perfect tense, the auxiliary (a form of **haben** or **sein**), is the conjugated verb and appears at the end of the clause. It is preceded by the past participle:

(11) Was tun Sie, **wenn** Sie sich in einen Menschen verliebt **haben**?

With separable prefix verbs, the verb *with* the prefix attached to it goes to the end of the clause:

(12) Was tun Sie, **wenn** Sie in einer neuen Stadt **ankommen**?

Interrogatives (**wann, warum, wer, wo, woher,** etc.) serve as subordinating conjunctions when they are used to introduce indirect questions:

(13) Ich weiß nicht, **warum** er sich einen Entwurf **macht**.

(14) Woher weißt du, **in wen** er sich verliebt **hat**?

More than one subordinate clause can be connected to a main clause:

(15) Ich war froh, **als** er mir **sagte**, **daß** er sich verliebt **hatte**.

Word order within the subordinate clause is well defined and must follow "normal" word order rules, especially concerning Position III (see section 2.1, Basic Sentence Structure).

In spoken as well as in written discourse, clauses introduced by a subordinating conjunction or a question word can often stand by themselves. When they appear by themselves, subordinate clauses imply a main clause that is not expressed, and they are semantically dependent upon this main clause.

The following subordinate clauses are answers to questions. They stand alone and yet are semantically dependent on ideas expressed in the preceding questions:

(16) Wann fühlst du dich wohl? [Ich fühle mich wohl,] **Wenn** ich verliebt bin!
(17) Warum lachst do so? **Weil** ich verliebt bin!
(18) Wovor hast du Angst? **Daß** er unglücklich wird.
(19) Wie lange wartest du? **Bis** er ihm ähnlich ist!
(20) Was willst du wissen? **Wann** er kommt!

Subordinating clauses cannot stand by themselves without a context. They have to relate to another idea. Without this relationship, they would be meaningless.

The subordinate clause is separated from the main clause by a comma. The subordinate clause can come before the main clause. In this case it fills Position I, with the verb of the main clause following in Position II and the subject in Position III:

(21) Wenn Herr K. einen Menschen **liebt, macht** er sich einen Entwurf von ihm.

The sequence you see in sentence (21)—conjugated verb (of subordinate clause), comma, conjugated verb (of main clause)—is a characteristic feature of dependent clause/main clause constructions.

Here is a list of the most important subordinating conjunctions in German:

♦ **als**   *(when)* refers to a single event in the past (see section 3.5):

(22) Er gefiel mir besser, **als** er verliebt war.

♦ **als ob**   *(as if)* introduces a contrary-to-fact dependent clause; the verb appears in the subjunctive:

(23) Herr K. tut so, **als ob** er verliebt wäre.

The expressions **als wenn** and **wie wenn** are often used instead of **als ob**.

♦ **bevor**   *(before)* introduces a dependent clause of time:

(24) Herr K. macht sich einen Entwurf von einem Menschen, **bevor** er sich verliebt.

♦ **da**   *(because, since)* gives a reason for a fact referred to in the main clause. It appears mostly in written language:

(25) **Da** er verliebt war, machte er sich einen Entwurf.

♦ **damit**   *(so that)* introduces a goal or intent:

(26) Er sprach über alles, **damit** wir es wußten.

♦ **daß**   *(that)* is used for indirect statements. It is frequently used after verbs like **sagen, denken, glauben, wissen,** or **fühlen**:

(27) Wir wissen, **daß** er verliebt ist.

Note that **daß** never refers back to a noun but rather to a whole sentence.

◆ **nachdem** *(after)* introduces a dependent clause that conveys information about a sequence of events. (See section 3.3.) The action of the subordinate clause precedes the action in the main clause:

(28) **Nachdem** er einen Plan gemacht hatte, paßte er die Realität seinem Plan an.

◆ **ob** *(if, whether)* is used for indirect questions. It is frequently used after verbs like **fragen** and **wissen**:

(29) Ich weiß nicht, **ob** er eine neue Freundin hat.

◆ **obwohl** *(although, even though)* is used to concede a point:

(30) **Obwohl** er verliebt ist, ist er nicht froh.

◆ **während** *(while)* is used as in English:

(31) **Während** er den Entwurf macht, denkt er an den geliebten Menschen.

◆ **weil** *(because)* gives a reason or explanation for the action of the main clause:

(32) Er lacht, **weil** er glücklich ist.

◆ **wenn**

  a. *(when, whenever)* introduces events in the present and the future tense, as well as habitual actions in the past. (Section 3.5 explains the difference between **wenn** and **als**.)

    (33) **Wenn** ich verliebt bin, sieht die Welt schöner aus.
    (34) Jedesmal **wenn** er verliebt war, machte er sich einen Entwurf von dem Menschen.

The conjunction **wenn** is often used with **immer** or **jedesmal** as intensifiers.

  b. **Wenn** *(if)* can also name conditions that have to be fulfilled for the proposition in the main clause to come true:

(35) **Wenn** Herr K. verliebt ist, macht er sich einen Entwurf.

A contrary-to-fact or unreal condition requires the subjunctive II (see section 4.1):

(36) **Wenn** Herr K. wirklich verliebt wäre, könnte er sich einen Entwurf machen.

Other subordinating conjunctions that you may encounter are:

bis (*until*), **falls** (*in case*), **indem** (*in that, while*), **obgleich** (*although*), **obschon** (*even though*), **seit/seitdem** (*ever since*), **sobald** (*as soon as*), **solange** (*as long as*), **sooft** (*as often as*), **weshalb** (*why*), **wohingegen** (*while on the other hand*), **zumal** (*particularly since*).

Anwendung und Kommunikation

A. Theaterbesuch   Bilden Sie logische Sätze mit den vorgegebenen Konjunktionen!

1. (obwohl) Gerhard und Maria mußten für ein Examen lernen. Um sieben wollten sie ins Theater gehen.
2. (da) Es regnete. Sie fuhren mit dem Auto.
3. (während) Gerhard stand Schlange. Maria holte ein Progamm.
4. (weil) Gerhard bezahlte 25 Mark. Er hatte keine Studentenermäßigung.
5. (als) Gerhard kam zurück. Maria wollte wissen, ob Gerhard die Karten schon bezahlt hatte.
6. (daß) Sie bemerkte. Gerhard hatte seinen Studentenausweis vergessen.
7. (nachdem) Sie hatten die Karten gekauft. Sie gingen zu ihren Plätzen.

B. Minidialoge   Ergänzen Sie die Sätze mit den Konjunktionen **obwohl**, **auch wenn**, **wenn**, **weil**!

1. A: Du treibst soviel Sport und bist immer noch zu dick.
   B: _____ ich viel Sport treibe, werde ich dicker, _____ ich dann mehr esse.

2. A: Du arbeitest jeden Tag zwölf Stunden, _____ du
       weißt, wie schlecht das für deine Gesundheit ist.
   B: Was soll ich tun? _____ ich nicht soviel arbeite,
       verliere ich meinen Job, _____ mein Chef
       einfach sehr hart ist.

3. A: Wann fliegst du nach Hamburg?
   B: _____ ich das Projekt fertig habe. Vorher kann ich
       nicht, _____ ich jetzt schon fliegen will, _____
       ich dringend Ferien brauche.
   A: Ich habe das Gefühl, du willst nicht verreisen, _____
       du könntest.
   B: Das sagst du nur, _____ du besorgt bist.

4. A: Du hast den Fernseher gekauft, _____ er keinen
       Ton hat?
   B: Ich habe ihn gekauft, _____ er so billig war. Jetzt
       muß ich ihn reparieren lassen.
   A: Und _____ du die Reparatur bezahlen mußt, lohnt
       es sich noch?
   B: Natürlich, er hat nur 10 Mark gekostet.

C. Gute Ratschläge   Freunde sprechen zusammen über Ihr
Leben und bitten um Rat.

BEISPIEL   Wie werde ich klug? →
                Indem du viel liest, wirst du klug.[1]
                Wenn du viel liest, wirst du klug.

Wie?	**Indem/wenn**
reich werden	einen guten Beruf wählen
schlank werden	viel lesen
klug werden	weniger essen
fit werden	einen Kurs belegen
Deutsch verbessern	viel trainieren
Französisch lernen	ins Sprachlabor gehen
...	...

---

[1] Be aware that **indem** is more elevated than **wenn** and would be reserved for either
the written language or more formal situations.

D. Alltag in einer deutschen Familie   Sie lesen jeweils zwei Sätze über Familie Kluck. Überlegen Sie, wie die beiden Aussagen logisch am besten verbunden werden können. Benutzen Sie Konjunktionen, um die Sätze zu verbinden.

BEISPIEL   Peter Kluck legt sich ins Bett. Er ist sehr müde. →
            Peter Kluck legt sich ins Bett, weil er sehr müde ist.
            oder
            Peter Kluck legt sich ins Bett, denn er ist sehr müde.

1. Peter Kluck macht das Frühstück. Seine Frau Maria spült das Geschirr.
2. Herr Kluck hat vor kurzem eine neue Stelle gefunden. Er wird in diesem Jahr siebenundfünfzig.
3. Der Sohn Gerald hat sein Zeugnis selber unterschrieben. Er wollte es seinen Eltern nicht zeigen.
4. Magda, ihre älteste Tochter, hat geheiratet. Sie war siebzehn Jahre lang verlobt.
5. Familie Kluck fährt dieses Jahr in den Ferien nicht nach Spanien. Sie fährt nach Rom.
6. Aber Rom war auch nicht das richtige. Sie sind ans Meer gefahren.
7. Sie waren in Fano an der Adriaküste. Dort haben sie ein Haus gemietet.
8. Dort verbrachten sie den Rest der Ferien. Am letzten Tag geschah ein Unglück.
9. Das Haus explodierte. Glücklicherweise war in dem Moment niemand im Haus.
10. Die Ferien haben ihnen trotzdem gut gefallen. Sie haben bei der Explosion alles Gepäck verloren.

E. Sozialprobleme   Diskutieren Sie die folgenden Probleme.

BEISPIEL   Obwohl die Luftverschmutzung immer schlimmer wird, ... →
            Obwohl die Luftverschmutzung immer schlimmer wird, ändern die Leute ihre Angewohnheiten nicht.

1. Auch wenn immer mehr Ölkatastrophen passieren, ...
2. Obwohl wir immer mehr Informationen über das Ozonloch bekommen, ...
3. Wenn weiterhin nichts gegen den sauren Regen getan wird, ...

4. Auch wenn unsere Schulen immer besser werden, ...
5. Weil die Arbeitslosigkeit in bestimmten Gebieten weiter steigt, ...
6. Wenn nicht bald ein Mittel gegen AIDS gefunden wird, ...
7. Während die Industrienationen immer reicher werden, ...
8. Wenn wir mehr radioaktiven Müll produzieren, ...

 ## C   Other Sentence Connectors

The following adverbs can also function as sentence connectors. In such cases they usually fill Position I, and are followed by the conjugated verb and the subject.

(1) **Allerdings** weiß ich nicht, ob er kommt.
(2) Ich weiß **allerdings** nicht, ob er kommt.

> **allerdings** (*certainly*), **also** (*hence*), **außerdem** (*besides*), **dagegen** (*but then, whereas*), **daher** (*consequently*), **darum** (*therefore*), **dazu** (*for that purpose*), **dennoch** (*yet*), **deshalb** (*therefore*), **doch** (*however*), **folglich** (*consequently*), **hingegen** (*however*), **immerhin** (*still*), **indessen** (*while, nevertheless*), **jedoch** (*however*), **sowie** (*as well as*), **überdies** (*besides*), **vielmehr** (*rather*), **wenigstens** (*at least*), **zudem** (*besides*), **zumindest** (*at least*).

There are a few phrase pairs that function like coordinating conjunctions, but are really adverbs. They may or may not fill Position I. Here are the most important ones with examples:

> **entweder ... oder** (*either ... or*), **weder ... noch** (*neither ... nor*), **nicht nur ... sondern auch** (*not only ... but also*), **sowohl ... als auch** (*as well as*), **zwar ... aber** (*indeed/it is true ... but*), **teils ... teils** (*partly ... partly*)

(3) **Entweder** bist du (du bist) verliebt, **oder** du bist es nicht.
(4) In dieser Situation bin ich **weder** glücklich **noch** unglücklich. Mein Gefühl ist völlig neutral.
(5) Er hat sich **nicht nur** ein Bild von ihr gemacht, **sondern** er hat sie *auch* diesem Bild angepaßt.
(6) Peter behauptet, er kann **sowohl** Maria **als auch** Susie lieben. Wir glauben ihm das nicht.

(7) **Zwar** ist er sehr sympathisch und sieht gut aus, **aber** ich liebe ihn eben nicht.

(8) **Teils** liebt sie ihn, **teils** haßt sie ihn.

teils, teils (like English *so so*) is often used as an answer to express a mixed emotion:

(9) A: Wie findest du das Auto?
     B: Teils, teils!

The response is a shortened version of:

(10) Teils gut und teils schlecht.

 ## Anwendung und Kommunikation

Geduld ist nicht meine Stärke!   Setzen Sie die richtigen Wörter ein! Jedes kann nur einmal benutzt werden.

aber	ob	weil	denn	sondern
damit	daß	wenn	als	
weder ... noch		entweder ... oder		

Vorgestern wollte ich mit meinem Vater sprechen, **weil** ich ein Problem hatte. Ich habe versucht, ihn zu finden, _____ ich konnte ihn nicht finden. Ich rief im Büro an, _____ ich wollte ihn sofort sprechen. Ich hörte von seiner Sekretärin, **daß** er _____ in seinem Büro _____ im Labor war.

Ich ging zu meiner Mutter und fragte, _____ sie ihn gesehen hatte. „Wann kommt er nach Hause? Er ist nie da, _____ ich ihn brauche."

Meine Mutter erwiderte: „Du weißt, _____ das nicht stimmt. Das sagst du nur, _____ du sauer bist. Er kommt _____ um fünf _____ um sechs Uhr."

Eigentlich hatte sie recht. Ich sollte nicht so schlecht gelaunt sein, _____ mehr Geduld haben. _____ er dann kam, hatte ich vergessen, warum ich mit ihm sprechen wollte. So geht es immer.

zu + Infinitive

In many German sentences, the meaning is conveyed by one main verb.

(1) Ich **gehe** in die Stadt.
(2) Ich **habe zugehört**.

However, when one main verb is dependent on another main verb to complete a thought, then **zu** + infinitive is most often used. This is called an infinitive construction.

◆ **GRAMMATIK IM KONTEXT**

Harald Labbow, 33: Kindererziehung

Ich bin, ehrlich gesagt, ziemlich froh darüber, nicht die Rolle des Erziehers° übernehmen zu müssen. Denn ich könnte es mir nur schwer vorstellen, den lieben langen Tag bei Lucas zu bleiben und den Haushalt zu führen. So sehr ich mein Kind auch liebe. Es würde mir nie reichen, mit zwei Dutzend Müttern gemeinsam auf dem Spielplatz zu sitzen und den Kleinen beim „Backe-backe-Kuchen"° zuzuschauen. Ich brauche die tägliche Herausforderung°, die meine Arbeit in der Bank an mich stellt.

educator

patty cake
challenge

aus: Freundin

English and German treat infinitive constructions very similarly:

(3) Es würde mir nicht reichen, auf dem Spielplatz **zu sitzen**.
   It wouldn't be enough for me to sit on the playground.

In German, however, the infinitive appears at the end of the clause. With separable prefix verbs, the **zu** is placed between the prefix and the infinitive. The verb is then written as one word:

(4) Es würde mir nicht reichen, den Kleinen beim „Backe-backe-Kuchen" **zuzuschauen**.

When an infinitive construction consists of more than just the **zu** + the infinitive, as in sentence (5), it is treated as a complete clause and is separated from the preceding clause by a comma. When the infinitive construction involves just **zu** and the infinitive, it may appear in one of two positions, as in sentences (6) and (7).

(5) Es fängt an, in Strömen **zu regnen**.
(6) Es fängt an **zu regnen**.
(7) Es fängt **zu regnen** an.

An infinitival clause can be used only if the subjects of both clauses are the same.

(8) Ich muß arbeiten. Ich muß Kleidung für meine Kinder kaufen.
(9) Ich muß arbeiten, um Kleidung für meine Kinder zu kaufen.

The subjects of the two sentences in (8) are the same, so they can be combined by means of an infinitive clause as demonstrated in (9).

There are a number of expressions that call for the infinitive + **zu**. Here are the most important ones:

Ich habe Lust, …	Wir haben den Wunsch, …
Ich habe vor, …	Es ist wichtig, …
Es macht Spaß, …	Wir versuchen, …
Ich habe beschlossen, …	Ich habe Angst, …
Es fällt mir schwer, …	

Note that there are some verbs in German for which the **zu** is not necessary. For more information, see sections 1.6 and 3.4.

◢ Anwendung und Kommunikation

A. Elternrollen   Sagen Sie das anders.

BEISPIEL   Ihr Kind gemeinsam erziehen. Das beschließen sie. →
Sie beschließen, ihr Kind zusammen zu erziehen.[2]

1. Mit den Kindern spielen. Das macht Spaß.
2. Die Windeln wechseln. Dazu habe ich keine Lust.
3. Das Essen für die Kleinen kochen. Das habe ich vor.
4. Mich auf die Kinder einstellen. Das versuche ich.
5. Die Kinder mit meinem/r Partner/in erziehen. Das ist wichtig.
6. Alles allein machen. Davor habe ich Angst.
7. Wir machen von jetzt an alles gemeinsam. Das haben wir
   beschlossen.

B. Kindererziehung   Lesen Sie noch einmal den Text von
Harald Labbow auf Seite 79 und diskutieren Sie seine
Anschauungen über Kindererziehung mit Ihrem Nachbarn.
Was denken Sie darüber?

HILFREICHE AUSDRÜCKE

ich habe (keine) Lust ...   ich habe vor ...
es macht mir (keinen) Spaß ...   es fällt mir schwer/leicht ...
es ist (nicht) wichtig ...   ich bin (nicht) bereit ...
wir versuchen ...

Wie sehen Sie die Aufgabenverteilung bei der Kindererziehung in der Partnerschaft? Schreiben Sie einen kurzen
Aufsatz!

C. Persönliche Gespräche   Ergänzen Sie die folgenden Sätze
und diskutieren Sie sie mit Ihren Kommilitonen.

---

[2] If the **das** is the subject of the clause it is turned into **es**, otherwise it is deleted. **Da**-
compounds (e.g., **dazu**, **davor**) can also be deleted. See section 8.4 (**da**-compounds)
for more information.

BEISPIEL   Ich habe Angst, ... →

ST1: Ich habe Angst, in einem dunklen Zimmer zu sein. Und du, John, wovor hast du Angst?

ST2: Ich habe Angst, einen Unfall zu haben.

ST1: Ah ja, das ist sehr gefährlich. Wovor hast du noch Angst?

Ich habe Angst, ...
Ich habe vor, ...
Es macht mir Spaß, ...
Es fehlt mir schwer/leicht, ...
Ich bin (nicht) bereit, ...
Ich versuche, ...

D. Wozu haben Sie Lust?   Wie fühlen Sie sich, wenn es regnet und was machen Sie dann? Wozu haben Sie Lust? Wozu haben Sie keine Lust? Fragen Sie einander.

BEISPIEL   Wenn es regnet, habe ich keine Lust, vor die Türe zu gehen. Aber ich habe große Lust, mich ins Bett zu legen.

Wenn es regnet, ...   Wenn es sehr heiß ist, ...
Wenn es schneit, ...   Wenn es kalt ist, ...
Wenn die Sonne scheint, ...   Wenn ich eine Prüfung
Wenn ich Hunger habe, ...   habe, ...
Wenn ich durstig bin, ...

2.6   Modal Particles: **aber, denn**

In section 2.4a on coordinating conjunctions, you were introduced to the conjunctions **aber** and **denn**. These two words function not only as conjunctions but also as modal particles. A modal particle is a word used to add emphasis to a sentence.

A. **Aber** is often used to express admiration or is used as an intensifier, in order to stress something; it can also convey irony.

(1) Das ist **aber** ein schöner Pullover!
(2) Sie haben **aber** ein intelligentes Kind!

In examples (1) and (2), **aber** can be translated as *really*. In both English and German, the statements could either be sincere or ironic; irony often depends upon context and intonation. Stripped of the modal particle the sentence is a simple matter-of-fact statement.

(3) Sie haben ein intelligentes Kind.

Note that **aber** as modal particle is not used in a question.

B. **Denn** as a modal particle is used in questions only. It adds a conversational flavor and friendliness to what otherwise might seem like an interrogation. **Denn** should be inserted to soften any question that could be perceived as prying or too direct.

(4) POLIZIST: Wo wohnen Sie?
    BEKANNTER: Wo wohnen Sie **denn**?

It is also used in questions to express doubt, concern, or uncertainty.

(5) Ihr fliegt nach New York. Ist es **denn** da nicht sehr teuer?

The speaker assumes that New York might be too expensive for the people she/he is addressing.

(6) Fliegt ihr **denn** nach New York?

Denn can also imply impatience or criticism.

(7) Was willst du **denn** in New York?

The speaker implies *What in the world do you want there?*

Anwendung und Kommunikation

A. Erstaunlich   Reagieren Sie auf die folgenden Sätze! Benutzen Sie **aber**, um Ihr Erstaunen auszudrücken.

BEISPIEL   Thomas hat seine Arbeit schon geschrieben. (fleißig) →
Der ist aber fleißig.

1. Hans ist schon hier. (schnell gefahren)
2. Sie waren alle um 8.30 hier. (pünktlich)
3. Das Haus ist schon fertig. (erstaunlich)
4. Bei uns in der Wohnung ist ein Rohr gebrochen. (ein Pech)
5. Es wird in der Nähe ein Flughafen gebaut. (unangenehm)

B. Überraschung   Drücken Sie Ihr Erstaunen über die folgenden Sachen aus!

BEISPIEL   ein neues Kleid →
Das ist aber ein schönes Kleid.

1. ein teures Auto
2. tiefe Bräunung
3. ernstes Gesicht
4. schöne Häuser
5. viele Polizisten an der Straße
6. ein dummer Mensch

C. Information   Sie wollen Informationen über eine Frau/einen Mann von einem guten Freund. Stellen Sie Fragen mit **denn**!

BEISPIEL   Sie wollen wissen, wo er/sie wohnt. →
Wo wohnt er/sie denn?

wie sie/er aussieht
wie alt sie/er ist
woher sie/er kommt
wie sie/er lebt

wann sie/er nach Hause kommt
wo sie/er arbeitet
wann sie/er zum Mittagessen geht
wohin sie/er ausgeht
...

2.7   Time, Manner, Place

Not all events or states of being can be expressed by the verb
alone. The verb must often be expanded upon, that is, modified
in order to convey more precise information. To talk about when,
how, and where, we use adverbial phrases, prepositional phrases,
or adverbs.

◆ GRAMMATIK IM KONTEXT

Ein Ritt über die Felder

Das erste Kind der Reiterschen war also die Eugenie. Sie sehen hier ein
Medaillon mit ihrem Konterfei°, und dieses wildmähnige Stekkenpferd°
mit den rollenden Augen verdanken wir ihrem Eigensinn°, denn Stek-
kenpferd waren Buben- oder Männersache. Aber sie wollte auch eins
haben, und später, zum ersten Mal mit dreizehn, vierzehn Jahren, ist sie
in den Nächten um Vollmond mit einem wirklichen und leibhaftigen
Hengst° wie die wilde Jagd querfeldein° übers Feld gedonnert.

*portrait/hobby-
horse/stubborn-
ness*

stallion/straight

aus: Gerold Späth, *Commedia*

Verbal modifiers express information about time, manner, and
place. They fill Positions I or III as discussed in section 2.1. Look
at the following sentence from the text:

(1) **Sie ist** in den Nächten um Vollmond mit einem wirklichen und leibhaftigen Hengst wie die wilde Jagd querfeldein übers Feld **gedonnert**.
On full moon nights, upon a real, live stallion, she thundered [rode like thunder] straight across the field as on a wild chase.

Position I is filled by the subject **sie**. A frame construction (**Satzklammer**) is established by the auxiliary **ist** and the past participle **gedonnert**. Within this frame we find a number of modifiers.

There are a number of question words in German that help identify modifiers.

wann? *(time)*	in den Nächten um Vollmond
wie? *(manner)*	(a) mit einem wirklichen und leibhaftigen Hengst
	(b) wie die wilde Jagd
wo(hin)? *(place)*	querfeldein übers Feld

As you see in sentence (1), the order of these elements is *time, manner, place*.

If there is more than one expression of time in a sentence, the less specific one comes first:

(2) Sie ist in den Nächten **um Vollmond um Mitternacht (um zehn Uhr, usw.)** mit einem wirklichen und leibhaftigen Hengst ...

If you have two or more modifiers of manner or place, they can appear in any order. Any one of the given verbal modifiers may also be put in Position I in order to emphasize it. But in Position III, the time-manner-place word order always applies. Within these general parameters, there is considerable flexibility as to word order of verbal modifiers:

(3) **In den Nächten um Vollmond** ist sie mit einem wirklichen und leibhaftigen Hengst wie die wilde Jagd querfeldein übers Feld gedonnert.

(4) **Mit einem wirklichen und leibhaftigen Hengst** ist sie in den Nächten um Vollmond wie die wilde Jagd querfeldein übers Feld gedonnert.

(5) **Wie die wilde Jagd** ist sie in den Nächten um Vollmond mit einem wirklichen und leibhaftigen Hengst querfeldein übers Feld gedonnert.

(6) **Querfeldein übers Feld** ist sie in den Nächten um Vollmond mit einem wirklichen und leibhaftigen Hengst wie die wilde Jagd gedonnert.

(7) **Querfeldein** ist sie in den Nächten um Vollmond mit einem wirklichen und leibhaftigen Hengst wie die wilde Jagd übers Feld gedonnert.

(8) **Übers Feld** ist sie in den Nächten um Vollmond mit einem wirklichen und leibhaftigen Hengst wie die wilde Jagd querfeldein gedonnert.

 # Anwendung und Kommunikation

A. Wie verbringen Sie Ihre freie Zeit? Diskutieren Sie mit den Kommilitonen im Deutschkurs, was Sie in Ihrer Freizeit machen wollen.

BEISPIEL Im Sommer →
Im Sommer will ich mit dem Zug nach Mexiko fahren.

Im Sommer	Am nächsten Wochenende
Im Winter	Zu Weihnachten
In den Semesterferien	Ostern

B. Wo und wann? Sagen Sie, wo und wann Sie das am liebsten tun.

BEISPIEL reiten →
Ich reite am liebsten morgens durch den Wald.

Frisbee spielen	Briefe schreiben
schwimmen	fernsehen
Tennis spielen	Platten hören
schlafen	Pizza essen
essen	ausgehen
Kaffee trinken	ins Kino gehen
Zeitung lesen	...

Zusammenfassende Aktivitäten

A. Berufe und Eigenschaften   Welche Charaktereigenschaften braucht man in bestimmten Berufen? Hier ist eine Liste mit verschiedenen Berufen:

Zahnarzt, Ärztin, Automechaniker, Koch, Zirkusdirektorin, Jongleur, Rockmusiker, Schauspielerin, Gärtner, Chemikerin, Lehrerin, Pilot, Barmann, Schriftsteller, Richterin, ...

Wählen Sie einen oder zwei Berufe aus der Liste. Schreiben Sie dann drei Charaktereigenschaften oder Dinge, die man Ihrer Meinung nach für die einzelnen Berufe braucht. Führen Sie ein Gespräch mit Ihren Kommilitonen. Wenn Sie an die Reihe kommen, überlegen Sie sich Gründe, warum das, was man Ihnen sagt, stimmt oder nicht stimmt.

BEISPIEL   Drei Dinge oder Eigenschaften braucht ein Rockmusiker:
a. eine elektrische Gitarre
b. eine laute Stimme
c. eine gute Portion Monomanie

Sie antworten:
a. Ja, man braucht eine elektische Gitarre, aber eine akustische geht auch.
b. Nein, man braucht keine laute Stimme, denn man hat ein Mikrophon.
c. Nein, Monomanie braucht man nicht, denn ein/e Rockmusiker/in ist Künstler/in!

Welche Wünsche hätten Sie, wenn Sie in den folgenden Berufen wären?

1. Ich als Automechaniker wünsche mir, daß es viel regnet und die Autos verrosten.
2. Ich als Arzt wünsche mir, daß alle Leute immer krank sind.
3. Ich als Maler wünsche mir, daß die Leute meine Bilder verstehen.
4. Ich als Schauspieler ...
5. Ich als Zahnärztin ...
6. Ich als Rockmusiker ...

7. Ich als Politikerin ...
8. Ich als Lehrer ...
9. Ich als ...

B. Unerfüllte Träume
Schreiben Sie jetzt über Ihr Studienfach. Was studieren Sie? Was wollten Sie eigentlich lieber machen? Erklären Sie!

Obwohl ich _____ studiere, wollte ich immer _____ werden, weil _____

Schreiben Sie einen kurzen Bericht darüber, was Sie werden möchten. Begründen Sie Ihre Entscheidung.

C. Verteidigen Sie, was Sie sagen
Stellen Sie eine These auf und verteidigen Sie sie dann. Arbeiten Sie mit einem Partner/einer Partnerin, der/die die These und die Argumente widerlegt. Machen Sie sich Notizen für Ihre Argumente!

MÖGLICHE THEMEN

Berufswahl
Umweltprobleme
Politik
Ausbildung
Erziehung

HILFREICHE AUSDRÜCKE

Es ist wichtig	Ich habe kein Interesse
Ich habe Angst	Es fällt mir schwer
Es macht Spaß	Viele haben den Wunsch
Ich habe vor	Es scheint mir
Ich habe beschlossen	

BEISPIEL   Es ist wichtig zu arbeiten. →
Ich glaube, daß es wichtig ist zu arbeiten, weil Arbeit das Leben reicher macht. Dazu kommt, daß es auch Spaß macht zu arbeiten. Ich bin so an Arbeit gewöhnt, daß ich Angst habe, nicht mehr arbeiten zu können.

Ich habe auch vor, durch meine Arbeit viel Geld zu
verdienen. ...

oder

Gegenargumente →

Es ist für mich unwichtig zu arbeiten. Ich habe vor, nie
zu arbeiten, denn faul sein macht das Leben schön. Ich
habe Angst davor, mich zu sehr an eine Arbeit zu
gewöhnen. Es ist unwichtig, viel Geld zu verdienen, es
ist wichtiger, glücklich zu sein. Das heißt für mich,
nicht zu arbeiten. usw.

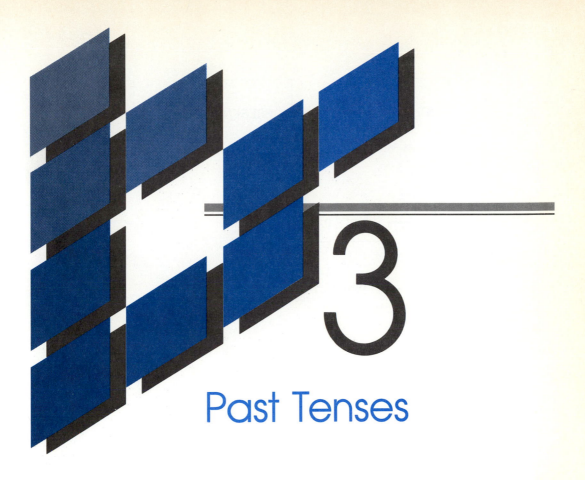

3

Past Tenses

Language can refer to events in the past, present, or future; it can even refer to unreal and nonexistent events. Furthermore, when talking about events that happened in the past, we can distinguish between two past events that occurred simultaneously or that followed one another in sequence. A diagram representation of the tenses might look like this:

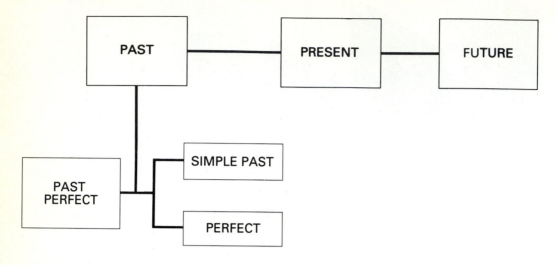

In this chapter we examine three past tenses: the present perfect, the simple past, and the past perfect. The present perfect is commonly used in conversation; the simple past is used in writing.

The past perfect, often used in combination with the subordinating conjunction **nachdem**, helps to sequence earlier actions or events and more recent ones.

◆ GRAMMATIK IM KONTEXT

Vor zwei Monaten—wir saßen gerade beim Frühstück—kam ein Brief von meinem Vetter Eduard. Mein Vetter hatte an einem Frühlingsabend vor zwölf Jahren das Haus verlassen, um einen Brief einzustecken, und war nicht zurückgekehrt. Seitdem hatte niemand etwas von ihm gehört. Der Brief kam aus Sydney in Australien. Ich öffnete ihn und las. Ich sagte zu meiner Frau: „Ich habe einen Brief von meinem Vetter Eduard aus Australien bekommen."

aus: Wolfgang Hildesheimer, *Der hellgraue Frühjahrsmantel*

3.1 Simple Past Tense

The simple past tense is the more literary tense used in writing. It is the one-word verb without an auxilliary.

a Simple Past of Strong Verbs

Simple past	**Present**
wir saßen	wir sitzen
er kam	er kommt
ich las	ich lese

In strong verbs, the stem vowel of the simple past is different from that of the present tense. English also has a number of verbs with irregular stems in the past tense (*sit, sat; come, came*). These stem changes are not predictable and must therefore be memorized. Within this group of verbs, stem changes may also affect consonants, e.g., **sitzen, saß**. Strong verbs have their own set of past tense endings. For a complete list of the principal parts of strong and irregular verbs, see the Quick Reference section at the back of the book.

	Singular	**Plural**
1st person	ich **kam**	wir kamen
2nd person	du kamst	ihr kamt
	Sie kamen	Sie kamen
3rd person	er/sie/es **kam**	sie kamen

Note that the 1st and 3rd person singular forms are identical and have no endings.

b Simple Past of Weak Verbs

Simple past	**Present**
ich sagte	ich sage
ich öffnete	ich öffne

Weak verbs use the same stem to form all of their tenses. The simple past of weak verbs includes endings different from those for strong verbs. These endings can be recognized by the **-(e)te-** that is inserted between the stem and the ending.

Let's look at **sagen** as an example. **Sagen** is a regular weak verb, and the stem **sag-** occurs both in the present and past tense. To form the past tense, the following endings are added to its stem:

	Singular	**Plural**
1st person	ich sag**te**	wir sag**ten**
2nd person	du sag**test**	ihr sag**tet**
	Sie sag**ten**	Sie sag**ten**
3rd person	er/sie/es sag**te**	sie sag**ten**

Note that, as with strong verbs, the first and third person singular forms are identical. Also note that if the stem of the weak verb ends in either **-d/-t** or **-m/-n** preceded by another consonant (except **-l-** and **-r-**), an **e** is inserted before the endings to make pronunciation easier.

ich öffn**e**te	wir öffn**e**ten
du öffn**e**test	ihr öffn**e**tet
Sie öffn**e**ten	Sie öffn**e**ten
er/sie/es öffn**e**te	sie öffn**e**ten

Other verbs that are conjugated with the extra **e** include **baden**, **arbeiten**, and **regnen**.

C   Simple Past of Irregular Weak Verbs

Irregular weak verbs undergo stem changes in the simple past like strong verbs, but use the weak verb endings.

Present	**Simple past**
brennen	ich br**ann**te
kennen	du **kann**test
nennen	Sie **nann**ten
rennen	sie **rann**te

senden	Sie **sand**ten (sendeten)
wenden	er **wand**te (wendete)

bringen	wir br**ach**ten
denken	ihr d**ach**tet
wissen	sie w**uß**ten

Note that the verbs **senden** and **wenden** are often used without the stem vowel change in conversational German.

Weak verbs are far more common than strong verbs in German. New verbs that enter the language are always treated as weak verbs.

joggen	joggte
faxen	faxte
checken	checkte

In the simple past tense, separable prefix verbs are separated in main clauses but joined in dependent clauses, just like in the present tense.

(1) Er **kehrte** nie aus Australien **zurück**.
(2) Weil er nicht **zurückkehrte**, vergaßen wir ihn bald.

◢ Anwendung und Kommunikation

A. Erfinder   Ergänzen Sie den Text.

Erfinder ist ein Beruf, den es nur noch selten gibt. Früher _____ (geben) es noch Erfinder. Einer von ihnen _____ (heißen) Edison. Er _____ (sterben) 1931.
     Im Jahre 1931 _____ (leben) auch noch ein anderer Erfinder. Kein Mensch _____ (kennen) ihn. Er _____ (gehen) nie in die Stadt und _____ (wohnen) allein. Er _____ (verlassen) auch nie sein Haus. Er _____ (sitzen) den ganzen Tag am Tisch und _____ (schreiben), aber nie _____ (gelingen) es ihm, seine Ideen auf Papier zu bringen. Er _____ (finden) keinen Menschen, mit dem er seine Ideen _____ (besprechen können). Jeden Morgen _____ (stehen) er früh auf, und

_____ (arbeiten) den ganzen Tag. Er _____ (bekommen) keine Post, _____ (lesen) keine Zeitungen, und _____ (wissen) nicht, daß es Radios _____ (geben).

Frei nach Peter Bichsel

Schreiben Sie diese Geschichte zu Ende. Was wurde aus diesem Mann?

B. Erfinder Trivia Quiz   Schreiben Sie die Namen von Erfindern und ihre Erfindungen auf. Fragen Sie Ihre Kommilitonen.

BEISPIEL   Wer erfand (entdeckte, entwickelte) die Glühbirne?
oder
Was erfand ... ?

Druckerpresse
Telefon
Flugzeug
Lesebrille
...

C. Sterntaler—ein Märchen   Füllen Sie die Lücken aus.

Es _____ (sein) einmal ein kleines Mädchen. Ihre Mutter _____ (sterben) und sie _____ (kennen) keinen Menschen mehr, zu dem sie gehen _____ (können). Da _____ (nehmen) sie ein Stück Brot und _____ (wandern) nachts in die weite Welt. Sie _____ (treffen) einen alten Mann, der Hunger _____ (haben), und sie _____ (geben) ihm ihr Brot. Dann _____ (kommen) ein Kind, das sehr _____ (frieren). Sie _____ (schenken) dem Kind ihre Kleider. Darüber _____ (freuen) sich die Sterne so sehr, daß sie zu Gold _____ (werden) und auf das Mädchen _____ (fallen).

D. Rotkäppchen   Ordnen Sie die Sätze, und erzählen Sie die Geschichte vom Rotkäppchen in der richtigen Reihenfolge und im Präteritum (*simple past*).

1. Der Wolf findet die Großmutter.
2. Rotkäppchen und die Oma springen aus dem Wolf.
3. Der Wolf frißt Rotkäppchen.
4. Rotkäppchen verläßt das Haus mit einem Kuchen und einer Flasche Wein, die sie der Großmutter bringen soll.
5. Rotkäppchen geht in das Haus der Großmutter.
6. Der Mann tötet den Wolf.
7. Rotkäppchen erzählt dem Wolf von ihrer kranken Oma.
8. Der Wolf frißt die Oma.
9. Rotkäppchen führt ein langes Gespräch mit dem Wolf im Wald.
10. Ein Mann erkennt den Wolf in den Kleidern der Großmutter.
11. Der Wolf liegt im Bett der Oma.

Versuchen Sie die Geschichte im Präteritum stilistisch besser zu schreiben. Vermeiden Sie Wiederholungen und benutzen Sie möglichst viele Wörter!

Erzählen Sie Rotkäppchen aus der Perspektive des Wolfs!

Erinnern Sie sich an ein Märchen und erzählen Sie es im Präteritum.

E. Albert Schweitzers Leben Albert Schweitzer, der große Elsäßer Philanthrop, Arzt, Kulturphilosoph und Musiker, wurde 1875 in Kaysersberg geboren.

BEISPIEL   1912 schreibt er *Bachs Orgelwerke* →
1912 schrieb er *Bachs Orgelwerke.*

1902: Albert Schweitzer wird Dozent für Theologie in Straßburg.
1913: Er beendet das Studium der Medizin und geht als Missionär nach Afrika.
1918: Er öffnet sein Missionshospital.
1921: Er veröffentlicht *Kultur und Ethik.*
1951: Er erhält den Friedenspreis des deutschen Buchhandels.
1952: Er erhält den Friedensnobelpreis.
1965: Er stirbt in Lambarene in Afrika.

F. Kurzer Lebenslauf Wer war das? Heinrich Böll? Günter Grass? Bertolt Brecht?

1898 _____ (kommen) er in Augsburg zur Welt.
1922 _____ (erhalten) er den Kleistpreis und später
 _____ (leben) er als Schriftsteller in Berlin.
1928 _____ (schreiben) er die Dreigroschenoper.
1933 _____ (fliehen) er aus Deutschland.
1942 _____ (wohnen) er in Santa Monica.
1947 _____ (zurückkehren) er nach Europa.
1956 _____ (sterben) er in Ost-Berlin.

G. Lebensläufe Arbeiten Sie jetzt in Gruppen. Wählen Sie eine berühmte Person aus der Vergangenheit und schreiben Sie gemeinsam den Lebenslauf dieser Person. Lesen Sie Ihre Geschichte der Klasse vor und lassen Sie Ihre Kommilitonen raten, wer es war.

 ## Simple Past of Modal Verbs

To form the simple past tense of the modal auxiliaries, take the stem, drop any umlauts, and add **-te** and any personal endings that may be required.

◆ GRAMMATIK IM KONTEXT

Yuppie

Der Yuppie mußte arbeiten, Tag und Nacht. Wie sollte er sonst seine gestreiften Hemden, Alden-Schuhe, Club-Med-Ferien und das Golf-GLI-Cabrio finanzieren? 1984 war der Yuppie aus dem Nichts aufgetaucht°.   *surfaced*
Er tummelte sich° in Banken und Jurafakultäten, in Kneipen und Com-   *hurried*
puter-Lehrgängen. Keiner mochte ihn: Weder die Alt-68er, noch die
Journalisten, noch seine Altersgenossen.° Auch er selbst konnte sich nicht   *peers*
ausstehen.°   *put up with*

aus: Maxim Biller in *Tempo*

Compare the present tense and simple past tense forms of the modal verb **müssen**:

Present	**Simple past**
ich muß	ich muß**te**
du mußt	du muß**test**
Sie müssen	Sie muß**ten**
er/sie/es muß	er/sie/es muß**te**
wir müssen	wir muß**ten**
ihr müßt	ihr muß**tet**
Sie müssen	Sie muß**ten**
sie müssen	sie muß**ten**

All other modal verbs follow the same pattern in the past tense. (See the Quick Reference section at the back of the book.)

Remember that the modal verbs are more commonly used in the past tense than in the perfect tense in both written and spoken German.

 # Anwendung und Kommunikation

A. Meine Kindheit   Berichten Sie, was Sie in Ihrer Kindheit gemacht haben, wenn Sie etwas tun wollten und nicht durften, oder wenn Sie etwas tun mußten oder sollten aber nicht wollten.

BEISPIEL   Was haben Sie als Kind gemacht, wenn Sie in die Schule gehen sollten? →
Wenn ich in die Schule gehen sollte, aber nicht wollte, habe ich gesagt, „Ich bin krank".

Was haben Sie als Kind gemacht, wenn Sie ...

—ins Bett mußten?
—ins Kino wollten?
—nicht spielen durften?
—nicht zur Schule gehen wollten?
—spät abends noch etwas essen wollten?
—nicht fernsehen durften?

Interviewen Sie jetzt auch Ihre Kommilitonen. Fragen Sie, was sie für Ausreden erfunden haben.

B. Machen Sie ein Interview!   Sie interessieren sich für das, was Ihre Kommilitonen in ihrer Kindheit gemacht haben. Stellen Sie einen Katalog von Fragen zusammen, die Sie stellen können und die Ihnen die Informationen geben, die Sie wollen. Fragen Sie über die Schulzeit, über einen Ferienjob und über Ferien.

BEISPIEL   Mußtest du im Haus helfen?
Durftest du lange aufbleiben?
Konntest du soviel fernsehen, wie du wolltest?

3.2   Present Perfect Tense

In German, the present perfect is used mostly in spoken discourse and the simple past, in written texts. The same meaning is expressed whether you use the simple past or the present. For example:

(1) Ich war eine Woche in New York.
   I was in New York for one week.

(2) Ich bin eine Woche in New York gewesen.
   I was in New York for one week.

In German the present perfect (also known as the conversational past) is a compound tense consisting of an auxiliary verb and the past participle. German has two auxiliaries: **haben** and **sein**.

(3) Ich **habe** einen Brief von Eduard **bekommen**.
(4) Er **ist** nicht **zurückgekehrt**.

Most verbs form compound tenses with **haben**. **Sein** is used with verbs that do not take an accusative object and that denote a motion from one location to another or a change of condition.

(5) gehen   Er ist gegangen. (*motion*)
(6) sterben   Er ist gestorben. (*change of condition*)

Note that the verbs **bleiben** and **sein** itself also take **sein** as an auxiliary.

(7) bleiben   Er ist geblieben.
(8) sein   Er ist gewesen.

However, **sein**, along with **haben** and the modal verbs are not often used in the present perfect. When expressing ideas in the past, these verbs appear more commonly in the simple past tense. Thus, Germans do not usually say:

(9) Er ist krank gewesen.

Rather, they say:

(10) Er war krank.

a   Past Participles

1. Strong verbs
   The past participles of strong verbs are generally formed with the prefix **ge-**, the stem of the verb, and the ending **-en**. Remember that in most strong verbs the stem vowel changes. For a complete list of the principal parts of strong and irregular verbs see the Quick Reference section at the back of the book.

Infinitive	Past participle
sitzen	**ge**sess**en**
trinken	**ge**trunk**en**
lesen	**ge**les**en**
kommen	**ge**komm**en**

2. Weak verbs
   The part participles of weak verbs consist of the present tense stem of the verb with the prefix **ge-** and the ending -**(e)t**:

Infinitive	Participle
öffnen	**ge**öffnet
sagen	**ge**sagt

3. Irregular weak verbs

For irregular weak verbs, the stem vowel changes, not only in the simple past form, but also in the past participle. The stem vowel in the past participle is the same as the vowel in the simple past tense stem. The participle also adds **ge-** and **-t** just like regular weak verbs.

Infinitive	Simple past	Participle
brennen	er br**ann**te	gebr**ann**t
senden	er s**and**te/(sendete)	ges**and**t/gesendet
wenden	er w**and**te/(wendete)	gew**and**t/gewendet
bringen	er br**ach**te	gebr**ach**t
denken	er d**ach**te	ged**ach**t
wissen	er w**uß**te	gew**uß**t

In conversational German, **gewendet** and **gesendet** are more frequently used than their counterparts with vowel changes.

4. Separable and inseparable prefix verbs

Verbs with a separable prefix place the **ge-** between the two verb parts.

Infinitive	Part participle
zurück + kehren	zurück + **ge** + kehrt
ein + stecken	ein + **ge** + steckt

Verbs with an inseparable prefix do not add **ge-** to the past participle.

Infinitive	Past participle
verlassen	verlassen
bekommen	bekommen
entstehen	entstanden
zerstören	zerstört

5. Verbs ending in **-ieren**

Verbs that end in **-ieren** do not add **ge-**. The past participle consists of the verb stem plus **-t**.

Infinitive	Past participle
telefon**ieren**	telefon**iert**
stud**ieren**	stud**iert**
repar**ieren**	repar**iert**

Most of the verbs in this group are cognates of English verbs that have the same French or Latin root. There are many such cognates in German:

> addieren, applaudieren, dekorieren, demonstrieren, denotieren, diskutieren, dividieren, fixieren, irritieren, multiplizieren, protestieren, renovieren, stimulieren.

 ## Auxiliaries **haben** and **sein**

Verbs of motion take **sein** to form the present perfect tense only if they are used without a direct object (i.e., if they are used intransitively). If the same verb is used with a direct object, **haben** is used as the auxiliary instead of **sein**. Look at these examples:

(11) **Bist** du mit Pan Am nach Berlin **geflogen?**
(12) Nein, ich **habe** mein eigenes Flugzeug **geflogen.**
     Ich bin seit kurzem Pilot.

Some other verbs that may take either **haben** or **sein** are: **fahren, fliegen, joggen, landen, laufen, schwimmen, ziehen.**

Whereas standard German uses **haben** with the verbs **stehen, sitzen,** and **liegen,** you will often hear these verbs with the auxiliary **sein** in Austria and the southern regions of Germany.

Anwendung und Kommunikation

A. Willis und Susannes Reise nach München   Benutzen Sie das Perfekt und jedes der folgenden Verben:

> nehmen, fahren, suchen, gehen, essen, gefallen, trinken, kaufen, fliegen, machen.

Vor einem Monat _____ Susanne und Willi nach München _____. Sie _____ einen Flug um acht Uhr _____. Sie _____ vom Flughafen aus mit dem Bus in die Stadt _____. Dort _____ sie ein Hotel _____. Die Stadt war sehr schön, sie

_____ den beiden gleich am ersten Tag sehr gut _____. Sie _____ einen Einkaufsbummel _____. Susanne _____ in eine Boutique _____ und _____ Schuhe _____. Dann _____ Susanne und Willi eine Pizza _____ und viel Rotwein _____. Sie _____ nach einem langen Tag in der Stadt müde mit dem Taxi zum Hotel _____.

B. Ein Tag in Tims Leben Was hat Tim alles gemacht? Sprechen oder schreiben Sie darüber!

BEISPIEL   8 Uhr frühstücken →
            Um 8 Uhr hat Tim gefrühstückt.

8.00	frühstücken
8.30	in die Universität fahren
9.00	im Deutschunterricht sitzen
11.30	in die Mensa gehen
	Uli treffen
	über ein Literaturseminar sprechen
13.00	lesen
	(Buch) vergessen
14.00	in die Bibliothek laufen
15.00	(Buch) finden
19.00	nach Hause kommen
22.30	liegen ... fernsehen
	müde werden
	schlafen

C. Was haben Sie gestern gemacht? Beschreiben Sie Ihren Tageslauf.

BEISPIEL   Um acht Uhr bin ich aufgestanden.
            Um neun Uhr habe ich gefrühstückt.
            ...

D. Das letzte Mal Wann haben Sie das zuletzt gemacht?

BEISPIEL   Wann haben Sie Ihre Freundin/Ihren Freund in der Stadt getroffen? →
            Ich habe meine Freundin/meinen Freund diese Woche in der Stadt getroffen.

HILFREICHE AUSDRÜCKE

gestern abend
letzte Woche
gestern morgen (vormittag, mittag, nachmittag)
letzten Montag (Dienstag...)
letztes Jahr

1. Wann sind Sie einkaufen gegangen?
2. Wann sind Sie ins Theater gegangen?
3. Wann sind Sie den ganzen Abend zu Hause geblieben?
4. Wann haben Sie einen Film gesehen?
5. Wann sind Sie spät ins Bett gegangen?
6. ...

E. Wer hat was gemacht?   Was paßt zusammen?

BEISPIEL   Hat Mozart die Zauberflöte komponiert? →
Ja, ich weiß, daß er die Zauberflöte komponiert hat.
Ich weiß nicht, ob ...
Ich glaube (nicht), daß ...
Nein, Mozart hat nicht ...

Mozart	Relativitätstheorie
Einstein	Zauberflöte
Schiller	Rock me Amadeus
Falco	Die Räuber
Thomas Mann	Buddenbrooks
Sigmund Freud	Psychoanalyse
Karl Marx	Dreigroschenoper
Bertolt Brecht	Das Kapital

F. Neugier   Sie sind sehr neugierig. Sie wollen ganz genau wissen, was Ihr Professor/Ihre Professorin am Wochenende gemacht hat. Aber er/sie darf nur mit *ja* oder *nein* antworten. Sie dürfen nur zehn Fragen stellen.

BEISPIEL   Haben Sie einen Film gesehen?

Sie möchten auch wissen, was ein Mitstudent/eine Mitstu-
dentin am Wochenende gemacht hat. Sie haben wieder nur
zehn Fragen.

BEISPIEL   Hast du einen Freund besucht?

3.3   Past Perfect Tense

The past perfect is used to refer to an event in the past that took
place earlier than another past event:

(1) Ich **hatte** den Brief **gelesen** und zeigte ihn meiner Frau.

Two actions in the past are contrasted; the reading of the letter
precedes the showing of it. To show this grammatically, the first
chronological event takes the past perfect and the more recent
event, the simple past as in (1) or the present perfect in colloquial
speech.

ich	hatte gehört	war zurückgekehrt
du	hattest gehört	warst zurückgekehrt
Sie	hatten gehört	waren zurückgekehrt
er/sie/es	hatte gehört	war zurückgekehrt

wir	hatten gelesen	waren gekommen
ihr	hattet gelesen	wart gekommen
Sie	hatten gelesen	waren gekommen
sie	hatten gelesen	waren gekommen

The past perfect tense is formed with the simple past forms of the
auxiliaries **haben** or **sein** and the past participle.

Conjunctions **nachdem, seit, seitdem**

These three conjunctions introduce subordinate clauses and tell us when the action or event in the subordinate clause happens in relation to the actions/events in the main clause.

♦ **nachdem**

(2) **Nachdem** ich den Brief **gelesen hatte**, zeigte ich ihn meiner Frau.

The conjunction **nachdem** introduces a subordinate clause. The event described in the subordinate clause chronologically precedes what happens in the main clause. Different verb tenses are used to distinguish the two events chronologically.

Subordinate Clause	Main Clause
past perfect	simple past or present perfect
present perfect	present

In conversation, many Germans prefer to use **nach**, **wenn**, and **als** instead of the more formal **nachdem**. The English sentence *After I have seen the film, I'll come to your house* can be expressed in different ways in German:

(3) Nachdem ich den Film gesehen habe, komme ich zu dir.
(4) Nach dem Film komme ich zu dir.
(5) Wenn ich den Film gesehen habe, komme ich zu dir.

Nachdem is more commonly used in written German.

For a further discussion about the use of **wenn** and **als**, see section 3.5.

♦ **seit, seitdem**

As conjunctions, **seit** and **seitdem** introduce a subordinate clause of time. The event(s) in the main clause and those in the subordinate clause happen at the same time. As conjunctions, **seit** and **seitdem** can be used interchangeably.

(6) **Seit (seitdem)** er in Australien ist, habe ich nichts mehr von ihm gehört.

Seit is also a preposition (**seit einem Jahr**, **seit einer Woche**). For a further discussion of **seit**, see section 7.4.

The English present perfect is used differently from the German present perfect. English uses the present perfect to talk about events or situations which began in the past and are continuing into the present. Compare the German to the English.

(7) Seit einem Jahr wohnt er in Australien.
   He has been living in Australia for one year.

(8) Seit er in Australien lebt, geht es ihm besser.
   Since/while he has been living in Australia things have been going better for him.

In German **seit**, regardless of whether it is used as a preposition or conjunction, is used with the present tense to express the ideas of the English present perfect.

Overview

The text by Hildesheimer at the beginning of this chapter is a literary narrative written in the past. The narrator is talking about an event—the receipt of a letter from his cousin Eduard—that took place two months before. To relate the significance of the letter, he talks about the sudden disappearance of his cousin Eduard twelve years earlier that began a period of prolonged absence. The author uses the past perfect to set these two past events apart.

(9) Mein Vetter **hatte** an einem Frühlingsabend vor zwölf Jahren das Haus **verlassen**.
(10) Seitdem **hatte** niemand etwas von ihm **gehört**.

The narrator then switches back into the simple past to resume his story and, in the conversation with his wife, uses the present perfect tense to *talk* about the letter he received.

(11) Ich **habe** einen Brief von meinem Vetter Eduard aus Australien **bekommen**.

This clearly shows how German uses the present perfect instead of the simple past in spoken discourse.

Anwendung und Kommunikation

A. Tagesablauf Ordnen Sie die folgenden Aktivitäten in eine logische Reihenfolge. Verwenden Sie die Konjunktion **nachdem**.

BEISPIEL   ins Kino gehen/Karte kaufen →
           Nachdem ich eine Karte gekauft hatte, ging ich ins Kino.

1. aufstehen/duschen
2. Brille aufsetzen/besser sehen
3. Kaffee kochen/trinken
4. Meine Mutter abholen/mit ihr reden
5. zum Arzt gehen/sich besser fühlen
6. Buch lesen/Buch kaufen
7. kochen/essen
8. Hausaufgaben machen/Tennis spielen
9. Auto reparieren/nach München fahren
10. Prüfung bestehen/pauken
11. Visum besorgen/in die USA fliegen
12. ...

B. Judiths Tag Judith war heute sehr beschäftigt. Erzählen Sie der Reihe nach, was sie alles gemacht hat. Fangen Sie jeden Satz mit **nachdem** an!

8.00	aufstehen
9.00	frühstücken
10.00	zur Uni fahren
12.00	in der Mensa essen
14.00	in die Bibliothek gehen
16.00	Freunde treffen
18.00	nach Hause fahren

3.4   Infinitives and Double Infinitives

The infinitive is the form of the verb that is listed in the dictionary.

◆ GRAMMATIK IM KONTEXT

Baden bei Wien

Baden bei Wien, das ist Musik und Architektur, heilendes Thermalwasser und gesunde Luft, Sonne und Wienerwald. Genießen ... sich entspannen ... einfach nichts tun ... neue Kraft schöpfen ... in der Wiese liegen und mit der Seele baumeln ...

Kurdirektion Baden

 ## Uses of the Infinitive

Infinitives are used in the future tense (see Kapitel 11) and with the present and simple past forms of modal verbs (see Kapitel 1 and 3).

(1) Maria **wird** morgen ins Kino **gehen**.
(2) Walter Klemmer **muß** jeden Tag **Klavier spielen**.
(3) Früher **mußte** er lange **üben**.

 ## Double Infinitives

Double infinitives consist of two infinitives used in place of a past participle. In German, e.g., there are two ways of forming the perfect tense of modal verbs. When the modal is the main verb, it follows the regular present perfect construction, i.e., the conjugated auxiliary **haben** is used with the past participle of the modal verb:

(4) **Hast** du in die Stadt **gemußt**?
(5) Das **habe** ich nicht **gekonnt**.

The past participles of the modal verbs are: **gekonnt, gemußt, gewollt, gesollt, gemocht, gedurft**.

When the modal is used with a dependent verb, the present perfect is formed by using the conjugated auxiliary **haben**, but there is no past participle. Instead, both the main verb and the modal verb appear together in their infinitive forms at the end of the sentence. This is called a *double infinitive*.

(6) **Hast** du durch die Stadt **gehen müssen**?
(7) Das Stück **habe** ich nicht **spielen können**.

Note that it is more common to use the simple past tense with modal verbs than the present perfect tense (with double infinitives).

Sentences with subordinate word order such as:

(8) Er war ärgerlich, weil ich das Stück nicht **habe spielen können**.

are not common at all. A native speaker uses the simple past more often:

(9) Er war ärgerlich, weil ich das Stück nicht **spielen konnte**.

C Dependent Infinitives

Some verbs are used with dependent infinitives:

helfen, hören, sehen, lehren,[1] lernen, lassen

---

[1] **Lehren** is rarely used today, having been replaced by **unterrichten** and **beibringen**. **Helfen**, too, is rarely used with the dependent infinitive. It is used more often with a prepositional phrase:
  Ich helfe dir arbeiten.
  Ich helfe dir beim Arbeiten.

In the present tense and the simple past, these verbs function like modal verbs.

(10) Ich lasse mein Auto reparieren.
I have my car repaired.

(11) Ich hörte sie kommen.
I heard them coming.

The perfect tense of these verbs can be formed with either the double infinitive construction or with a participle. The perfect tenses of the verbs **lehren** (*teach*) and **lernen** (*learn*) are formed mainly with their participles as in (12). The perfect tenses of the verbs **lassen** and **sehen** are mainly used with double infinitive forms as shown in (13) and (14).

(12) Ich **habe** Klavierspielen **gelernt**.
(13) Ich **habe** sie **kommen sehen**.
(14) Ich **habe** die Uhr **reparieren lassen**.

Lassen is the most commonly used of this group of verbs. It has four basic meanings:

◆ to have or cause something to be done

(15) Ich habe mir die Haare schneiden lassen.

◆ to leave something

(16) Ich habe meine Schlüssel zu Hause gelassen.

◆ to let or permit

(17) Meine Mutter läßt mich zu dir kommen.

◆ Let's [do something]!

(18) Laß uns essen!
(19) Laßt uns gehen!

◢ Anwendung und Kommunikation

A. Ein Polizeibericht   Herr Meier erzählt seiner Frau, was er gesehen und gehört hat, als er am Fenster saß.

BEISPIEL   Eine Stimme hat gerufen (Er hat das gehört.) →
Er sagt: Ich habe eine Stimme rufen hören.

1. Die Kinder haben auf der Straße gespielt. (Er hat das gehört.)
2. Ein Kind ist vom Fahrrad gefallen. (Er hat das gesehen.)
3. Eine Stimme hat gerufen. (Er hat das gehört.)
4. Jemand hat unten an die Tür geklopft. (Er hat das gehört.)
5. Unser Nachbar ist die Treppe hinuntergegangen (Er hat das gehört.)
6. Er hat mit einem Kind gesprochen. (Er hat das gehört.)
7. Der Nachbar ist zu dem Kind gelaufen. (Er hat das gesehen.)
8. Das Kind ist aufgestanden. (Er hat das gesehen.)
9. Die Mutter ist erst dann gekommen. (Er hat das gesehen.)

B. Ein Unfall bei Herrn Schmidt   Lesen Sie die folgende Situation.

Herr Schmidt wohnt alleine. Er trinkt sehr gerne Kaffee. An einem Donnerstagnachmittag will er sich wie immer seinen Kaffee kochen. Er nimmt einen Kessel und stellt das Gas an. Da klingelt das Telefon. Er möchte eigentlich nicht ans Telefon gehen, aber er geht trotzdem. Es ist ein Freund und der bittet ihn, ihm zu helfen. Herr Schmidt kann nicht ‚nein‘ sagen, denn sein Freund hilft ihm auch immer. „Es ist sehr eilig!“ sagt der Freund. Herr Schmidt muß sofort gehen. Er vergißt das Gas auszuschalten und das Fenster läßt er auch offen. Ein starker Wind kommt und bläst die Gasflamme aus. Das Pilotlicht im Bad entzündet das Gas und seine Wohnung explodiert. Glücklicherweise ist er nicht da. Die Feuerwehr kann nichts von seiner Wohnung retten.
Moral: Man darf nicht zu überstürzt das Haus verlassen.

Nach dem Unfall ruft Herr Schmidt eine Freundin an und erzählt ihr alles, was passiert ist. Erzählen Sie den Text aus seiner Perspektive (im Perfekt).

BEISPIEL   „Stell dir vor, was passiert ist. Du weißt, daß ich alleine wohne. Ich habe immer gerne Kaffee getrunken. An einem Donnerstagnachmittag habe ich mir wie immer einen Kaffee kochen wollen. Ich habe den Kessel genommen und ... “

C. Man muß nicht alles selbst können!   Erklären Sie Ihren Kommilitonen, was Sie nicht selber machen können oder wollen. Was lassen Sie andere machen?

BEISPIEL   Ich lasse mein Auto reparieren und sogar die Luft in
             den Reifen prüfen. Das kann ich selbst nicht machen.
             Davon verstehe ich überhaupt nichts.

Lassen Sie sich gerne verwöhnen? Was haben Sie (nicht)
gern?

BEISPIEL   Ich lasse mich massieren.
                     fahren
                     zum Essen einladen
                     rasieren
                     lieben
                     umarmen
                     frisieren
                     ...
             Ich lasse mir die Haare schneiden/waschen
                     die Nägel schneiden/lackieren
                     ...

D. Sind Sie vergeßlich?   Erzählen Sie, was Sie einmal vergessen
   oder liegen lassen haben.

BEISPIEL   Ich habe einmal meine Brieftasche mit allen Ausweisen
             und 200 DM in einem Restaurant liegen lassen. Viel
             später habe ich die Ausweise zurückbekommen, aber
             das Geld ...

E. Immer dasselbe   Eltern behaupten oft, daß Ihre eigenen
   Eltern viel strenger waren als sie selbst es sind. Früher war
   alles anders. Den jungen Leuten war nicht soviel erlaubt, wie
   der heutigen Jugend. Was sagen Ihre Eltern immer?
   Schreiben Sie eine Liste und vergleichen Sie sie mit Ihren
   Kommilitonen.

BEISPIEL   Meine Mutter mußte immer um Punkt 10 Uhr zu
             Hause sein. Sie hat nie länger ausgehen dürfen.

Was mußten Sie als Kind machen, daß Sie jetzt nicht mehr
machen müssen?

3.5   wann, wenn, als

The English words *when* and *whenever* correspond to three words in German: **wann**, **wenn**, **als**.

A. **Wann** is used to ask either a direct or an indirect question about a point in time.

   (1) **Wann** beginnt der Film?
   (2) Weißt du, **wann** er zurückkommt?

B. The conjunction **als** joins two single events or conditions in the past. The subordinate clause introduced by **als** always appears with one of the past tenses.

   (3) **Als** ich aufwachte, regnete es. *(simultaneous events)*
   (4) **Als** ich klein war, sprach ich fließend Französisch. *(simultaneous conditions)*

C. **Als** can also be used to connect two consecutive events in the past:

   (5) **Als** er das letzte Glas getrunken hatte, fiel er vom Stuhl.

D. The conjunction **wenn** generally describes habitual (repeated) events either in the present, the future, or in the past. While **als** describes one event or condition in the past, **wenn** stresses a repeated action.

   (6) **Wenn** er morgens ins Büro kam, trank er (jedes Mal) zuerst einen Kaffee.
   (7) **Wenn** Oma uns besucht hat, hat sie immer Schokolade mitgebracht.
   (8) (Immer) **wenn** ich an Maria denke, muß ich lachen.
   (9) **Wenn** er Bäcker werden will, muß er jeden Morgen um 3 Uhr aufstehen.

To emphasize the idea of a repeated action, **wenn** is often used together with time expressions such as **immer** or **jedes Mal**.

Anwendung und Kommunikation

A. Minidialoge. Ergänzen Sie die Lücken mit **als**, **wenn**, oder **wann**. Dann begründen Sie Ihre Antwort: 1. eine Frage (**wann**); 2. einmal in der Vergangenheit (**als**); 3. 1 und 2 passen nicht (**wenn**).

1. A: _____ gestern soviel Unruhe im Haus war, konnte ich nicht arbeiten.
   B: Tja, _____ viel Unruhe im Haus ist, kann ich auch nicht arbeiten.
2. A: Ich habe nie Geld, _____ ich einen bestimmten Film sehen will.
   B: Ja, _____ ich das letzte Mal ins Kino gehen wollte, hatte ich auch kein Geld.
   A: _____ wolltest du ins Kino gehen?
   B: _____ der neue Film von Herzog lief.
3. A: Gestern habe ich Josef gesehen.
   B: Was trug er? Wieder das blaue Hemd? Immer _____ ich ihn sehe, trägt er dieses eine Hemd.
   A: Ja, du hast recht, immer hat er dieses Hemd an. Aber gestern, _____ ich ihn sah, trug er ein gelbes.
   B: Gut! Dann hat er doch mehr als ein Hemd. Ich frage mich, _____ er sich das neue gekauft hat.
4. A: Wann hast du das Buch gekauft?
   B: _____ ich in Berlin war.
   A: Hast du es schon gelesen?
   B: Nein, _____ sollte ich es lesen, ich habe doch keine Zeit.
   A: Leihst du es mir?
   B: Erst, _____ du mir das Buch von Elfriede Jelinek zurückgibst, und auch erst, _____ ich es gelesen habe.

B. Kurzes Gespräch Sprechen Sie mit Ihrem/Ihrer Nachbarn/in. Fragen Sie einander: Wann können Sie nicht arbeiten? Können Sie arbeiten, wenn eine Stereoanlage oder ein Fernseher an ist?

Zusammenfassende Aktivitäten

A. Eine Katastrophe. Lesen Sie den folgenden Text.

Schon vor einem Monat, im Oktober, hatten Jörg und Eva ihre Karten für das Rolling Stones Konzert gekauft.

Nachdem sie zwei Stunden an der Kasse gewartet hatten, bekamen sie die letzten beiden Plätze.

Jetzt war es endlich so weit. Vor dem Konzert wollten sie mit den Freunden, die im Oktober mit ihnen an der Kasse gewartet hatten, in einem japanischen Restaurant Sushi essen.

Eva aß nicht viel, denn sie mag kein Sushi. Jörg hingegen ißt gern rohen Fisch und verschlang mehr als gut für ihn war. Sie tranken dazu Bier und zum Abschluß noch einen Kaffee, dann fuhren sie zur Konzerthalle.

Dort mußten sie lange in der Schlange stehen, bis sie hinein konnten. Als sie ihre Karten zeigen sollten, sagte Jörg zu Eva: „Gib mir die Karten!"

Eva antwortete: „Ich habe die Karten nicht, du hast sie doch eingesteckt!"

„Unsinn, ich habe die Karten nicht mitgenommen, ich habe doch zu dir gesagt, du sollst sie einstecken!"

„Ruhig! Im Restaurant habe ich die Karten noch gesehen, als du sie auf den Tisch gelegt hast."

„Dann liegen sie noch da. Ich habe sie nicht mitgenommen. Ich habe sie dort vergessen!" sagte Jörg und sah Eva an.

„Du bist eine Katastrophe. Seitdem ich dich kenne, vergißt du jeden Tag etwas."

Jetzt wurde Jörg böse: „Unsinn! Seit einem Jahr wohnen wir zusammen, und ich habe in all der Zeit nichts vergessen, absolut nichts!"

Karla und Ulf, die beiden Freunde, verabschiedeten sich und gingen hinein. Am Eingang hörte man schon die Musik spielen. Jörg ging zu einem Telefon und rief das Restaurant an. Nach einigen Minuten kam er zurück. „Ich habe mit dem Restaurant telefoniert, aber sie haben keine Karten gefunden. Das Konzert ist ausverkauft. Wir können nur noch das beste daraus machen. Laß uns ins Kino gehen!"

Schreiben Sie alle Verbformen aus dem Text in eine Liste. Geben Sie an, um welche Zeit es sich handelt, und bilden Sie die entsprechenden Infinitive. Was signalisieren die entsprechenden Zeiten?

BEISPIEL   hatte gekauft (*past perfect*) kaufen

Schreiben Sie ein neues Ende zu dieser Geschichte.

B. Unter Verdacht   Schreiben Sie Fragen für ein Verhör zu den folgenden Fällen: Verkehrsunfall, Zechprellerei, Einbruch in ein Haus

BEISPIEL   Wo waren Sie gestern?
Sie heißen doch [x]?
Sie waren gestern ...
Können Sie das beweisen?
Haben Sie Zeugen?
Hat Sie jemand gesehen?

Kennen Sie ... ?
Was ist passiert, als Sie [x gemacht haben]?
Was ist passiert, nachdem Sie [x gemacht hatten]?

Spielen Sie eine der Situationen. Jemand ist Polizist und jemand steht unter Verdacht.

HILFREICHE REDEWENDUNGEN

Nein, ich heiße nicht ...
Ich war noch nie/nicht ...
Ich kenne ... nicht ...
Ich kann nicht der Täter sein, weil ...
Das stimmt nicht! Ich ...
Das ist nicht korrekt, denn ...
Das ist gelogen, ich ...
Das ist nicht wahr, wir ...

C. Ferienerlebnisse   Sie kommen aus den Ferien zurück. Die Ferien haben Ihnen gefallen. Alles war schön und so, wie Sie es sich vorgestellt hatten. Erzählen Sie Ihren Freunden, warum alles so schön war. Schreiben Sie einen Bericht!

BEISPIEL   Das Hotel hat mir gut gefallen, weil es direkt am Strand lag. Das Restaurant im Hotel war besonders gut, weil ...

Sprechen Sie jetzt über Ferien, die Ihnen überhaupt nicht gefallen haben. Nichts war so, wie Sie es sich vorgestellt hatten. Schreiben Sie einen Bericht!

BEISPIEL   Das Hotel war eine Katastrophe, weil es sehr schmutzig war. Der Strand war nicht schön, weil ...

4

The Subjunctive

In both English and German conjugated verbs reflect one of two basic moods according to how real or unreal the information conveyed in an utterance or a statement is. In the following text, the author talks about what would happen if sharks were actually people, a situation that *could* be real, but isn't.

♦ ## GRAMMATIK IM KONTEXT

„Wenn die Haifische Menschen wären", fragte Herrn K. die kleine Tochter
seiner Wirtin°, „wären sie dann netter zu den kleinen Fischen?" „Sicher",   *landlady*
sagte er. „Wenn die Haifische Menschen wären, würden sie im Meer für
die kleinen Fische gewaltige° Kästen° bauen lassen, mit allerhand   *gigantic / boxes*
Nahrung° drin, sowohl Pflanzen als auch Tierzeug ... "   *food*

aus: Brecht, *Wenn die Haifische Menschen wären*

The indicative mood is used to express what is real, factual, and
certain.

(1) Haifische sind keine Menschen.
(2) „Sicher", sagte er.

The subjunctive mood, on the other hand, is used to express what
is unreal, contrary to fact, hypothetical, or uncertain.

(3) Was wäre, wenn die Haifische Menschen wären?
     What would happen if sharks were people?

The subjunctive has other uses as well. It is used to make a statement, request, or question more tentative and polite.

(4) Könnten Sie mir das bitte erklären?
     Could you please explain that to me?

The subjunctive can also be used to express wishes.

(5) Wenn sie nur netter zu den kleinen Fischen wären!
     If they would only be nicer to the small fish!

Lastly, the subjunctive is used to report what someone else has
said (i.e., in indirect discourse).

(6) Sie fragte, ob sie dann netter zu den kleinen Fischen wären.

German has two subjunctive forms. Subjunctive I (also called the
special subjunctive) is used mainly in indirect discourse to report
what someone has said. We will discuss the special subjunctive in

Kapitel 12. Subjunctive II (also called the *general subjunctive*) is used frequently in colloquial German. There are two tenses in subjunctive II to express unreal conditions: present and past. The subjunctive II forms we will discuss in the following section can be found most often in written and formal German. The construction **würde** + infinitive, more common in spoken German, will be discussed in section 4.3 below.

Formation of Subjunctive II: Present Tense

4.1

The present tense of subjunctive II is derived from the simple past tense of the verb. The verb endings for present subjunctive II are the same as the verb endings for the simple past tense.

a   Weak Verbs

For weak verbs, such as **sagen** and **anworten**, the present tense of subjunctive II is identical with the forms of the simple past tense.

(1) Er sagte nichts. Wenn er nur etwas sagte!
     He didn't say anything. If only he would say something!

	Endings		Subjunctive II
ich	-e	sagte	anwortete
du	-est	sagtest	antwortetest
Sie	-en	sagten	antworteten
er/sie/es	-e	sagte	antwortete
wir	-en	sagten	antworteten
ihr	-t	sagtet	antwortetet
Sie	-en	sagten	antworteten
sie	-en	sagten	antworteten

Strong Verbs

For the present subjunctive II of strong verbs, the stem vowel changes and an umlaut is added to the vowels **a, o**, and **u**.

	Endings	**Subjunctive II**			
ich	-e	wär(e)	würde	ginge	käme
du	-est	wär(e)st	würdest	ging(e)st	kämest
Sie	-en	wären	würden	gingen	kämen
er/sie/es	-e	wär(e)	würde	ginge	käme
wir	-en	wären	würden	gingen	kämen
ihr	-t	wär(e)t	würdet	ginget	käm(e)t
Sie	-en	wären	würden	gingen	kämen
sie	-en	wären	würden	gingen	kämen

In forms that have an umlaut and are clearly distinct from the simple past tense, the -**e**- in the second person singular and plural (**du**- and **ihr**- forms) is generally omitted in spoken German.

A few strong verbs have present subjunctive forms that are rarely used in modern standard German. They show a **ü/ö** instead of the expected **ä** in the subjunctive II; some have developed alternative forms. Some of these subjunctive II forms are found in older texts but are now considered archaic.

Indicative		**Subjunctive II**	
Infinitive	*Simple past*	*Older form*	*Modern form*
helfen	half	hülfe	hälfe
sterben	starb	stürbe	
werfen	warf	würfe	
stehen	stand	stünde	stände
verderben	verdarb	verdürbe	
gewinnen	gewann	gewönne	gewänne
schwimmen	schwamm	schwömme	schwämme

For many strong verbs (see blanks in the last column of chart) the **würde**- paraphrase is used more frequently than the subjunctive II form. (See section 4.3 below.)

◆ ## GRAMMATIK IM KONTEXT

Was hülfe es dem Menschen, so er die ganze Welt gewönne und
nähme doch Schaden° an seiner Seele.   *harm*

aus: Die Bibel

 ## Irregular Weak Verbs

The verbs **bringen** and **denken** form the present subjunctive by
adding an umlaut to the simple past tense form. These subjunctive forms are considered old-fashioned and are, therefore, less
commonly used.

Indicative		Subjunctive II
Infinitive	*Simple past*	*Present*
bringen	brachte	brächte
denken	dachte	dächte

The following verbs require an **-e-** rather than an **-ä-** in their subjunctive form. They occur only in literary German. In spoken
German, the **würde**-construction is generally substituted. (See
section 4.3 below.)

Indicative		Subjunctive II
Infinitive	*Simple past*	*Present*
brennen	brannte	brennte
kennen	kannte	kennte
rennen	rannte	rennte
nennen	nannte	nennte
senden	sandte	sendete
wenden	wandte	wendete

4.2   Verbs Frequently Used in Subjunctive II

The most commonly used verbs in the subjunctive are **sein**, **haben**, **werden**, **wissen**, and the modal auxiliaries.

◆ **Zungenbrecher**

Wir Wiener Waschweiber wollten wohl weiße Wäsche waschen, wenn wir Wiener Waschweiber wüßten, wo weiches, warmes Wasser wär.

The present subjunctive forms of **sein**, **werden**, **haben**, and **wissen** add an umlaut to the simple past tense forms:

Indicative		**Subjunctive II**
Infinitive	*Simple past*	*Present*
sein	ich war	ich w**ä**re
werden	ich wurde	ich w**ü**rde
haben	ich hatte	ich h**ä**tte
wissen	ich wußte	ich w**ü**ßte

Modal verbs are also frequently used in their subjunctive forms. Note that **wollen** and **sollen** do not add an umlaut.

Indicative		**Subjunctive II**
Infinitive	*Simple past*	*Present*
wollen	ich wollte	ich wollte
sollen	ich sollte	ich sollte
mögen	ich mochte	ich m**ö**chte
können	ich konnte	ich k**ö**nnte
müssen	ich mußte	ich m**ü**ßte
dürfen	ich durfte	ich d**ü**rfte

For the complete conjugations of the auxiliary verbs and the modal verbs, see the Quick Reference section at the back of the book.

würde + Infinitive Paraphrase

Both English and German have developed an alternative to the present tense of subjunctive II. The German **würde** + infinitive construction corresponds to English *would* + infinitive.

(1) Wenn die Haifische Menschen wären, **würden** sie für die kleinen Fische **sorgen**?
If sharks were people, would they take care of the small fish?

The one-word subjunctive II forms are found more often in written and formal German. In modern spoken and colloquial German, the **würde** + infinitive construction is far more common. **Würde** + infinitive is generally used with all verbs except **haben**, **sein**, **wissen**, and the modals.

 ## Anwendung und Kommunikation

A. Ende gut, alles gut? Nach dem Ruin wünscht sich ein Millionär viele Sachen. Füllen Sie die Lücken aus!

Wenn ich doch nur Geld _____ (haben), _____ (kaufen) ich mir ein neues Flugzeug für meine Fluglinie _____ . Zum Glück hat meine Frau noch Geld—sonst _____ (müssen) ich mit TWA fliegen. Das _____ (sein) unangenehm. Marla meint, daß ich umziehen _____ (sollen), aber ich bin nicht sicher—wenn ich nur _____ (wissen), ob ich einen neuen Job finden _____ (werden). Wenn Marla nur

in Florida _____ (wohnen), _____ (bekommen) ich vielleicht eine Stelle bei Disney-Welt. Dann _____ (können)
wir den Namen ändern und den Park nach mir nennen ...

B. Reisevorbereitungen   Sie sprechen miteinander und machen
Pläne und Vorschläge, wie man die Reise vorbereiten
könnte.

BEISPIEL   Auto volltanken →
          ST1: Sollten (müßten) wir nicht das Auto noch voll-
               tanken?
          ST2: Ja, das sollten (müßten) wir.

1. Wasser und Öl prüfen
2. Essen für die Fahrt einkaufen
3. Kassetten für die Reise mitnehmen
4. Geld umtauschen
5. Hotelzimmer reservieren
6. Straßenkarten einpacken
7. Stadtpläne mitnehmen
8. Getränke kaufen
9. Reiseschecks mitnehmen

4.4   Uses of Subjunctive II

The subjunctive II is used to express unreal conditions, politeness, wishes, hypothetical statements, and unreal comparisons.
We will examine each of these uses in turn.

a   Unreal Conditions

The indicative mood is used to express conditions that are real
and can be fulfilled.

(1) Wenn ich Zeit habe, schreibe ich dir.
     Whenever I have time, I write to you.

The subjunctive mood, on the other hand, is used to express unreal or imagined conditions whose fulfillment is not possible.

(2) Wenn ich Zeit hätte, schriebe ich dir.
(3) Wenn ich Zeit hätte, würde ich dir schreiben.
     If I had the time, I would write to you.

◆ **Zungenbrecher**

Wenn mancher Mann wüßte, wer mancher Mann wär', gäb' mancher
Mann manchem Mann manchmal mehr Ehr'
Da mancher Mann nicht weiß, wer mancher Mann ist, drum
mancher Mann manchen Mann manchmal vergißt.

A conditional sentence consists of a condition, usually introduced by the conjunction **wenn** (*if*) and a conclusion, sometimes introduced by **dann** or **so**.

(4) **Wenn** ich Zeit hätte, **dann** schriebe ich dir.

The condition can either precede or follow the conclusion. If the conclusion precedes the condition, it cannot begin with **dann** or **so**:

(5) Ich schriebe dir, wenn ich Zeit hätte.

The use of the **würde**-paraphrase, although very common in the conclusion, is considered poor German if used in the **wenn**-clause in written and formal usage. This is not the case in spoken German where it is being used more and more frequently in colloquial German in the condition, as in examples (7) and (8):

(6) Wenn ich ihn brauchte, würde er kommen.
(7) Wenn ich ihn **brauchen würde**, würde er kommen.
(8) Wenn ich ihn **brauchen würde**, käme er.[1]

---

[1] *Bräuchte* is also very often heard in the south of Germany.

There is a tendency to avoid the repetition of the **würde**-paraphrase in both clauses, especially in written German. Depending on the meaning of the sentence a modal-paraphrase in the subjunctive can be an acceptable substitute in conditional clauses.

(9) Wenn ich ihn verstehen könnte, würde ich ihm helfen.
(10) Wenn du das für mich tun wolltest, wäre ich dir dankbar.

In spoken and written German, the conjunction **wenn** is often omitted in conditions, i.e., Position I is left vacant. Instead, the conditional clause begins with the verb and the conclusion is quite often introduced by **so** or **dann**:

(11) Hätte ich Zeit, **dann** ginge ich ins Kino.

Adverbial phrases can also replace the **wenn**-clause.

(12) **Ohne ihn** würde sie das nie machen. =
Wenn er nicht dabei wäre, würde sie das nie machen.
(13) **An seiner Stelle** würde ich fliegen. =
Wenn ich an seiner Stelle wäre, würde ich fliegen.
(14) **Bei Sonnenschein** könnte ich im Garten essen. =
Wenn die Sonne scheinen würde, könnte ich im Garten essen.

◢ Anwendung und Kommunikation

A. Wenn, wenn, wenn   Was würden Sie machen, wenn ...

BEISPIEL   Wenn ich die Grippe hätte, →
Wenn ich die Grippe hätte, würde ich mich ins Bett legen.
oder
..., legte ich mich ins Bett.

1. Wenn ich die Grippe hätte, ...
2. Wenn es sehr heiß wäre, ...
3. Wenn mein Auto kaputt wäre, ...
4. Wenn ich jetzt Ferien hätte, ...
5. Wenn ich mehr Zeit hätte, ...
6. Wenn ich jetzt mit dem Studium fertig wäre, ...
7. Wenn ich jetzt zwei Kinder hätte, ...
8. ...

B. Wenn es anders wäre!   Was würden Sie machen, wenn es anders wäre?

BEISPIEL   mehr Geld ..., ins Kino gehen →
Wenn ich mehr Geld hätte, würde ich gerne ins Kino gehen.

mehr Geld	ins Kino gehen
mehr Zeit	in der Bibliothek lesen
mehr Lust dazu	schlafen
mehr Interesse daran	Kaffee trinken
	einkaufen
	ins Konzert gehen
	essen gehen
	ins Museum gehen

Was würden Sie machen, wenn Sie nichts Wichtiges zu tun hätten?

Polite Forms

Certain verbs are used in the present tense subjunctive II in main clauses to express modesty and politeness. The use of the subjunctive makes requests and questions sound more polite and tentative. **Hätte, könnte, dürfte,** and **möchte** are most commonly used in this manner. The **würde**-paraphrase can be used with all other verbs to express polite requests. Note the increasing level of politeness in the following sentences.

◆   GRAMMATIK IM KONTEXT

(a) Monika, mach mal das Fenster zu!
(b) Monika, machst du mal das Fenster zu?
(c) Monika, kannst du mal das Fenster zumachen?
(d) Monika, ich möchte, daß du das Fenster zumachst.
(e) Monika, würdest du das Fenster zumachen?
(f) Monika, könntest du das Fenster zumachen?
(g) Monika, ich wäre dir dankbar, wenn du das Fenster zumachen würdest.

aus: D. Wunderlich, *Sprechakte*

Anwendung und Kommunikation

A. Höflichkeiten   Ordnen Sie die folgenden Sätze vom höflichsten (1) zum unhöflichsten (10)!

a. Ein Bier! _____
b. Ich will ein Bier! _____
c. Ein Bier bitte! _____
d. Würden Sie mir ein Bier geben? _____
e. Ich möchte ein Bier. _____
f. Würden Sie so nett sein und mir ein Bier bringen? _____
g. Haben Sie ein Bier für mich? _____
h. Bier! _____
i. Hätten Sie ein Bier für mich? _____
j. Könnte ich ein Bier haben? _____

B. Höflicher oder vorsichtiger!   Schreiben Sie die folgenden Befehle mit Hilfe des Konjunktiv II so um, daß sie höflicher oder vorsichtiger werden!

BEISPIEL   Nehmen Sie meinen Hund! →
          Könnten Sie (bitte) meinen Hund nehmen!
          Würden Sie (bitte) meinen Hund nehmen!
          Dürfte ich Sie bitten, meinen Hund zu nehmen!

1. Lassen Sie die Katze draußen!
2. Macht nicht so viel Schmutz!
3. Sprich lauter!
4. Wiederholen Sie das nochmal!
5. Warten wir!
6. Bringen Sie mir noch ein Bier!
7. Halten Sie an!

C. Gute Manieren   Was sagen Sie, wenn ... ?

BEISPIEL   Was sagen Sie, wenn jemand nicht laut genug spricht? →
          Könnten Sie bitte lauter sprechen.

1. Was fragen Sie Passanten auf der Straße, wenn Sie ein Geschäft suchen und es nicht finden können?
2. Was fragen Sie, wenn Sie nicht wissen, wie spät es ist?

3. Was sagen Sie, wenn Sie in ein Geschäft kommen, und es ist niemand da, der Ihnen helfen kann?
4. Was sagen Sie, wenn Sie rauchen wollen, aber kein Feuer haben?
5. Was sagen Sie in einem Café, wenn Sie noch einen Kaffee möchten?
6. Was sagen Sie, wenn Sie nicht wissen, wann der Zug fährt?
7. Was sagen Sie, wenn jemand im Deutschkurs Ihr Buch einpackt?

D. Wünsche äußern und jemanden überreden wollen   Was würden Sie in den folgenden Situationen sagen? Spielen Sie die Situationen in der Klasse!

1. ST1: Sie wollen morgen in die Ferien fahren, aber Sie haben einen Hund, den Sie nicht mitnehmen können. Fragen Sie Ihre Nachbarn, ob das Tier zwei Wochen lang bei ihnen bleiben kann.
   ST2: Sie sind der Nachbar und wollen das Tier nicht für zwei Wochen bei sich haben. Erfinden Sie höfliche Ausreden.
2. ST1: Sie wollen eine Party machen und es könnte laut werden. Sprechen Sie mit Ihren Nachbarn und bitten Sie sie um Verständnis für die Situation.
   ST2: Sie lernen für eine Prüfung am nächsten Tag, sind sehr nervös und brauchen viel Ruhe. Versuchen Sie höflich Ihren Nachbarn zu überreden, die Party zu verschieben.
3. ST1: Sie renovieren Ihre Wohnung. Es ist sehr laut und das Treppenhaus wird sehr schmutzig. Aber Sie brauchen Hilfe. Entschuldigen Sie sich beim Nachbarn für den Lärm und den Schmutz und versuchen Sie gleichzeitig, ihn um Hilfe zu bitten, weil Sie allein sind.
   ST2: Versuchen Sie, Ausreden zu finden, um nicht helfen zu müssen. Bleiben Sie sehr höflich.

C   Wishes

The subjunctive II is also used to express contrary-to-fact wishes. Contrary-to-fact wishes are identical to the conditional clauses discussed earlier and seen in the text here, but they do not have a

---

◆ **GRAMMATIK IM KONTEXT**

> Wenn ich ein Vöglein wär'
> Und auch zwei Flügel° hätt'   *wings*
> Flög' ich zu dir.

aus: ein Volkslied

---

conclusion. The addition of the modal particles **doch** and **nur** signals that they are wishes.

The following patterns and verbs are used to express wishes.

◆ Clauses introduced by **wenn** in the first position:

(1) Wenn ich doch nur ein Vöglein wäre!
If only I were a bird!

(2) Wenn ich nur zwei Flügel hätte!
If only I had two wings!

◆ The conjugated verb in the first position; no **wenn**:

(3) Wäre ich nur ein Vöglein!
If only I were a bird!

(4) Hätte ich doch zwei Flügel!
If only I had two wings!

◆ Clauses introduced by **wollen** or **wünschen**:

(5) Ich wünschte, ich wäre ein Vöglein.
I wish I were a bird.

(6) Ich wollte, ich könnte zu dir fliegen.
I want to be able to fly to you.

(7) Ich wünschte, ich hätte zwei Flügel gehabt. (*past*)
I wish I had had two wings.

Note that in contrast to English usage **wollen** and **wünschen** are not in the present tense but are in the subjunctive as well.

♦ **Möchten** *would like (to)* is commonly used:

(8) Ich möchte zwei Flügel haben.
(9) Ich hätte gern zwei Flügel.
   I would like to have two wings.

◢ Anwendung und Kommunikation

A. Wunschdenken   Ihr Freund/Ihre Freundin ist leider nicht perfekt. Machen Sie eine Liste von all den Dingen, die Sie an ihm/ihr stören, und sagen Sie dann, wie er/sie lieber sein sollte, oder was er/sie lieber (nicht) tun sollte.

BEISPIEL   sehr laut sprechen →
   Mein Freund spricht sehr laut.
   Wenn er doch nur leiser spräche!
   Ich wünschte, er würde nicht so laut sprechen.

1. nie Geld haben
2. immer zu spät kommen
3. immer alles besser wissen
4. zu viel arbeiten
5. kein Deutsch sprechen können
6. ...

B. Wünsche und Überredungskünste   Karl wohnt in Berlin und seine Freundin Maria studiert in Freiburg. Maria hat ihre Semesterferien mit Karl in Berlin verbracht, aber heute ist der Tag der Abreise. Karl will, daß Maria noch bei ihm bleibt und versucht, sie zu überreden. Schreiben Sie jetzt die Überredungsversuche Karls im Konjunktiv II, um seine Wünsche dringlicher zu machen.

BEISPIEL   Kannst du nicht wenigstens noch zwei Tage hier bleiben? →
   Ach, wenn du doch wenigstens noch zwei Tage hier bleiben könntest!
   Ach, wenn du doch wenigstens noch zwei Tage hier bleiben würdest!
   Ich wünschte, du könntest noch zwei Tage hier bleiben!

1. Kannst du nicht wenigstens noch zwei Tage hier bleiben?
2. Such dir doch einen Studienplatz hier in Berlin!
3. Mach doch mal ein Semester blau.
4. Willst du nicht mit mir zusammenleben?
5. Du wohnst so weit weg.
6. Wir sehen uns so selten.
7. Wir haben zu wenig Zeit für einander.
8. Ich kann hier in Berlin doch nicht weg.

 ## Hypothetical Statements

The subjunctive II is often used in main clauses to express possibilities or suggestions or to make hypothetical statements.

♦ GRAMMATIK IM KONTEXT

Heiratsanzeigen

Folgender Mann würde zu mir passen.° Er sollte eine offene, aufrichtige° Partnerschaft anstreben,° Niveau und Humor haben, selbständig, warmherzig und zuverlässig° sein. Meine Idealvorstellung wäre bis 46 Jahre, vielleicht mit sportlichen Interessen (wie Berge, Ski). Eine Frau—Bankkauffrau—, 38 Jahre. 1,72/63, dunkelhaarig und attraktiv, freut sich auf Zuschriften° aus dem Raum 4/5. Zu 4192 DIE ZEIT, Postfach 10 68 20, 200 Hamburg 1

be suitable / honest, true / aspire / reliable

written replies

Für den Richtigen: Ich würde Dir ohne Bedenken° eine Kachel° aus meinem Ofen schenken 30, stud., schlank, 165 cm, Raum Baden ZT 4107 DIE ZEIT, Postfach 10 68 20 2000 Hamburg 1

reservation / tile

aus: Die Zeit

---

(1) Folgender Mann würde zu mir passen.
    The following man would be suitable to me.

(2) Ich würde lieber ins Kino gehen!
    I would prefer to go to the movies.

(3) Er könnte mitkommen.
     He could come along.

The present subjective of **dürfen** is used to express what you *suppose* to be true.

(4) Der Herr **dürfte** etwa 70 Jahre alt sein.
     The gentleman should be about 70 years old.

(5) Er ist vor 20 Minuten gegangen und **dürfte** jetzt wohl zu Hause sein.
     He left about 20 minutes ago and should be home by now.

Suggestions can also be made by using the auxiliary **sollen** or the **würde** + infinitive construction. (See also imperatives, section 1.8c.)

(6) Du solltest jetzt zu deiner Mutter fahren!
(7) Sie sollte lieber nicht mehr rauchen.
(8) Ich würde das aber anders machen.

Anwendung und Kommunikation

A. Ratschläge geben   Ein Freund fragt Sie um Rat.

BEISPIEL   Abendessen kochen →
            ST1: Ich möchte am Freitag Abendessen für meine Freundin kochen. Was soll ich machen?
            ST2: An deiner Stelle würde ich Spaghetti kochen.
            ST3: Ich würde an deiner Stelle auch Salat servieren.

HILFREICHE FORMELN

        Ich an deiner Stelle ...
        Ich würde an deiner Stelle ...
        Wenn ich du wäre, ...
        Wenn mir das passierte, würde ich ...

1. Abendessen kochen
2. Wohnung suchen
3. Geld verlieren
4. Tennispartner finden
5. Auto kaufen

6. einen Vortrag über Berlin halten
7. Arbeit suchen

B. Jede(r) hat etwas zu sagen!   Welche Ratschläge würden Sie diesen berühmten Persönlichkeiten geben?

BEISPIEL   Wenn ich Präsident/in von Amerika wäre, würde ich die Steuern erhöhen.

1. Helmut Kohl   6. Gorbatschow
2. Madonna   7. Steffi Graf
3. Donald Duck   8. Meryl Streep
4. George Bush   9. ...
5. Michael Jackson

C. Sparen: Ja oder Nein?   Alle Leute müssen sparen. Nur wenige Leute haben genug Geld, um alles zu machen, was sie wollen. Besonders Studenten müssen oft vorsichtig mit ihrem Geld umgehen. Diskutieren Sie:

1. Was könnten Sie tun, um Geld zu sparen?
2. Was würden Sie konkret tun, wenn Sie ab dem nächsten Monat mit weniger Geld auskommen müßten?

e Unreal Comparisons

Unreal comparisons introduced by the conjunctions **als**, **als ob**, **als wenn** use subjunctive II.

(1) Er tut (so), **als ob** er Direktor wäre, aber er ist es nicht.
   He acts as if he were the director, but he's not.

Unreal comparisons are often introduced by one of the following phrases:

Es scheint, Es ist/war, Mir ist/war, Du tust, Es kommt mir vor, Ihr seht aus,	als / als ob / als wenn (*as if*) ...

Als ob can denote an unreal comparison, for example, someone or something is giving an impression that is different from what is true.

(2) Er ist 95 Jahre alt, aber er tanzt, **als ob** er 17 wäre.
  He is 95 years old, but he dances as if he were 17.

Als ob can also be used to express a supposition.

(3) Es sieht aus, **als ob** es regnen würde.

Often **als** is used instead of **als ob**. **Als** has the same meaning as **als ob**. When you use **als**, the conjugated verb immediately follows it.

(4) Sie sieht aus, **als** hätte sie viel Geld.

♦ ## GRAMMATIK IM KONTEXT

Auf Manhattan Bridge

Die Wagen, die weit unter ihnen über das South Street Viaduct fuhren, schienen Kometenschweife° zu haben. Es war, <u>als</u> hätte eine Kamera, auf überlange Belichtungszeit° eingestellt, Bilder gemacht und wegen der langen Belichtungszeit die Lichter nicht als Punkte, sondern als Streifen, als Kometenschweife fixiert. So <u>als</u> hätte man mit einem Tageslichtfilm bei Nacht photographiert, wodurch das Licht seine unwirkliche Qualität bekam—seltsam grünlich und nicht klar, sondern diffus, an den Rändern auslaufend,° wie bei einem Aquarell, wie Watte.°

comet-tails
exposure time

running out / cotton

aus: Herbert Genzmer, *Manhattan Bridge*

In the reading text, replace the underlined **als** with **als ob**. How will the rest of the sentence in each case change?

 # Anwendung und Kommunikation

A. Vorspiegelung falscher Tatsachen   Ergänzen Sie die Lücken!

BEISPIEL   Sie tut so, als ob _____ ;
aber sie trägt immer neue Sachen. →
Sie tut so, als ob <u>sie nichts zum Anziehen hätte</u>;
aber sie trägt immer neue Sachen.

1. Er tut so, als ob _____ ; aber in Wirklichkeit ist er gesund.
2. Oft tun Leute so, als _____ ; aber sie wissen nur wenig.
3. Tu doch nicht so, _____ ; ich habe genau gemerkt, wie du vor Angst gezittert hast.
4. Sie tut immer so, _____ ; aber sie hat nicht viel Geld.
5. Viele Menschen geben sich den Anschein, als _____ ; aber sie können nicht richtig lesen oder schreiben.
6. Oft benehmen sich Leute so, _____ ; aber sie trinken sehr viel.
7. Er gibt sich so, _____ ; aber er arbeitet nie.

B. Wer sieht so aus, als ob ...?   Beschreiben Sie Leute!

BEISPIEL   Garfield   zu viel essen →
Garfield sieht so aus, als ob er immer zu viel essen würde.
als ob er immer zu viel äße.
als äße er zu viel.

Snoopy	zu viel trinken
Garfield	zu viel rauchen
Miss Piggy	schlafen
Donald Duck	kein Geld haben
Popeye	(nicht) sehr intelligent sein
Kermit	nicht genug essen
He-man	zu viel Sport treiben
Mainzelmännchen	immer Hot Dogs essen
	zu viel lachen

Bringen Sie Fotos von bekannten oder unbekannten Personen mit in den Deutschkurs. Zeigen Sie Ihre Fotos und beschreiben Sie sie. Fragen Sie Ihre Kommilitonen nach ihrer Meinung.

BEISPIEL   Ich finde, der Mann sieht aus, als ob er nicht genug schlafen würde.
Was denkst du?

4.5 Subjunctive II: Past Tense

The past subjunctive is used to make hypothetical statements about the past, that is, to talk about things that did not actually happen, but that could or would have happened, if the right conditions had prevailed. Since both the condition and the conclusion are hypothetical, the subjunctive is used in both the main clause and the dependent clause. The past tense forms of subjunctive II are derived from the past perfect tense of the indicative.

(1) Wir **hatten** die Wäsche **gewaschen**. *(past perfect indicative)*
We had already done the laundry.

(2) Wir **hätten** die Wäsche **gewaschen**. *(past subjunctive)*
We would have already done the laundry.

The past tense of subjunctive II is formed with **wäre** or **hätte** and the past participle.

(3) Ich **hätte** mir vor einem Jahr ein neues Auto **gekauft**, wenn ich das Geld **gehabt hätte.**

(4) Wenn der Film nicht ausverkauft **gewesen wäre**, **wären** wir ins Kino **gegangen.**

a Modal Verbs

The past subjunctive II forms of modal verbs also use the **hätte**-form of the auxiliary with either the past participle (when no other verb is used) or the double infinitive construction (when another verb is used).

♦ **hätte** + past participle:

(5) Ich hätte das gekonnt / gesollt / gewollt / gedurft / gemocht.

(6) Als ich ihm erzählte, daß wir im Kino waren, sagte er: „Das **hätte** ich auch **gewollt.**"

◆ **hätte** + double infinitive:

> (7) Ich hätte ihm nicht helfen können / sollen / wollen / dürfen.
> (8) „Wir **hätten** alle ins Kino **gehen sollen**!"

Hätte precedes the double infinitive in a dependent clause. (See double infinitives: section 3.4):

> (9) Wenn ich ihm hätte helfen können, hätte ich es getan.

b Idioms

German uses the past tense of subjunctive II with the adverbs **beinah(e)** or **fast** to indicate that an event almost occurred but then did not actually happen.

> (10) Ich **hätte fast** das Flugzeug **verpaßt**.
> (11) Die alte Dame **wäre beinahe gefallen**.

Subjunctive II can also be used to indicate that a situation has been complete or has only been partly completed.

> (12) Den größten Teil der Arbeit **hätten** wir **geschafft**!
> (13) Das **hätten** wir! Für heute **wären** wir fertig!

Anwendung und Kommunikation

A. Jemanden auf den Arm nehmen Sie treffen jemanden, der gestern abend offensichtlich, wie Sie, lange gefeiert hat. Sie machen sich lustig übereinander.

BEISPIEL   lange schlafen →
       Du siehst aus, als ob du lange geschlafen hättest!

1. früh ins Bett gegangen
2. wenig getrunken
3. nichts gegessen
4. für die Prüfung gelernt
5. schon gefrühstückt
6. nicht getanzt
7. ...

B. Vorwürfe   Was hätten diese Leute machen müssen/sollen/
können? Was hätten Sie ihnen gesagt?

BEISPIEL   Hans ist sehr spät nach Hause gekommen, aber er hat
seine Mutter nicht angerufen. →
Du hättest deine Mutter anrufen sollen.

1. Hans wollte Wäsche waschen. Aber er hat sein Geld vergessen.
2. Judith hat jemanden beobachtet, wie er sein Geld verloren hat.
   Sie hat das Geld an sich genommen.
3. Mirjam wollte am Wochenende nach Berlin fahren, aber ihre
   Mutter war sehr krank. Sie ist trotzdem gefahren.
4. Paula hat die Wände bemalt.
5. Henriette hat ihr Auto alleine repariert. Peter sagt, daß er das
   auch gekonnt hätte. Sie glauben das nicht.

C. Vorschläge   Arbeiten Sie jetzt mit Ihrem/r Nachbarn/in
zusammen. Beschreiben Sie eine Situation und machen Sie
Ihre eigenen Vorschläge. Sie können die folgenden Situationen und Vorschläge verwenden:

Student 1:   **Student 2:**
in der Prüfung durchgefallen   mehr arbeiten
nicht genug Geld fürs Konzert   sparen
eine kranke Freundin   anrufen
im Lotto Millionär geworden   der Freundin was schenken
...   ...

BEISPIEL   ST1: Ich bin in der Matheprüfung durchgefallen.
ST2: Dann hättest du mehr lernen sollen.

4.6   Modal Particle: **doch**

The modal particle **doch** intensifies opinions, wishes, and requests, or is used to convince someone of one's own convictions. It
is also used as a positive answer to a negative utterance.

♦ **GRAMMATIK IM KONTEXT**

A: Das kann doch nicht wahr sein!

B: Doch, es ist wahr.

A: Ach, wenn es doch nicht wahr wäre!

B: Es ist leider so.

A: Erkläre es mir doch noch einmal. Aber es stimmt sowieso nicht, sie ist rund.

B: Nein, die Welt hat doch die Form einer Bratwurst.

The dialog above illustrates the various uses of **doch**. **Doch** is used:

♦ to intensify opinions:

(1) Das kann **doch** nicht wahr sein.
That can't possibly be true.

♦ as a positive answer to a negative utterance:

(2) **Doch**, es ist wahr.
On the contrary, it is true.

♦ to express a wish:

(3) Ach, wenn es **doch** nicht wahr wäre!
Oh, if only it weren't true.

♦ in emphatic or intensified requests:

(4) Erkläre es mir **doch** noch einmal.
Explain it again to me, would you?

♦ to convince someone of one's own conviction:

(5) Die Welt hat **doch** die Form einer Bratwurst.
The world definitely has the shape of a bratwurst.

Doch is often combined with other modal particles. The most frequent combinations are: **doch mal**, **doch nur**, **doch ruhig**, **doch schon**, **ja doch**.

 # Anwendung und Kommunikation

A. Fakten über die DDR   Sie wissen nicht mehr ganz genau alles über die Entwicklung der DDR und sind unsicher geworden. Sie fragen Ihre Kommilitonen und bilden aus den Aussagesätzen unten Fragen mit **oder** oder **oder nicht**. Benutzen Sie **doch**, um die Fragen emphatischer zu machen.

BEISPIEL   Die DDR wurde 1949 gegründet. →
ST1: Die DDR wurde **doch** 1949 gegründet, oder nicht?
ST2: Ja, genau am 7. Oktober 1949.

1. Die DDR hatte 16 Millionen Einwohner.
2. Die Einwohner sprechen Deutsch.
3. Die Mauer wurde 1961 gebaut.
4. Nach Honnecker wurde Egon Krenz Vorsitzender des ZK der SED.
5. Im Herbst 1989 verließen viele DDR Bürger die DDR.
6. Sie reisten über Ungarn, Polen und die Tschechoslowakei aus.
7. Am 9. November 1989 wurde die Mauer und damit die Grenze geöffnet.
8. Im Juli 1990 wurde die Ostmark abgeschafft und die D-Mark in der DDR als Zahlungsmittel eingeführt.
9. Am 3. Oktober 1990 feierte man die Vereinigung der beiden Deutschland.
10. Die wirtschaftliche und politische Vereinigung kostete sehr viel Geld.

B. Geben Sie einen Ratschlag!   Reagieren Sie selbstbewußt auf Sätze Ihrer Kommilitonen/innen mit Ratschlägen in Form von Imperativsätzen mit **doch**:

BEISPIEL   ST1: Ich habe Bauchschmerzen!
ST2: Dann trink doch einen Kamillentee!

1. Ich habe Hunger.
2. Ich habe Durst.
3. Es ist kalt hier.
4. Es zieht. [*It's drafty here.*]
5. Von Kaffee wird mir immer schlecht.

6. Bei Regen werde ich deprimiert.
7. Ich habe Angst.
8. Mein Auto ist schon wieder kaputt.
9. Die Busse fahren nicht mehr, es ist schon zu spät.
10. ...

C. Pauls verschlafener Morgen

Situation: Paul ist heute sehr spät aufgestanden. Er hat ver-schlafen. Gestern hatte er seinen Wecker nicht gestellt, weil er glaubte, auch ohne Wecker rechtzeitig aufzuwachen. Weil er keine Zeit hatte, konnte er nicht frühstücken und nicht duschen. Er putzte sich nur schnell die Zähne, kämmte sich und rannte aus dem Haus. Natürlich vergaß er sein Geld und seine Papiere. Viel zu schnell fuhr er durch die Stadt zu seinem Büro. Ein Polizist stoppte ihn. Paul mußte nicht nur 50DM wegen zu schnellen Fahrens bezahlen, sondern auch lange warten, weil er eben seine Papiere vergessen hatte. Also kam er zu spät ins Büro. Jetzt sitzt er an seinem Schreibtisch, sein Chef will ihn sprechen, und Paul denkt über den Morgen nach. Er wünscht sich jetzt, alles wäre an-ders gelaufen.

Schreiben Sie Peters Wünsche. Verwenden sie die Modalpartikel **doch**, um seine Wünsche emphatischer zu machen:

BEISPIEL   Wenn ich doch nicht so spät aufgestanden wäre.
Wäre ich doch nicht so spät aufgestanden.

D. Ein Dialog über ein Fußballspiel   Lesen Sie den folgenden Dialog zwischen zwei Freunden sehr aufmerksam. Achten Sie besonders auf die Verwendung von **doch**.

PAUL: Heute spielt doch Deutschland gegen England, nicht? Das wird sicher ein gutes Spiel. Es sind zwei neue Spieler in der Mannschaft. Sollen wir es uns im Fernsehen ansehen?

SIMON: Das Spiel ist doch in London, und in England streiken doch die Fernsehtechniker. Da wird das Spiel doch gar nicht übertragen.

PAUL: Wirklich? Schade! Aber es kommt ja auch im Radio. Da streiken sie doch wohl nicht, oder?

Beantworten Sie jetzt die folgenden Fragen:

1. Ist Paul sicher, daß das Fußballspiel stattfindet?
2. Weiß Simon von dem Spiel?
3. Weiß Simon daß das Spiel im Radio übertragen wird?
4. Durch welches Wort zeigt Simon, daß er glaubt, daß Paul nicht genau weiß, wovon er spricht?
5. Müßte Paul wissen, daß die Techniker streiken?
6. Müßte Paul wissen, daß das Spiel gar nicht übertragen wird?
7. Durch welche Wörter zeigt Paul, daß er nicht genau weiß, ob das Spiel im Radio kommt?

 # Zusammenfassende Aktivitäten

A. Ideale Partner Was für ein Partner wäre für Sie ideal? Welche Interessen oder Hobbies müßte diese Person haben? Wie würde er/sie aussehen? Was sollte er/sie beruflich machen? Sprechen Sie mit den Kommilitonen in Ihrer Gruppe. Sie können die folgenden Ausdrücke verwenden:

Interessen	Beruf	Aussehen	Eigenschaften
Musik	Schauspieler/in	groß/klein	offen
Sport	Anwalt/Anwältin	schlank/mollig	intellektuel
Kino	Tennisspieler/in	braune Augen	romantisch
Sprachen	Arzt/Ärztin	blondes Haar	zärtlich
Skilaufen	Rocksänger/in	sportlich	ehrlich/treu
Reisen	Akademiker/in	jugendlich	häuslich
Tanzen	Künstler/in	modisch	schüchtern
Wandern	Elektriker/in	fit	verständnisvoll
Kochen	Lehrer/in	gutaussehend	fröhlich/ernst

Dann berichten Sie der Klasse, was Sie besprochen haben.

BEISPIEL Susans idealer Partner müßte sich für Sprachen interessieren. Er sollte nicht zu groß sein, dunkelbraunes Haar und grüne Augen haben. Er dürfte sich nicht für Sport interessieren.

B. Kontaktanzeige Schreiben Sie eine Kontaktanzeige, in der Sie Ihren idealen Partner/Ihre ideale Partnerin beschreiben, in der Sie sagen, welche Interessen er/sie haben sollte. Beschreiben Sie sich auch und sprechen Sie über Ihre eigenen Interessen und Vorlieben.

C. Eine neue Kolonie im Weltraum   Man braucht sechs Leute für eine neue Kolonie auf dem Mars. Zehn Leute haben sich beworben. Welche sechs Personen dürfen mit auf die Expedition und warum?

Die zehn Leute sind:

1. eine 23-jährige schwangere Frau
2. ein Polizist mit Gewehr
3. ein afrikanischer Medizinstudent im 2. Jahr
4. ein 35-jähriger Priester
5. eine Studentin
6. ein Biochemiker
7. eine 42-jährige Schriftstellerin
8. ein 31-jähriger Bauer
9. eine olympische Sportlerin
10. eine Schauspielerin

Machen Sie eine Liste von den sechs Leuten, die mit auf die Expedition gehen sollen und schreiben Sie die Gründe für Ihre Auswahl auf. Eine Klassendiskussion findet nachher statt.

BEISPIEL   Ich denke, daß die schwangere Frau mitkommen sollte, weil sie dann bald ein Baby hätte, was wichtig für unsere Kolonie wäre.

D. Kinder und Fernsehen   Schauen Sie sich zuerst das Fernsehprogramm aus der Bundesrepublik an. Entscheiden Sie, was ein 10-jähriges Kind sehen sollte und was nicht. Begründen Sie Ihre Meinung!

BEISPIEL   ST1: Ich finde, ein 10-jähriges Kind sollte Miami Vice nicht sehen. Es wäre sicher zu brutal für ein Kind.
ST2: Ich fände Sesamstraße sehr gut für ein kleines Kind. Es ist lehrreich und stimuliert die Phantasie. Aber für ein 10-jähriges Kind wäre es zu langweilig.

PRO 7

5.40 Anne mit den roten Haaren. Letzter Teil der Serie **6.20** Wiederholungen (bis 11.25): Rascal, der Waschbär **6.45** Flipper **7.10** Abenteuer mit Sindbad **7.35** Captain Scarlet und die Rache der Mysterons **8.00** Big Valley **8.50** Schwestern **9.40** Jede Menge Familie **10.05** Barney Miller **10.40** Ein Colt für alle Fälle **11.25** Frankie und seine Spießgesellen. Krimikomödie, USA 1960 (Wh vom 10.3.) **13.30** Serien und Nachrichten: Big Valley. Die Bewährung **14.30** Rascal, der Waschbär. Wann kommt Vater? **14.55** Charlie Brown **15.20** Nachrichten **15.30** Flipper **15.55** Richmond Hill. Der lachende Dritte **16.50** Jede Menge Familie. Der heiße Draht **17.15** Murphy Brown. Die Wünsche der Sponsoren **17.40** Nachrichten **17.55** Harry O. Geschlossene Gesellschaft (2) **18.50** Charlie Brown **19.20** Ein Colt für alle Fälle. Der Damenimitator

20.15 Apartmentzauber
  93 Spielfilm, Bundesrepublik 1963
      Mit Rex Gildo, Helga Sommerfeld, Gunnar Möller, Gitta Winter u.a.
      Regie: Helmuth M. Backhaus
      »Ein deutsches Routine-Lustspiel: viel Klamauk, wenig Witz.«
      (Lexikon des Internationalen Films)

22.00 Kennwort: Salamander
  95 (The Salamander)
      Spielfilm, USA/Großbritannien/Italien 1983
      Mit Anthony Quinn, Franco Nero, Martin Balsam, Sybil Danning, Christoper Lee, Claudia Cardinale u. a.
      Regie: Peter Zinner

23.45 FBI Krimi-Serie
      Nacht der langen Messer

0.35 Nachrichten, Wetter

0.45 Die Straßen von San Francisco
      Krimi-Serie (Wh vom 10.3.)

1.35 Der Höllentrip (Wh vom 9.3.)
  98 Horrorfilm, USA 1980

3.15 Geschichten aus der Schattenwelt
      Der Teufel in Hollywood. Serie

3.35 Eine glückliche Scheidung
  ■ (Phffft!)
  87 Spielfilm, USA 1954
      Mit Judy Holliday, Jack Lemmon
      Regie: Mark Robson
      Ein ehemüdes Pärchen stellt nach der Scheidung fest, daß das Leben ohne den Partner doch recht trostlos ist

5.00 Kein Pardon für Schutzengel
      Auktion per Funk. Serie

5.25 Es darf gelacht werden (Wh)

5.50 Jazz d'Antibes mit John McLaughlin

TELE 5

6.05 Worldnews. Nachrichten in englischer Sprache **6.30** Guten Morgen, Bino mit Zeichentrick-Serien: Schlümpfe **6.55** Saber Rider **7.15** Schlümpfe **7.30** Tim und Struppi **8.00** Lone Ranger **8.15** Fantastic Max **8.50** Zuhause. Magazin Frau und Familie **9.45** Texas. Serie **10.35** Wiederholungen: Spiel mit dem Feuer **11.05** Wildcat **11.30** Hopp oder Top **12.00** Ruck Zuck **12.30** Vor Ort in Deutschland. Ländermagazin **12.30** Vor Ort in NRW (bis 13.00 Uhr nur in NRW) **12.30** Vor Ort in Hamburg (bis 13.00 Uhr nur in Hamburg) **13.00** Stadt, Land, Fluß (Wh vom 9.3.) **13.30** Zeichentrick-Serien: She-Ra **13.55** Saber Rider **14.20** Alvin und die Chipmunks **14.40** Bitte lächeln (Wh vom 10.3.) **15.30** Wildcat. Das Geständnis. Serie **16.00** Spiel mit dem Feuer. Serie **16.30** Fazit. Nachrichten **16.35** Bim bam bino mit Zeichentrick-Serien: **16.40** Schlümpfe **17.05** Cool McCool **17.30** Bim bam bino **17.40** Die Bluffers **18.05** Bim bam bino **18.10** Ghostbuster **18.30** Flash-Gordon **18.55** Schlümpfe

19.20 Fazit Nachrichten, Sport, Wetter

19.30 Ruck Zuck Spielshow
      Moderation: Werner Schulze-Erdel

20.00 Stadt, Land, Fluß Ratespiel

20.25 Hopp oder Top Quiz-Show
      Moderation: Andreas Similia

21.00 Nachtstreife Krimi-Serie
      Schmutzige Adoption

21.50 Fazit Nachrichten, Sport, Wetter

22.00 Beziehung, nein danke!
      (Listen To Your Heart)
      Fernsehfilm, USA 1982
      Mit Kate Jackson, Tim Matheson, Cassie Yates, George Coe, Will Nye
      Regie: Don Taylor
      Frannie, frustiert durch ihr aussichtsloses Verhältnis mit dem Chef, entschließt sich, von Männern unabhängig zu werden. Sie sucht sich einen anderen Job, eine neue Wohnung und genießt das nächtliche Großstadtleben. Ganz ohne Absicht passiert es Frannie dann doch wieder: Sie verliebt sich, und zwar in einen Kollegen. Doch es dauert nicht lange, da tauchen am Horizont dunkle Wolken auf

23.40 Das Hotel im Todesmoor
  90 Horrorfilm, USA 1988 (Wh vom 9.3.)

1.10 Ruck Zuck '88 Gameshow von 1988
      mit Werner Schulze-Erdel

1.35 Elvis Costello (Wh vom 10.3.)
      Interviews, Konzert

2.30 Video nonstop (bis 6.05 Uhr)

Montag, 11. März

E. Einst ... (Geschichten erzählen und erfinden) Wählen Sie fünf der folgenden Situationen. Schreiben Sie fünf kurze Geschichten. Drei davon sollen die Wahrheit sein, und zwei sollen Lügen sein. Für die erfundenen Geschichten erklären Sie, warum die Geschichten falsch sind.

BEISPIEL   Einmal bekam ich einen Brief aus Australien von einem Freund, der eine Weltreise machte. (gelogen/ erfunden) →
Die Geschichte wäre wahr, wenn ich gesagt hätte, daß der Brief aus Kanada kam.

Bei einem Basketballspiel ...
Eines Tages, als meine Katze ...
Einmal in der Dusche ...
Ich habe eines Tages Kaugummi benutzt, um ...
Einmal öffnete sich die Tür, und da stand ...
Einmal schenkte ich jemandem ...
Eines Nachts sehr spät in einem Parkhaus ...
Ich wurde einmal mit _____ auf den Kopf geschlagen ...
Einmal bekam ich einen Brief aus ...
Für nur einen Dollar habe ich mal _____ gekauft ...
Eines Abends in einem Kino ...
Als Kind bin ich einmal allein zur Bushaltestelle gegangen, und ...
Ich bin zu spät zur Arbeit gekommen, weil ...
Ich wollte einmal nach Hause gehen ...

5

Future Tenses; Nouns

The present tense is often used to describe future events, especially when a time expression is included:

(1) Was machst du **heute abend**?
      What are you doing tonight?

When a time expression is not present, however, German speakers are likely to use the future to refer to future events (**Was wirst du machen?**). The future perfect is used to refer to an action that will be completed by a certain time in the future. The future and future perfect tenses can also be used to express commands or probability.

◆ **GRAMMATIK IM KONTEXT**

> Wer jetzt kein Haus hat, baut sich keines mehr.
> Wer jetzt allein ist, wird es lange bleiben,
> wird wachen, lesen, lange Briefe schreiben
> und wird in den Alleen hin und her
> unruhig wandern, wenn die Blätter treiben.
>
> *aus:* Rilke, *Herbsttag*

5.1   Formation of the Future Tenses

The future is formed with the present tense of the auxiliary verb **werden** and the infinitive of the main verb. Like other constructions with auxiliary verbs, **werden** and the infinitive form a **Satzklammer**:

(2) Wer jetzt allein ist, **wird** lange Briefe **schreiben**.
Whoever is now alone will write long letters.

The future perfect is also formed with the present tense of **werden**, but in combination with the perfect infinitive of the main verb. The perfect infinitive of the past participle of the main verb followed by the infinitive of either **haben** or **sein**, depending on which auxiliary the verb requires, e.g., **gegangen sein**, **gekauft haben**.

(3) Wenn der Winter vorbei ist, **wird** er lange Briefe **geschrieben haben.**
When winter is over, he will have written long letters.

Note that in English, the auxiliary verb *have* precedes the past participle, whereas **haben** follows the past participle in the German sentence. Refer to the Quick Reference section to review the conjugation of **werden**.

 ## Other Uses of the Future Tenses

In addition to expressing future time, the future tenses have other uses:

A. To express commands

Werden + infinitive can be used to express a command, particularly when the command expresses a strong prohibition:

(4) Du **wirst** hier nicht **sprechen**!
(5) Sie **werden** hier nicht **rauchen**!

Such commands are not considered polite, however, and are used only to convey the speaker's irritation.

B. To express probability

The future tenses are also frequently used (in conjunction with adverbs such as **wohl**, **wahrscheinlich**, and **vielleicht**) to indicate probability and to express suppositions referring to present, past, or future time.

(6) Er **wird wohl** allein **sein**.
(7) Er **wird** nächsten Monat **wohl** allein **sein**.
(8) Er **wird wohl** lange allein **gewesen sein**.

Example (6) expresses a present probability, that is, the person is probably alone now; example (7), a future probability, that is, he will be alone; and sentence (8), a past probability: *He was probably alone*. The future perfect, rarely used in German, most commonly indicates a probability in the past. Note, however, that there are at least two different ways to express a supposition about a past event. The first is with the future perfect tense with or without **wohl**, as in (8) and (9); the second way is with the present perfect in conjunction with an adverb (**wohl**, **wahrscheinlich**), as in (10):

(9) Er **wird** lange allein **gewesen sein**.
(10) Er **ist wohl** lange allein **gewesen**.

Note that both (9) and (10) are expressed in English with present perfect:

He has probably been alone a long time.

 b   ## Using Modals to Express the Future

Plans and intentions refer to future time because their actualization can only happen in the future. As in English, such plans can be expressed with the modals **wollen**, **möchten**, **müssen**, and **sollen**.

♦   ## GRAMMATIK IM KONTEXT

Ich bekam die Stelle. Tatsächlich fühlte ich mich sogar mit den neun Telefonen nicht ganz ausgelastet. Ich rief in die Muscheln der Hörer: „Handeln Sie sofort!" oder: „Tun Sie etwas!—Es muß etwas geschehen— Es wird etwas geschehen—Es ist etwas geschehen—Es sollte etwas geschehen." Doch meistens—denn das schien mir der Atmosphäre gemäß—bediente ich mich des Imperativs.

aus: Böll, Es wird etwas geschehen: Eine handlungsstarke Geschichte

---

In this excerpt, Böll writes about an unnamed something that will happen in the future:

(11) Es wird etwas geschehen.

In addition to the future construction of **werden** + infinitive, however, Böll has used the main verb **geschehen** along with modals to express future time:

(12) Es **muß** etwas **geschehen**.
(13) Es **sollte** etwas **geschehen**.

Overview

The future tense is not used as often in German as in English. The present tense in German can express futurity (1) when an expression of future time is used in the sentence, or (2) when future time has already been established by the context. In the stanza from Rilke's poem "Herbsttag," context alone is enough to express futurity in the last phrase „**wenn die Blätter treiben**."

The use of **werden** + infinitive often sounds stilted and formal. It is most often used in formal and written language. It should be avoided in dependent clauses, even if the main clause uses the future tense.

Although you should be able to recognize and use the construction of **werden** + infinitive to express the future, you should also be aware that native speakers of German find this construction cumbersome. The fact that the future tense is not commonly used in German is obvious. Look at various texts: magazine articles, advertisements, newspaper clippings, or short poems. Try to recognize the alternatives German speakers use to avoid using the future, e.g., by using time expressions with the present or modal verbs.

In general, you should use the present tense if you are sure about your plans. Otherwise you should use the future tense or include **wohl** or **wahrscheinlich** with sentences in the present tense.

Anwendung und Kommunikation

A. **Interview aus dem** *Spiegel*   Lesen Sie den folgenden Ausschnitt eines Interviews aus dem *Spiegel* zwischen Professor Bronislaw Geremak (Mitglied der Solidarnoscpartei) und einem Journalisten. Sie sprechen über General Jaruzelski von Polen. Unterstreichen Sie die Verben! Versuchen Sie den Text zu analysieren. Wann wird Futur benutzt und wann nicht?

SPIEGEL: Die Opposition war es aber doch, die Jaruzelskis Wahl ermöglicht hat. Hat sich Ihr Verhältnis zu ihm geändert?

GEREMEK: Durchaus nicht. Für mich beispielsweise ist General Jaruzelski
der Urheber° des Kriegsrechts vom 13. Dezember 1981, und er
wird es bleiben. Ich habe gegen ihn gestimmt°, weil ich nicht
anders konnte. Er ist das Staatsoberhaupt, wir werden ihn jetzt
danach beurteilen, was er macht und was er nicht macht.

author

*voted against
him*

aus: Der Spiegel

B. Eines Tages   Sagen Sie, was geschieht, wenn ...

BEISPIEL   Wenn ich Geburtstag habe, ... →
Wenn ich Geburtstag habe, werde ich viele Geschenke
bekommen.

1. Wenn ich älter bin, ...
2. Wenn ich einen richtigen Job habe, ...
3. Wenn ich um die Welt reise, ...
4. Wenn ich heirate, ...
5. Wenn ich mit der Uni fertig bin, ...
6. Wenn ich viel Geld verdiene, ...
7. Wenn ich Kinder habe, ...
8. ...

C. Ferienpläne   Besprechen Sie Pläne für die nächsten Ferien
mit Ihrem Gesprächspartner.

BEISPIEL   ST1: Ich fahre wahrscheinlich an die Küste. Und du?
ST2: Ich fliege nach Hause und besuche meine Eltern.
ST1: Wann fliegst du?
ST2: In zwei Wochen. Und du?
ST1: Ich werde nicht vor dem 15. fahren.
ST2: Fährst du alleine?
ST1: ...

Wann?	Ferien/Sommer/Winter/Weihnachten ...
Wohin?	nach ... /an die Küste/an den Strand/aufs Land/ins Gebirge ...
Wie?	mit dem Schiff/Bus/Zug/Auto/Fahrrad ...
Wie lange?	zwei Tage/einen Monat/sechs Wochen ...
Mit wem?	mit Freunden/mit Verwandten ...
Was machst du?	schlafen/trinken/Freunde besuchen ...

D. Der Gewinn   Sie haben gerade 50.000 Dollar gewonnen. Was
werden Sie damit machen?

E. Zukunftspläne   Diskutieren Sie schriftlich oder mündlich eins
der folgenden Themen
1. Vorsätze für das neue Jahr
2. Pläne nach dem Studium

F. Pantomimen   Machen Sie Pantomimen und lassen Sie Ihre
Kommilitonen raten, was Sie darstellen wollen.

BEISPIEL   [*Student pretends to eat apple*] →
Er/Sie wird wohl einen Apfel essen.

G. Verbote   Was könnte man in diesen Situationen sagen?

BEISPIEL   Verbotsschild: NICHT RAUCHEN! →
Sie werden hier nicht rauchen!

H. Leben in der Zukunft   Wie wird die Welt wohl in zwanzig Jahren aussehen? Bilden Sie Sätze! Verwenden Sie Wörter wie:

bestimmt, garantiert, natürlich, sicher, vermutlich, wahrscheinlich, vielleicht

Fragen Sie Ihren Nachbarn/Ihre Nachbarin, inwieweit er/sie damit einverstanden ist.

BEISPIEL   es / Frieden geben →
   ST1: Es wird bestimmt Frieden in der Welt geben!
   ST2: Ich hoffe es, aber ich glaube es nicht.

1. Wir (alle) / keine Autos mehr haben
2. Computer / lesen, schreiben, sprechen können
3. Hungerprobleme gelöst sein
4. alle Wälder / aus Plastik sein
5. es / keine Umweltverschmutzung geben
6. Leute / mehr Freizeit haben
7. niemand / mehr Geldprobleme haben
8. keine Bücher / mehr existieren

I. Was wird die Zukunft der Menschheit bringen?   Hier sind einige Kategorien. Spekulieren Sie über die Zukunft. Schreiben oder diskutieren Sie.

1. Erfindungen
2. Leben auf anderen Planeten oder im Weltraum
3. Atomzeitalter
4. Freizeit
5. Umweltverschmutzung
6. Ost-West Beziehungen
7. Computer

J. Aus der Hand lesen   In der Zeichnung auf Seite 158 finden Sie die Namen für alle Handlinien. Lesen Sie Ihrem Nachbarn aus der Hand und sagen Sie ihm die Zukunft voraus. Wie steht es mit der Liebe, dem Beruf, dem Geld, Heirat, Familie, Charaktereigenschaften, usw.

BEISPIEL   Du wirst eines Tages viel Geld bekommen.

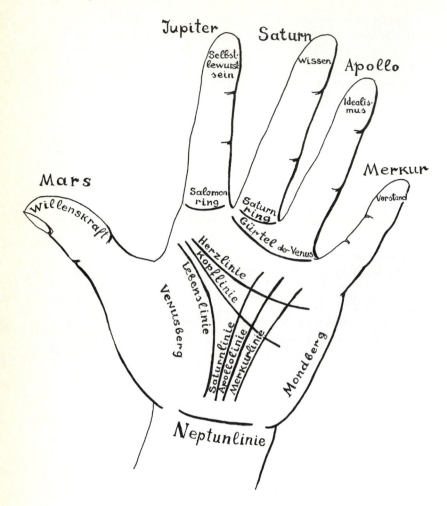

Herzlinie
Wenn die Herzlinie zwischen Zeigefinger und Mittelfinger beginnt,
bedeutet das, daß der Verstand das Gefühl kontrolliert. Eine
starke Linie bedeutet, daß Sie warmherzig sind; eine schwache,
daß Sie nur widerwillig Gefühle weitergeben oder relativ
gefühlskalt sind. Jede kleine Linie, die mit der Herzlinie verbunden ist oder sie kreuzt, bedeutet ein Gefühl, einen Flirt oder eine
Beziehung mit einer anderen Person.

Kopflinie
Wenn die Kopflinie mit der Lebenslinie beginnt, so bedeutet das
viel Kontrolle. Wenn die Kopflinie scharf abfällt, so deutet das auf
wenig Kraft, wenig Widerstandskraft und die Tendenz zu Depres-

sionen hin. Eine starke, lange Kopflinie bedeutet, daß Sie sehr intelligent sind.

Lebenslinie
Je länger Ihre Lebenslinie ist, desto länger wird Ihr Leben sein.

Saturnlinie
Wenn die Saturnlinie deutlich ist und bis zu Ihrem Mittelfinger führt, werden Sie sehr erfolgreich sein.

Apollolinie
Eine schwache Apollolinie bedeutet, daß Sie sich nicht klar darüber sind, was Sie mit Ihrem Leben anfangen wollen. Eine doppelte Apollolinie bedeutet Kreativität, Erfolg und Wohlstand. Wenn die Linie an der Kopflinie beginnt, so bedeutet das Erfolg von der Lebensmitte an.

Merkurlinie
Eine lange Merkurlinie bedeutet ein gutes Gedächtnis und gutes Einfühlungsvermögen. Wenn sie bei der Lebenslinie beginnt, haben Sie künstlerisches Talent und Reichtum. Eine kurze Linie bedeutet Probleme im Arbeitsbereich.

Neptunlinie
Die Neptunlinie bedeutet Phantasie. Wenn sie in der Lebenslinie beginnt, so zeigt das, daß Sie Tendenz zu Alkohol und Drogen haben. Eine zerfaserte Neptunlinie bedeutet viel Phantasie und auch die Tendenz zu kriminellen Aktivitäten.

Gürtel der Venus
Je stärker der Gürtel der Venus ist, desto stärker ist Ihr Liebes- und Sexualleben.

Mondberg
Eine Reflektion Ihrer Seele. Je fleischiger der Berg ist, um so geistreicher.

Venusberg
Eine Reflektion Ihrer Lebensfreude. Wie beim Mondberg ist wichtig, wie fleischig der Berg ist. Je fleischiger, desto besser.

5.2 Modal Particles: **wohl**

Wohl is a frequently used modal particle. It usually expresses probability or indicates that the speaker is making an assumption or an informed guess. **Wohl** can also make a request more polite.

Read this first paragraph of an article about camping—the East Germans' favorite way of spending their vacation.

◆ GRAMMATIK IM KONTEXT

Alljährlich verbringen fast zwei Millionen Bürger der DDR ihren Urlaub im Zelt. 40 Prozent davon sind Jugendliche. Über 5oo Zeltplätze sind über das ganze Land verteilt. An der Spitze stehen die Seen- und Küstenbezirke Potsdams, Neubrandenburgs und Rostocks.

aus: Richter/Liskova—kurz und bündig

This paragraph gives factual information about camping in the former GDR. The writer's are absolutely certain about their facts.

If the writers were not quite sure of all their facts, but wanted to state essentially the same ideas, they might have written this:

Alljährlich verbringen fast zwei Millionen Bürger der DDR ihren Urlaub im Zelt. Ein Großteil davon sind **wohl** Jugendliche. Über 500 Zeltplätze sind über das ganze Land verstreut. An der Spitze stehen **wohl** die Seen- und Küstenbezirke Potsdams, Neubrandenburgs und Rostocks.

Note that **wohl** precedes the element about which the writer is not certain.

To express probability, **wohl** can be used with the present tense or with the future (**werden** + infinitive). **Wahrscheinlich** is also often used in this way:

(1) Ein Großteil davon sind **wohl** Jugendliche.
(2) Ein Großteil davon werden **wahrscheinlich** Jugendliche sein.

Wohl is often combined with the particles **ja** or **doch** (**ja wohl**, **doch wohl**) to express more certainty about the probability of a fact:

(3) Ein Großteil davon sind **doch wohl** Jugendliche.

The modal particle **wohl** can also soften a request. Use **wohl** where you would use **bitte** or **vielleicht** in a polite request.

(4) Können Sie mir **bitte** sagen, wo der Campingplatz ist?
(5) Können Sie mir **vielleicht** sagen, wo der Campingplatz ist?
(6) Können Sie mir **wohl** sagen, wo der Campingplatz ist?

Wohl is also used with the subjunctive:

(7) Könnten Sie mir **wohl** sagen, wo der Campingplatz ist?

 ## Anwendung und Kommunikation

A. Vermutungen über den Campingplatz in Grindelwald.
Lesen Sie die Beschreibung des ADAC Camping-führers. Schreiben Sie Ihre Vermutungen über die Lage, Größe, die sanitären Einrichtungen, Art der Camper, Freizeitwert, die Atmosphäre des Campingplatzes in Grindelwald auf. Sprechen Sie jetzt mit den Leuten in Ihrer Gruppe über Ihre Spekulationen.

Grindelwald-Gletscherdorf ▶ BO 47a

Der ruhige Ferienzeltplatz in einzigartigem Tourengebiet, nahe beim Dorf, mit Blick auf Eiger, Fiescherwand und Wetterhorn. Moderne, gepflegte Sanitäranlagen mit Gratis-Warmwasser für Lavabos, Duschen und Geschirrspülbecken. Großes, gut ausgebautes Wanderwegnetz. Bergsteigerschule. Kurkarte mit zahlreichen Vergünstigungen.

Winter-Caravan-Standplätze.
Nach dem Dorf rechts ab, den
Wegweisern Gletscherdorf folgen!

B. Was sagt man wohl in diesen Situationen? Hier sind vier
     Situationen (1–4) und vier Aussagen (a–d). Was paßt zusam-
     men?

a. Du wirst es wohl zu Hause vergessen haben.
b. Es wird wohl nicht den ganzen Tag regnen.
c. Damit wirst du wohl genug haben.
d. Er wird wohl eine Suppe gekocht haben, denn das kann er
     gut.

1. Ein Ehepaar will ein Picknick machen, aber es regnet plötzlich.
     Sie tröstet ihn: _____
2. Ein Kind geht mit seiner Mutter aufs Oktoberfest. Sie gibt ihm
     30 Mark. Sie sagt: _____
3. Gisela geht mit Freunden aus, plötzlich stellt sie fest, daß ihr
     Portemonnaie weg ist. Die Freunde sagen: _____
4. Peter kocht ein Überraschungsessen für Gabi und Heidi. Die
     beiden spekulieren, was es wohl zu essen gibt: _____

C. Vermutungen   Bilden Sie Sätze mit *wohl* oder *wahrscheinlich*.

BEISPIEL   er ist braun gebrannt. (skilaufen) →
                  Er war wohl skilaufen.

1. er geht jetzt zu Fuß (Auto kaputt)
2. seine Hände zittern (nervös)
3. sie schaut immer auf die Uhr (neue Uhr)
4. er gähnt immer (müde)
5. sie ist sehr fit (viel Sport treiben)

D. Spekulationen   Spekulieren Sie jetzt frei über die folgenden
     Situationen. Was bedeutet das?

BEISPIEL   immer dicker wird →
                  Wenn jemand immer dicker wird, wird er wohl zuviel
                  Schokolade essen.

1. immer dünner wird
2. nie Kaffee trinkt
3. mit niemandem im Kurs spricht
4. immer im Kurs einschläft
5. immer zu spät zur Klasse kommt
6. viel lacht

Schreiben Sie jetzt selber einige Situationen und lassen Sie
Ihren Partner darüber spekulieren.

E. Sind Sie Optimist oder Pessimist?   Wie reagieren Sie in den
folgenden Situationen?

BEISPIEL   Sie halten heute ein Referat im Seminar. →
            Ich werde meine Unterlagen wohl zu Hause vergessen.
            Ich werde wohl kein Wort herausbringen.
            Ich werde viel Applaus haben.

1. Sie wollen ein Picknick machen.
2. Sie haben heute eine Prüfung.
3. Sie möchten Blumen kaufen.
4. Sie suchen Ihr Auto im Parkhaus.
5. Sie wollen heute abend ausgehen.
6. Sie erwarten einen Telefonanruf.
7. Sie haben ein wichtiges Vorstellungsgespräch.

5.3   Time Expressions: Adverbs of Time

Adverbs can indicate time. They help specify whether the action
of the sentence occurs in the past, the present, or the future. Adverbs provide answers to questions such as **wann?**, **wie lange?**,
and **wie oft?**. They can denote a specific time for an event or indicate that an action is repeated or habitual.

Adverbs can be formed from words indicating parts of the day
and the days of the week by adding **-s** to the word. These adverbs
refer to repeated/habitual occurrences. As adverbs, these words
are not capitalized.

montags, dienstags, mittwochs, donnerstags, freitags,
samstags, sonntags

morgens, vormittags, mittags, nachmittags, abends, nachts,
tags(über)

Compound words that express a part of a day of the week can similarly be used to indicate repeated/habitual actions.

> montagabends, dienstagmittags, mittwochnachmittags, donnerstagnachts, freitagabends, usw.

Note the difference in meaning between these two sentences:

(1) Ich gehe Montag ins Kino.
(2) Ich gehe montags ins Kino.

In sentence (1) the speaker states the intention to go to the movies next Monday. However, in sentence (2) the speaker states that he or she goes to the movies every Monday, did so in the past, does so now, and will continue to do so in the future.

Here is a list of frequently used time adverbs; those in bold type are the most commonly used.

immer	**oft**	**manchmal**	**selten**	**nie**
always	*often*	*sometimes*	*seldom*	*never*

bald	*soon*	jetzt	*now*
damals	*back then*	kürzlich	*recently*
danach	*afterwards*	nächstens	*shortly, very soon*
dann	*then*	neulich	*recently*
demnächst	*soon*	nun	*now*
eben	*just*	soeben	*just, in this instance*
einst	*at some time*	später	*later*
früher	*earlier*	vorher	*prior to this*
gerade	*just*	vorhin	*a while ago*
gleichzeitig	*at the same time, simultaneously*	zuerst	*first*
		zukünftig	*in the future*
heute	*today*	zuletzt	*lastly*
heutzutage	*nowadays*	zunächst	*first of all*

Anwendung und Kommunikation

A. Stundenplan   Schreiben Sie Ihren Stundenplan für diese Woche!

	Mo	Di	Mi	Do	Fr	Sa	So
8.00							
9.00							
10.00							
11.00							
12.00							
13.00							
...							

Besprechen Sie Ihren Wochenplan mit Ihren Nachbarn.

BEISPIEL   Belegst du jetzt einen Englischkurs?
Wann findet er statt?
Gehst du regelmäßig dahin?

B. Ein Interview   Sie sind Reporter für die Süddeutsche Zeitung. Sie halten heute ein Interview mit dem Präsidenten der Vereinigten Staaten oder einer anderen berühmten Person. Bereiten Sie sich auf die Fragen vor. Sie müssen Ihre Fragen genau formulieren, um festzustellen, welches Programm er/sie heute erledigen muß.

BEISPIEL   Wen treffen Sie heute? Um wieviel Uhr?

C. Beschreibungen   Schreiben Sie einen Brief an einen Freund, in dem Sie die Ereignisse der vergangenen Woche beschreiben.

D. Eine Geschichte   Beschreiben Sie eine komische Geschichte, die einmal passiert ist!

E. Freizeitbeschäftigung   Was machen Studenten in der Freizeit besonders gern? Diskutieren Sie mit Ihren Nachbarn.

BEISPIEL Freitagabends gehen viele Studenten mit Freunden aus.

Hier ist eine Liste von Aktivitäten:

Tennis/Fußball/Karten/	fernsehen
Billiard spielen	lesen
einkaufen/reisen	schwimmen
Eltern besuchen	bummeln gehen
mit Freunden ausgehen	in der Sonne liegen
ins Restaurant gehen	...
in eine Bar gehen	
zelten	

Was machen Sie in Ihrer Freizeit? Schreiben Sie auf, was Sie machen und was nicht. Besprechen Sie es dann mit Ihren Kommilitonen. Stellen Sie Fragen und antworten Sie.

Machen Sie Ihre Liste:

nie
oft
manchmal
selten
immer
von Zeit zu Zeit
jeden Tag
samstags

5.4 Infinitive Constructions

The prepositions **um**, **ohne**, and **(an)statt** can introduce infinitive clauses. Infinitive clauses are used only when the *implied* subject of the infinitive clause is the same as the subject of the main clause.

Um zu + infinitive is the most common of these infinitive constructions. It indicates a purpose or goal (**wozu**, **zu welchem Zweck**) or can give an answer to a **warum**-question.

◆ **GRAMMATIK IM KONTEXT**

47 Jahre nach der amerikanischen Premiere kommt „Die Palm Beach Story" jetzt auch in unsere Kinos. Der Film erzählt von einer Frau, die ihren Mann verläßt, um sich einen reichen Liebhaber zu angeln. Und der Mann verläßt sein Zuhause, um die Frau zurückzuholen.

aus: Tempo

---

(1) Der Film erzählt von einer Frau, die ihren Mann verläßt, **um** sich einen reichen Liebhaber **zu** angeln.

(2) Und der Mann verläßt sein Zuhause, **um** die Frau zurück**zu**holen.

With separable prefix verbs, **zu** is inserted between the prefix and verb and the verb is written as one word. **Um, ohne,** and **statt** form the first part of a **Satzklammer** with **zu** and the infinitive forming the second part.

When the infinitive clause is introduced by **ohne** or **(an)statt**, the English equivalents often include gerunds:

(3) Die Frau verläßt ihren Mann, **ohne** den Liebhaber **zu erwähnen**.
The woman leaves her husband without mentioning her lover.

(4) **Anstatt** zu Hause **zu bleiben**, verläßt die Frau ihren Mann.
Instead of staying home, the woman leaves her husband.

If a modal is used, it follows **zu**:

(5) Die Frau verläßt ihren Mann, **um** sich einen reichen Mann angeln **zu können**.

Infinitive clauses can also be used with the past tense.

(6) Sie hat ihren Mann verlassen, **ohne** an die Konsequenzen gedacht **zu** haben.

(7) **Statt** zu Hause geblieben **zu** sein, hat die Frau ihren Mann verlassen.

◢ **Anwendung und Kommunikation**

A. Besuch vom Mars   Stellen Sie sich vor, ein Marsmensch kommt zu Besuch. Er geht mit Ihnen in die Stadt, versteht nichts und fragt ständig, warum? Beantworten Sie ihm seine Fragen!

BEISPIEL   Warum geht man in eine Bäckerei? →
            Um Brot zu kaufen.

1. in eine Bibliothek	9. in die Mensa
2. in ein Schreibwarengeschäft	10. zum Kiosk
3. ins Museum	11. in eine Drogerie
4. auf die Uni	12. in eine Apotheke
5. zum Supermarkt	13. in eine Pizzeria
6. auf die Post	14. zum Tennisplatz
7. in einen Waschsalon	15. ...
8. ins Kino	

B. Warum Österreich?   Warum fährt man nach Österreich?

BEISPIEL   skifahren →
            um skizufahren

1. Walzer tanzen	8. Deutsch lernen
2. auf Berge steigen	9. ins Museum gehen
3. Wien sehen	10. Lipizzaner sehen
4. den Prater sehen	11. Wein trinken
5. Sachertorte essen	12. ein Konzert besuchen
6. ins Burgtheater gehen	13. gemütlich im Kaffeehaus sitzen
7. faul sein	14. ...

Wohin würden Sie gerne reisen? Warum? Um was zu tun?

C. Trivialspiel   Machen Sie eine Liste von berühmten Sehenswürdigkeiten und Ereignissen (z.B. Alpen, Gondeln, Oktoberfest). Stellen Sie einander Fragen.

BEISPIEL   ST1: Wohin würde man fahren, um den Eiffelturm zu
               sehen?
            ST2: Nach Paris.

D. Vergeßlichkeit (a) Manchmal muß man Vorbereitungen treffen, bevor man aus dem Haus geht und etwas unternehmen will.

BEISPIEL Was sollte man machen, bevor man Tennis spielt? →
Bälle kaufen
Schläger mitnehmen
Tennisschuhe anziehen

1. bevor man Basketball spielt
2. bevor man zur Uni fährt
3. bevor man eine Reise macht
4. ...

(b) Sie kennen jemanden, der immer alles vergißt. Stellen Sie einander jetzt Fragen.

BEISPIEL Tennis spielen
Bist du einmal weggegangen.
ohne Bälle zu kaufen?
ohne Schläger mitzubringen?
ohne Tennisschuhe anzuziehen?

1. Basketball spielen
2. zur Uni gehen
3. eine Reise machen
4. ...

E. Besorgungen! Lieber nicht! Ihre Eltern sind verreist. Ihre Mutter hat eine lange Liste geschrieben, was Sie alles machen müssen. Sie machen lieber etwas anders.

BEISPIEL Lebensmittel einkaufen (Schaufensterbummel machen) →
Anstatt Lebensmittel einzukaufen, mache ich lieber einen Schaufensterbummel.

Rasen mähen	Schaufensterbummel machen
zur Reinigung gehen	fernsehen
staubsaugen	Bücher lesen
aufräumen	Radio hören
Küche putzen	Freunde besuchen
Filme wegbringen	lange schlafen
Auto waschen	tanzen gehen
Pflanzen gießen	...

5.5   Gender of Nouns

Every noun has a gender, and there is no sense or system in the distribution; so the gender of each must be learned separately and by heart. There is no other way. To do this one has to have a memory like a memorandum book. In German, a young lady has no sex, while a turnip has. Think what overwrought reverence that shows for the turnip, and what callous disrespect for the girl.

Mark Twain, *A Tramp Abroad*

As you know, the German language has three grammatical genders: masculine, feminine, and neuter. The gender is marked by the definite articles **der**, **die**, and **das**. The plural definite article for all three genders is **die**. Nouns are always capitalized. The assignment of gender to nouns may seem arbitrary, but actually there is a certain amount of regularity that can help you identify the gender of a noun. Read the following advertisement copy for a brand of film.

◆ GRAMMATIK IM KONTEXT

EKTAR—der neue Fotorealismus
EKTAR gibt Lack° mehr Glanz.   *finish*

EKTAR Filme eröffnen für den anspruchsvollen° Fotografen völlig neue   *ambitious*
Perspektiven. Der EKTAR 25 Film bietet eine einzigartige° Kombination   *unique*
von feinster Körnigkeit°, hoher Kantenschärfe° und ausgezeichneter   *grain / sharp-*
Farbwiedergabe. Der EKTAR 25 Film ist der schärfste Farbnegativfilm der   *ness, crispness*
Welt und eignet sich deshalb besonders für Großvergrößerungen°.   *oversize enlarge-*
EKTAR Filme sind ideal für Systemcameras. EKTAR Filme gibt's in 25, 125   *ments*
und 1000 IDS.

In this advertisement, the gender of some nouns is indicated by the definite article. Other nouns are not accompanied by a definite article or appear in the plural with or without an article, that is, without a clear identification of their gender. Let us first list the nouns that are clearly marked and see if those can help in identifying the others:

>   der Fotorealismus, die Welt, der Fotograf, der Film,
>   der Farbnegativfilm

Note that the gender of a compound noun is determined by the last element of the compound: **das Foto + der Realismus = der Fotorealismus.**

We are left with the following seemingly unmarked nouns:

>   Lack, Glanz, Perspektive, Kombination, Körnigkeit,
>   Kantenschärfe, Farbwiedergabe, Großvergrößerung,
>   Systemcamera

We will now list the most useful regularities concerning gender. Then we will see which rule applies to each of the unidentified nouns above.

The rules we will discuss hold true for most nouns. There are, of course, exceptions. It is important to recognize the regularities, but you should also pay special attention to nouns that are exceptions to the rules. Memorize both the rule and its exceptions. This will save time over the long run.

a   Masculine Nouns

1. Nouns referring to male persons, their professions, and their nationalities:

>   der Freund, der Vater, ...
>   der Lehrer, der Pilot, ...
>   der Franzose, der Amerikaner, ...

2. Names of days, months, and seasons:

>   der Montag, der Dezember, der Winter, ...

Exceptions: die Nacht, das Jahr, die Woche

3. Weather and directions:

> der Regen, der Hagel, ...
> der Süden, der Norden, ...

4. Alcoholic beverages:

> der Wodka, der Sekt, der Wein, ...

Exception: das Bier

5. Most makes of cars:

> der Mercedes, der Ford, der BMW, ...

6. Most nouns ending in **-er**, **-en**, **-el**, **-ling**:

> der Computer, der Körper, der Schläger, ...
> der Wagen, der Schaden, der Schatten, ...
> der Schlüssel, der Rüssel, der Löffel, ...
> der Lehrling, der Stichling, der Fremdling, ...

7. Most foreign nouns ending in **-or**, **-us/-ismus**, **-ent**, **-eur**, **-ist**:

> der Reaktor, der Motor, der Professor, ...
> der Rhythmus, der Optimismus, der Realismus, ...
> der Dirigent, der Dissident, der Kontrahent, ...
> der Ingenieur, der Spediteur, der Kontrolleur, ...
> der Spezialist, der Motorist, der Pessimist, ...

8. Most nouns that are derived from verbs and that have no ending:

> der Glanz, der Fall, der Gang, ...

b Feminine Nouns

1. Nouns referring to females, their professions, and their nationalities. Many of the nouns for professions and nationalities are formed with the suffix **-in**:

die Frau, die Schwester, ...
die Mechanikerin, die Pilotin, ...
die Amerikanerin, die Französin, ...

Exceptions: das Weib, das Mädchen

2. Numerals used as nouns:

die Sieben, die Million, die Null, ...

3. Proper names of ships and airplanes:

die Titanik, die Tristar, die Concorde, die Europa, ...

4. Most nouns that end in **-e**:

die Perspektive, die Kälte, die Nase, die Lippe, ...

Exceptions: das Auge, das Ende, der Käse, der Name, der Hase

5. Most nouns ending in **-ei**, **-heit**, **-keit**, **-schaft**, **-ung**:

die Gärtnerei, die Malerei, die Bäckerei, ...
die Krankheit, die Seltenheit, die Klugheit, ...
die Körnigkeit, die Fröhlichkeit, die Dankbarkeit, ...
die Freundschaft, die Landschaft, die Kundschaft, ...
die Großvergrößerung, die Lesung, die Lösung, ...

6. Most foreign derivatives ending in **-ion**, **-ie**, **-ik**, **-tät**, **-ur**, **-enz**, and **-a**:

die Kombination, die Nation, die Isolation, ...
die Theologie, die Melodie, die Philosophie, ...
die Musik, die Republik, die Rubrik, ...
die Universität, die Realität, die Kontinuität, ...
die Natur, die Kultur, die Rasur, ...
die Konkurrenz, die Intelligenz, die Kohärenz, ...
die Viola, die Matura, die Tombola, ...

c   Neuter Nouns

1. Nouns referring to young human beings and animals:

das Kind, das Baby, ...
das Kalb, das Lamm, ...

2. Names of cities (when used with adjectives), continents, islands, and most countries:

das schöne Berlin, das heutige Amerika,
das (abenteuerliche) Brasilien, das (romantische) Italien,
das (attraktive) Mallorca ...

Exceptions:

Masculine	der Iran, der Irak, der Sudan, der Libanon, der Jemen, der Tschad, der Senegal, der Balkan
Feminine	die Türkei, die Tschechoslowakei, die BRD, die DDR, die UdSSR, die Schweiz, die Volksrepublik China, die Elfenbeinküste, die Arktis, die Antarktis
Plural	die Niederlande, die Vereinigten Arabischen Emirate, die USA (die Vereinigten Staaten), die Philippinen, die Balearen, die Seychellen, die Bahamas, die Azoren, die Malediven, die Antillen

Note that the countries, continents, or island groups listed as exceptions *must* be used with the definite article.

3. Most metals and many chemical elements:

das Gold, das Silber, das Eisen, das Selenium,
das Magnesium, ...

4. Most collective nouns with the prefix **Ge**-:

das Gebirge, das Gebüsch, das Gestirn, ...

5. All infinitives used as nouns:

das Gehen, das Schlafen, das Singen, das Sitzen, ...

6. Other parts of speech, e.g., personal pronouns, adjectives, and so on, used as nouns:

das Neue, das Ich, das All, das Rot, das ABC, ...

7. All diminutive nouns ending in **-chen** or **-lein**:

    das Mädchen, das Tischchen, das Bällchen, ...
    das Büchlein, das Häuslein, das Tischlein, ...

Both **-chen** and **-lein** are diminutive suffixes, i.e., endings added to a noun to indicate smallness. In some regional dialects you will hear **-ken**, **-le**, and **-el** as diminutive suffixes as well. **-chen** is more frequently used in the northern part of Germany while **-lein** is more common in the south of Germany. Diminutives require an umlaut where possible.

8. Most nouns ending in **-tel** or **-tum**:

    das Viertel, das Drittel, das Tausendstel, ...
    das Altertum, das Eigentum, das Bürgertum, ...

Exceptions: der Reichtum, der Irrtum

9. Most foreign nouns ending in **-ium**, **-um**, **-ment**:

    das Aquarium, das Gymnasium, das Ministerium, ...
    das Datum, das Museum, das Album, ...
    das Apartment, das Abonnement, das Parlament, ...

If you reread the EKTAR film advertisement at the beginning of this section, keeping in mind the general rules we have listed, you will find that the gender of most of the nouns listed can now be identified. Try to give the gender and the rule that applies to the following words:

	Gender	Rule
Glanz	_____	_____
Perspektive	_____	_____
Kombination	_____	_____
Körnigkeit	_____	_____
Kantenschärfe	_____	_____
Farbwiedergabe	_____	_____
Großvergrößerung	_____	_____
Systemcamera	_____	_____

d   Homonyms

Some nouns have multiple meanings; for example:

die Bank (*bank* or *bench*)
die Birne (*pear* or *lightbulb*)

Some nouns have a different meaning depending on their gender. These nouns may have derived from a common root word or they may be from totally different origins. Here are a few examples:

das Band	*ribbon*	der Band	*volume*
das Gehalt	*salary*	der Gehalt	*content*
das Junge	*animal offspring*	der Junge	*boy*
die Mangel	*mangle, press*	der Mangel	*lack*
das Schild	*sign*	der Schild	*shield*
die See	*sea*	der See	*lake*
das Tau	*rope*	der Tau	*dew*
die Taube	*dove*	der Taube	*deaf man*
		die Taube	*deaf woman*
das Tor	*gate*	der Tor	*fool*
die Weise	*manner, melody*	der Weise	*wise man*
		die Weise	*wise woman*

There is also a small group of nouns, mainly of foreign origin that can have two (and sometimes three) genders without any difference in meaning. These gender differences are largely regional. Some of these nouns are:

der/das Barock
der/das Bonbon
der/die/das Dschungel
der/das Filter
der/das Kompromiß
der/das Lasso
der/das Radar
der/das Radio
der/das Sakko
der/das Yoghurt

Overview

Why is it that some nouns in German are masculine, some are feminine, and others neuter? The question is difficult to answer. Grammatical gender is a convention and has little to do with biological gender. But there are many general rules to help you determine the gender of nouns. Although there are exceptions to the rules, the rules can help you figure out grammatical gender when you encounter new vocabulary. While reading, you can learn new vocabulary items (with their genders) by noting how the words are used in the text and by applying your general knowledge of the language.

◢ Anwendung und Kommunikation

A. Artikel ergänzen   Ergänzen Sie den bestimmten Artikel! Begründen Sie Ihre Wahl des Artikels.

BEISPIEL   ___die___ Drogerie, endet auf *ie.*

1. _____ Westen: _____
2. _____ Fernseher: _____
3. _____ Wein: _____
4. _____ Spruch: _____
5. _____ Paris: _____
6. _____ Freundin: _____
7. _____ Wirtschaft: _____
8. _____ Baby: _____
9. _____ Frage: _____
10. _____ Polizist: _____
11. _____ Information: _____
12. _____ Winter: _____
13. _____ Tante: _____
14. _____ Kätzchen: _____
15. _____ Religion: _____
16. _____ Umgebung: _____
17. _____ Büchlein: _____
18. _____ Bluse: _____
19. _____ Spezialität: _____
20. _____ A: _____
21. _____ Gold: _____
22. _____ Grammatik: _____
23. _____ Wagen: _____

B. Homonyme   Manche Wörter klingen gleich, aber sie können verschiedene Artikel haben. Schlagen Sie diese Wörter im Wörterbuch nach und finden Sie auch die entsprechenden Artikel dazu.

1. _____ Band (Buch)
   _____ Band (Armband, Freundschaftsband)

2. _____ Bank (Geldinstitut)
   _____ Bank (Parkbank)

3. _____ Gehalt (Inhalt, Wert)
   _____ Gehalt (Lohn)

4. _____ Heide (Nichtchrist)
   _____ Heide (Landschaft)

5. _____ Kiefer (Gesichtsteil)
   _____ Kiefer (Nadelbaum)

6. _____ Kunde (Käufer)
   _____ Kunde (Nachricht)

7. _____ Leiter (Chef)
   _____ Leiter (tragbare Treppe)

8. _____ Mark (Geldstück)
   _____ Mark (in den Knochen)

9. _____ Maß (ein Liter)
   _____ Maß (Länge, Höhe, Breite)

10. _____ Schloß (Gebäude)
    _____ Schloß (Türschutz)

11. _____ Schild (Schutzwaffe)
    _____ Schild (Platte mit Aufschrift)

12. _____ See (Binnensee)
    _____ See (Ozean)

13. _____ Steuer (Geld für den Staat)
    _____ Steuer (Lenkrad)

14. _____ Tau (Feuchtigkeit)
    _____ Tau (ein dicker Strick)

15. _____ Tor (Dummkopf)
    _____ Tor (große Tür)

16. _____ Weise (kluger alter Mann)
    _____ Weise (Melodie)

C. Das Teekesselchenspiel Sie spielen mit einem/r Partner/in zusammen. Wählen Sie gemeinsam ein Wortpaar aus der Gruppe oben aus. Jetzt nimmt jeder von Ihnen eines der beiden Wörter und beschreibt es dem Rest der Klasse in einfachen kurzen Sätzen. Sie müssen das Wort **Teekessel** benutzen. Ihre Kommilitonen müssen nun raten, welches Wortpaar sie gewählt haben.

Die anderen Studenten im Kurs können Fragen stellen, die ihnen helfen, das Wortpaar zu erraten.

BEISPIEL Sie wählen zum Beispiel **Birne** (*pear, bulb*) →
      ST1: Mein Teekessel ist hart aber zerbrechlich.
      ST2: Mein Teekessel ist hart oder weich.
      ST1: Meinen Teekessel kann man nicht essen.
      ST2: Meinen Teekessel kann man essen.
    KLASSE: Ist dein Teekessel aus Glas?
      ST1: Ja, er ist aus Glas.
    KLASSE: Ist dein Teekessel ein Birne?
    ST1/2: Ja, mein Teekessel ist eine Birne.

5.6 The Plural of Nouns

The plural of German nouns is formed in various ways. Some nouns have no endings in the plural. Some nouns add the endings **-e**, **-er**, **-(e)n**, or **-s**. Some nouns umlaut the stem vowel with or without an ending. Since there are few rules for the formation of the plural in German and many exceptions, the plural forms should be learned along with the gender of each noun.

◆ **GRAMMATIK IM KONTEXT**

Reportagen, die unter die Haut gehen, die Sie nicht mehr vergessen!

Wenn Sie den Sinn für das Schöne, für das Faszinierende und Aufre-
gende° bewahrt haben—wenn Bilder Sie begeistern°, die Wirklichkeit
zeigen—wenn Sie die Begegnung° mit neuen Eindrücken° und neuen Informationen suchen—werden Sie GEO mit Gewinn und Vergnügen
lesen. GEO ist für Sie. Für Menschen, die sich für die Vielgesichtigkeit°
der Welt und ihrer Bewohner interessieren. Für alle, die miterleben, mit
dabeisein wollen, wo große und kleine Ereignisse° das Bild der Erde
prägen°.

GEO lädt Sie ein, jetzt kostenlos eine aktuelle GEO-Ausgabe° (und 4
Farbdrucke als Geschenk!) anzufordern°.

Schicken Sie die Postkarte noch heute ab!

aus: GEO Produktwerbung

*exciting / fill
with enthusiasm
encounter / im-
pressions
diversity
events
mark*

*issue
request*

Underline all the nouns that appear in the text. List the seven
plural nouns, and try to determine their singular forms. The following generalizations concerning plural formation may be helpful.

◆ **-e**

The majority of masculine nouns, many feminine nouns, and a
few neuter nouns form the plural by adding an **-e**. Many of
these nouns add an umlaut as well (unless they are neuter).

Sing.	Plural	Sing.	Plural	Sing.	Plural
der		**die**		**das**	
Sinn	Sinne	Kunst	Künste	Spiel	Spiele
Hund	Hunde	Wand	Wände	Jahr	Jahre
Stuhl	Stühle	Nacht	Nächte	Ding	Dinge
Sohn	Söhne	Hand	Hände	Stück	Stücke

Neuter nouns ending in **-nis** and masculine nouns ending in
-ling also add an **-e** to the plural. In the case of **-nis** the **-s** is
doubled.

Sing.	Plural	Sing.	Plural
Lehrling	Lehrling**e**	Gefängnis	Gefängnis**se**
Feigling	Feigling**e**	Erlebnis	Erlebnis**se**
Schmetterling	Schmetterling**e**	Ereignis	Ereignis**se**

◆ **-er**

Many neuter and some masculine nouns form their plurals with an **-er** and an umlaut where possible. There are no feminine nouns in this category.

Sing.	Plural	Sing.	Plural
der		**das**	
Geist	Geister	Haus	Häuser
Mann	Männer	Kind	Kinder
Wald	Wälder	Licht	Lichter
		Buch	Bücher

Nouns ending in **-tum** also form their plurals with **-er** and take an umlaut.

Singular	Plural
Irrtum	Irrt**üm**er
Reichtum	Reicht**üm**er

◆ No plural ending

Most masculine and neuter nouns ending in **-el**, **-en**, **-er**, and all diminutives ending in **-chen** and **-lein** take no plural ending. Masculine nouns often taken an umlaut in the plural.

Wagen	Mädchen	Fräulein
Teller	Kännchen	Männlein
Mäntel	Kätzchen	Bärlein
Schlüssel	Onkel	

There are also two feminine nouns with no plural ending but with umlaut:

	Singular	Plural
die	Mutter	Mütter
die	Tochter	Töchter

♦ **-(e)n**

Almost all feminine nouns ending in **-e** form their plurals with **-n**. Feminine nouns with the following suffixes add **-en**: **-ei**, **-keit**, **-heit**, **-tät**, **-ung**, **-schaft**, **-in**, and **-ion**. In the case of **-in**, the **n** is doubled.

Singular	*Plural*
Tomate	Tomate**n**
Vase	Vase**n**
Liebelei	Liebelei**en**
Krankheit	Krankheit**en**
Universität	Universität**en**
Wohnung	Wohnung**en**
Landschaft	Landschaft**en**
Kommunikation	Kommunikation**en**
Ärztin	Ärztin**nen**

Masculine nouns ending in **-ist** and **-or** and weak masculine nouns are also in this category. See section 7.8 for further information on weak masculine nouns.

Sing.	*Plural*	*Sing.*	*Plural*
Publizist	Publizisten	Herr	Herren
Polizist	Polizisten	Junge	Jungen
Autor	Autoren	Nachbar	Nachbarn
Professor	Professoren	Student	Studenten

♦ **-s**

Many foreign nouns ending in a vowel form their plurals with **-s**.

Singular	*Plural*
das Sofa	Sofa**s**
das Auto	Auto**s**
das Radio	Radio**s**
das Echo	Echo**s**
die Kamera	Kamera**s**

Special Cases and Exceptions to Plural Formation

A. Some nouns are plural in English but singular in German.

die Brille	*glasses*
die Hose	*trousers*
das Mittelalter	*Middle Ages*
die Schere	*scissors*

B. Some nouns are used only in the plural:

die Ferien, die Geschwister, die Eltern, die Leute, die Kosten

C. Some nouns cannot form a plural at all. They are usually the names of materials or substances:

der Sand, das Eisen, der Zucker, der Regen, die Milch, das Fleisch

D. Collective nouns imply a plural idea, but are used in the singular:

die Gruppe, die Polizei, das Team

E. Some nouns have special plural forms. There are relatively few such nouns:

Singular	*Plural*
der Atlas	die Atlanten
der Betrug	die Betrügereien
das Erbe	die Erbschaften
die Firma	die Firmen
das Fossil	die Fossilien
der Kaktus	die Kakteen
der Kaufmann	die Kaufleute
das Thema	die Themen
das Unglück	die Unglücksfälle

Nouns ending in **-um** change this ending to **-en**:

Singular	*Plural*
das Gymnasium	die Gymnasien
das Ministerium	die Ministerien
das Museum	die Museen

F. Some homonyms have different plural forms for the different meanings:

Singular   *Plural*

die Bank	die Banken *(banks)*	die Bänke *(benches)*
der Block	die Blöcke *(boulders)*	die Blocks *(notepads)*
das Wort	die Wörter *(isolated words)*	die Worte *(statement)*

G. Abstract nouns are usually used in the singular and with their definite articles:

der Friede, der Hunger, das Geld, das Glück, die Liebe, die Luft, die Wärme

H. All infinitives and objectives describing abstract concepts do not have any plural form:

das Gehen, das Singen, das Schöne, das Interessante

Reexamine the nouns in the GEO advertisement on page 180, keeping in mind the generalizations and exceptions presented here. Try to determine what the plurals would be. Check your dictionary to see how you've done.

Anwendung und Kommunikation

Pluralformen   Bilden Sie die Pluralformen der Nomina auf Seite 177.

5.7   Compound Nouns

It is a typical feature of German that two or more words can be compounded in order to form a new word. This characteristic of the language expands the vocabulary considerably and, since there are few restrictions on compounding, allows for a lot of creativity. A compound consists of one or more modifying words and one stem word. The stem word always stands at the end of the compound noun and determines its gender. Theoretically there is no limit to the number of modifying words that are placed before the stem word. These modifying words determine the precise meaning of the compound noun. Here is an extreme example:

der Donaudampfschiffahrtsgesellschafts**kapitän**
Danube [river]-boat-trip-society-captain

This word specifies the captain working for a particular company. If we want to talk about his cap, we can create the word:

die Donaudampfschiffahrtsgesellschaftskapitäns**mütze**

If we want to talk about the maker of the cap:

der Donaudampfschiffahrtsgesellschaftskapitäns-
mützen**hersteller**

And finally, about the widow of the captain's cap-maker:

die Donaudampfschiffahrtsgesellschaftskapitäns-
mützenherstellers**witwe**

This process of adding on words can go on and on. The thing to remember is that the stem word is always the *last noun*, and *that* noun determines the gender of the word. In our examples, the stem noun was first the captain, then his cap, then the maker of his cap, and finally the widow of the cap-maker.

Read the text on page 186. Find the compound nouns, underline them, and classify them with the help of the list below.

In compound nouns the modifier can be any kind of word, except a conjunction.

Modifier	Stem Noun
verb	das Steh-restaurant
noun	der Jugend-verband
adjective	der Schwarz-markt
adverb	der Weiter-verkauf
preposition	die Hinter-tür
pronoun	der Ich-erzähler
numeral	das Drei-eck
prefix	der Aus-gang

◆ GRAMMATIK IM KONTEXT

Nur zehn Hamburger pro Person

Moskau (dpa)—Um „Spekulationen" mit ihren beliebten Bulettenbrötchen zu verhindern, hat sich die Moskauer McDonaldniederlassung zu einem ungewöhnlichen Schritt entschlossen: Der „Big-Mak" wird rationiert. Die Zeitung des Kommunistischen Jugendverbandes, Komsomolskaja Prawda, berichtete am Samstag, ab sofort würden pro Person nur noch zehn Hamburger ausgegeben. Das Unternehmen befürchte Spekulationen und einen Weiterverkauf von Hamburgern auf dem Schwarzmarkt. Nach Angaben der Jugendzeitung hatten am vergangenen Mittwoch zur Eröffnung des ersten McDonaldrestaurants in der UdSSR rund 30 000 Moskauer Schlange gestanden.

aus: Süddeutsche Zeitung

The stress of the compound noun is generally on the first modifying word (shown in boldface):

Schwarzmarkt   **Schwarz**marktpreis

There are very few exceptions, and these are mainly the names of Christian holidays.

Oster**sonntag**, Kar**freitag**, Grün**donnerstag**,
Rosen**montag**, Ascher**mittwoch**, Aller**heiligen**, ...

There are a few other exceptions as well:

Lebe**wohl**, Jahr**zehnt**, Jahr**hundert**, Jahr**tausend**

 ## a Compounding with Verbs

If the modifying word is a verb, the verb stem (without the infinitive ending) is used, and the linking letter **-e-** may be inserted.

stehen + Restaurant → Stehrestaurant
werben + Brief   → Werb**e**brief

das Trinkgeld, das Lesebuch, das Kochrezept
der Schreibtisch, der Kaufvertrag, der Werbetexter
die Eßlust, die Schreibmappe, die Leselampe

b Compounding with Adjectives, Adverbs, or Prepositions

Adjectives, adverbs, or prepositions are placed unchanged in front of the stem word without a linking letter.

der Schwarzmarkt, der Besserwisser, der Mitesser
die Kleinwohnung, die Weiterfahrt, die Vorstellung
das Hinterhaus, das Dasein, das Vorbild

Note that prepositions can change the meaning of the stem completely.

Esser (*eater*), **Mitesser** (*blackhead*)

c Compounding with Prefixes

You will recall that inseparable prefixes are syllables that have no independent existence or meaning. They can, however, modify the meaning of a stem word.

Here are the most commonly used noun prefixes:

♦ **Ge-**
Nouns with this prefix are usually neuter. They may designate collective concepts and are often formed with verbs. The stress is not on the prefix.

das Getreide, das Gemüse, das Gebirge, das Gespräch,
das Gebiß, das Geschrei, das Gedicht, das Geschäft,
das Gebot, das Gelächter, das Gefühl, das Gesetz

Some nouns with this prefix are used in the plural only.

die Geschwister, die Gebrüder

There are also a few masculine and feminine compounds.

der Gebrauch, der Genosse, der Geschmack,
die Geduld, die Geschichte, die Gefahr

♦ **Miß-**
This prefix indicates the opposite of the stem word in a negative sense. In noun compounds, it is stressed; as a verb prefix it is unstressed.

miß**trau**en, das **Miß**trauen

die Mißernte, die Mißgunst, die Mißachtung, der Mißstand,
der Mißbrauch, der Mißerfolg, das Mißverhältnis,
das Mißgeschick

♦ **Un-**
This prefix normally forms the opposite or negation of the stem word, but sometimes it intensifies the meaning of the stem word.

die Ungeduld, die Unkosten, die Unzahl, der Unmensch,
der Unsinn, der Unwille, das Unding, das Unwetter,
das Ungeheuer

♦ **Ur-**
This prefix indicates the origin of things, concepts, or beings. It often translates as English *primeval*.

die Urgroßmutter, die Ursache, die Uraufführung,
der Urwald, der Urmensch, der Urzustand, das Urvolk,
das Urbild, das Urtier

Overview

Even though the number of modifying words that can be compounded with a stem word is theoretically unlimited, common sense and the limits of short-term memory restrict the number of words linked together. In judicial and bureaucratic texts, you will find an abundance of compound nouns.

Compound nouns are a characteristic feature of German. Germans often prefer compounds over coined words of Latin or Greek origin. It is sometimes rather difficult to find exact English equivalents without using whole phrases. This is why you will sometimes find German terms used in English:

Kaffeeklatsch, Kindergarten, Realpolitik, Wunderkind, Weltschmerz, Zeitgeist

Anwendung und Kommunikation

Bilden Sie neue Wörter! Hier ist das Wort **Kapitänsmützenhersteller.** Bilden Sie andere Wörter aus den Buchstaben dieses Wortes. Sie haben 1 Minute Zeit.

Wie viele Wörter haben Sie? _____

mehr als 20: ausgezeichnet
mehr als 15: sehr gut
mehr als 10: gut
mehr als 5: zufriedenstellend
weniger als 5: schlecht
keine Wörter: Nehmen Sie eine Spanischklasse!

Zusammenfassende Aktivitäten

A. Beschreiben Sie!   Was wird den Personen im Bild wohl gerade passiert sein?

BEISPIEL   Der Mann mit den Lenkrad wird wohl einen Unfall gehabt haben.

B. Sprichwörter   Schreiben Sie diese Sprichwörter zu den passenden Zeichnungen!

BEISPIEL   1. ____i____

a. Viele Köche verderben den Brei.
b. Wenn dem Esel zu wohl ist, tanzt er auf dem Eis.
c. Den letzten beißen die Hunde.
d. Wenn die Katze das Haus verläßt, tanzen die Mäuse.
e. Die großen Fische fressen die kleinen.
f. Man muß das Eisen schmieden, solange es heiß ist.
g. Einem geschenkten Gaul sieht man nicht ins Maul.
h. Der Apfel fällt nicht weit vom Stamm.
i. In der Not frißt der Teufel Fliegen.

Schreiben Sie nun mit Ihren eigenen Worten, welche Bedeutung diese Sprichwörter haben. Wann wird man das wohl sagen?

C. Ich sehe was, was du nicht siehst! Sehen Sie sich im Klassenzimmer um. Wählen Sie ein Objekt aus und lassen Sie Ihre Kommilitonen raten, was das ist.

BEISPIEL   ST1: Ich sehe was, was du nicht siehst, und es ist braun.
ST2: Ist es der Schreibtisch?
ST1: Nein, es ist nicht der Schreibtisch.
ST2: Ist es der Schuh da?
ST1: ...

D. Lebensqualität ist nicht gleich Lebensstandard   Lesen Sie die folgenden Definitionen!

Lebensqualität: schlagwortartiger Sammelbegriff für die Summe schwer definierbarer Elemente, die Glück und Zufriedenheit der in einem Staat lebenden Menschen ausmachen. Der Begriff L. (zuerst wohl von J. K. Galbraith in den 60er Jahren gebraucht) geht von der Gefährdung der Lebensbedingungen durch Umweltverschmutzung, Überbevölkerung und Erschöpfung der Rohstoff- und Energiequellen aus. Dem bis dahin v.a. quantitativ aufgefaßten Fortschritt stellt man mit einem qualitativen Fortschrittsideal eine neue Weltstruktur des gesellschaftl. Lebens gegenüber. Mit dem inhaltlich unscharfen Begriff wird oft auch eine allg. Kritik an der industriellen Konsum- und Leistungsgesellschaft, dem ›kapitalistischen System‹ und seinem Profitstreben verbunden.

Lebensstandard: Die Gesamtheit aller Güter, Rechte und Nutzungen, die der privaten Lebensführung zugute kommen. Hauptbestandteil des L. ist die → Lebenshaltung, daneben quantitativ nicht erfaßbare Bestandteile (z.B. öffentliche Sicherheit und Ordnung, öffentl. Rechtschutz, öffentl. Bildung und Erziehung, öffentl. Gesundheitsdienste und Hygiene). Am zweckmäßigsten werden die zeitl. Entwicklung und die internat. Unterschiede des L. durch die Ergebnisse der Sozialproduktberechnung über den privaten Verbrauch dargestellt. Auch Vergleiche von Arbeitsverdiensten o.ä. Einkommenszahlen können verwendet werden.

aus: dtv Brockhaus Lexikon, Bd. 10 Kli:Lem

Und jetzt diskutieren Sie!

1. Wie könnten Sie Ihren Lebensstandard erhöhen? Was würden Sie tun, um Ihren Lebensstandard zu verbessern?
2. Wie könnten Sie Ihre Lebensqualität verändern? Was würden Sie tun, um Ihre Lebensqualität zu verbessern?
3. Welche Konsumgüter brauchten Sie, um Ihren Lebensstandard zu garantieren? Machen Sie eine Liste der Objeke!

E. Vergleichende Werbung   Schreiben Sie Werbetexte über ein Produkt. Loben Sie das Produkt, das Sie verkaufen wollen und nehmen Sie eine andere Marke, die dasselbe Produkt herstellt, die Sie dann in Kontrast setzen zu Ihrer Marke und schlecht machen.

Arbeiten Sie in der Gruppe und machen Sie eine Collage mit Werbeanzeigen aus Illustrierten. Machen Sie also Ihren eigenen Werbeposter komplett mit Slogan.

6

The Nominative and Accusative Cases

There are four cases in German: nominative, accusative, dative, and genitive. Most nouns do not show distinct case endings. Case is marked more often by articles or other limiting words and adjectives that precede nouns. The case of a noun is determined by its grammatical function in the sentence. Certain verbs, prepositions, and adjectives also require the nouns that follow them to take specific cases.

194

◆   ## GRAMMATIK IM KONTEXT

denunziation¹

früher oder
später
verrät°   *betrays*
der verräter°   *traitor*
des verräters
dem verräter
den verräter
früher oder
später

Josef Reding

Which cases in the poem can you identify from your previous knowledge of German?

Function of the Nominative and Accusative Cases

6.1

a   The Nominative Case

The nominative case indicates the subject of a sentence.

(1) Früher oder später verrät **der Verräter** den Verräter.

---

¹ You will note that the poet did not capitalize the nouns in this poem. This is often the case among today's writers who would like to see a reform in capitalization rules.

Like the subject in a sentence, nouns following the verbs **sein**, **werden**, **heißen**, and **bleiben** are also in the nominative case; these nouns are called *predicate nouns.*

(2) Er bleibt (ist/wird) **ein Verräter.**

The Accusative Case

The accusative case indicates the direct object of a sentence or indicates the immediate recipient of the action expressed by the verb.

(3) Früher oder später verrät der Verräter **den Verräter**.

Many verbs require a direct object, i.e., that the noun that follows be in the accusative case. When someone says **ich sehe**, you automatically ask or at least want to know **was**? Some of the most common verbs requiring a direct object are:

   sehen, haben, möchten, kaufen, fragen, suchen

Some verbs in German (in contrast to their English equivalents) are not complete without an object. For example, in English you can simply say *I am leaving.* In German you must have an object if you use the verb **verlassen**:

(4) Ich verlasse **das Haus**.

The expression **es gibt** (*there is/there are*) also requires the accusative case.

(5) Es gibt keinen Platz.   (SINGULAR)
(6) Hier gibt es viele Boutiquen.   (PLURAL)

Interrogative Pronouns

Whether a noun appears in the nominative or accusative case can be determined by asking questions using the interrogative pronouns: **wer/was** (*who, what*) for the nominative or **wen/was** (*whom,* *what*) for the accusative. The interrogative pronoun **wer**, although masculine singular, refers to living beings, regardless of gender, in both the singular and plural:

(7) **Wer** hat Roger verraten?
—Sabine hat ihn verraten.
(8) **Wen** hat Roger verraten?
—Er hat seine Eltern verraten.

From the context expressed in the following examples, however, it is more likely that the **wer** refers to a woman.

(9) **Wer** hat seinen Lippenstift im Bad vergessen?[2]
(10) **Wer** hat während seiner Schwangerschaft nicht zugenommen?

The interrogative **was** can refer to both singular and plural things and concepts of any gender in the nominative and accusative.

(11) **Was** ist das?
—Das ist mein Hausschlüssel.
(12) **Was** hast du gemacht?
—Ich bin ins Kino gegangen.

d   Definite and Indefinite Articles

	SINGULAR			PLURAL
	Masculine	**Feminine**	**Neuter**	
Nominative	der	die	das	die
Accusative	**den**	die	das	die
Nominative	ein	eine	ein	—
Accusative	**einen**	eine	ein	—

---

[2] Because **wer** is masculine, the masculine possessive pronoun is used instead of the feminine **ihr**. This awkward construction is criticized by feminists who feel that this wording should be changed to:

Wer hat **ihren** Lippenstift vergessen?

This solution has not been accepted in Germany because it is considered grammatically incorrect.

Note that the nominative and accusative forms of the definite and indefinite articles are identical except for the masculine singular.

der- and **ein-**Words Used as Limiting Words

6.2

Der- and **ein-** words are called *limiting words* or *limiting adjectives*. Such words do not describe a noun but rather *specify* its scope. The examples below do not describe the houses mentioned, but define a subgroup within the overall category of houses. The following limiting words specify *particular* houses:

> **das** Haus, **welches** Haus, **diese** Häuser, **ein** Haus, **mein** Haus, **euer** Haus

The following limiting words specify the total inclusion of the group, i.e., *all* houses:

> **jedes** Haus, **alle** Häuser

The limiting word **kein** is used to specify total exclusion from the group or sub-group:

> **kein** Haus, **keine** Häuser

Limiting words agree in gender, number, and case with the nouns they modify. Since most nouns by themselves do not reveal their gender, number, and case, the limiting words have to assume this function through their endings. Limiting words that take endings similar to those of the definite article are called **der-** words; limiting words whose endings are similar to those of the indefinite article are called **ein-**words.

For the endings of **der-** and **ein-**words, see *Articles* in the Quick Reference.

◆ GRAMMATIK IM KONTEXT

Ach Freund; geht es nicht auch dir so?

ich kann nur lieben
    was ich die Freiheit habe
        auch zu verlassen:

    dieses Land
    diese Stadt
    diese Frau
    dieses Leben

Eben darum lieben ja
    wenige ein Land
    manche eine Stadt
    viele eine Frau
    aber das Leben alle.

Wolf Biermann

 der-Words

Der-words have a set of endings often called *primary* (or *strong*) *endings*. **Der**-words in the nominative and accusative case take endings as follows:

| | SINGULAR | | | PLURAL |
	Masculine	**Feminine**	**Neuter**	
Nominative	der	die	das	die
this	dies**er**	diese	dies**es**	diese
each	jed**er**	jede	jed**es**	alle
which	welch**er**	welche	welch**es**	welche
Accusative	den	die	das	die
	dies**en**	diese	dies**es**	diese
	jed**en**	jede	jed**es**	alle
	welch**en**	welche	welch**es**	welche

Other **der**-words are: **jener** (*the former*), **solcher** (*such*), **mancher** (*many [a]*), and **alle** (*all*, pl.). For information on **der**-words in the genitive and dative cases, see the Quick Reference section.

In formal written German, **jener** (*that one*) is often used in combination with **dieser** (*this one*) to mean *the former* and *the latter*. Colloquial German avoids the use of **jener** and uses the demonstrative pronouns **der**, **die**, **das** in combination with **hier** and **da** instead.

(1) Welches Kleid soll ich nehmen?
    Dieses hier oder **das da**?

Solche and **manche** are commonly used as limiting words in the plural:

(2) **Solche** Menschen mag ich nicht!
    I don't like people like that.

(3) **Manche** Menschen mag ich nicht!
    Some people I just don't like.

In the singular, however, **mancher** and **manch ein** are avoided in conversational German. **Solcher** and **solch ein** are often replaced by **so ein**, which follows the declension of the **ein**-words. **Solch**- often has a negative connotation. The declension of **ein**-words is discussed in the following section.

Alle (*all*) is used in the plural; it indicates a definite number (all of a certain group).

b   ein-Words

Ein-words are: the indefinite article **ein** (*a, an*); its negative form **kein** (*not a, no, not any*); and all possessive adjectives **mein** (*my*), **dein** (*your*), **Ihr** (*your*), **sein** (*his*), **sein** (*its*), **unser** (*our*), **euer** (*your*), **Ihr** (*your*), **ihr** (*her*), **ihr** (*their*).

While the ending of the possessive adjective is always determined by the noun it modifies, the selection of the word itself is determined by the identity and gender of the possessor, just as in English.

(4) Paul besucht **seine** Freundin.
(5) Er hat **ihren** Hausschlüssel.

Here are some examples of **ein**-words in the nominative and accusative case:

	SINGULAR			PLURAL
	Masculine	**Feminine**	**Neuter**	
Nominative	ein	eine	ein	—
	kein	keine	kein	keine
	dein	deine	dein	deine
Accusative	ein**en**	eine	ein	—
	kein**en**	keine	kein	keine
	dein**en**	deine	dein	deine

Note that in conversational German the **-er-** in **unser** and **euer** is often reduced to **-r**, when an ending is added.

(3) Sind das **eu(e)re** Koffer?
     Nein, **uns(e)re** stehen hier.

Note that **welch** can also be used in combination with an **ein**-word, but in colloquial German **was für ein** is preferred.

(4) Welch ein schönes Kleid!
(5) Was für ein schönes Kleid!
(6) Welch ein Irrtum!

◆ **GRAMMATIK IM KONTEXT**

lichtung

manche meinen
lechts und rinks
kann man nicht
velwechsern.°   **verwechseln:**
werch ein illtum!   *confuse*

aus: Ernst Jandl

Can you see the humor in this poem? Which letters does the author switch? Why?

◤ Anwendung und Kommunikation

A. Im Flughafen von New York   Megan reist bald nach Deutschland. Ergänzen Sie die Lücken.

> ALICE: Hast du dein＿＿＿＿ Koffer schon abgegeben?
>
> MEGAN: Ja. Ich habe alles erledigt. Und ich habe
> mein＿＿＿＿ Flugkarte und ein＿＿＿＿ Eurail-Paß für
> d＿＿＿＿ Bahn. Ich nehme ＿＿＿＿ Zug vom
> Flughafen nach Stuttgart.
>
> ALICE: Kennst du dies＿＿＿＿ Stadt?
>
> MEGAN: Nein, aber ich kenne ein＿＿＿＿ Junge＿＿＿＿
> dort.

B. In Café in Stuttgart.   Ergänzen Sie die Lücken.

> HANS: Mutti, siehst du d＿＿＿＿ Mann da drüben? Er ist
> unser＿＿＿＿ Professor, Herr Schulze. Er ißt
> jed＿＿＿＿ Tag hier und bestellt dann immer
> ein＿＿＿＿ Kännchen Kaffee.
>
> FRAU HANSEN: Möchtet ihr eur＿＿＿＿ Professor sprechen,
> oder können wir unser＿＿＿＿ Essen bestellen? Ich
> habe solch＿＿＿＿ Hunger!
>
> MEGAN: Also, ich nehme dies＿＿＿＿ Torte und ein＿＿＿＿
> Kaffee.
>
> HANS: Und ich nehme dies＿＿＿＿ Stück Käsekuchen und
> ein＿＿＿＿ Cola. Welch＿＿＿＿ Kuchen nimmst du,
> Mutti?
>
> FRAU HANSEN: Ich möchte lieber dies＿＿＿＿ Schinkenbrot
> und ein＿＿＿＿ Eis essen und ein＿＿＿＿ Tee trinken.

C. Wie findest du ... ?   Sprechen Sie in der Gruppe über Dinge,
die Sie mögen oder nicht mögen und fragen Sie andere in
der Gruppe nach ihrer Meinung. Benutzen Sie die folgenden Bausteine und sprechen Sie über Dinge, Personen, Essen, Filme, Musik, usw.

BEISPIEL   ST1: Wie findest du den neuen David Lynch Film?
ST2: Den finde ich zum Kotzen.
ST3: Wieso denn? ...

ST1:		ST2:	ST3:
Wie finden Sie		Super!	So?
findest du	den ...	Toll!	Wirklich?
	die ...	Phantastisch!	Warum?
Wie gefällt Ihnen	das ...	(Sehr) gut!	Stimmt!
dir	der ...	OK!	Tatsächlich!
	dieser ...		
	diesen ...	Es geht!	Ja, wirklich!
Wie schmeckt Ihnen	diese ...	So la la!	Finde ich auch!
dir	dieses ...	Komisch!	
		Langweilig!	Finde ich nicht!
		Schlecht!	
		Zum Kotzen!	Meinst du?
		Scheußlich!	Das glaube ich!
			Ist das dein Ernst!/?
			Wieso denn?
			Und du?

D. Kofferpacken   Ein Spiel, für das man ein gutes Gedächtnis braucht. Eine Person sagt: Wir fahren in die Ferien, und ich packe einen Koffer.

BEISPIEL   ST1: Ich packe eine Bluse ein.
               ST2: Ich packe eine Bluse und einen Rock ein.
               ST3: Ich packe eine Bluse, einen Rock und ...
               ST4: ...

Immer muß man alles nennen, was vorher genannt wurde, und man muß ein neues Teil hinzupacken. Wer ein Teil vergißt, scheidet aus. Wer als letzter übrig bleibt, gewinnt.

Personal Pronouns: Nominative and Accusative

6.3

Personal pronouns . . . are a fruitful nuisance [in German], and should have been left out. For instance, the same sound, *sie*, means *you*, and it means *she*, and it means *her*, and it means *it*, and it

means *they*, and it means *them*. Think of the ragged poverty of a language which has to make one word do the work of six,—and a poor little weak thing of only three letters at that. But mainly, think of the exasperation of never knowing which of these meanings the speaker is trying to convey. This explains why, when a person says *sie* to me, I generally try to kill him, if a stranger.

Mark Twain, *A Tramp Abroad*

Pronouns are words used in place of a noun or a noun phrase. As noun replacements, pronouns have to indicate gender, number, and case, so that their function in the sentence is clear.

◆ **GRAMMATIK IM KONTEXT**

Umgangsformen

Mich ichze ich.
Dich duze ich.
Sie sieze ich.
Uns wirze ich.
Euch ihrze ich.
Sie sieze ich.

Ich halte mich an die Regeln°.   *rules*

Kurt Marti

The nominative and accusative forms of the personal pronouns are:

	Nominative	Accusative
Singular	ich	mich
	du	dich
	Sie	Sie
	er	ihn
	sie	sie
	es	es

	Nominative	**Accusative**
Plural	wir	uns
	ihr	euch
	Sie	Sie
	sie	sie

The German pronouns should be learned along with their English equivalents. Otherwise you will run into the problems to which Mark Twain referred. The English pronoun *you*, for example, has four equivalents in German:

du	2nd person singular (informal)
ihr	2nd person plural (informal)
Sie	2nd person singular and plural (formal)

The following excerpt from the novel *Die Ballade von der Typhoid Mary* is the story of a woman, a Swiss emigrant to the United States, who is a carrier of typhoid fever. She has been quarantined on North Brother Island.

◆ GRAMMATIK IM KONTEXT

Mary unternahm keinen Fluchtversuch°. Sie beantwortete auch keine Fragen. Sie beobachtete bei den Verhören° die Fliegen°, für den Fragenden nicht sichtbare Fliegen. Einmal erschien ein Reporter, der Fragen über ihr Liebesleben stellte. Sie warf ihn hinaus, nicht nur mit Worten.

escape attempt
interrogations / flies

aus: Jürg Federspiel, *Die Ballade von der Typhoid Mary*

Pronouns are used in the text in place of nouns. For the most part they have been used to avoid the repetition of the nouns they represent. Before pronouns can be used, the context has to be established, i.e., **sie** can only be used when we know that **Mary** is the noun it represents; **ihn** only after we know that we refer back to **ein Reporter**. It is often a question of style whether a pronoun is used or whether the noun itself is repeated. The text could have read:

Einmal erschien ein Reporter, der Fragen über Marys Liebesleben stellte. Mary warf den Reporter hinaus, nicht nur mit Worten.

a Pronouns: A Different Perspective

When you encounter words like **das Mädchen**, **das Fräulein**, or **das Weib**, there are two possible pronouns that can represent them: **sie** and **es**. This is an instance where grammatical and biological gender do not correspond with each other. We advise you to use **sie** with these words since **es** in our opinion denotes sexism in the language. For a further discussion about sexism in language, see section 12.7.

Anwendung und Kommunikation

A. Besuch aus Amerika   Ergänzen Sie die Lücken.

In Stuttgart zu Hause ...

HEIKO: Deine Freundin aus Amerika besucht _____ heute, nicht wahr?
HANS: Ja, ich habe _____ seit fünf Jahren nicht mehr gesehen. Hoffentlich erkennt sie _____ wieder!

Am Bahnhof in Stuttgart ...

FRAU HANSEN: Der Zug ist endlich da. Siehst du _____?
HANS: Ja, und da kommt Megan, aber sie sieht _____ nicht. Megan! Megan!
MEGAN: Hans! Frau Hansen! Endlich finde ich _____.
HANS: Ja, wir warten auf _____.

6.4 Prepositions Requiring the Accusative

The use of prepositions in both English and German is very idiomatic. Prepositions indicate relationships between nouns and nouns, adjectives and nouns, and verbs and nouns.

(1) Das ist ein Buch über Grammatik.   (NOUN–NOUN)
     This is a book about grammar.

(2) Ich bin stolz auf meine Schwester.   (ADJECTIVE–NOUN)
     I'm proud of my sister.

(3) Ich denke an unsere Reise.   (VERB–NOUN)
     I'm thinking about our trip.

In German, each preposition is followed by a specific case. It is important that you memorize a preposition along with the case that it takes as part of your vocabulary. There are four groups of prepositions:

—prepositions requiring the accusative (section 6.4)
—prepositions requiring the dative (section 7.4)
—prepositions requiring the genitive (section 8.1)
—prepositions requiring either the dative or the accusative (section 8.2)

Read the following label printed on a jar of skin-care cream, and find the prepositions that take the accusative.

◆ GRAMMATIK IM KONTEXT

Penaten Creme ist eine Schutzcreme gegen Wundwerden° für Säuglinge° und Kleinkinder. Sie hat sich auch für Erwachsene° bei Hautreizungen° bestens bewährt°.

soreness
babies / adults
skin irritations /
proven

Penaten Creme enthält Lanolin, biologische Fette und Mineralstoffe, Pathenol und Allantoin.

Bei Zimmertemperatur aufbewahren°.

Keep at room
temperature

Inhalt: 250 ml

The following prepositions require the accusative case:

durch, für, gegen, ohne, um, bis

Below are the most common meanings of the prepositions that take the accusative.

♦ durch

a. (*through*); place, movement in space.

    (1) Er kam **durch** diese Tür.
    (2) Wir spazierten **durch** die Stadt.

b. indicates a cause, reason, or agent (in passive constructions and elsewhere).

    (3) Die Brücke wurde **durch** ein Erdbeben zerstört.
    (4) Ich habe ihn **durch** gute Argumente überzeugt.

See section 11.1 for more information on the passive.

♦ für

(*for*); intent, purpose.

    (5) Die Creme ist **für** Säuglinge.
    (6) Das ist eine Creme **für** empfindliche Haut.

♦ gegen

a. (*against*); direction; also used figuratively.

    (7) Er wirft den Ball **gegen** die Wand.
    (8) Eine Schutzcreme **gegen** Wundwerden.
    (9) Ich bin **gegen** Treibgas in Sprays.
    (10) Berkeley spielte **gegen** die Universität Stanford zwei zu eins.

b. (*about, around*); indefinite point or span of time.

    (11) Wir sind **gegen** acht Uhr da.

♦ ohne

(*without*); lack, absence; noun usually follows without article; opposite of **mit**.

(12) Sie hat **ohne** Sonnencreme in der Sonne gelegen. Jetzt hat sie einen Sonnenbrand.
(13) Sie haben **ohne** mich gegessen.

♦ **um**

a. (*around*); place, direction.

> (14) Wir fahren **um** die Stadt.
> (15) Die Gäste sitzen **um** den Tisch (herum).

b. (*around, approximately*); figuratively.

> (16) Ich weiß nicht genau, was die Creme kostet. Ich glaube **um** die zehn Mark.

c. (*at*); exact time.

> (17) Wir kommen **um** sieben (Uhr) zu euch.

♦ **bis**

a. (*to, as far as*); destination, endpoint (place)

> (18) Für Penaten Creme fahre ich **bis** Timbaktu.
> (19) Sie war von oben **bis** unten mit Creme eingeschmiert.

b. (*until*); limit, endpoint (time)

> (20) Auf Wiedersehen, **bis** Dienstag!
> (21) Wir bleiben hier **bis** nächsten Montag.

c. (*up to*); endpoint (measure)

> (22) Die Cremedose ist **bis** oben voll.

d. (*until*). Both local and temporal, often combined with other prepositions like **zu**, **an**, **auf**, or **in**. In these cases, the preposition that follows **bis** determines the case of the noun or pronoun.

> (23) Wir machen das **bis zum** bitteren Ende.
> (24) Wir sind **bis ans** Meer gefahren.
> (25) Man konnte **bis in** die Stadt sehen.
> (26) Wir sind **bis auf** die Spitze des Berges geklettert.

Anwendung und Kommunikation

A. Minidialoge   Ergänzen Sie die Pronomen oder Artikel.

1. A: Wo bleibst du denn?
    B: Ich komme sofort!
    A: Schnell bitte oder wir fahren ohne _____ ab.

2. A: Mein Bruder hat sein Examen bestanden.
    B: Schön. Kaufst du etwas für _____ ?
    A: Nein, aber wir machen eine Party.

3. A: Ich will nicht, daß Maria mit ins Kino kommt.
    B: Wieso? Hast du etwas gegen _____ ?
    A: Ja, sie geht mir auf die Nerven.

4. A: Kommst du mit, ich will durch _____ Stadt gehen?
    B: Auf Stadt habe ich keine Lust, ich würde lieber um _____ See laufen.
    A: Dann lauf du um dein_____ See und ich bummele durch _____ Stadtzentrum.

5. A: Gehst du mit zu Peters Party?
    B: Für _____ gibt er sie?
    A: Nur so! Wir feiern bis in _____ Morgen hinein.
    B: Bis in _____ Morgen? Na dann ohne _____ ! Ich muß arbeiten.

B. Rotkäppchen   Wählen Sie die richtigen Akkusativpräpositionen!

Rotkäppchen geht immer zu fuß _____ den Wald, denn sie tut viel _____ ihre Gesundheit und hat nichts _____ die Natur. Sie bringt oft Blumen und Kuchen _____ ihre Großmutter, aber manchmal geht sie auch _____ solche Geschenke. Sie macht immer einen Bogen _____ den See, denn der Wolf wohnt da in der Nähe.

C. Weihnachtsgeschenke   Sie möchten Weihnachtsgeschenke für Ihre Familie und Freunde kaufen. Machen Sie eine Liste für alle Personen.

BEISPIEL   Für meinen Onkel →
Für meinen Onkel kaufe ich einen Wecker, einen Krimi-
nalroman und eine Kappe.

1. Für meine Mutter: ———
2. Für meinen Vater: ———
3. Für meinen Bruder: ———
4. Für meine Schwester: ———
5. Für meine Freundin: ———
6. Für meinen Freund: ———
7. Für meine/n Deutschlehrer/in: ———

Vergleichen Sie Ihre Listen mit denen der Studenten in
Ihrer Gruppe und machen Sie Dialoge.

BEISPIEL   ST1: Was kaufst du für deine Mutter?
ST2: Hausschuhe.
ST1: Warum gerade Hausschuhe?
ST2: Weil sie immer kalte Füße hat.

Verbs with Prepositions in the Accusative

In both German and English, there are verbs that require specific
prepositions to denote idiomatic meanings. But German and English differ markedly in the choice of preposition. Therefore, these
verbs have to be memorized. Here is a list of the most important
verbs with prepositions in the accusative:

◆ **an**

denken an	*to think of*
sich erinnern an	*to remember*
sich gewöhnen an	*to get accustomed to*
glauben an	*to believe in*
schreiben an	*to write to*
vermieten an	*to rent to*
sich wenden an	*to turn to*

♦ auf

achten auf	*to pay attention to*
antworten auf	*to answer to*
sich freuen auf	*to look forward to*
hoffen auf	*to hope for*
schauen auf	*to look at*
vertrauen auf	*to rely on*
verzichten auf	*to renounce, forego*
warten auf	*to wait for*

♦ für

danken für	*to thank for s.th.*
halten für	*to take s.th/s.o. to be*
sich interessieren für	*to be interested in*
schwärmen für	*to be enthusiastic about*
sorgen für	*to take care of*

♦ in

eintreten in	*to enter*
sich verlieben in	*to fall in love with*

♦ über

sich ärgern über	*to be upset about*
sich freuen über	*to be happy about*
klagen über	*to complain about*
lachen über	*to laugh about*
nachdenken über	*to think about*
schreiben über	*to write about*
sprechen über	*to talk about*
sich unterhalten über	*to talk about*
sich wundern über	*to be amazed about*

♦ um

bitten um	*to ask for*
sich handeln um	*to deal with*
sich kümmern um	*to take care of*
sich sorgen um	*to worry about*
wetten um	*to bet*

Nouns and Adjectives with Prepositions in the Accusative

This section lists specific nouns and adjectives and their idiomatic uses with prepositions that require the accusative. Examples are given in the context of a sentence to clarify how these expressions are used.

◆ Nouns

(1) Ich habe eine **Bitte an** dich.
   I want to ask you a favor.

(2) Seit drei Monaten habe ich **Anspruch auf** mehr Gehalt.
   For three months I have had the right to a higher salary.

(3) Wir haben **Aussicht auf** eine neue Wohnung.
   We have the chance of getting a new apartment.

(4) Jeder hat ein **Recht auf** Freiheit.
   Everyone has the right to be free.

(5) Susie hat **Wut auf** Uli.
   Susie is angry with Uli.

(6) Mein Vater hat immer **Verständnis für** mich.
   My father always understands me.

(7) Meine Mutter hat eine **Vorliebe für** Suppen.
   My mother prefers soups.

(8) Ich habe **Angst um** mein neues Auto.
   I am afraid for my new car.

(9) Seit einer Woche haben Walter und Ernst **Streit über** ein Fußballspiel.
   For a week Walter and Ernst have been arguing about a soccer game.

(10) Ich mache mir **Sorgen um** meine Zukunft.
   I worry about my future.

♦ Adjectives

(11) Ich bin **gespannt auf** den neuen Film.
I am looking forward eagerly to the new film.

(12) Er ist **stolz auf** seine neue Wohnung.
He is proud of his new apartment.

(13) Maria war nicht **vorbereitet auf** die Prüfung.
Maria was not prepared for the test.

(14) Diese Bäckerei ist **bekannt für** ihre Brötchen.
This bakery is famous for its rolls.

(15) Er ist **dankbar für** jede Hilfe.
He is grateful for any help.

(16) Meine Mutter ist sehr **besorgt um** meinen kleinen Bruder.
My mother is very worried about my little brother.

(17) Es ist **schade um** meine Tasche, ich habe sie verloren.
It is too bad about my bag, I lost it.

Overview

Prepositions that sound similar in English and German most often have very different meanings. This is especially true in the case of idiomatic expressions. You should, therefore, memorize the constructions we have presented in context.

 ## Anwendung und Kommunikation

A. Minidialoge   Ergänzen Sie die Lücken!

1. A: Wir sprechen _____ das alte Problem.
   B: Es handelt sich _____ meine Schulden, die ich bezahlen muß.
   C: Könntest du _____ dein Auto verzichten? Denk mal gut nach.
   B: Ich habe lange _____ dieses Problem nachgedacht. Ich hoffe _____ ein Wunder. Wenn ich nur wüßte, _____ wen ich mich wenden könnte.

A: Ich wundere mich _____ nichts mehr, aber nur klagen _____ die Probleme hilft auch nicht. Du mußt selbst etwas tun.

2. A: Ich freue mich _____ die Sommerferien.
   B: Freust du dich denn auch _____ unseren Besuch?
   A: Ja, darauf ganz besonders.
3. A: Worüber wollen Sie sich mit mir unterhalten?
   B: Es handelt sich _____ die Gleichberechtigung der Frau.
   A: Ich interessiere mich sehr _____ dieses Thema.
4. A: Ich warte seit zwei Stunden _____ dich.
   B: Tut mir leid, ich war sehr beschäftigt und habe nicht _____ unsere Verabredung gedacht und auch vergessen, _____ die Uhr zu schauen.

B. Zu viel zu tun   Ergänzen Sie die Lücken!

Inge hat heute viel zu erledigen. Sie geht jetzt zur Arbeit, deshalb wartet sie _____ d_____ Bus. Sie will zuerst _____ ihr_____ Freund Francois schreiben, der sich _____ Politik interessiert. Sie denkt, er wird sich _____ d_____ Brief freuen, denn sie will ihn _____ d_____ letzten Wahlen in Amerika informieren. Sie möchte ihm auf französisch schreiben, aber sie denkt, er wird bestimmt _____ ihr_____ Fehler lachen. Plötzlich stellt jemand Inge eine Frage, aber weil sie gerade _____ ihr_____ Brief denkt, achtet sie nicht _____ d_____ Frage.

C. Minidialog   Inge telefoniert mit ihrer Mutter.

MUTTER: Warum antwortest du nicht _____ mein_____ Fragen?

INGE: Ich spreche nicht so gern _____ mein_____ Freunde. Meine Freundschaften sind privat.

MUTTER: Du denkst überhaupt nicht mehr _____ dein_____ Mutter!

INGE: Doch! Warte nur _____ mein_____ Brief. Darin beschreibe ich mein Leben an der Universität.

MUTTER: Gut! Ich freue mich _____ d_____ Bericht.

D. Interview   Wieviel wissen Sie über Ihre/n Nachbarn/in? Halten Sie ein Interview und stellen Sie Fragen mit den folgenden Verben.

BEISPIEL   denken an →
ST1: Jim, an wen denkst du gern?
ST2: Ich denke gern an meine Freundin. Und du?

sprechen über	sorgen für
glauben an	nachdenken über
sich freuen auf	hoffen auf
schwärmen für	halten für
klagen über	lachen über

6.5   Other Uses of the Accusative

A. To indicate definite time or a duration without a preposition, the accusative case is used:

(1) Ich bleibe **einen Monat**.

Some useful time expressions that appear in the accusative are:

den ganzen Tag, letztes Jahr, nächsten Monat, jeden Tag, vorige Woche, diese Woche

Two ways to ask the date are:

(2) **Der** wielvielte ist heute? → Heute ist **der** 1. Dezember.
(3) **Den** wievielten haben wir heute? → Heute haben wir **den** 1. Dezember.

Note that the accusative is used in sentence (3).

Dates in a letter have the following form with the definite article in the accusative case:

(4) Krefeld, **den** 1. Dezember

B. Greetings and expressions in which **ich wünsche** is understood are also in the accusative:

Guten Morgen!
Guten Tag!
Gute Nacht!
Fröhliche Weihnachten!
Frohe Ostern!
Guten Rutsch ins neue Jahr!
Herzliche Grüße!
Herzlichen Glückwunsch (zum Geburtstag)!
Guten Appetit!
Alles Gute!

C. Measurements, weights, values, or ages are often given in the accusative. In this connection, the accusative is used with the following adjectives:

alt, breit, dick, entfernt, groß, lang, hoch, schwer, tief, weit, wert

(5) Der Tisch ist nur **einen Meter breit**.
(6) Der Weg ist weniger als **einen Kilometer lang**.
(7) Das Paket ist **fünfzehn Kilo schwer.**

Anwendung und Kommunikation

A. Wieviel Zeit haben Sie für Ihre Hobbies? Schreiben Sie eine Liste mit Ihren Hobbies und wann und wie oft Sie sie machen.

HILFREICHE AUSDRÜCKE

jeden Tag/Morgen/Abend	von ... bis
morgens/abends	für eine/zwei Stunde(n)
montagmorgens	bis in die Nacht
dienstagabends	...

Hobbies: wann/wie oft:
——————   ——————————
——————   ——————————
——————   ——————————

Sprechen Sie jetzt mit Ihren Nachbarn über Ihre Hobbies!

BEISPIEL   ST1: Ich spiele jeden Montag von sieben bis in die
                Nacht Schach.
           ST2: Ich nicht, ich spiele nicht Schach. Ich spiele mon-
                tags immer Tennis.
           ST1: Jeden Montag?
           ST2: Ja.
           ST1: Und wie lange?
           ST2: Zwei Stunden lang.

B. **Briefe schreiben**[3]   Schreiben Sie einen kurzen Brief an je-
   manden, um ihm/ihr zum Geburtstag zu gratulieren.
   Vergessen Sie das Datum, die Anrede und den Schluß nicht.
   Schließen Sie mit ein:

1. Wünsche an Ihren Freund für die Schule, den Arbeitsplatz
   und die Gesundheit
2. was Sie neulich gemacht haben
3. Grüße an Familienmitglieder und andere Freunde

6.6   der- and ein-Words Used as Pronouns

When **der**-words and **ein**-words do not precede a noun, that is,
when they stand alone, they function as pronouns.

(1) **Einer** für **alle**.
(2) **Alle** für **einen**.

---

[3] N.B. All forms of *you* are normally capitalized in German correspondence (**Du, Dir,
Dein, Ihr, Euch, Euer**). See the Quick Reference section for samples of business
and personal letters.

◆   ## GRAMMATIK IM KONTEXT

vorzug° von parlamentswahlen°   *advantage /*
                                                     parliamentary
viele   einer   *elections*
für einen   für viele

                    alle
                 für viele
                   viele
                 für alle

nicht   noch
alle für einen   einer für alle

                                              Kurt Marti

a   ## Der-Words as Pronouns

All **der**-words can be used as demonstrative pronouns for pointing out persons and things. As demonstrative pronouns, they may
be stressed or unstressed.

(3) Welches Bild gefällt dir besser?
     Das hier oder **das** da?
(4) Mit welcher Verkäuferin hast du eben gesprochen?
     Mit **dieser** hier oder **der** da?

In convensational German, the distinction between **dieser** and
jener (*this one* and *that one*) is generally expressed by the demonstrative pronouns **der**, **die**, and **das** or **dieser**, **diese**, and **dieses**
plus **hier** or **da**. The use of **jener** is considered to be archaic.

The demonstrative pronouns **der**, **die**, and **das** are frequently
used in colloquial German instead of third person pronouns.
When the demonstrative quality is stressed, the pronouns are frequently placed at the beginning of the main clause.

(5) Frag doch Peter und Lisa, ob sie dir helfen können.
     — **Die? Die** frag ich nicht mehr, **die** helfen doch nie. Ich
     spreche schon lange nicht mehr mit **denen**.

The use of the demonstrative pronoun instead of the nouns (Peter and Lisa) or the pronouns (**sie**, **mit ihnen**) can express a special emphasis or emotion, such as anger or joy. The speaker here is upset by the fact that Peter and Lisa never offer to help.

The pronoun **das** often represents the subject when followed by a predicate noun. In this usage **das** refers to a general idea or to persons and things regardless of their gender and number.

(6) **Das** bleibt unter uns.
(7) **Das** ist mein Vater.
(8) **Das** ist ein sehr schöner Mantel.

The forms of the demonstrative pronoun differ from those of the definite article only in the dative plural and in the genitive singular and plural.

| | DEMONSTRATIVE PRONOUNS | | | |
	Masculine	**Feminine**	**Neuter**	**Plural**
Nominative	der	die	das	die
Accusative	den	die	das	die
Dative	dem	der	dem	**denen**
Genitive	**dessen**	**deren**	**dessen**	**deren**

◀ Anwendung und Kommunikation

A. Klatsch!   Sprechen Sie mit den Kommilitonen/innen über Leute, die Sie kennen oder über solche, die Sie nicht kennen. Seien Sie indiskret; klatschen Sie! Benutzen Sie Demonstrativpronomen.

BEISPIEL   ST1: Kennst du Jens?
　　　　　　ST2: Ja, **der** ist nett, nicht?
　　　　　　ST1: Ja, **der** ist auch fit.
　　　　　　ST2: Ob **der** jeden Tag schwimmen geht?
　　　　　　ST1: Sicher, und **der** hat auch immer **diese** schönen Pullover an.
　　　　　　ST2: **Das** stimmt! **Die** sind von seiner Mutter. Sie strickt **die** selbst!

Sprechen Sie jetzt mit Ihren Kommilitonen/innen oder schreiben Sie Ihre Dialoge auf.

B. Urteilen Sie über diese Dinge!   Machen Sie Dialoge! Arbeiten Sie gemeinsam mit Ihrem Nachbarn/Ihrer Nachbarin.

BEISPIEL   neuer Film von Spielberg →
Wie findest du den neuen Film von Spielberg?
Den finde ich lustig. Und du?
Ich finde **den** langweilig.

HILFREICHE FORMELN
Wie findest du ... ?
Wie gefällt dir ... ?
Was denkst du über ... ?

1. einen Mercedes
2. chinesisches Essen
3. meinen neuen Pullover
4. die neue Platte von Phil Collins
5. den neuesten Film von Steven Spielberg
6. die Spiele der 49ers
7. Compact discs
8. ...

C. Urteilen Sie über diese Personen!   Machen Sie Dialoge!

BEISPIEL   Jane Fonda →
ST1: Wie findest du Jane Fonda?
ST2: **Die** finde ich super langweilig! Und du?
ST1: Ich kann **die** auch nicht leiden.

1. meine neue Freundin/meinen neuen Freund
2. den Deutschlehrer/die Deutschlehrerin
3. deinen Vater
4. deine Mutter
5. Woody Allen
6. Präsident Gorbatschow
7. Eddie Murphy
8. ...

Ein-Words as Pronouns

Ein-words (**ein**, **kein**, and the possessive adjectives) are used as pronouns when they are not followed by a noun phrase.

◆ GRAMMATIK IM KONTEXT

fünfter sein

tür auf
einer raus
einer rein
vierter sein

tür auf
einer raus
einer rein
dritter sein

tür auf
einer raus
einer rein
zweiter sein

tür auf
einer raus
einer rein
nächster sein

tür auf
einer raus
selber rein
tagherrdoktor

Ernst Jandl

Ein-words used as pronouns take on strong endings (even in the nominative case masculine and neuter and in the accusative case neuter) where limiting **ein**-words do not take any endings.

	Masculine	**Feminine**	**Neuter**	**Plural**
Nominative	kein**er**	keine	kein(**e**)s	keine
Accusative	keinen	keine	kein(**e**)s	keine

In colloquial German, **keines** and **eines** are usually shortened to **keins** and **eins**.

(9) Möchtest du ein Eis?
    — Nein, ich möchte **keins.**

The pronoun **ein** has no plural form. **Welch-** (*some*) is often used when replacing a noun without an article (in the singular and in the plural).

(10) Wir haben keine Brötchen mehr, aber in zwei Stunden bekommen wir wieder **welche.**
(11) Brauchen wir Bier?—Ja! Dann müssen wir **welches** holen.

Anwendung und Kommunikation

A. Minidialoge   Ergänzen Sie die Lücken.

1. A: Hast du die Karten? Nein, ich habe _____ , aber ich kaufe gleich _____ .
   B: Brauchst du Geld? Natürlich brauche ich _____ .
2. A: Ich kaufe mir ein Programm.
   B: Kannst du mir _____ mitbringen?
   A: Ja gut, ich bringe _____ mit.
   C: Ich habe gehört, daß es _____ mehr gibt.

6.7 The Indefinite Pronoun **man**

Man corresponds to English *one, you, people,* or *they,* depending on the context. In German it is more commonly used than *one* in

English. **Man** requires a verb in the third person singular and has only a nominative form.

(1) Man tut, was man kann.
(2) Man muß sehen, wie man zurechtkommt.
(3) Wie kommt man zum Theaterplatz?
(4) Darf man hereinkommen?

Note in sentence (2) that once **man** is used in one part of a two-clause sentence it cannot be replaced by **er** in the other part.

In the accusative and the dative cases, the corresponding forms of **ein-** (**einen** and **einem**) are used.

(5) Man kann nie im Voraus wissen, was **einem** passiert.
   People can never know beforehand what will happen to them.

(6) Dieser Lärm macht **einen** ganz nervös.
   This noise makes one very nervous.

(7) Wenn man nicht schreit, hört **einen** niemand.
   If you don't yell, no one will hear you.

Despite the widespread usage of the indefinite pronoun **man**, some feminists consider it to be too closely related to the noun **Mann** and therefore regard it as sexist. To emphasize this point, many feminists use **frau** as an alternate, but the use of **frau** is not yet widely accepted in Germany. (For more information on sexism in language see section 12.7.)

Anwendung und Kommunikation

A. Was darf/kann man hier (nicht) tun? Sagen Sie, was man in diesen Situationen tun darf oder nicht tun darf.

BEISPIEL   In der Bibliothek →
           In der Bibliothek kann man lesen.
           In der Bibliothek darf man nicht essen.

1. In einer Kirche
2. Im Kino
3. Auf einem Spielplatz
4. In der Mensa
5. Am Strand

B. Was passiert, wenn ... ?   Ergänzen Sie die Sätze.

BEISPIEL   Wenn man nett ist, ... →
           hat man viele Freunde.
           Wenn man zu leise spricht, ... →
           hört einen keiner.

1. Wenn man schön ist, ...
2. Wenn man komisch ist, ...
3. Wenn man reich ist, ...
4. Wenn man zu laut ist, ...
5. Wenn man Mundgeruch hat, ...
6. Wenn man sich erkältet hat, ...

Zusammenfassende Aktivitäten

A. Neu in einer fremden Stadt   Sie sind gerade in der Stadt angekommen, wo Sie studieren wollen. Sie kennen sich noch nicht aus, aber für Ihren Haushalt brauchen Sie viele Dinge. Schreiben Sie eine Einkaufsliste mit Dingen, die Sie für Ihre neue Wohnung oder Ihr neues Zimmer brauchen. Fragen Sie jetzt andere Studenten in der Klasse, die schon länger am Ort wohnen, wo Sie am besten und am günstigsten einkaufen, was Sie brauchen.

HILFREICHE FORMELN

Fragen

Ich brauche ...
Wo kann ich ... finden?
Wo kauft man am besten und am billigsten ... ?
Und ..., wo finde ich das?
Ich suche ...

Antworten

Kauf den/die/das ...
Das/Den/Die findest du am billigsten[4] ...
Die/Das/Den bekommst du ...

---

[4] **in** + [type of store], **bei** + [name of store]

B. Flohmarkt Überlegen Sie welche Dinge Sie auf dem Flohmarkt anbieten und gegen andere Sachen tauschen wollen. Machen Sie eine möglichst lange Liste.

Stehen Sie nun auf und fragen Sie Ihre Kommilitonen, was sie tauschen wollen:

BEISPIEL   ST1: Möchtest du eine Lederjacke haben?
            ST2: Ja. Ich gebe dir drei Platten dafür.
            ST1: Ich möchte lieber deinen Tennisschläger haben.
            ST2: Gut, dann tausche ich meinen Tennisschläger gegen deine Lederjacke.

C. Dumme Zufälle Diskutieren Sie in der Gruppe, was man in den folgenden Situationen machen würde, müßte oder könnte. Wenn Sie schon einmal in einer der Situationen waren, dann kontrastieren Sie die Spekulationen mit dem, was Sie damals gemacht haben.

1. Man hat zu viel Gepäck am Flughafen.
2. Man findet 1000 DM auf der Straße in Berlin.
3. Man hat das Haus verlassen, es beginnt zu regnen, und man hat keinen Schirm.
4. Man kommt nachts nach Hause und hat den Schlüssel vergessen.
5. Man ist in den Skiferien und bricht sich am ersten Tag das Bein.

BEISPIEL   Wenn man am Flughafen zu viel Gepäck hätte, müßte man versuchen, so freundlich wie möglich zu sein, um doch alles mitnehmen zu können und nicht zu bezahlen. Man sollte den Angestellten/die Angestellte so freundlich wie möglich anlächeln und höflich sein. Wenn es nicht klappt, müßte man eben einige Dinge aus dem Koffer herausnehmen.

D. Schule für Schriftsteller Schreiben Sie eine Geschichte! Unten finden Sie neun Listen mit Verben, Nomen, Adjektiven und Präpositionen, die je von zwei bis zwölf nummeriert sind. Nehmen Sie zwei Würfel und werfen Sie sie einmal für jede Liste. Notieren Sie das Wort, das zur Zahl paßt. Sie haben nun neun Wörter—eines aus jeder Liste. Schreiben Sie eine Geschichte.

Liste 1	Liste 2	Liste 3
2 blind	2 warten	2 bis
3 arm	3 denken	3 durch
4 dünn	4 haben	4 gegen
5 freundlich	5 trinken	5 für
6 sympathisch	6 sich interessieren	6 ohne
7 dumm	7 wollen	7 um
8 langweilig	8 trinken	8 an
9 krank	9 essen	9 auf
10 still	10 sprechen	10 über
11 fröhlich	11 schreiben	11 für
12 neugierig	12 es gibt	12 gegen

Liste 4	Liste 5	Liste 6
2 Autofahrer	2 Auto	2 Stadt
3 Lehrerin	3 Fahrrad	3 Park
4 Fußgänger	4 Bus	4 Universität
5 Zahnärztin	5 Flugzeug	5 Bar
6 Verbrecher	6 Segeljacht	6 Restaurant
7 Ausländer	7 Rollschuhe	7 Büro
8 Geschäftsfrau	8 Skateboard	8 Geschäft
9 Polizist	9 Moped	9 Bahnhof
10 Putzfrau	10 Ruderboot	10 Strand
11 Gärtner	11 Rollstuhl	11 Wald
12 Student	12 Fesselballon	12 Gebirge

Liste 7	Liste 8	Liste 9
2 Tasche	2 schlagen	2 Chefin
3 Buch	3 töten	3 Präsident
4 Ring	4 küssen	4 Pferd
5 Messer	5 erschießen	5 Hund
6 Schachtel	6 begrüßen	6 Mitarbeiter
7 Handschuh	7 überraschen	7 Partnerin
8 Nachricht	8 treffen	8 Mörder
9 Zeitung	9 beleidigen	9 Freund
10 Knopf	10 kennenlernen	10 Ehefrau
11 Taschentuch	11 beobachten	11 Vermieter
12 Geldschein	12 verletzen	12 Katze

E. Gedichte   Hier ist das Gedicht einer 12-jährigen Schülerin.

> Ich denke an gute Noten,
> Ich freue mich.
> Ich denke an mein Lieblingsfach,
> Ich bin zufrieden.
> Ich denke an Pausen,
> Ich juble.
> Ich denke an Kameraden,
> Ich mag sie.
> Ich denke an die Schule,
> Mir wird übel.

Dieses Gedicht beschäftigt sich mit der Schule. Schreiben Sie nun selbst ein Gedicht. Benutzen Sie den Lückentext unten. Schreiben Sie über ein Thema Ihrer Wahl.

—Ich denke an _____
—Ich denke an _____
—Ich denke an _____
—Ich denke an _____
—Ich denke an _____

Fühlen Sie sich aber nicht durch die Vorgabe des Lückentextes eingeschränkt. Schreiben Sie nun ein Gedicht.

7

The Dative Case

7.1   Functions of the Dative Case

The dative case indicates the indirect object of a sentence. The indirect object indicates *to whom* or *for whom* the verbal action is carried out. The indirect object is almost invariably a person, not a thing. In English the indirect object is indicated by word order or by the preposition *to* or *for*. The dative case is also used with prepositions that specifically require it.

♦ **GRAMMATIK IM KONTEXT**

Laßt die Raucher in Frieden!

Einem Manne wurde gekündigt°, weil er seinem Chef, einem Nichtraucher, verschwiegen° hatte, daß er Raucher ist. Einem anderen wurde im Flugzeug die Zigarre von einer Frau aus dem Munde geschlagen, weil er sie trotz der Bitte angezündet° hatte, weder Pfeife noch Zigarre zu rauchen. Ein dritter, ein Jüngling mit frisch entflammtem° Herzen, bekam von seinem Mädchen einen kurzen Brief, sie wolle sich gar nicht erst mit ihm einlassen°, da er von seinen Zigaretten ja nicht lassen könne. Knicks° in Erfolgkurven, gebrochene Herzen, gefährliche Zigarrenglut in der Flugkabine—was ist da bloß los?

fired
concealed

lit
inflamed with love

start a relationship / breaks

aus: Sybil Gräfin Schönfeldt,
Laßt die Raucher in Frieden

Underline all instances of the dative used in the text.

a   Verbs with Dative Objects

Certain verbs can have both dative and accusative objects. They are mainly verbs that express the ideas of giving, taking, and of giving or refusing information, as in the following examples:

anbieten (*offer*)	holen	schenken
bringen	kaufen	schicken
empfehlen	leihen (*lend, borrow*)	senden
erklären	mitteilen (*inform*)	verkaufen
erzählen	sagen	wünschen
geben	schreiben	zeigen

(1) Sie **bietet mir** Zigaretten an.
(2) Er **bringt mir** die Streichhölzer.

With some verbs that take the dative case, the direct object (in the accusative) is usually limited to **es** or **das**:

befehlen, glauben, erlauben, sich denken, raten, nützen, verzeihen, vergeben

(3) A: Soll ich mit dem Rauchen aufhören?
      B: Ich rate **es dir**.
(4) A: Kann ich hier rauchen?
      B: Wenn du das tust, verzeihe ich **es dir** nicht!

Some verbs take only a dative object in German, where the English equivalent would have a direct object.

antworten	gefallen	(ver)trauen
auffallen (*occur*)	gleichen	wehtun
begegnen (*encounter*)	gratulieren	schmeicheln (*flatter*)
dienen	helfen	geschehen
drohen	lauschen (*eavesdrop*)	passieren
fehlen	schaden	widersprechen (*contradict*)
folgen		

(5) Sie fragt mich. Ich **antworte ihr**.
(6) A: Wenn du weiter so viel rauchst, **drohen dir** Krankheiten.
      B: Ja, ich weiß, ich **schade mir**, ich **widerspreche dir** nicht.

The dative is used with many verbs that have the following prefixes:

bei-, entgegen-, ge-, vor-, wider-, zu-

Here are a few examples of prefix verbs requiring the dative:

beistehen	*support*
entgegenfahren	*drive toward*
entgegensehen	*look forward*
gehören	*belong to*
gelingen	*succeed*
gefallen	*please*
vorschlagen	*suggest*
vorwerfen	*reproach*
zuhören	*listen*
zugeben	*admit*
widersprechen	*contradict*

The dative is also used with many impersonal expressions, such as:

es fällt...ein	*come to mind*
es fällt...schwer	*it is difficult for s.o.*
es fehlt...	*it's lacking to s.o.*
es gefällt...	*it is pleasing to s.o.*
es geht...	*s.o. feels*
es gelingt...	*s.o. is successful*
es geschieht...	*it happens to s.o.*
es kommt...vor	*it happens to s.o.*
es tut...leid	*s.o. is sorry*
es scheint...	*it appears to s.o.*

In these expressions, the dative objects are persons or living beings:

(7) Das Laufen fällt **dem Hund** schwer.
(8) **Ihm** geschieht nichts.

b   Interrogative Pronouns

The function of a noun phrase in a German sentence can be determined by asking questions using an interrogative pronoun as discussed earlier in section 6.1. In the dative case, this pronoun is **wem** (*to whom, for whom*).

(9) **Wem** hast du die Zigarette gegeben?
—**Dem Mann**.

 ## c Definite and Indefinite Articles

Here are the forms of the definite and indefinite article in the dative case:

	Masculine	Feminine	Neuter	Plural
Definite Article	dem	der	dem	den
Indefinite Article	einem	einer	einem	—

(10) Er hat **dem Chef** verschwiegen, daß er Raucher ist.

 ## d Der- and ein-Words Used as Limiting Words

Here are the forms of the limiting words in the dative case:

	Masculine	Feminine	Neuter	Plural
der-*words*	dem	der	dem	den
	dies**em**	dies**er**	dies**em**	dies**en**
	jed**em**	jed**er**	jed**em**	jen**en**
	solch**em**	manch**er**	welch**em**	all**en**
ein-*words*	ein**em**	ein**er**	ein**em**	—
	kein**em**	kein**er**	kein**em**	kein**en**
	mein**em**	dein**er**	sein**em**	mein**en**

For an explanation of limiting words, see section 6.2.

Additional Changes with the Dative

Note that all plural nouns take an **-n** in the dative, unless the plural ends in **-s** or **-n**. This **-n** has nothing to do with the regular plural form, but it must be added wherever possible.

(11) Man sprach früher von Herren- oder Rauchzimmer**n**.
(12) In Autos sollte man nicht rauchen.

The text at the beginning of the chapter is written in a rather old-fashioned, formal style, as illustrated by the word choice and phrasing in the following:

> ein Jüngling mit frisch entflammtem Herzen, bekam von seinem Mädchen...

This is why forms like **einem Manne...** , **aus dem Munde...** are seen in the text. Many grammars state that an **-e** ending can be added to monosyllabic neuter and masculine dative nouns. In reality, however, the **-e** is rarely used in colloquial German, except in set phrases such as **zum Wohle**, **zu Hause**, and **nach Hause**, but even these phrases can be used without the dative **-e**.

Anwendung und Kommunikation

A. Wer tut was? Schreiben Sie unter die Zeichnungen, wer was für wen tut:

1. Der junge Mann repariert dem Freund das Fahrrad.

2. _____

3. _____

4. _____

5. _____

6. _____

7. _____

8. _____

B. Kontroversen Stellen Sie sich vor, Sie sind Politiker. Erfinden Sie Argumente für und gegen die folgenden umstrittenen Maßnahmen. Sagen Sie, wem sie nützen, helfen oder schaden. Schreiben Sie Ihre Argumente: pro und contra.

BEISPIEL Waffen →
pro: Es nützt der Waffenindustrie, wenn man Waffen herstellt. Es hilft auch dem Militär, das Land zu verteidigen.
contra: Es schadet den Menschen, Waffen herzustellen, weil Waffen Menschen töten können.

1. Atomkraftwerke
2. rauchen
3. Autos mit Katalysator
4. Waffen
5. steigende Steuern

C. Wem schenken Sie was?   Hier sind die Anfänge von Listen mit verschiedenen Sachen, die man anderen Familienmit-gliedern, Freunden und Bekannten schenken kann. Besprechen Sie in der Gruppe, was Sie wem schenken und warum.

BEISPIEL   Mutter →
ST1: Meiner Mutter schenke ich einen neuen Mixer.
ST2: Warum?
ST1: Ihr alter ist schon lange kaputt.
ST2: Ist das nicht sehr teuer?
ST1: Nein, ich bekomme den sehr günstig.

Bekleidung	Haushaltsartikel	Bücher u. Musik	Essen
Krawatte	Fernseher	Wörterbuch	Kuchen
Pullover	Kassettenrecorder	Klassik CDs	Käse
Hemd	Mixer	LPs	Wein
Bluse	Kaffeemaschine	Roman	Schokolade
...	...	...	...
...	...	...	...

D. Reich geworden!   Stellen Sie sich vor, Sie sind Millionär(in) geworden, denn Sie haben im Lotto gewonnen. Was kauften/schenkten Sie in diesem Fall Ihren Familienmit-gliedern und Freunden?

BEISPIEL   Mutter →
Meiner Mutter würde ich ein neues Haus kaufen.

7.2   Personal Pronouns: Dative

As you know, pronouns are words that replace nouns or noun phrases.

◆ GRAMMATIK IM KONTEXT

Klatsch° am Sonntagmorgen   *gossip*

Wer mit wem?
Die mit dem!
Der mit der?
(Ohne Gewähr°)   *subject to*
Sie und er?   *change*
Der und er??
Wer ist wer?

Wir mit ihr?
Sie mit dir!
(Am Klavier)
Du mit ihm!
Sie mit ihm!
Ich und du?
Who is who?

                                        Horst Bienek

The personal pronouns in the dative case are:

Singular	Plural
mir	uns
dir	euch
Ihnen	Ihnen
ihm (*m.*)	
ihr (*f.*)	ihnen
ihm (*n.*)	

In the poem, the pronouns have often been replaced by articles in their demonstrative function.

In the second and third lines of the poem:

> Die mit dem
> Der mit der

the author has chosen to use the articles (and not the personal pronouns). With this choice, he implies his utter surprise. The same emphasis cannot be achieved by just using the personal pronouns.

◢ Anwendung und Kommunikation

A. Ein Unfall   Ergänzen Sie die Lücken.

Am Morgen des 3. Januar fuhr ich mit meinem Vater durch die Stadt. Ich wollte _____ helfen, einige Dinge für unseren Garten zu kaufen. Wir kamen an eine Kreuzung. Unsere Ampel stand auf Grün und wir wollten gerade fahren, als ein Wagen über die Kreuzung schoß, der eigentlich hätte warten müssen. Wir mußten _____ ausweichen und fuhren gegen den Ampelmast. Der andere Wagen fuhr davon. Sofort drehte mein Vater und folgte _____. Wir verloren den Wagen und begegneten _____ erst wieder nach zwei Stunden. Im Wagen saßen vier merkwürdig aussehende Männer. Sie gefielen _____ gar nicht. Mein Vater war sehr wütend, er stieg aus, ging auf die Männer zu und befahl _____ auszusteigen. Natürlich glaubten sie _____ kein Wort. Sie lachten ihn sogar aus und leugneten alles. Da fuhr ein Polizeiwagen vorüber, und mein Vater hielt ihn an und erklärte den Polizisten die Situation. Die Polizisten stellten jetzt viele Fragen und wir antworteten _____. Ein Protokoll wurde angefertigt.

Die Polizisten fuhren dann ab, nachdem wir _____ gedankt hatten.

Das war alles. Die Männer wurden nie bestraft, und wir mußten den Schaden an unserem Wagen selber bezahlen. Die Anzeige hatte nichts genützt, denn sie waren vier und wir nur zwei. Wir begegneten _____ auch nie wieder und nach einiger Zeit hatten wir den Zwischenfall vergessen. Nur manchmal, wenn wir darüber sprechen, werden wir wieder wütend. Aber wir können nichts tun.

B. Ein Abend bei Freunden   Beantworten Sie die Fragen.

BEISPIEL   Schmeckt euch der Wein? →
           Ja, (der) schmeckt uns sehr gut.
           oder
           Nein, (der) schmeckt uns nicht.

1. Wie steht mir der neue Pullover?
2. Wie gefällt euch unsere neue Wohnung?
3. Schmeckt euch der Käse?
4. Gefällt Maria unser neues Sofa?
5. Und die Oliven, wie sind die?
6. Paßt Paul die Jacke?
7. Gehört die Standuhr deinen Eltern?

C. Ratschläge geben   Sprechen Sie in der Gruppe!

BEISPIEL   bei Kopfschmerzen →
           Bei Kopfschmerzen rate ich dir, ein Aspirin zu nehmen.

1. Bei Kopfschmerzen
2. Bei Muskelkater
3. Bei Streit unter Freunden/Paaren
4. Bei schlechten Noten in Klausuren
5. Bei Zahnschmerzen
6. Bei einem Unfall
7. ...

Word Order: Accusative and Dative Objects

If a sentence has both a dative and accusative object, the order in which they appear varies depending on whether the objects are nouns or pronouns. In general, the order is:

— two nouns: DATIVE, ACCUSATIVE
— two pronouns: ACCUSATIVE, DATIVE

    (1) Maria kauft **ihrem Bruder ein Buch**. (DAT., ACC.)
    (2) Maria kauft **es ihm**. (ACC., DAT.)

— pronoun and noun: PRONOUN, NOUN (regardless of case)

    (3) Maria kauft **es ihrem** Bruder.
    (4) Maria kauft **ihm ein** Buch.

For more information about the order of objects, refer to Position III in section 2.1d.

Anwendung und Kommunikation

A. Alles erledigt!   Reagieren Sie auf die Befehle!

BEISPIEL   Gib Peter das Buch!
                Ich habe es ihm schon gegeben.

1. Räum deinen Eltern das Haus auf!
2. Koch deiner Schwester die Suppe!
3. Hole deinem Vater den Hammer aus dem Keller!
4. Mach dir endlich etwas zu essen!
5. Schneide uns den Rasen!
6. Bring deiner Mutter die Tageszeitung!

B. Eine Reise nach Europa   Sie machen eine Reise durch Europa und überlegen jetzt, was Sie Ihrer Familie und Ihren Freunden mitbringen können. Machen Sie sich Notizen!

BEISPIEL   Ich bringe meinem Bruder Wein aus Frankreich. Ich schicke meiner Freundin eine Ansichtskarte vom Kölner Dom.

Verben	Wem?	Was?
geben	Mutter	Bücher
mitbringen	Vater	Pullover
kaufen	Tante	Brief
schenken	Kusine	Ansichtskarte
schreiben	Freundin	Geschenk
...	Großmutter	Schokolade
	Schwester	Wein
	Bruder	Platte
	Vetter	Spielzeug
	...	...

C. Zeitplan   Was tun Sie für sich oder für andere um welche Zeit? Hier sind einige Aktivitäten und Personen, für die Sie etwas tun.

BEISPIEL   um 9 Uhr →
Um 9 Uhr mache ich mir eine Tasse Tee.
um 15 Uhr →
Um 15 Uhr repariere ich meiner Freundin das Auto.

Was?	Wem?
Tee/Kaffee/ ... machine	ich
kochen	Mutter/Vater
Brief/Aufsatz/ ... schreiben	Schwester/Bruder
Auto/Fahrrad/Fernseher/ ...	Freundin/Freund
reparieren	Tante/Onkel
Küche/Haus/ ... aufräumen	Kommilitonin/Kommilitone
diktieren	Professorin/Professor
korrigieren	...
geben	
erzählen	
erklären	
kaufen	
...	

D. Wohltätigkeitsarbeit   Was könnten Sie für diese Personen tun?
Arbeiten Sie in der Gruppe!

alte Leute	Suchtabhängige
Kinder	Asylanten (*political refugees*)
Kranke	Arbeitslose
Behinderte	Obdachlose (*homeless*) ...

BEISPIEL   Wir könnten alten Leuten das Haus aufräumen.
Wir könnten Obdachlosen Essen kochen.

Prepositions Requiring the Dative

Read the following text and underline the prepositional phrases containing a dative object.

♦ **GRAMMATIK IM KONTEXT**

Der Punkt

Der geometrische Punkt ist ein unsichtbares° Wesen°. Er muß also als ein unmaterielles Wesen definiert werden. Materiell gedacht gleicht° der Punkt einer Null.

*invisible/being
is similar*

In dieser Null sind aber verschiedene° Eigenschaften° verborgen°, die „menschlich" sind. In unserer Vorstellung° ist diese Null—der geometrische Punkt—mit der höchsten Knappheit° verbunden, d.h. mit der größten Zurückhaltung°, die er spricht.

*various/
characteristics,
qualities/hidden
imagination
conciseness
restraint*

So ist der geometrische Punkt in unserer Vorstellung die höchste und höchst einzelne Verbindung° von Schweigen und Sprechen.

connection

Deshalb hat der geometrische Punkt seine materielle Form in erster Linie in der Schrift gefunden—er gehört zur Sprache und bedeutet° Schweigen.

signifies

aus: Wassily Kandinsky, *Punkt und Linie zur Fläche*

Certain prepositions require the dependent noun to be in the dative case. The most common prepositions that take the dative are:

aus, **außer**, **bei**, **mit**, **nach**, **seit**, **von**, **zu**

Less common dative prepositions are **entgegen, gegenüber, gemäß**. Prepositions that take either the dative or the accusative are discussed in section 8.2.

You will find the following contractions of prepositions with definite articles:

bei dem	→	beim
von dem	→	vom
zu dem	→	zum
zu der	→	zur

Below are the most common meanings of the prepositions that take the dative.

◆ **aus**

a. *(from, out of)*; place of origin.

    (1) Wassily Kandinsky kam **aus** Moskau.
    (2) Er ging jeden Morgen um acht Uhr **aus** dem Haus.
    (3) Er trank seinen Kaffee immer **aus** einem Glas.

b. *(Engl. from)*; origin or source.

    (4) Wir zitieren **aus** einem Buch Kandinskys.
    (5) Er kam **aus** einer sehr guten Familie.

c. *([made] of)*; material.

    (6) Das Buch ist **aus** Papier.
    (7) **Aus** welchem Material ist diese Skulptur?

d. *(out of)*; reason or cause; usually the noun follows without an article.

(8) Er malte Bilder **aus** Freude.
(9) Er schrieb dieses Buch **aus** Interesse an der Sache.

♦ **außer**

a. *(except for)*; exclusion.

(10) **Außer** mir haben alle die Ausstellung gesehen.
(11) Niemand hier **außer** Professor Meier spricht so gut Griechisch.

b. *(besides)*; inclusion in addition to something else, often with **auch**.

(12) **Außer** Kandinsky unterrichteten auch Walter Gropius und Mies van der Rohe am Bauhaus.
(13) Kandinsky lebte **außer** in Deutschland auch in Frankreich.

c. in idioms

(14) Der Automat ist **außer Betrieb**.
The machine is out of order.

(15) Er ist **außer sich**.
He is beside himself.

(16) Wir essen **außer Haus**.
We are dining out.

♦ **bei**

a. *(near)*; proximity.

(17) Kandinsky lebte in Neuilly-sur-Seine **bei** Paris.

b. *(at, among, with, for)*; placement with a person or institution.

(18) Er studierte **bei** Franz von Stuck.
(19) Nina wohnt **bei** Familie Schröder.
(20) Wenn ich in Berlin bin, wohne ich immer **bei** einer Freundin.

(21) Ich kaufe mein Brot immer **beim** Bäcker.
(22) Meine Freundin arbeitet **bei** einem Radiosender.

c. *(in, at, with)*; physical or mental condition.

(23) **Bei** Fieber sollte man im Bett bleiben.
(24) Ich bin **bei** bester Laune.

d. *(during)*; time frame.

(25) **Bei** diesem Wetter bleibe ich lieber zuhause.
(26) **Beim** Abendessen erzählt sie, was sie am Tag gemacht
hat.

e. in idioms

(27) Ich schwöre **bei** allem, was mir heilig ist.
(28) **Bei** meiner Ehre, was ich sage, ist wahr.

(29) Hast du kein Geld **bei dir**?
Do you have any money on you?

(30) Sie ist **bei der Arbeit**.
She is working.

♦ **mit**

a. *(with, to)*; togetherness, relationship between persons, things,
or concepts.

(31) In unserer Vorstellung ist diese Null **mit** der höchsten
Knappheit verbunden.
(32) Kandinsky war **mit** Nina verheiratet.
(33) Er beschäftigte sich auch theoretisch **mit** abstrakter
Malerei.
(34) Zum Frühstück aß er gern Brötchen **mit** Käse.
(35) Er arbeitete **mit** Malern wie Franz Marc, Paul Klee
und Alfred Kubin zusammen.

b. *(with)*; manner or method.

(36) **Mit** dem Bus braucht man nur zehn Minuten.
(37) Er fährt immer **mit** 100 Stundenkilometern durch die
Stadt.
(38) Ich kann nur **mit** Brille sehen.

(39) **Mit** freundlichen Grüßen, Dein Karl.
(40) Sie hat ihr Examen **mit** der besten Note bestanden.

Note the difference between **mit** and **bei** in the following examples:

(41) Thomas wohnt **mit** Erika zusammen.
(42) Er wohnt **bei** Erika.

Sentence (41) means that the two have an intimate relationship and share their lives. Sentence (42) simply means that Thomas has rented a room in Erika's flat or house or has been invited to stay with her for a short period of time.

◆ **nach**

   a. *(after)*; time sequence.

     (43) **Nach** 1922 arbeitete Kandinsky am Bauhaus.
     (44) Wir gehen **nach** dem Kurs noch einen Kaffee trinken.
     (45) Es ist genau fünf **nach** zwölf.

   b. *(to, towards)*; direction.

     (46) 1933 zog Kandinsky **nach** Neuilly-sur-Seine.
     (47) Er schaut überall hin: **nach** oben, **nach** unten, **nach** rechts und links und **nach** hinten und vorne.
     (48) Wir fliegen morgen **nach** New York.
     (49) Dieses Fenster geht **nach** Westen.

Note that **nach** is used to give the direction to geographical places such as towns, countries, or continents; to points of the compass, and adverbs of location, as in the examples above.

The preposition **in** and the definite article, however, are used

—with countries that have an article as part of their name:

     (50) Wir fahren **in** die Türkei/Bundesrepublik/Schweiz/ Tschechoslowakei/Sowjetunion/ ... .

—with names of countries in the plural:

     (51) Wir fliegen **in** die USA/Vereinigten Arabischen Emirate/ ... .

—and with names of towns or countries with an adjective:

    (52) Wir sind **ins** südliche Bayern gefahren.

In the case of island groups, use the preposition **auf**.

    (53) Wir reisen **auf** die Bahamas/Philippinen/Nordfriesischen Inseln/ ...

  c. *(of, like)*; perception.

    (54) Hier riecht es **nach** Farbe.
    (55) Das Essen schmeckt zu stark **nach** Salz.
    (56) Es sieht **nach** Regen aus.

Note that the noun following **nach** usually does not have an article.

  d. *(according to)*; quoting authority or source.

    (57) Kandinskys Meinung **nach** gleicht der Punkt einer Null.
    (58) Dem Wetterbericht **nach** scheint morgen die Sonne.
    (59) Dem Namen **nach** kommt er mir bekannt vor.

With this meaning, **nach** can either precede or follow the noun:

    Nach meiner Meinung ...
    Meiner Meinung **nach** ...

  e. in idioms

    (60) Wir gehen um acht Uhr **nach Hause**.

♦ **seit**

  a. *(for, since)*; duration or span of time.

    (61) Mary lernt schon **seit** drei Jahren Deutsch.
    (62) Der Zug steht **seit** 3 Minuten auf Gleis 5.
    (63) Peter studiert **seit** vier Jahren in den USA.
    (64) **Seit** 1922 arbeitete Kandinsky am Bauhaus in Weimar und Dessau.

Seit is often used with the adverb **schon** as an intensifier.

> (65) Es regnet schon **seit** Montag.

Note the difference between **vor** (*ago*) and **seit** (*since*). Whereas **seit** denotes the duration of an action, **vor** marks a point in time in the past only. Observe the difference:

> (66) Peter hat **vor** sechs Jahren angefangen, in den USA zu studieren. Er ist schon **seit** 1985 da.

♦ **von**

   a. (*from, off, of*); place or point of origin.

> (67) Das Auto kam **von** rechts.
> (68) Der Apfel ist **vom** Baum gefallen.

With this meaning, it can also be used as a replacement for the genitive.

> (69) Das ist das Buch **von** meiner Schwester. =
> (70) Das ist das Buch **meiner Schwester**.

   b. (*of*); indication of a date, a beginning.

> (71) Vielen Dank für Ihren Brief **vom** 10. Juli.
> (72) Kandinsky lebte **von** 1933 **bis** 1944 in Frankreich.
> (73) **Von** 1922 **an/ab** unterrichtete er am Bauhaus.

   c. (*by*); agent, originator, or cause of an action, used especially in passive sentences.

> (74) Das Bild „Der blaue Reiter" wurde **von** Kandinsky gemalt.
> (75) **Von** der Sonne sind meine Haare ganz blond geworden.

   d. (*of*); description, characterization.

> (76) Kandinsky war ein Mann **von** mittlerer Größe.
> (77) So ist der Punkt die höchst einzelne Verbindung **von** Schweigen und Sprechen.

In this instance, nouns usually follow **von** without articles.

♦ **zu**

a. *(to)*; goal, direction towards a goal.

    (78) Er fuhr **zu** seiner Frau.
    (79) Wir gingen **zu** Macy's, um einzukaufen.

b. *(for, at, in, with)*; point or space in time, occasion.

    (80) Wir schenken dir **zum** Geburtstag ein Buch.
    (81) **Zu** Weihnachten möchte ich nach Spanien fliegen.
    (82) **Zum** Abendessen trinke ich immer Tee.

c. *(with)*; accompaniment for food.

    (83) **Zu** Fisch schmeckt Weißwein besser.

d. in idioms

zum Beispiel	*for example*
zu Fuß	*by foot*
zu Hause	*at home*
zur Zeit (z.Z.)	*at the moment*

♦ Other dative prepositions include:

entgegen	*against*
gegenüber	*across from, towards, compared to*
gemäß	*in accordance with*

These three prepositions may appear either before or after the noun.

(84) Er handelt **entgegen den Bestimmungen**.
    He is acting against the stipulations.

(85) **Gegenüber dem Hotel** ist die Post.
    Across from the hotel is the post office.

(86) Ein Mann ist **einer Frau gegenüber** beruflich oft in Vorteil.
    In contrast to a woman, a man often has an occupational advantage.

(87) Sie ist **alten Leuten gegenüber** immer sehr hilfsbereit.
    She is always very helpful to old people.

(88) Wir werden uns **der Situation gemäß** verhalten.
We are going to act appropriately for the situation.

Anwendung und Kommunikation

A. Aktivitäten   Besprechen Sie in einer Gruppe. Wo (**bei wem**) haben Sie das schon einmal gemacht? Und **mit wem** und **für wen**?

BEISPIEL   ein Bier trinken →
Ich habe mit einem Freund bei einer Freundin ein Bier getrunken. Ich habe das für mich getan.

1. ein Bier trinken
2. Pizza backen
3. rauchen
4. skilaufen
5. Auto waschen
6. Auto reparieren
7. Basketball spielen
8. Deutsch lernen
9. einen Reifen wechseln
10. einen Spaziergang machen
11. ...

7.5   Verbs with Prepositions and the Dative

In both German and English, there are verbs that require specific prepositions in idiomatic usage. As in English, these verbs have to be memorized. Here is a list of the most important verbs with prepositions in the dative.

◆ **an**

arbeiten an	*to work on*
gefallen an	*to like about*
liegen an	*to be due to; to depend on*
sich rächen an	*to take revenge on*
teilnehmen an	*to take part in*
zweifeln an	*to have doubts about*

♦ **auf**

bestehen auf	*to insist on*

♦ **aus**

bestehen aus	*to consist of*
sich etwas/nichts machen aus	*[not] to make a big deal of*

♦ **bei**

arbeiten bei	*to work at*
sich bewerben bei	*to apply at*
sich bedanken bei	*to thank someone*
bleiben bei	*to stay overnight with*

♦ **mit**

anfangen mit	*to begin with*
aufhören mit	*to stop with*
sich begnügen mit	*to content oneself with*
sich beschäftigen mit	*to occupy oneself with*
fahren mit	*to go by*
handeln mit	*to negotiate/deal with*
sprechen mit	*to talk to/with*
sich unterhalten mit	*to talk with*
vergleichen mit	*to compare to*
sich verloben mit	*to get engaged to*
sich verheiraten mit	*to get married to*

♦ **nach**

fragen nach	*to ask about*
sich erkundigen nach	*to inquire about*
sich richten nach	*to go along with; to act according to*
riechen nach	*to smell like*
schmecken nach	*to taste like*
sich sehnen nach	*to long for*
streben nach	*to strive for*
suchen nach	*to look for*

◆ **von**

abhängen von	*to depend on*
halten von	*to think of*
handeln von	*to deal with*
sprechen von	*to talk about/of*
träumen von	*to dream about/of*
sich verabschieden von	*to say goodbye to*
verstehen von	*to understand about*
wissen von	*to know about*

◆ **vor**

sich fürchten vor	*to be afraid of*
sich hüten vor	*to guard against*
schützen vor	*to protect against*
warnen vor	*to warn against*
zittern vor	*to tremble before*

◆ **zu**

einladen zu	*to invite for*
gehören zu	*to belong to*
gratulieren zu	*to congratulate on*

7.6   Nouns and Adjectives with Prepositions in the Dative

This section lists some nouns and adjectives that are used idiomatically with prepositions requiring the dative. Examples in context are given by way of illustration.

◆ Nouns with **an**, **mit**, **nach**, **vor**

Bedarf an	*need for*
Freude an	*joy in*
Interesse an	*interest in*
Lust an	*pleasure, joy in*
Mangel an	*lack of*
Schuld an	*blame for*
Vergnügen an	*pleasure in*

(1) Der Professor hat viel **Freude an** seiner Arbeit.
The professor takes great pleasure in his work.

(2) Sie hat **Interesse an** der englischen Geschichte.
She has an interest in English history.

(3) Das Land hat einen **Mangel an** Bodenschätzen.
The country has a lack of natural resources.

(4) Berta fand **Vergnügen an** den Vorbereitungen fur die Party.
Berta took pleasure in preparing for the party.

Mitleid mit	*sympathy with, pity for*
Streit mit	*dispute/conflict with*

(5) Er hat **Mitleid mit** den Kindern in Rümanien.
He has pity on the children in Romania.

(6) Die Managerin suchte **Streit mit** dem neuen Sekretär.
The manager picked a quarrel with the new secretary.

Sehnsucht nach	*longing for*
Verlangen nach	*longing, desire for*

(7) Ich habe **Sehnsucht nach** meiner Heimat.
I am longing for my homeland.

Achtung (Ehrfurcht) vor	*respect for*
Angst vor	*fear of*
Furcht vor	*fear of*

(8) Das Kind hatte **Angst vor** Hunden.
The child was afraid of dogs.

While the examples above show common usage, many nouns in the list can be replaced by verbs:

(9a) Arnold hat **Sehnsucht nach** seiner Heimat. →
(9b) Arnold **sehnt sich nach** seiner Heimat.

(10a) Erik hat viel **Achtung vor** seinem Lehrer. →
(10b) Erik **achtet** seinen Lehrer sehr.

These pairs of sentences convey approximately the same meaning. The noun construction is considered less dynamic in style, and is used more often in official language (**Amtssprache**) than in spoken German:

(11a) Unsere Stadt hat einen **Bedarf an** größeren Hotels →
(11b) Unsere Stadt **braucht/benötigt** größere Hotels.

◆ Adjectives with **an**, **mit**, **von**, **zu**

interessiert an   *interested in*
reich an   *rich in*

(12) Als Archäologin ist sie **interessiert an** der Forschungsreise nach Kreta.
      As an archaeologist she is interested in the expedition to Crete.

(13) Alaska ist **reich an** Bodenschätzen.
      Alaska is rich in natural resources.

fertig mit   *finished with*
einverstanden mit   *in agreement with*

(14) Petra ist endlich **fertig mit** ihrem Studium.
      Petra is finally finished with her studies.

(15) Meine Eltern sind **mit** unseren Heiratsplänen **einverstanden**.
      My parents are in agreement with our marriage plans.

überzeugt von   *convinced of*
voll von   *full of*

(16) Die Mutter des Angeklagten war **von** seiner Unschuld **überzeugt**.
      The mother of the accused was convinced of his innocence.

(17) Der Konzertsaal ist **voll von** Menschen.
      The concert hall is filled with people.

bereit zu   *ready, prepared for*

(18) Sind Sie (**dazu**) **bereit**, mir einige Fragen zu beantworten?
     Are you ready to answer a few questions?

Anwendung und Kommunikation

Eine geniale Erfindung   Setzen die fehlenden Präpositionen und
Artikelendungen in den Text ein!

Holger Sturtz hatte schon lange _____ ein_____ neuen Verfahren für die Benutzung von Wasser als Treibstoff für Autos
gearbeitet. Er war Chemiker, arbeitete _____ ein_____ großen
Chemiekonzern und träumte _____ ein_____ Nobelpreis. Die
meisten seiner Kollegen hatten keine Achtung _____
sein_____ Arbeit und hielten ihn für einen Spinner. Holger
Sturtz kündigte und wollte sich ab jetzt nur noch _____
sein_____ Projekt beschäftigen. Er nahm _____ viel_____
Ausschreibungen teil, bewarb sich um Stipendien und neue Stellen. Ohne Erfolg. Holger Sturtz wurde merkwürdig. Er unterhielt sich _____ niemand_____ mehr, sprach dafür _____
sich selbst. Er hielt sich für ein Genie und zweifelte keinen Moment _____ d_____ Erfolg seiner Idee. Zunächst wurde er
noch _____ Konferenzen eingeladen, aber bald blieben auch die
Einladungen aus. Niemand hatte Interesse _____ sein_____
Projekt; niemand erkundigte sich mehr _____ ih_____ . Als er
nach vielen Jahren immer noch erfolglos geblieben war, wurde er
wahnsinnig. Zuerst versuchte er sich _____ d_____ Tochter
seines alten Chefs zu verheiraten, um sich _____ ih_____ zu
rächen. Ohne Erfolg. Da schwor er, sich _____ d_____
lästernden Kollegen zu rächen. Er fuhr _____ sein_____
Fahrrad zum Parkplatz der Chemiefabrik. Ohne Angst _____
ein_____ Entdeckung öffnete er die Tankdeckel der Wagen
und bewies den ungläubigen Kollegen, daß der erste Teil seiner
Theorie, _____ dem er mehrere Jahre gearbeitet hatte, richtig
war. Sie sollten es am eigenen Leib erfahren: Aus einer mitge-
brachten Thermoskanne goß er Milchkaffee mit viel Zucker in
die Tanks der Wagen. Damit, das wußte er aus vielen Versuchen,
würden sie auf keinen Fall fahren können.

7.7   Other Uses of the Dative

◆ Certain adjectives are used with the dative. Many of these adjectives follow their dative object rather than precede it:

(1) Er sieht meiner Mutter **ähnlich**.

Some of the most frequently used adjectives that take the dative are:

> ähnlich, behilflich, (un)bekannt, böse, (un)dankbar, fremd, gehorsam, gleich, gleichgültig, gnädig, lästig, lieb, nahe, nützlich, recht, (un)treu, überlegen, willkommen

Certain adjectives are used with the dative in impersonal constructions beginning with **es** or **das**:

> (un)angenehm, möglich, peinlich, unbegreiflich, wert

(2) A: Sag ihm doch, er soll hier nicht rauchen.
     B: Das ist mir unangenehm.

Predicate adjectives, if preceded by **zu**, often use a personal dative:

(3) Das ist mir zu teuer.

◆ Most time expressions that include prepositions are used in the dative case. The preposition and article are often contracted.

a.   Seasons, months, year

  (4) **Im Juni** fahre ich nach Deutschland.
  (5) **Im Winter** schneit es viel.
  (6) **Im Jahre** 1492 wurde Amerika entdeckt.[1]

---

[1] In contrast to English usage, years can also be expressed in German without a prepositional phrase:

  1991 machte ich mein Examen.

b. Days of the week

   am Montag/Dienstag/Mittwoch

c. Parts of the day

   am Morgen/Vormittag, am Mittag, am Nachmittag,
   am Abend

   Exception: in der Nacht

In connection with meals for which English uses *for*, the
preposition **zu** is used:

   zum Frühstück, zu Mittag/zum Mittagessen, zum Kaffee,
   zum Abendessen

d. Dates

   am ersten Januar, **am** elften März

Other time expressions are:

   vor einer Stunde
   in einem Monat
   seit einem Jahr
   zum ersten/zweiten/ ... /letzten Mal
   in einer Woche
   nach einer Weile

 # Anwendung und Kommunikation

A. Was ist mit diesen Leuten? Benutzen Sie Personalprono-
men!

BEISPIEL   Peter zieht den Pullover aus. →
            Ihm ist heiß.

1. Jens zieht seinen Pullover an.
   _____ kalt.
2. Volker übergibt sich.
   _____ schlecht.

3. Frau Meier macht das Fenster auf.
   _____ warm.
4. Da macht Herr Meier es wieder zu.
   _____ nicht warm.
5. Ihr seht nicht gut aus!
   _____ nicht gut.
6. Wir müssen gehen!
   Warum? Ist _____ schlecht?
7. Peter und Maria sind aus dem Fußballstadion gegangen.
   _____ kalt geworden.

B. Kurze Szenen aus Werbespots   Füllen Sie die Lücken mit einem der folgenden Adjektive aus:

ähnlich	böse	nahe	schuldig	wert
angenehm	dankbar	lieb	nützlich	teuer
bekannt	fremd	möglich	recht	willkommen

1. Fritz, das muß unbedingt dein Sohn sein. Er sieht dir sehr _____ .
2. Ich bin überzeugt, meine Damen und Herren, daß dieses Gerät Ihnen sehr _____ sein wird. Es schneidet, es hackt, es würfelt.
3. A: Könnte ich Ihnen helfen.
   B: Das wäre mir sehr _____ .
4. A: Kennen Sie den Mann da?
   B: Nein, er ist mir _____ .
5. Hans, du hast wieder Knoblauch gegessen. Komm mir nicht zu _____ !
6. A: Diese fünf Mark sind für dich.
   B: Gerade zur rechten Zeit, die sind mir sehr _____ .
7. Laß uns lieber später darüber sprechen, denn du bist mir jetzt _____ .
8. A: Können Sie sich vielleicht einen Mercedes leisten?
   B: Nein, er ist mir zu _____ .
9. A: Kannst du mir nicht endlich das Geld fürs Telefon geben? Du bist es mir seit drei Monaten _____ .

C. Lebenslauf erfragen!   Fragen Sie Ihren Nachbarn oder Ihre Nachbarin im Deutschkurs:

Wann hast du Geburtstag?
Wann bist du geboren?

In welchem Jahr?
In welchem Monat?
Während des Tages oder während der Nacht?
Um wieviel Uhr?
Was ist dein Sternzeichen?[2]
Wie alt bist du?
Wann bist du in den Kindergarten gekommen?
Von wann bis wann warst du da?
Wann bist du auf die Schule gekommen?
Von wann bis wann warst du auf der Grundschule?
Wann hast du dein Studium begonnen?
Wann wirst du es abschließen?

D. Beschäftigt   Sagen Sie, was Sie da gemacht haben! Sprechen Sie mit Ihrem/r Kommilitonen/in und benutzen Sie Zeitadverbien wie:

zuerst, danach, (und) dann, später, zwischendurch, ...

BEISPIEL   ST1: Am letzten Samstag bin ich sehr spät aufgestanden. Und du? Du auch?

ST2: Nein, ich nicht, ich bin wie immer sehr früh aufgestanden.

ST1: Und was hast du so früh gemacht?

ST2: Zuerst bin ich joggen gegangen, dann habe ich im Park noch ein wenig Gymnastik gemacht und dann bin ich nach Hause gegangen, um zu duschen und zu frühstücken.

ST1: Furchtbar. Ich hasse Sport so früh am Morgen. Und was hast du am Nachmittag gemacht?

ST2: Ich ...

am letzten Samstag
am Vergangenen Sonntag
am Freitagabend
in den letzten Semesterferien
gestern nachmittag
letztes Jahr Weihnachten

---

[2] See the Quick Reference, p. 460, for signs of the zodiac.

7.8   der- and ein-Words Used as Pronouns

You will recall that when **der**-words and **ein**-words are used without a noun, they function as pronouns (see section 6.6). In the dative singular, these words look like the indefinite and definite articles. Only the dative plural form of the demonstrative pronoun is different from the definite article:

> A: Ich habe Walter und Arno mein Auto geliehen.
> B: **Denen** hast du dein Auto gegeben?

◢ Anwendung und Kommunikation

A. Minidialoge   Ergänzen Sie die Formen der Demonstrativpronomen: **der, die, das!**

1. A: Warum kommt David heute abend nicht zu dir?
   B: _____ bin ich böse.
2. A: Ich weiß nicht, welchen Rock ich anziehen soll.
   B: Egal, nimm _____ oder _____ .
3. A: Kannst du mir 100 Mark leihen?
   B: Tut mir leid, _____ habe ich auch nicht.
4. A: Hast du dir deine Jacke von Elli geliehen?
   B: Nein, von _____ leihe ich mir schon lange nichts mehr.
5. A: Mußt du dich noch mit deinen Freunden über die Party absprechen?
   B: Nein, _____ ist alles recht. _____ überlassen alles mir.

B. Minidialoge   Ergänzen Sie die Formen der Demonstrativpronomen!

1. A: Entschuldigung, welcher Bus fährt nach Wien?
   B: _____ !
2. A: Mit welchem Partner hast du Tennis gespielt?
   B: Mit _____ da!

3. A: Für welche Jacke hast du soviel bezahlt?
   B: Für _____ da.
4. A: Verzeihung, fährt _____ Zug nach Zürich?
   B: Nein, _____ nicht, mit _____ können Sie nur bis nach Basel fahren. Aber _____ da fährt direkt nach Zürich.
5. A: Welches Buch möchten Sie also?
   B: _____ da!

C. Was gefällt Ihnen hier?   Sprechen Sie mit jemandem im Kurs über die Kleidungsstücke, die Sie hier sehen. Benutzen Sie die folgenden Verben:

gefallen, gleichen, gehören, passen, fehlen, stehen

BEISPIEL   ST1: Wie gefällt dir dieser Pullover?
   ST2: Gut! Er gleicht meinem.
   ST1: Ja, der ist sehr schön.
   ST2: Ja, und meine Freundin sagt, daß er mir gut steht.
   ST1: ...

7.9 Weak Masculine Nouns

There is a group of masculine nouns that have an -(e)n ending in the accusative, dative, and genitive singular. In general, the plural of these masculine nouns is formed with an -(e)n as well. These nouns are referred to as *weak nouns*.

◆ **Österreichisches Sprichwort**

„Wenn ein Wolf einen Wolf im Wald trifft, denkt er: Aha, ein Wolf.
Wenn ein Mensch einen Menschen im Wald trifft, denkt er: Sicher ein Mörder."

The weak masculine nouns are declined like the word **Mensch**:

	Singular	**Plural**
NOMINATIVE	der Mensch	die Menschen
ACCUSATIVE	den Menschen	die Menschen
DATIVE	dem Menschen	den Menschen
GENITIVE	des Menschen	der Menschen

All the cases end in -(e)n except for the nominative singular. Weak nouns do not have the characteristic genitive singular **-s**. Nearly all of the weak masculine nouns refer to male beings. For example:

der Fotograf, der Bauer, der Nachbar, der Prinz, der Herr

Nouns ending in **-r** will often add only an **-n** in the singular, otherwise **-en** is added:

(1) Er half seinem Nachbar**n**.
(2) Meine Damen und Herr**en**, ich möchte Sie herzlich Willkommen heißen.

The following groupings may be helpful.

♦ Masculine nouns ending in **-e**:

der Experte, der Fluglotse, der Kollege, der Kunde,
der Neffe, der Junge

These include male members of different nationalities:

der Franzose, der Jugoslawe, der Grieche, der Türke,
der Chinese ...

♦ Nouns ending in **-ant**, **-ent**, **-ist**, **-oge**, and sometimes **-t**. Most nouns in this group denote male members of various professions:

der Musikant, der Demonstrant, der Adjutant,
der Dirigent, der Dissident, der Student, der Präsident,
der Polizist, der Journalist, der Gitarrist, der Psychologe,
der Biologe, der Anthropologe, der Architekt

♦ Many animals

der Löwe, der Ochse, der Bär, der Elefant, der Affe

Exceptions:

1. Weak nouns do not normally have the characteristic genitive singular **-s**. Some exceptions are:

Buchstabe	→	des Buchstab**ens**
Name	→	des Nam**ens**
Gedanke	→	des Gedank**ens**
Wille	→	des Will**ens**
Glaube	→	des Glaub**ens**
Friede	→	des Fried**ens**

2. Some masculine nouns form their plural with the ending **-en**, but follow the regular declension pattern in the singular. Here are a few:

der Fleck, der Muskel, der Nerv, der Schmerz, der See,
der Staat, der Typ, der Vetter

This is also true for nouns ending in unstressed **-or**. For example:

der Autor, der Lektor, der Professor, der Traktor

In the plural these nouns are stressed on the **-or** syllable: die Au-
toren, die Profess**or**en.

Anwendung und Kommunikation

A. Geschenke   Was würden Sie Leuten in diesen Berufen
kaufen?

BEISPIEL   Gitarrist →
             Einem Gitarristen würde ich eine Gitarre kaufen.

1. Psychologe	8. Journalistin
2. Autor	9. Pianist
3. Komponist	10. Professoren
4. Fluglotse	11. Dirigent
5. Studentin	12. Lektor
6. Fotograf	13. Architektinnen
7. Polizist	14. ...

Lesen Sie nun Ihren Kommilitonen vor, was sie diesen
Leuten kaufen würden und lassen Sie sie raten, welche
Berufe diese Leute habe.

BEISPIEL   ST1: Wem schenke ich einen neuen Frack?
             ST2: Einem Dirigenten oder Pianisten.

Zusammenfassende Aktivitäten

A. Was machen die Leute in ihrem Beruf?   Was machen diese
Leute? Was gehört zusammen? Bilden Sie Sätze.

BEISPIEL   Pilotin →
Eine Pilotin fliegt mit einem Flugzeug Passagiere von
Ort zu Ort.

1. Zahnarzt	8. Mechanikerin
2. Vertreterin	9. Krankenpfleger
3. Richter	10. Köchin
4. Kassierer	11. Verkäufer
5. Näherin	12. Holzhacker
6. Anwältin	13. Professorin
7. Lehrer	14. Chemikerin

a. urteilt mit der Hilfe von Gesetzen über Menschen
b. unterrichtet Schüler und Schülerinnen
c. behandelt den Leuten die Zähne
d. arbeitet mit Chemikalien und macht Analysen
e. kocht Leuten Essen
f. näht Leuten Kleidung
g. hilft kranken Menschen
h. verkauft Kunden Waren
i. sitzt an einer Kasse und kassiert
j. repariert Leuten ihre Autos
k. hilft Personen bei juristischen Problemen
l. verkauft Geschäften Waren
m. hackt Holz im Wald
n. unterrichtet Studenten und Studentinnen

Finden Sie mehr Berufe und schreiben Sie, was diese Leute
machen.

B. Wo arbeiten diese Leute?   Fragen Sie Ihre Kommilitonen, wo
die Leute in Übung A arbeiten.

BEISPIEL   Pilotin →
Eine Pilotin arbeitet in einem Flugzeug.

C. Spiel: 20 Fragen mit Berufen   In Deutschland heißt die
Fernsehshow: „Was bin ich? Heiteres Beruferaten.“

Der/Die Student/in, dessen/deren Beruf geraten werden soll, darf
eine typische Geste als Hinweis auf den Beruf machen, aber sonst
nur mit **Ja** oder **Nein** antworten.

D. Fernsehgewohnheiten Sprechen Sie über Ihre Fernsehgewohnheiten. Darüber, was Sie am Fernsehen mögen und was Ihnen nicht gefällt. Diskutieren Sie die Themenkomplexe in der Klasse!

1. Siehst du oft fern? Wie oft? Wie viele Stunden pro Tag? Welche Fernsehsendungen gefallen dir?
2. Was hältst du von Werbung im Fernsehen? Gefällt dir die ständige Unterbrechung durch Werbespots? Warum (nicht)? Welche Werbespots findest du lustig? Warum? Welche Spots findest du gräßlich? Warum?
3. Welche Serie gefällt dir am besten? Siehst du sie immer, wenn sie kommt? Warum (nicht)? Was gefällt dir daran? Welche Art von Serien gefällt dir überhaupt nicht? Erkläre!
4. Die Nachrichtensprecherin Connie Chung hat über Nachrichten in den USA gesagt: „People want uppers!" Was hältst du von dieser Aussage? Sind die Nachrichten deiner Meinung nach wahr? Sind sie dir manchmal zu sensationell?

E. Spiel: Detektive Drei oder vier Studenten/innen aus dem Deutschkurs sind eines Verbrechens verdächtigt. Sie gehen vor die Tür und arbeiten an ihren Alibis. Das ist ihre Aufgabe:

Gestern um 9 Uhr abends wurde ein Mord begangen. Die Polizei vermutet, daß Sie schuldig sind. Sie müssen sich ein Alibi ausdenken, um die Detektive zu überzeugen, daß Sie unschuldig sind. Sprechen Sie zusammen und vereinbaren Sie, was Sie sagen werden, wenn sie nach gestern abend gefragt werden. Sie müssen genau sagen können, was Sie zwischen 5 und 10 Uhr gemacht haben.

Der Rest der Studenten und Studentinnen im Kurs sind Detektive und müssen Ihre Kommilitonen darüber ausfragen, was sie gestern abend zwischen 5 und 10 Uhr gemacht haben. Die Verdächtigen werden für schuldig erklärt, wenn Sie drei Unstimmigkeiten in ihren Aussagen finden.

F. Lebenslauf Schreiben Sie Ihren Lebenslauf. In Deutschland schreibt man bei Bewerbungen seinen Lebenslauf mit der

Hand. Anders als in Amerika beginnt man mit der Geburt, dann dem schulischen Werdegang, der beruflichen Ausbildung und Erfahrung und endet mit der letzten beruflichen Position.[3]

G.   Beschwerdekasten!   Schreiben Sie auf, was Ihnen am Deutschkurs gefällt und was Ihnen nicht gefällt und schreiben Sie warum!

---

[3] See the Quick Reference p. 459 for a sample **Lebenslauf.**

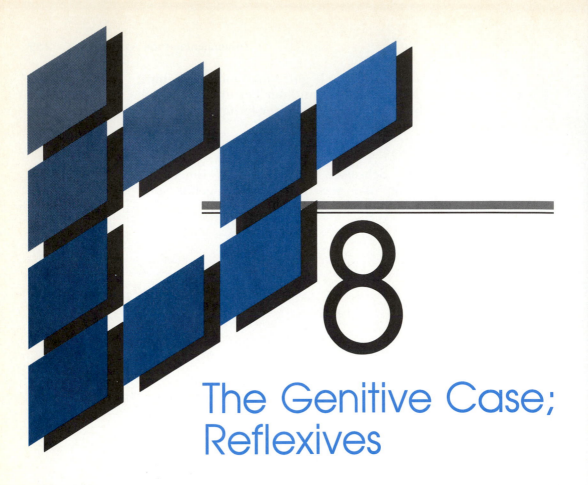

8

The Genitive Case; Reflexives

The genitive case is used to indicate a close relationship between two noun phrases, such as possession, characteristic, or membership. The genitive can also be used to modify other parts of speech.

The following text is from a set of posted cemetery regulations. As you read it, notice the uses and forms of the genitive case.

◆ **GRAMMATIK IM KONTEXT**

Friedhof-Ordnung°   *Cemetery Rules*

1. Der Besuch des Friedhofs ist auf die Tageszeit beschränkt. Besuchs-
   tage- u. Zeiten können jedoch besonderen Erfordernissen° ent-   *stipulations*
   sprechend festgesetzt werden.
2. Das Betragen° muss ein anständiges und der Würde des Ortes   *behavior*
   angemessen sein. Den Anordnungen° des Aufsichtspersonals (Toten-   *instructions*
   gräber) ist jederzeit Folge zu leisten. Kinder unter 10 Jahren dürfen
   den Friedhof nur in Begleitung von Erwachsenen unter deren Verant-
   wortung betreten.
3. Das auf den Wegen zwischen den Grabhügeln wachsende Gras ist
   von den Angehörigen zu entfernen u. die Begräbnisstätte in einem
   würdigen° Zustande zu erhalten.   *respectful*
4. Für die Aufstellung eines Grabsteines oder Denkmals, sowie für
   Grabeinfassungen, ist die Genehmigung° des Bürgermeisters einzu-   *permission*
   holen.

8.1   Functions of the Genitive Case

The genitive is commonly used with proper names in colloquial as
well as in written German. Unlike English, the genitive **-s** is not
separated by an apostrophe. The genitive **-s** is added to proper
names, unless they end in an **s**-sound (**-s, -ß, -z, -tz**). The omission
of the **-s** is indicated by an apostrophe. A proper name used in
the genitive precedes the noun it modifies.

(1) **Peters** Mutter besucht jede Woche Hans' Grab.
    Peter's mother visits Hans's grave every week.

The noun in the genitive case, however, generally follows the
noun it modifies.

(2) Der Besuch **des Friedhofs** ist nur während des Tages erlaubt.
Visiting the cemetery is only allowed during the day.

Masculine and neuter nouns add -**(e)s** in the genitive singular, unless they are weak nouns.

(3) Das Beschädigen **eines** Grabsteins wird bestraft.
The defacing of a headstone will be punished.

 ## Verbs with Genitive Objects

The genitive is called for after certain verbs. Since the use of the genitive is perceived as somewhat old-fashioned and stilted, genitive constructions are disappearing from everyday German speech and are being replaced by more colloquial expressions:

(4) Wir bedürfen **seiner Hilfe**. (*genitive*) →
(5) Wir brauchen seine Hilfe.

(6) Wir gedenken **unserer Toten**. (*genitive*) →
(7) Wir denken an unsere Toten.

Here is a list of verbs used with genitive constructions that you may find in formal or literary German:

anklagen	*to accuse*
sich annehmen	*to receive*
sich bedienen	*to serve; to wait on*
sich bemächtigen	*to take possession of; to seize*
berauben	*to deprive of*
beschuldigen	*to charge with*
sich enthalten	*to comprise of*
entheben	*to take away from*
entledigen	*to set free; to exempt*
sich erbarmen	*to show mercy on*
sich erfreuen	*to rejoice; to delight*
sich erwehren	*to guard against*
sich rühmen	*to praise; to glorify; to celebrate*
sich schämen	*to be ashamed of*
überführen	*to conduct across*
sich vergewissern	*to confirm; to assure*
sich versichern	*to insure; to assure*

Many of these verbs are quite common in legal and religious contexts.

(8) Gott, erbarme Dich meiner (der Armen, der armen Seelen).
Lord, have mercy on me (the poor, the poor souls).

(9) Er rühmte sich seiner Taten.
He sang the praises of his deeds.

(10) Sie wurde des Mordes beschuldigt.
She was accused of murder.

(11) Er wurde seines Amtes enthoben.
He was removed from office.

b Interrogative Pronouns

The interrogative pronoun in the genitive is **wessen** (*whose*).

(12) **Wessen** Grab ist das?
—Das ist Sartres Grab. →
Das ist das Grab von Sartre.

c Definite and Indefinite Articles

	GENITIVE		
Masculine	**Feminine**	**Neuter**	**Plural**
des	der	des	der
eines	einer	eines	—

d Der- and ein-Words in the Genitive

The forms of the limiting words in the genitive case are:

	Der-words		
Masculine	**Feminine**	**Neuter**	**Plural**
des	der	des	der
dies**es**	dies**er**	dies**es**	dies**er**

Other **der**-words are: **jeder, jener, solcher, mancher**, and **welcher**.

	Ein-words		
Masculine	**Feminine**	**Neuter**	**Plural**
ein**es**	ein**er**	dein**es**	—
kein**es**	kein**er**	kein**es**	kein**er**
dein**es**	dein**er**	dein**es**	dein**er**

To review the meaning of the **der**-words, see section 6.2. Note that the genitive plural form of the demonstrative pronouns is different from the definite article:

Masculine	Feminine	Neuter	Plural
des**sen**	der**en**	des**sen**	der**en**

(13) A: Ich habe das Auto von Paul und Ilse gekauft.
      B: **Deren** Auto? Die alte Kiste?

◢ Anwendung und Kommunikation

A. Definitionen   Definieren Sie diese Wörter!

BEISPIEL   Der Buchtitel →
            der Titel eines Buches

1. die Schreibtischschublade
2. der Hemdkragen
3. die Fensterscheibe
4. die Haustür
5. das Tischbein
6. der Reisebericht
7. die Arzthelferin
8. der Buchdeckel

B. Reiseerinnerung   Ergänzen Sie den Dialog zwischen Anna und Jens. Sie erinnern sich an eine gemeinsame Reise nach Süddeutschland.

BEISPIEL   ANNA: Wie hieß das Restaurant in München?
JENS: Ich erinnere mich nicht mehr an den Namen des Restaurants.

1. ANNA: Wie hieß der Fluß in München?
   JENS: _____
2. ANNA: Wie hieß das technische Museum in München?
   JENS: _____
3. ANNA: Wie hieß der Wein, den ich so gern getrunken habe?
   JENS: _____
4. ANNA: Und wie hieß das Buch über Süddeutsche Geschichte?
   JENS: (den Titel) _____
5. ANNA: Wie hieß die Professorin in Heidelberg?
   JENS: _____
6. ANNA: Aber du erinnerst dich doch noch an den Wald in der Nähe von Freiburg?
   JENS: _____

Genitive Personal Pronouns

Genitive forms of the personal pronouns are no longer in use; the possessive is used instead. However, you will encounter a few traditional idiomatic expressions with the genitive used mainly in prayers:

(14) Gedenke meiner.
Remember me.

(15) Herr, erbarme dich unser.
Lord, have mercy on us.

Prepositions Requiring the Genitive

The genitive is used after the prepositions **(an)statt, trotz, während,** and **wegen.**

◆ **(an)statt** (*instead of*)

(16) Er brachte Nelken **statt roter Rosen** ans Grab.
He brought carnations instead of red roses to the grave.

◆ **trotz** (*in spite of*)

(17) **Trotz der strengen Friedhofsordnung** fuhr das Kind mit dem Rad.
Despite the strict cemetery rules, the child rode his bicycle.

◆ **während** (*during*)

(18) **Während des Tages** kommen viele Leute auf den Friedhof.
During the day many people come to the cemetery.

◆ **wegen** (*because of*)

(19) **Wegen der vielen Diebstähle** mußte der Bürgermeister eine Friedhofsordnung aushängen.
Because of the many thefts, the mayor had to post cemetary rules.

In colloquial usage, the dative case is preferred with the four prepositions listed above.

(20) **Trotz dem schlechten Wetter** macht er jeden Tag seine Spaziergänge.
Despite the bad weather, he takes his walks every day.

The following prepositions requiring the genitive occur mainly in written and formal German:

außerhalb	*outside of*
innerhalb	*inside of, within*
oberhalb	*above*
unterhalb	*below*
inmitten	*in the middle of*
beiderseits	*on both sides of*
diesseits	*on this side of*
jenseits	*on that side of*
aufgrund	*on the basis of*
infolge	*as a consequence of*
mangels	*for lack of*
ungeachtet	*regardless of*
zwecks	*for the purpose of*

Anwendung und Kommunikation

A. Minidialoge   Setzen Sie die richtige Präposition ein:

trotz, statt, während, wegen

1. A: Hast du Peter zum Geburtstag ein Geschenk gekauft?
   B: Ich hatte keine Zeit. _____ einem Geschenk werde ich ihm Geld geben.
   A: Das finde ich nicht gut. Es ist zu unpersönlich.
   B: Ja, aber ich hatte auch keine Lust, _____ der Hauptgeschäftszeit in die Stadt zu gehen.
2. A: Du rauchst zu viel!
   B: Ich weiß!
   A: _____ einer Zigarette solltest du lieber einen Kaugummi nehmen.
3. A: Warum kommt Maria nicht zur Klasse?
   B: Sie kann _____ ihrer Krankheit nicht kommen.
4. A: Bist du _____ dem schlechten Wetter nach draußen gegangen?
   B: Ja, ich mußte einfach vor die Tür.
5. A: Warum hast du dich schon wieder verspätet?
   B: _____ dem Verkehr.
   C: Niemand will das neue Atomkraftwerk, und es demonstrieren viele Menschen dagegen.
   D: Ich glaube, sie werden den Reaktor _____ der Demonstrationen bauen.
   C: Du bist sehr pessimistisch.

B. Es ist verboten!   Was wird hier verboten?

BEISPIEL   Autofahrt: Alkohol trinken →
            Es ist verboten, während der Autofahrt, Alkohol zu trinken.

1. Arbeitszeit: rauchen
2. Nacht: laute Musik spielen
3. Prüfung: Pause machen
4. Zugfahrt: sich hinauslehnen
5. Abflug: aufstehen

g   Other Uses of the Genitive

◆ German uses the genitive case to express indefinite time and to indicate repeated or habitual actions:

(21) **Eines Abends** fuhr er weg.
(22) **Eines Tages** trafen wir uns zufällig wieder.
(23) Wir gingen (**des Morgens**) **morgens** immer am Strand spazieren.

◆ The genitive case is used in spoken German in a number of "frozen" idiomatic expressions. The following are examples of the most common:

(24) Um **Gottes** willen!
(25) **Linker (rechter) Hand** sehen Sie das Rathaus.
(26) Er fuhr **erster (zweiter) Klasse** nach Italien.
(27) **Schweren (leichten) Herzens** sagte er die Reise ab.
(28) Ich bin ganz **deiner (seiner/...)** Meinung.
(29) Das ist nicht **der Mühe** wert.
(30) Das ist nicht **der Rede** wert.
(31) Er ist sich **seines Erfolges** gewiß/sicher.
(32) **Letzten Endes** hat er doch Recht gehabt.

◆ Other lexicalized genitive constructions (i.e., constructions that have become separate dictionary entries) include pronouns compounded with the preposition **wegen**:

ich	**meinetwegen**	*because of me*
du	**deinetwegen**	*because of you*
Sie	**Ihretwegen**	
usw.		

(33) **Seinetwegen** müssen wir solange warten.
   Because of him we have to wait so long.

In colloquial usage **meinetwegen** can also mean *for all I care; as far as I'm concerned; I don't mind.*

(34) **Meinetwegen** kannst du machen, was du willst.
(35) A: Kann ich dein Auto haben?
   B: **Meinetwegen.**

Other compounds with the preposition **wegen** are:

weswegen, weshalb	*why*
deswegen, deshalb	*that's why*

(36)   A: **Weshalb** hast du nicht angerufen?
          B: Mein Telefon funktionierte nicht.
          A: Ach so, **deswegen**.

Overview

The genitive case is used less and less in spoken German. The dative case is replacing it in colloquial usage. Nonetheless, it can be found in newspapers, literature, and official documents where a more formal and succinct style is appropriate. The replacement of the genitive case by the dative is a good example of language in change. This can be seen in the alternation of forms and variation in usage.

◤ Anwendung und Kommunikation

A. Pech gehabt   Setzen Sie die fehlenden Endungen und Artikel ein!

Während mein _____ Ferien bin ich in diesem Jahr nach Mexiko geflogen. Ich war in Puerto Vallarta. Es hat mir sehr gut gefallen, aber ein _____ Nachts träumte ich: Das Hotel lag mitten im Zentrum _____ Stadt. Oberhalb _____ Hotels lag eine Diskothek, und der Lärm _____ Lautsprecher war bis in den Morgen hinein ohrenbetäubend. Ein _____ Morgens wachte ich auf, und eine große Spinne saß auf dem Laken _____ Betts. Da war es genug und ich reiste ab trotz _____ ganzen Geldes, das ich im Voraus bezahlt hatte. Ich suchte mir ein kleines Hotel in einem Dorf südlich _____ Stadt. Nach zwei Tagen traf mich Montezumas Rache. So blieb ich während _____ letzten zehn Tage mein _____ Urlaubs im Bett. Noch während _____ Rückflugs mußte ich in der Nähe _____ Toilette sitzen. Statt ein _____ erholten jungen Mannes kam ein völliges Wrack in Frankfurt an. Gottseidank war es nur ein Traum.

B. Ihr Pech... Beschreiben Sie Ferien, in denen Ihnen etwas ähnlich Unangenehmes passiert ist, wie der Person aus dem Text oben. Sprechen Sie mit den Kommilitonen in Ihrer Gruppe.

8.2   Two-way Prepositions

There is a group of prepositions, the so-called *two-way prepositions*, that take either the dative or the accusative. As a general rule, we can say that the accusative indicates movement towards a location and answers the question **wohin**?; the dative indicates position or movement at or within that position and answers the question **wo**?.

(1) Wohin gehe ich? (*direction*)
    —Ich gehe **in die** Klasse.

(2) Wo bin ich? (*location*)
    —Ich bin **in der** Klasse.

♦   **GRAMMATIK IM KONTEXT**

Die Jefferson Street ist eine stille Straße in Providence. Sie führt um die Geschäftsviertel° herum und mündet° erst im Süden der Stadt, wo sie inzwischen Norwich Street heißt, in die Ausfahrtsstraße nach New York. Hier und dort erweitert° sich die Jefferson Street zu kleinen Plätzen, an denen Buchen° und Ahornbäume° stehen. An einem dieser Plätze, dem Wayland Square, liegt ein größeres Gebäude im Stil englischer Landhäuser, das Hotel WAYLAND MANOR.

business districts / leads

opens up

beeches / maple trees

aus: Peter Handke, Der kurze Brief zum langen Abschied

Locate the prepositions in the text and note what case is used with each. Do you recognize the two-way prepositions?

♦ **an** *(on, at)*; usually indicates a vertical relationship (things upright next to each other).

> (3) **An** der Tür steht der Portier.   (Position: *dative*)
> (4) Ich gehe **an** die Tür.   (Direction: *accusative*)

♦ **auf** *(on top of)*; usually indicates a horizontal relationship.

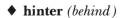

> (5) Ich gehe **auf** der Straße spazieren.   (Position: *dative*)
> (6) Das Kind rennt **auf** die Straße.   (Direction: *accusative*)
> (7) Ich wechsle **auf** der Bank Geld.   (Position: *dative*)
> (8) Ich gehe **auf** die Bank.   (Direction: *accusative*)
> (9) Ich arbeite **auf** der Polizeiwache/dem Finanzamt/ ... (Position: *dative*)
> (10) Ich gehe **auf** die Polizeiwache/ das Finanzamt/ das Einwohnermeldeamt / ...   (Direction: *accusative*)

♦ **hinter** *(behind)*

> (11) Mein Wagen steht **hinter** dem Hotel.   (Position: *dative*)
> (12) Ich fahre den Wagen **hinter** das Hotel.   (Direction: *accusative*)

♦ **in** *(in, at)*

> (13) Die Jefferson Street liegt **im** Süden der Stadt.   (Position: *dative*)
> (14) Die Straße mündet **in** die Ausfahrtsstraße nach New York (Direction: *accusative*)
> (15) Ich bin **in** einer schwierigen Situation.   (Position: *dative*)
> (16) Ich bin ohne meine Schuld **in** diese Situation gekommen. (Direction: *accusative*)

♦ **neben** *(beside, next to)*

> (17) Direkt **neben** dem Hotel war eine Bank.   (Position: *dative*)
> (18) Ich fuhr **neben** das Hotel und parkte den Wagen. (Direction: *accusative*)
> (19) **Neben** dem *Kurzen Brief zum langen Abschied* von Handke habe ich auch *Publikumsbeschimpfung* gelesen. (Position: *dative*)

◆ **über**

  a. (*above, on top of, across*)

    (20) **Über** dem Eingang des Hotels hing ein Schild mit dem Namen "Wayland Manor".   (Position: *dative*)

    (21) Man hatte das Schild direkt **über** die Tür gehängt. (Direction: *accusative*)

  b. (*across* or *via*)

    (22) Ich ging **über** die Straße zum Hotel. (Direction: *accusative*)

    (23) Von New York nach Providence Fährt man **über** (den Ort) New Haven. (Direction: *accusative*)

◆ **unter**

  a. (*under, below*)

    (24) Ich stellte meine Tasche **unter** einen Tisch neben der Rezeption. (Direction: *accusative*)

    (25) Ich habe meine Tasche **unter** dem Tisch vergessen. (Position: *dative*)

  b. (*among*)

    (26) **Unter** den Gästen des Hotels war auch ein Engländer. (Position: *dative*)

    (27) Ich setzte mich **unter** die Gäste in die Halle. (Direction: *accusative*)

  c. (*under, with*); always dative.

    (28) "Ich kam nur **unter** Schwierigkeiten die Treppen des Hotels hinauf."

    (29) Er sagte das **unter** Tränen.

    (30) Er mußte **unter** allen Umständen zum Arzt.

  d. (*under, below, beneath, less than*); always dative, except for numbers.

    (31) Ich brauchte ein Hotelzimmer **unter** 50 Mark.

    (32) Aber es war **unter** meiner Würde in diesem Zimmer zu wohnen.

◆ **vor**

a. (*in front of*)

(33) Ich fuhr den Wagen dann **vor** das Hotel. (Direction: *accusative*)

(34) Ich parkte **vor** dem Hotel. (Position: *dative*)

b. (*because of, from, with*); always dative.

(35) Ich war erschöpft **vor** Hunger und ging sofort ins Restaurant.

(36) Ich klatschte **vor** Begeisterung in die Hände, als das Essen kam.

◆ **zwischen** (*between*)

(37) Man hatte das Hotel **zwischen** eine Bank und ein Restaurant gebaut. (Direction: *accusative*)

(38) Es lag **zwischen** den beiden Gebäuden. (Position: *dative*)

(39) Immer gab es Streit **zwischen** dem Empfangschef und dem Portier. (Position: *dative*)

Some of these prepositions form contractions with the definite articles:

an dem	→	**am**
an das	→	**ans**
auf das	→	**aufs**
in dem	→	**im**
in das	→	**ins**

Here is a list of commonly used verb pairs denoting either position or movement:

Position: *Dative* (**wo?**)	Direction: *Accusative* (**wohin?**)
stehen, stand, gestanden	stellen, stellte, gestellt
sitzen, saß, gesessen	(sich) setzen, setzte, gesetzt
liegen, lag, gelegen	legen, legte, gelegt
hängen, hing, gehangen	hängen, hängte, gehängt
stecken, stak (steckte)[1], gesteckt	stecken, steckte, gesteckt

---

[1] The past tense form **steckte** is replacing **stak** more and more.

The verbs that denote position are intransitive and have strong past tense forms, whereas those that denote action or direction are transitive (i.e., have direct objects) and have regular forms as in the following examples:

(40) Maria **stellt** die Blumen in die Vase. (*direction*)
(41) Die Blumen **stehen** in der Vase. (*position*)

(42) Die Mutter **setzt** das Kind auf den Stuhl. (*direction*)
(43) Das Kind **sitzt** auf dem Stuhl. (*position*)

(44) Wir **legen** das Buch auf den Tisch. (*direction*)
(45) Das Buch **liegt** auf dem Tisch. (*position*)

(46) Josef **hat** den Mantel an den Haken **gehängt**. (*direction*)
(47) Der Mantel **hat** am Haken **gehangen**. (*position*)

(48) Ich **stecke** die Papiere in die Tasche. (*direction*)
(49) Die Papiere **stecken** in der Tasche. (*position*)

English *to put* is the equivalent of **stellen**, **setzen**, and **legen**. Use **stellen/stehen** for upright objects:

> Stuhl, Tisch, Computer, Tasse, Teller, Glas, Fernseher, Auto, usw.[2]

Use **legen/liegen** for things that lie flat:

> Messer, Gabel, Buch (*unless standing upright on a shelf*), Zeitung, Pullover, Ball, Papier, Hose, usw.

Use **setzen/sitzen** mostly with living beings, also clothing such as hats, caps, and glasses (**Brille**).

---

[2] All of these objects can take **liegen** (*to lie*) as well. The use of **liegen** signifies that the object is either broken or cannot function in its normal position.

Overview

The German language differentiates between placing objects somewhere and their position in that place. This is accomplished by using different verbs and using the two-way prepositions in either the dative case (to indicate position) or accusative case (to indicate direction). The English verb *to be,* commonly used to denote the position of an object, has three other equivalents in German that indicate whether something has been positioned to *stand* (**stehen**), to *sit* (**sitzen**), or to *lie* (**liegen**). Furthermore the act of *placing* something somewhere is differentiated into **stellen,** **setzen,** and **legen.**

Anwendung und Kommunikation

A. Die Stadt Beschreiben Sie die Stadt auf Seite 286. Sagen Sie, wo alle Gebäude sind. Seien Sie sehr detailliert. Benutzen Sie die Präpositionen:

an, auf, bei, gegenüber, in, neben, vor, zwischen

BEISPIEL Die Kirche ist mitten in der Stadt. Sie steht neben ...

B. Wo kaufen Sie diese Dinge? Bilden Sie Sätze.

die Melone, die Briefmarke, die Rose, das Eis, die Tinte, das Lineal, der Hustensaft, das Make-up, die CD, das Weißbrot, das Kaugummi, die Apfelsine, die Zeitung, die Postkarte, der Briefumschlag, das Aspirin, der Blumenstrauß, die Kassette, der Nagellack, die Schere, der Kuchen, die Schokolade, der Schreibblock, das Benzin, die Currywurst mit Pommes frites, das alte Sofa, die Reise nach Spanien, spanische Peseten, der Kanarienvogel, der Schinken, der Roman

HILFREICHER WORTSCHATZ Hier sind verschiedene Geschäfte:

die Tierhandlung, das Obstgeschäft, der Hobbymarkt, das Schreibwarengeschäft, der Metzger, das Reisebüro, die Drogerie, der Wochenmarkt, der Schnellimbiß, der Zeitungsstand, die Tankstelle, das Schallplattengeschäft, der

Flohmarkt, die Buchhandlung, die Bank, die Post, der
Kiosk, der Bäcker, der Blumenladen, die Apotheke

BEISPIEL Kuchen kauft man beim Bäcker.

| ... | kaufe ich
kauft man | am
an
im
beim
auf
in | ... |

C. Bildbeschreibungen: Partnerarbeit

STUDENT/IN 1: Bringen Sie ein Bild aus einer Illustrierten zur
Klasse. Lassen Sie es Ihren Partner/Ihre Partnerin nicht sehen! Beschreiben Sie das Bild, das Sie haben. Sprechen Sie
langsam und geben Sie Ihrem Partner/Ihrer Partnerin Zeit,
zu zeichnen, zu radieren und zu verbessern.

STUDENT/IN 2: Sie nehem ein Blatt Papier, einen Bleistift und
einen Radiergummi! Fragen Sie, wenn Sie etwas nicht
verstehen und lassen Sie sich das Bild, das Sie zeichnen sollen, genau erklären.

HILFREICHER WORTSCHATZ

rechts oben, links unten
in der Mitte
im Hinter-/Vordergrund
daneben, darüber, davor, dahinter
hinten, vorn

D. Vergeßlichkeit
Sie haben etwas vergessen und rufen einen
Freund an, es Ihnen zu bringen. Aber er ist sehr langsam
und versteht nicht gut, weil er keine Lust hat. Sie müssen
also sehr detailliert beschreiben, wo das Objekt ist. Machen
Sie einen Dialog mit einem Kommilitonen oder einer Kom-
militonin im Deutschkurs. Telefonieren Sie!

BEISPIEL Deutschbuch/Klasse/Boden/Stuhl →
ST1: Roland, ich habe mein Deutschbuch in der Klasse
vergessen.

ST2: Wo ist es denn?

ST1: Es muß auf dem Boden neben meinem Stuhl sein.

ST2: Und wo steht der Stuhl in der Klasse?

ST1: Wenn du in die Klasse kommst, ist es der vierte Stuhl auf der linken Seite, zwischen den beiden Fenstern.

ST2: Links oder rechts neben dem Stuhl?

ST1: Ja, das weiß ich nicht mehr, aber es ist da, neben meinem Stuhl auf dem Boden. Du siehst es dann sicher.

1. Pullover / in meinem Zimmer
2. Tasche / im Wohnzimmer
3. Schal / im Café
4. Schlüssel / in der Küche

E. Wo macht man das?

BEISPIEL   Squash spielen   →
Man spielt Squash in einer Squashhalle.
Man geht in eine Squashhalle, um Squash zu spielen.

1. Tennis spielen
2. schwimmen
3. joggen
4. Lebensmittel einkaufen
5. in der Sonne liegen
6. parken (z.B. Parkuhr)
7. eine Kinokarte kaufen(Kasse)

8. einen Film sehen
9. Gemüse und Obst kaufen (Markt)
10. Geld wechseln
11. ein Buch leihen
12. Deutsch lernen
13. ...

HILFREICHER WORTSCHATZ

der Tennisplatz (auf)
die Bank (auf) / die Wechselstube (in)
das Kino (in)
der Strand (an)
der Supermarkt / das Geschäft (in)
das Schwimmbad / die Schwimmhalle / der Schwimmingpool (in)
der Wald (in) / der Sportplatz (auf) / die Straße (auf)

F. Der Sonntagsausflug   Beschreiben Sie die Bilder, die Sie sehen. Benutzen Sie den hilfreichen Wortschatz zu den einzelnen Bildern.

1. Sonntag, Sonntagmorgen

   sitzen, stehen, frühstücken, essen, trinken, besprechen, sich freuen auf

   Familie, Eltern, Kinder, Tisch, Frühstück, Ausflug

2. nach dem Frühstück, später

   beladen, bringen, tragen, stellen, packen, helfen

   Essen, Picknickkorb (der), Auto, Schwimmsachen

3. jetzt, Morgen

Autobahn, Autos, Familien, Stau (der), Fahrer, Leute, Situation, Fahrbahn, Gegenverkehr, Unfall, Richtung

voll, leer, nervös, gereizt, gefährlich, ungeduldig

stehen, (Kolonne) fahren

4. 1/2/3 Stunde(n) später, Nachmittag

Parkplatz, Ziel (das), See, Strand, Lärm (die), Musik, Menschen, Boden, Flaschen, Dosen, Papier, Kraftwerk

rauchen, lärmen, spielen, schwimmen, sich schlagen, essen, trinken, sich streiten

unzufrieden, schmutzig, schlecht gelaunt, verpestet

5. Abend, langer Tag

schlechte Laune
wieder, unterwegs

6. spät, Abend

Fernseher, Sofa, Sessel (der), Boden, Verband
sitzen, liegen, hängen, schauen, schlafen, sagen
müde, erschöpft, kaputt, verletzt

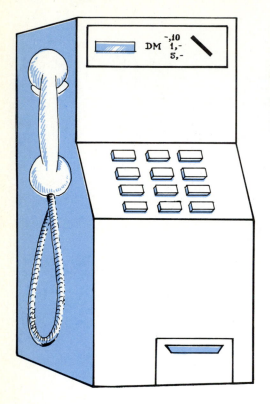

In welcher Reihenfolge macht man das?

Vorwahlnummer und Rufnummer wählen

Hörer abnehmen

Münzen einwerfen

Hörer einhängen

sich melden

sprechen

G. Betriebsanleitung   Erklären Sie, wie diese Geräte funktion-
ieren! Arbeiten Sie mit einem Wörterbuch, wenn Sie nicht
wissen, wie die Teile der Geräte heißen!

BEISPIEL   Plattenspieler   →
Man zieht eine Platte aus der Hülle, legt sie auf den
Plattenteller. Dann hebt man den Tonarm an und
bringt ihn in eine Position über dem Rand der Platte.
Die Platte dreht sich. Man betätigt den Lift und der
Arm senkt sich auf die Platte. Man hört Musik.

1. Tonband/Kassettenrecorder
2. Videorecorder
3. Kamera
4. Fruchtpresse
5. ...

8.3   Reflexives

In reflexive constructions the doer and the receiver of an action are the same person or thing.

a   Reflexive Pronouns

Pronouns are words used in place of a noun or a noun phrase. Whenever the subject and the object of a sentence are identical, that is, when they refer to the same person or thing, a reflexive pronoun is used.

◆ GRAMMATIK IM KONTEXT

für sorge°   *care*

ich für mich
du für dich
er für sich
wir für uns
ihr für euch

jeder für sich

Burckhard Garbe

REFLEXIVE PRONOUNS

Nominative	Accusative	Dative
ich	mich	mir
du	dich	dir
Sie	sich	sich
er, sie, es	sich	sich
wir	uns	uns
ihr	euch	euch
Sie	sich	sich
sie	sich	sich

Reflexive pronouns can be used as accusative objects, dative objects, or with a preposition whenever the pronoun refers to the subject of the sentence:

(1) Sie kämmt **sich**.
(2) Das kann ich **mir** nicht vorstellen.
(3) Hast du den Kuchen für **dich** gekauft?

The reflexive pronoun is in the dative case if the sentence already contains an object in the accusative:

(4) Ich kaufe **mir** das Buch.

With parts of the body and clothing, German speakers prefer the reflexive pronouns in the dative case, as in sentences (5) and (7), rather than the possessive as in sentence (6).

(5) Ich wasche **mir** die Hände.
(6) Ich wasche **meine** Hände.
(7) Er zieht **sich** die Schuhe an.

While the reflexive pronoun normally refers back to the subject of the sentence, in an infinitive clause the reflexive reflects the noun phrase it refers to:

(8) Ich habe vor, mich zu melden.

(9) Es ist seine Pflicht, sich zu melden.

(10) Ich bat ihn, sich zu melden.

In some cases, the reflexive pronouns have lost their function as objects, but must nevertheless be used with certain verbs (see section 8.3b):

(11) Er **ärgert sich**.
(12) Wir **fürchten uns**.

The reflexive pronoun can be used to express the reciprocal meaning *one another/each other*, especially in the plural:

(13) Die Freunde treffen **sich** im Restaurant.
(14) Sie begrüßen **sich**.

If a reciprocal meaning cannot be expressed unambiguously by a reflexive, the reflexive is replaced or complemented by **einander** and its compounds. Look at the following sentences:

(15) Sie haben **sich** verliebt.
(16) Sie haben **sich ineinander** verliebt.

The first sentence is ambiguous since it is not clear if the people referred to (*they*) have fallen in love with each other or with someone else. The second sentence clearly states that *they* fell in love with *each other*.

In English, the reflexive pronouns *myself, herself, themselves,* and so on, are sometimes used for emphasis. They emphasize who did something by referring to the preceding noun phrase.

(17) He did it [*himself*].

In German it is not the reflexive pronoun but rather the intensifier **selbst** or **selber** that is used for this purpose.

(18) Das weiß ich **selber** / **selbst**.
(19) Der Chef fährt morgen **selbst** / **selber** nach Bonn.
(20) Er hat sich **selbst** sein Geburtstagsgeschenk gekauft.

◢ Anwendung und Kommunikation

A. Fanatische Filmbesucher   Tragen Sie das passende Reflexivpronomen ein!

Peter trifft _____ jeden Tag mit Renate, die _____ sehr für Filme interessiert. Heute fragt er sie: „Fühlst du _____ nicht gut?" „Doch," antwortet Renate, „aber heute morgen mußte ich _____ sehr beeilen und konnte _____ die Haare nicht mehr waschen." „Ach so," sagt Peter, „ich habe gehört, daß auch Wolfgang und Dieter, deine Brüder, _____ für Filme interessieren. Ihr geht sicher sehr oft ins Kino. Könnt ihr _____ das denn leisten?" „Aber sicher," antwortet Renate, „wir bekommen eine Studentenermäßigung. Wir brauchen die Filme, um _____ zu entspannen. Bei einem lustigen Film amüsieren wir _____ immer gut."

B. Minidialoge   Setzen Sie die fehlenden Reflexivpronomen ein.

1. A: Wann siehst du Eva wieder?
   B: Wir haben _____ für Sonntag verabredet.
   A: Und wo werdet ihr _____ treffen?
   B: Im Café.
2. A: Hast du _____ schon mit deinem Professor über dein Examen unterhalten?
   B: Ja, in der letzten Woche.
3. A: Jens sieht immer irgendwie schmutzig aus. Wie kommt das?
   B: Er duscht _____ nie, wäscht _____ nie die Haare und die Zähne bürstet er _____ auch nie.
4. A: Holger und Clara sind irgendwie komisch. Findest du nicht?
   B: Doch! Sie unterhalten _____ mit niemandem und flüstern immerzu miteinander.
5. A: Komm, wir machen einen Spaziergang!
   B: Ich kann noch nicht, ich habe _____ gerade erst die Haare gewaschen. Ich will warten, bis sie trocken sind. denn ich will _____ nicht erkälten.
   A: Dann föhn sie _____ doch!
   B: Nein, ich föhne _____ die Haare nie.

C. Lottogewinn   Stellen Sie sich vor, Sie hätten 1000 Dollar im Lotto gewonnen. Sagen Sie, was Sie sich kaufen würden. Sie können drei Objekte kaufen.

BEISPIEL   Ich würde mir einen neuen Tennisschläger kaufen.

 ## b   Reflexive Verbs

A reflexive verb is a verb that is conjugated with a reflexive pronoun.

Unlike English, German has a certain number of verbs that require a reflexive pronoun.

(1) Frauen **qualifizieren sich** für den Umgang mit Computern.
   Women are becoming computer proficient.

◆   GRAMMATIK IM KONTEXT

Arbeitgeber suchen qualifizierte Fachkräfte°   *specialists*
Frauen leisten° qualifizierte Arbeit!   *perform*

Sind Frauen zu langsam für schnelle Computer?

Computer sind längst auch Frauensache. Immer mehr Frauen stellen°   *confront*
sich mit Erfolg den neuen Techniken. Sie qualifizieren sich für den Um-
gang° mit Computern.   *dealing*

Der Bedarf° an qualifizierten Fachkräften ist groß. Rechnen° Sie deshalb   *need/count on*
stärker mit Frauen. Bilden° Sie mehr Mädchen aus. Bieten° Sie ihnen an-   *train/offer*
schließend Arbeitsplätze an. Geben Sie auch Frauen eine Chance, sich
weiterzubilden.

Arbeitsamt

The reflexive pronoun is an obligatory part of the following
verbs:

sich bedanken	*to thank*
sich beeilen	*to hurry*
sich benehmen	*to behave*
sich entschließen	*to decide*
sich entspannen	*to relax*
sich ereignen	*to happen*
sich erholen	*to recover*
sich erkälten	*to catch a cold*
sich schämen	*to be ashamed*
sich sehnen	*to long for*

Many other verbs can be used either reflexively or with a direct
object.

(2)   A: Wie war es denn gestern abend?
      B: Ich habe **mich** sehr gut amüsiert.
      A: Und wie war die Vorstellung?
      B: Ein Komiker hat **das Publikum** so amüsiert, daß es vor
         Lachen schrie.

Here are some of these verbs:

sich amüsieren	*to have a good time*
amüsieren	*to amuse s.o.*
sich ärgern über	*to be upset/annoyed about*
ärgern	*to annoy s.o.*
sich erinnern an	*to remember*
erinnern an	*to remind s.o.*
sich fürchten vor	*to be afraid of*
fürchten	*to frighten s.o.*
sich waschen	*to wash oneself*
waschen	*to wash s.t. or s.o.*

There is a third group of verbs that take on different meanings if used reflexively. Look at the following examples with the verb **(sich) stellen**:

(3) Immer mehr Frauen **stellen sich** mit Erfolg den neuen Techniken.
More and more women are successfully confronting the new technology.

(4) Die Techniker **stellen** den Computer auf den Tisch.
The technicians are putting the computer on the table.

(5) Der Verbrecher **stellte sich** der Polizei.
The criminal gave himself up to the police.

Here are a few other such verbs:

sich verschreiben, verschreiben
sich verlaufen, verlaufen
sich geben, geben
sich versprechen, versprechen

Look up these verbs in your dictionary to determine their various meanings.

Note that all reflexive verbs form the perfect tense with **haben**:

(6) Frauen **haben** sich mit Erfolg **weitergebildet**.
Women have successfully continued their education / training.

Some verbs require the reflexive pronoun in the accusative, others in the dative.

 ## C   Other Uses of the Reflexive

Reflexive pronouns can be used as a substitute for the passive.

(1) Das Buch verkauft **sich**.
(2) Der Vorhang schließt **sich**.

For more information about the passive, see section 11.3.

Reflexive pronouns are also used in idiomatic phrases:

(3) Peter **macht sich** in der Schule.
     Peter is doing better in school.

(4) In dieser Stadt **tut sich** absolut nichts.
     Nothing goes on in this town.

(5) Hier arbeitet jeder **für sich**.
     Here everyone works alone.

(6) **An und für sich** gefällt mir das Wetter nicht.
     I don't like the weather in and of itself.

In the idioms **an sich**, **für sich**, and **an und für sich** the reflexive pronoun does not refer to an antecedent.

Overview

As we have discussed, a reflexive verb is a verb conjugated with a reflexive pronoun. In English there are very few verbs that require a reflexive pronoun in order to convey their meaning. Therefore, the reflexive pronoun is not as common in English and is more commonly used for emphasis. There are only a limited number of verbs in German that are purely reflexive. The majority of verbs in German can be used either reflexively or not. Many verbs that are not traditionally listed as reflexive verbs can be used reflexively.

◣ # Anwendung und Kommunikation

A. Eine Liebesgeschichte Setzen Sie die richtigen Reflexiv-
verben ein! Achten Sie auf die Zeit! Sie können jedes Verb
nur einmal benutzen.

sich treffen	sich küssen	sich vorstellen
sich sehen	sich lieben	sich verabschieden
sich trennen	sich streiten	sich verabreden
sich setzen	sich unterhalten	

Vor zwei Jahren haben wir _____ zum ersten Mal _____ .
Heiko hat _____ neben mich auf die Parkbank _____ und
mich angeschaut. Ich habe _____ _____ und ihn nach seinem
Namen gefragt. Wir haben _____ dann lange über viele verschiedene Themen _____ . Kurz bevor es dunkel wurde, hat er
_____ _____ und ich bin nach Hause gegangen.

Eine Woche später haben wir _____ auf der Straße _____ . Er
hat mich gefragt, ob ich am Abend etwas vorhätte. Wir haben
_____ für 8 Uhr _____ und sind dann zusammen ins Kino
gegangen.

Nach dem Film haben wir etwas gegessen und dann waren wir
noch bei Heiko. Wir haben _____ leidenschaftlich _____ . Wir
waren sechs Monate sehr glücklich zusammen und haben _____
sehr _____ . Aber dann haben wir _____ furchtbar _____ .
Ich weiß nicht mehr warum. Danach haben wir _____ _____
und nie wiedergesehen.

B. Wie beginnen Sie Ihren Tag? Schreiben Sie, wie Sie Ihren
Tag beginnen. Benutzen Sie die folgenden Zeitadverbien:

zuerst, sehr früh am Morgen, dann, und dann, danach,
später, nach dem/vor dem Duschen/Frühstücken/..., zwischendurch, usw.

Benutzen Sie auch die folgenden Verben:

sich waschen, sich duschen, sich die Haare waschen/föhnen,
sich schminken, sich die Zähne bürsten, sich Kaffee kochen,

sich Frühstück machen, sich anziehen, sich kämmen, sich abtrocknen, sich unterhalten, sich noch einmal hinlegen, sich fitmachen, usw.

BEISPIEL   Sehr früh am Morgen, so gegen 6 Uhr, klingelt mein Wecker. Ich stehe auf, gehe in die Dusche und dusche mich. Dabei wasche ich mir die Haare und ...

C. Stimmungen   Fragen Sie Ihren Nachbarn, wie er/sie sich in den folgenden Situationen fühlt.

BEISPIEL   von einer Katastrophe hört →
ST1: Wie fühlst du dich, wenn du von einer Katastrophe hörst?
ST2: Wenn ich von einer Katastrophe höre, fühle ich mich schlecht. Ich frage mich, wie es wäre, wenn ich in einer solchen Situation wäre.

1. ein Kater hat
2. zu spät in eine Klasse kommt
3. frustriert ist
4. einen Korb bekommt
5. ein F schreibt
7. pleite ist
8. zu viel gegessen hat

9. verliebt ist
10. einen traurigen Film sieht
11. von einer Katastrophe hört
12. es regnet
13. die Sonne scheint
14. es neblig ist
15. ...

D. Was wissen Sie von Ihren Nachbarn?   Machen Sie ein Interview mit den Leuten in Ihrer Gruppe.

sich ärgern über
sich beklagen über
sich freuen über/auf
sich verstehen mit

sich fürchten vor
sich interessieren für
sich wundern über
sich unterhalten mit

BEISPIEL   sich ärgern über →
ST1: Worüber ärgerst du dich manchmal?
ST2: Ich ärgere mich über meine Noten.

E. Die Einladung   Sie werden zu einer Party/einer Sportveranstaltung/einem Seminar/usw. eingeladen, aber Sie haben *absolut* keine Lust. Geben Sie der Person, die Sie einlädt, eine Entschuldigung, warum sie nicht kommen können.

BEISPIEL   ST1: Kannst du zu dem Seminar über orientalische Musik kommen?
ST2: Es tut mir leid, ich habe mich erkältet.

8.4   da- and wo-compounds

Pronouns used after prepositions usually refer to persons only. If a thing or concept is referred to, **da-** (or **wo-**) plus the preposition is used instead.

Da-compounds

A **da**-compound consists of **da** + a preposition. If the preposition begins with a vowel, an **-r-** is inserted:

(1) Heidi macht keinen Hehl **daraus**.
(2) Gretel denkt nicht **daran**.

A **da**-compound can be formed with any preposition, with the exception of the genitive prepositions and the prepositions **außer**, **seit**, and **ohne**.

The **da**-compound has two basic functions:

1. It refers to something other than a person that has previously been mentioned or implied in a prepositional phrase. In the text by Wondratschek, the "thing" referred to is mentioned only once—in the title.

2. The **da**-compound can also point toward or anticipate information that is to follow in the next clause. This is called an *anticipatory* **da**-*compound*. When a verb requires a prepositional phrase, a **da**-compound is used to signal that the following de-

◆ GRAMMATIK IM KONTEXT

43 Liebesgeschichten

Didi will immer. Olga ist bekannt dafür. Ursel hat schon dreimal Pech° gehabt. Heidi macht keinen Hehl° daraus.

bad luck
secret

Bei Elke weiß man nicht genau. Petra zögert°. Barbara schweigt.

hesitates

Andrea hat die Nase voll°. Elisabeth rechnet nach. Eva sucht überall°. Ute ist einfach zu kompliziert. Gaby findet keinen. Sylvia findet es prima. Marianne bekommt Anfälle°.

is fed up

attacks, fits

Nadine spricht davon. Edith weint dabei. Hannelore lacht darüber. Erika freut sich wie ein Kind. Bei Loni könnte man einen Hut dazwischen werfen. Katharina muß man dazu überreden°. Ria ist sofort dabei. Brigitte ist tatsächlich eine Überraschung°. Angela will nichts davon wissen. Helga kann es.

persuade
surprise

Tanja hat Angst. Lisa nimmt alles tragisch. Bei Carola, Anke und Hanna hat es keinen Zweck°. Sabine wartet ab. Mit Ulla ist das so eine Sache. Ilse kann sich erstaunlich° beherrschen°.

is pointless
amazingly / exert self-control

Gretel denkt nicht daran. Vera denkt sich nichts dabei. Für Margot ist es bestimmt nicht einfach. Christel weiß, was sie will. Camilla kann nicht darauf verzichten°. Gundula übertreibt°. Nina ziert° sich noch. Ariane lehnt° es einfach ab. Alexandra ist eben Alexandra.

do without / exaggerates / acts coyly / refuses

Vroni ist verrückt danach. Claudia hört auf ihre Eltern.

Didi will immer.

Wolf Wondratschek

pendent clause or infinitive clause takes the place of the prepositional object.

(3) Gretel denkt nicht an ihre Pläne für den Abend.
(4) Gretel denkt nicht **daran**, was sie heute abend macht.
(5) Gretel denkt nicht **daran**, mitzukommen.

In some cases this **da**-compound is optional, but for non-native speakers it is difficult to know when the preposition can be omitted. We recommend that you use **da**-compounds because they will ensure that your sentences are well-formed and grammatically correct. Occasionally, there will be a slight stylistic or semantic difference between the sentence formed with the **da**-compound and the one without it, but you will always be understood.

(6)   Er hat (**damit**) angefangen, den Rasen zu mähen.

The **da**-compound followed by a clause occurs frequently with these verbs:

abhängen von	*depend on*
ankommen auf	*be a matter of; depend on*
sich beschäftigen mit	*occupy oneself*
bestehen auf	*insist on*
sich gewöhnen an	*get used to*
umgehen mit	*get along with*
sich unterhalten mit	*converse with*
sich verlassen auf	*rely on*

Note that prepositional phrases referring to places are not replaced with **da**-compounds but rather with **da** (meaning *there* if there is no directed motion), **daher** (meaning *from there*), or **dahin** (meaning *to there*, if there is directed motion).

(7) Sie ist in New York.
     Sie lebt **da**.

(8) Sie geht nach Hause.
     Sie geht **dahin**.

b   Wo-compounds

Wo-compounds are formed exactly like **da**-compounds, that is, with **wo** + the preposition and the insertion of an **-r-**, if the preposition begins with a vowel. **Wo** combines with the same prepositions as **da**.

Wo-compounds are used mainly in direct or indirect questions when referring to things or concepts within a prepositional phrase:

(9) **Worüber** lacht Hannelore?
    —Über den Film.

A **wo**-compound is not used in a question if the preposition is part of an adverbial phrase of time or place; the interrogative adverbs **wo**, **wohin**, **woher**, and **wann** are used instead.

(10) A: Ist Tanja zu Hause?
     B: Nein.
     A: **Wo** ist sie denn?

Wo-compounds can also be used in relative clauses.

(11) Das ist etwas, **worauf** Erika sich schon lange freut.

We have stressed the fact that **da-** and **wo**-compounds can only refer to things. When referring to persons in a statement, use a preposition + the appropriate personal pronoun:

(12) Sie ist verrückt **nach ihm**.

In questions use a preposition + the interrogative pronouns **wem/wen** to ask about people:

(13) **Nach wem** ist sie verrückt?

Overview

Da- and **wo**-compounds allow the speaker a great amount of economy in communication since they can replace any concept, idea, or thing that has been mentioned or can be pointed to. Generally, a **da**-compound is not the answer to a question with a **wo**-compound because the intervening information is lacking. Look at the following exchange:

(14) A: Wohin gehst du?   A: Woher kommst du?
     B: Dahin.   B: Daher.

A conversation of this sort indicates that B, unless she/he is pointing in a particular direction, is unwilling to convey the information or that she/he is making a joke.

Sometimes, especially in colloquial German, you may hear the **da**-compounds split, as in the following example:

(15) Glaubst du, daß sie kommt?
    —Ja, **da** bin ich überzeugt **von**.

Or you may hear them both split and doubled:

(16) Was hat sie dir denn gestern erzählt?
    —**Da** spreche ich lieber nicht **drüber**.

◢ Anwendung und Kommunikation

A. Minidialoge   Setzen Sie **da**- oder **wo**-Zusammensetzungen ein!

1. A: Bist du schon mit deinem neuen Wagen gefahren?
   B: Natürlich bin ich schon _____ gefahren.
   A: Und wie sitzt man in dem Wagen?
   B: Man sitzt _____ wie ein Rennfahrer.
   A: Und wirst du am Wochenende eine Fahrt machen?
   B: _____ kannst du dich verlassen.

2. A: Hast du immer noch so starke Kopfschmerzen?
   B: Ja, ich leide seit meiner Kindheit _____ .
   A: Nimmst du Aspirin _____ .
   B: _____ kann ich mir schon lange nicht mehr helfen.

3. A: Du bist so verschwitzt, hast du Sport getrieben?
   B: Nein, ich habe einen Test geschrieben. _____ bin ich immer völlig fertig.
   A: Kannst du denn nichts gegen deine Nervosität tun?
   B: Nein, _____ muß man einfach leben.

4. A: Wo warst du?
   B: Ich war beim Arzt. Ich habe mich impfen lassen, ich fahre ja nächste Woche nach Indonesien.
   A: _____ hast du dich denn impfen lassen?
   B: Gegen Malaria, Cholera, Gelbfieber, Hepatitis, Typhus ...

B. Nichts als Fragen   Fragen Sie nach dem unterstrichenen Satzteil!

1. Ich warte auf meine Freundin.
2. Ich unterhalte mich über Literatur.
3. Petra träumt von Joe.
4. Paul denkt immer an den Film.
5. Maria hört nie auf den Wecker.
6. Wir kümmern uns um ihre Kinder.
7. Ich habe die Bücher ins Regal gestellt.
8. Meine Frau ist im Kino.
9. Unterstreichen Sie das Wort mit einem Stift.
10. Wir fahren in einer Stunde.

C. Im Badezimmer   Was macht man mit diesen Dingen?

BEISPIEL   Zahnbürste → Damit bürstet man sich die Zähne.
              Dusche   → Darin duscht man sich.

1. Zahnseide
2. Badezimmerspiegel
3. Handuch
4. Zahnputzbecher
5. Kamm
6. Waschbecken
7. Badezimmermatte
8. Badewanne
9. Rasierapparat
10. Handtuchhalter
11. Badezimmerregal
12. Seife
13. Wandhaken
14. Shampoo

HILFREICHER WORTSCHATZ

kucken/gucken   spucken
abtrocknen   waschen
kämmen   rasieren

D. In der Küche   Was macht man mit diesen Küchengeräten?

BEISPIEL   Mixer →
              Damit mixt man Speisen und Getränke.

1. Herd
2. Backofen
3. Kühlschrank
4. Küchentisch
5. Küchenstuhl
6. Mikrowellenherd
7. Spülmaschine
8. Brotmesser
9. Kochtopf
10. Kaffeemaschine
11. Abfalleimer
12. Brett
13. Küchenschrank
14. Teller
15. Tassen

E. Traumhaus   Beschreiben Sie Ihr Traumhaus!

BEISPIEL   Mein Traumhaus soll mindestens zehn Zimmer haben. Darin soll ein riesengroßes Wohnzimmer sein. Daneben ein gemütliches Arbeitszimmer. Das Haus soll in der Stadt liegen. Um das Haus herum will ich aber eine große Wiese mit vielen Bäumen darin haben. Das Haus soll mitten drin sein. Dahinter möchte ich einen Pool und daneben eine Sauna. ... .

Fragen Sie jetzt Ihren Nachbarn wie sein oder ihr Haus sein soll!

BEISPIEL   Willst du einen Pool haben? Soll daneben auch eine Sauna sein? Woraus soll das Haus gebaut sein? Wie soll es eingerichtet sein. Womit möchtest du dein Arbeitszimmer einrichten? Woher kommen diese Möbel? ...

F. Mein Zimmer   Beschreiben Sie Ihrem Nachbarn oder Ihrer Nachbarin Ihr Zimmer. Benutzen Sie für die Beschreibung Zusammensetzungen mit **da** + Präposition. Ihr/e Partner/in zeichnet ihr Zimmer.

BEISPIEL   An der Wand steht mein Bett. Darauf liegt mein Teddybär. Darüber hängt ein Poster. Rechts daneben ist das Fenster und darunter steht ein kleiner Tisch. ...

Vergleichen Sie nun. Ist das Zimmer richtig gezeichnet? Korrigieren Sie wo nötig.

G. Persönliches Interview   Stellen Sie den Leuten in Ihrer Gruppe persönliche Fragen. Verwenden Sie die Verben mit Präpositionen aus der Liste!

träumen von, denken an, warten auf, riechen nach, spielen mit, sprechen mit, sprechen über, arbeiten an, schreiben an, schreiben mit

BEISPIEL   ST1: Wovon hast du letzte Nacht geträumt?
ST2: Von meinen Ferien.

VORSICHT: **Über wen** hast du gestern gesprochen? → Maria.
Worüber hast du gestern gesprochen? → Mein Auto.

Zusammenfassende Aktivitäten

A. Körperliche und seelische Gesundheit Diskutieren Sie in der Gruppe die folgenden Themenkreise:

1. Ist es wichtig, sich gesund zu ernähren? Ernähren Sie sich gesund? Was essen Sie?
2. Wie achten Sie auf sich in Gesundheitsfragen? Lassen Sie sich regelmäßig vom Arzt untersuchen? Lassen Sie sich Blut abnehmen? Die Zähne checken?
3. Fühlen Sie sich oft müde und abgespannt? Was tun Sie dagegen? Durch welche Dinge fühlen Sie sich deprimiert? Was strengt Sie besonders an?
4. Bereiten Sie sich viel Streß? Ärgern Sie sich oft über Dinge? Worüber ärgern Sie sich? Wie befreien Sie sich von Ihrem Ärger?
5. Streiten Sie sich oft? Mit wem? Warum oder worüber? Was tun Sie, um sich nicht zu streiten?
6. Worüber freuen Sie sich am meisten? Bereiten Sie sich normalerweise diese Freude selbst, oder tun das andere?
7. Wie verwöhnen Sie sich? Wie lassen Sie sich gern von anderen verwöhnen? Wie verwöhnen Sie andere?

B. Lügengeschichten Lesen Sie eine Geschichte, frei nach dem berühmten Lügenbaron Münchhausen:

An einem herrlichen Sommertag ging ich im Wald in der Nähe meines Schlosses spazieren. Ich setzte mich auf eine Lichtung und wollte gerade einen Imbiß zu mir nehmen, als aus einem Gebüsch am Waldrand ein riesiger Wolf auf mich zusprang. Meinen Säbel und meine Pistolen hatte ich im Schloß gelassen. Was tun? Ich sprang hoch und dem Wolf entgegen. Der hatte sein Maul weit aufgerissen und wollte mich verschlingen. Ich stieß ihm meine Hand tief in den Rachen hinein. Dadurch blockierte ich sein Maul, und er konnte nicht zubeißen. Mit meiner Hand arbeitete ich mich so weit durch den Wolf, bis sie am hinteren Ende wieder rauskam. Ich packte seinen Schwanz und riß ihn in den Wolf hinein, krempelte ihn um, sodaß er schließlich auf links gedreht vor mir auf der Erde lag. Ich war erschöpft und genoß meinen Imbiß nun umso mehr.

Glauben sie daran? Glauben Sie diesem Mann? Sprechen Sie in der Gruppe! Begründen Sie, ob sie diese Geschichte glauben oder nicht.

> daran glaube ich nicht
> davon habe ich noch nie gehört
> davon halte ich nichts
> damit kann ich nichts anfangen
> damit kannst du mir nicht kommen
> danach kann ich dir nichts mehr glauben

Entwerfen Sie nun in der Gruppe zusammen eine Lügenge-schichte und lesen Sie sie im Kurs vor.

Sie hören die Geschichten von den anderen Gruppen. Glauben Sie daran? Warum/Warum nicht?

C. Geschieden!   Lesen Sie den Text.

In Deutschland wie in den meisten anderen Industrienationen steigt die Zahl der Scheidungen ständig. Fast gibt es in einigen Ländern mehr „Scheidungsfamilien" als konventionelle, nicht geschiedene Familien. Eine Ehescheidung ist keine schöne Sache, nicht für die Ehepartner, und schon gar nicht für die Kinder. Aber jeder geht anders mit diesem Problem um. Oft helfen Freunde oder andere Familienmitglieder, damit fertig zu werden. Untersuchungen haben gezeigt, daß Jungen eine längere Zeit als Mädchen brauchen, um nach der Trennung der Eltern wieder ins Gleichgewicht zu kommen.

„Am schlimmsten war die Zeit, bevor mein Vater ausgezogen ist. Meine Eltern haben sich fast jeden Abend gestritten, und die At-mosphäre zuhause war nicht auszuhalten. Ich habe mich dabei überhaupt nicht wohl gefühlt. Niemand hat sich gut gefühlt dabei!" sagt Jens aus Bonn. „Danach hatte ich Probleme mit der Tatsache, daß mein Vater eine neue Freundin hatte. Jetzt will er sich wieder verheiraten. Mittlerweile habe ich die Situation aber akzeptiert, und ich verstehe mich gut mit allen: mit meiner Mut-ter und ihrem Freund, meinem Vater und seiner zukünftigen Frau."

Dies ist eins von ungefähr 130.000 Paaren, die sich pro Jahr allein in der Bundesrepublik scheiden lassen. Wie Jens halten sich die Kinder nach einer Scheidung bei dem Vater oder bei der Mutter auf. In Jens Fall ist es die Mutter. Seinen Vater besucht er ein paar Mal pro Jahr in Berlin.

Markieren Sie die Aussagen unten mit R (richtig) oder F (falsch)!

1. _____ Es gibt viele geschiedene Familien.
2. _____ Kinder haben die wenigsten Probleme mit Scheidungen.
3. _____ Mädchen kommen schneller über eine Scheidung hinweg als Jungen.
4. _____ Jens Eltern hatten nie Auseinandersetzungen.
5. _____ Jens Mutter will wieder heiraten.
6. _____ Seine Eltern wohnen nach der Trennung in derselben Stadt.
7. _____ In Deutschland werden pro Jahr ungefähr 130.000 Ehen geschieden.
8. _____ Jens lebt bei seiner Mutter.
9. _____ Jens haßt die Freundin seines Vaters.

Diskutieren Sie das Thema „Scheidung" in der Gruppe!

HILFREICHER WORTSCHATZ

> zusammenpassen
> sich mit jemandem streiten
> sich von jemandem trennen
> getrennt leben
> bei jemandem wohnen
> mit jemandem zusammenleben
> bei jemandem ausziehen
> sich mit jemandem vertragen
> sich an jemanden gewöhnen
> zu jemandem zurückkommen
> sich von jemandem scheiden lassen
> sich mit jemandem verheiraten
> unter einer Situation leiden
> sich mit jemandem besprechen
> bei jemandem Rat suchen

1. Warum lassen sich Leute scheiden? Was sind Ihrer Meinung nach die häufigsten Probleme?
2. Glauben Sie, daß die Scheidungsrate in der Zukunft sinken wird? Warum (nicht)? Erklären Sie!
3. Was wäre ein Grund für Sie, sich scheiden zu lassen? Oder bei unverheirateten Paaren, was wäre für Sie ein Grund sich von Ihrem Freund/Ihrer Freundin zu trennen?

4. Was glauben Sie, ist für Kinder besonders problematisch bei einer Scheidung der Eltern? Sollten Paare sich wegen ihrer Kinder nicht scheiden lassen?

5. Wie finden Sie es, wenn sich der Ehemann oder die Ehefrau nach der Scheidung wieder verheiratet? Dürfen Kinder sich da einmischen?

6. Ist die Ehe tot? Sollten sich Leute überhaupt noch verheiraten? Welche anderen Arten des Zusammenlebens können Sie sich vorstellen?

9
Relative Clauses

Relative clauses are subordinate clauses. They usually specify or define an element, either a person or a thing, contained in the main clause. This element is represented at the beginning of the relative clause by the relative pronoun. In contrast to English, relative pronouns can never be omitted from German relative clauses.

(1) Der Mann, **den** du gesehen hast, kommt aus Deutschland.
The man (whom) you saw is from Germany.

◆ GRAMMATIK IM KONTEXT

Vor der Abreise° nach Nordamerika

departure

Für die Einreise° nach Kanada braucht man nur einen gültigen° Reisepaß. Wer von den USA aus nach Mexiko weiterreisen will, braucht für dort eine Touristenkarte, die in Deutschland besorgt° werden muß.

entry / valid

secured

Mit dem Kofferpacken werden Sie auch nicht am letzten Tag beginnen, sondern vorher einmal ausprobieren, was nun tatsächlich bei 20, 25 oder 30 Kilogramm Gewichtslimit (siehe Ticket)—mitzunehmen ist, wobei man die Höchstgrenze nach Möglichkeit auf dem Hinflug° nicht ausnutzen sollte, um Platz für Souvenirs zu haben, die man von drüben mitbringen möchte. Bei Linien- und einigen Charter-Flügen beträgt die Freigepäckmenge zwei Gepäckstücke.

flight to the destination

aus: USA Kanada Brevier

There are many types of relative pronouns.

A. Relative pronouns that are identical in form with the demonstrative pronouns:

	Masculine	**Feminine**	**Neuter**	**Plural**
Nominative	der	die	das	die
Accusative	den	die	das	die
Dative	dem	der	dem	denen
Genitive	dessen	deren	dessen	deren

B. Relative pronouns that are identical in form with the question words:

wer, **wen**, **wem**, **wessen** (for people)
was (for things)

C. The relative pronoun **welch-** (*which*) which is used mostly in older texts.

D. The relative adverbs **wo**, **wohin**, and **woher**, as well as all **wo**-
   compounds.

9.1   The Relative Pronouns **der, die, das**

Der, **die**, and **das** are by far the most common relative pronouns.
They are used to add information to an already named person or
thing. Since the relative pronoun represents an element (noun or
pronoun) in the main clause, it must show the same gender and
number as that element.

(1) Man braucht **eine Touristenkarte, die** in Deutschland besorgt
     werden kann.
(2) Das ist **der Tourist**, **der** zu viele Souvenirs mitgebracht hat.

To help you use the correct form of the relative pronoun, identify the gender and number of the noun phrase it refers to. The
case of a relative pronoun, however, is determined by its function
within the relative clause:

(3) Das ist **der Tourist**, **der** gestern aus den USA zurückgekom-
     men ist.
(4) Das ist **der Tourist**, **den** ich gesehen habe.
(5) Das ist **der Tourist**, **an den** man viele Souvenirs verkauft hat.
(6) Das ist **der Tourist**, **dem** du geholfen hast.
(7) Das ist **der Tourist**, **von dem** wir den Reiseführer haben.
(8) Das ist **der Tourist**, **dessen** Reiseführer wir haben.

As the examples show, the relative pronoun can be the subject as
in sentence (3), an accusative or dative object as in sentences (4)
and (6), or a possessive pronoun as in sentence (8). Remember the
case of the relative pronoun can also be determined by the preceding preposition as in sentences (5) and (7) or the verb of the
relative clause as in sentence (6).

9.2   The Relative Pronouns **wer** and **was**

Whereas the relative pronouns **der**, **die**, and **das** refer to an expressed antecedent in the main clause, the relative pronouns **wer** and **was** refer to an unnamed/unexpressed person or thing. In fact, the entire relative clause functions as a part of the main clause. (Note that in most sentences with this type of relative clause, the main clause is not complete without the relative clause.) In sentences (1)–(4), the relative clause functions as the direct object:

(1) Wir haben [etwas] gesehen. Wir haben gesehen, **wem** sie geholfen hat.
(2) Ich habe nicht gesehen, **wessen** Koffer sie getragen hat.
(3) Ich weiß genau, **was** du meinst.
(4) Sie werden ausprobieren wollen, **was** Sie bei 30 kg Gewichtslimit mitnehmen können.

A preposition + the appropriate form of **wer** is used in a relative clause to refer to people:

(5) Er hat mir nicht erzählt, **an wen** er denkt.

When referring to a thing, a **wo**-compound can be used:

(6) Er hat mir nicht erzählt, **woran** er denkt.
    Er hat mir nicht erzählt, an was er denkt.

The relative pronouns **wer** and **was** are used where English uses *whoever, he who, anyone who* (**wer**), or *whatever* (**was**):

(7) **Wer** von den USA aus nach Mexiko weiterreisen will, braucht eine Touristenkarte.

Many proverbs use this construction to express a general life experience or folk wisdom:

(8) **Wer** zuerst kommt, mahlt zuerst.
(9) **Wessen** Brot er ißt, dessen Lied er singt.

(10) **Was** du heute kannst besorgen, das verschiebe nicht auf morgen.

(11) **Was** ich nicht weiß, macht mich nicht heiß.

The relative pronoun **was** is used in various situations.

♦ Following indefinite neuter pronouns:

alles *everything*	nichts *nothing*
etwas *something*	manches *much, many a thing*
wenig *little*	vieles *much, a lot*

(12) **Vieles**, **was** ich über die USA las, hatte ich schon gehört.
Much [that] I read about the US, I had already heard.

(13) Das ist **etwas**, **was** ich nicht verstehe.
That's something [that] I don't understand.

Note that English often omits the relative pronoun in such sentences.

♦ Following neuter ordinal numbers:

das erste, das zweite ... das letzte, das einzige

(14) Gesund von der Reise nach Hause zu kommen, ist **das einzige**, **was** zählt.

♦ Following neuter superlative adjectives used as nouns when a concept is referred to:

(15) Der Grand Canyon ist **das Eindrucksvollste**, **was** ich je gesehen habe.

Note that when a specific object is referred to, **das** is used. Compare the use of **das** in the following dialogue:

(16) A: Ich hätte gern ein T-Shirt.
B: Hier bitte.
A: Haben sie das nicht größer?
B: Nein, das ist **das Größte**, **das** wir haben.

Since the customer is talking about a specific object (a T-shirt), **das** is used.

◆ Following the entire idea of the main clause:

(17) Er schrieb ihr einen langen Brief aus den USA, **was** sie
sehr überraschte.
*He wrote her a long letter from the USA, which (i.e., the fact of
the letterwriting) surprised her very much.*

If **was** is replaced by **der** in sentence (17), there is a difference in
meaning:

(18) Er schrieb ihr einen langen Brief aus den USA, **der** sie sehr
überraschte.
*He wrote her a long letter from the USA that [i.e., the letter] sur-
prised her very much.*

The relative adverb **wo** is used instead of a relative pronoun
when referring to names of places, cities, states, continents, and
so on, or when referring to an unnamed place:

(19) Sie fährt morgen nach New York, **wo** sie einen Vortrag halten wird.
(20) Wir übernachten, **wo** ihr im Sommer übernachtet habt.

In colloquial German, **wo** also often replaces prepositions + relative pronouns:

(21) Das ist die Fluggesellschaft, **bei der** er arbeitet.
(22) Das ist die Fluggesellschaft, **wo** er arbeitet.

 # Anwendung und Kommunikation

A. Die neue Wohnung   Setzen Sie die fehlenden Relativpro-
nomen ein!

Familie Keller, _____ schon lange eine neue Wohnung gesucht
hatte, fand endlich eine schöne große Wohnung. Ihre alte Wohnung, _____ Zimmer sehr klein und dunkel waren, genügte ihnen nicht mehr. Sie war auch insgesamt für die Familie zu klein
geworden. Die Zimmer, _____ sie jetzt in der neuen Wohnung
hatten, waren groß und hell. Natürlich wollten sie auch die alten

Möbel, _____ in der alten Wohnung gestanden hatten, nicht
mehr. So ging die ganze Familie zu einem luxuriösen
Möbelgeschäft, _____ sie die Möbel gesehen hatten, _____ ihnen gefielen. Alles, _____ sie kauften, war sehr geschmackvoll
aber auch sehr teuer. Da sie das Geld, _____ sie zum Kauf
brauchten, nicht zur Verfügung hatten, bot ihnen das Geschäft
einen Kredit an, _____ sie über die nächsten fünf Jahre in
monatlichen Raten zurückzahlen konnten. Natürlich waren die
Zinsen, _____ sie zu zahlen hatten, nicht gering, aber sie fühlten
sich mit den neuen Möbeln alle sehr wohl. „Von dem Sofa, auf
_____ wir hier sitzen, gehören uns bis jetzt gerade die ersten
zehn Zentimeter!" sagte Herr Keller, und sie setzten sich alle vier
darauf und sahen in den neuen Fernseher, _____ sie natürlich
auch auf Raten gekauft hatten. Als nach fünf Jahren alle Dinge,
_____ einmal neu gewesen waren, abbezahlt waren, gefielen sie
niemandem in der Kellerfamilie mehr. Sie waren jetzt auch schon
alt und wieder unmodern. Nun plant Familie Keller den Kauf
von neueren, schöneren, moderneren Möbeln, gegen _____ sie
die alten, inzwischen unmodern gewordenen, austauschen will.

B. Städte- und Länderraten   Wie heißen diese Städte und
    Länder?

1. Wie heißt die Stadt, in der das höchste Gebäude der Welt
   steht? _____
2. Wie heißt die Stadt, deren zwei Teile bis vor kurzem durch
   eine Mauer geteilt waren? _____
3. Wie heißt das Land, das die höchsten Berge der Welt hat?
   _____
4. Wie heißt die Stadt, deren Wahrzeichen ein Turm aus Eisen
   ist? _____
5. Wie heißt das Land, dessen Schokolade weltberühmt ist?
   _____

Machen Sie jetzt nach diesem Muster weiter und fragen Sie Ihre
    Kommilitonen.

6. Stadt/Mozart geboren
7. Land/die meisten Menschen der Welt
8. Städte/viele Kanäle
9. Land/Drogenkartelle
10. Städte/immer wieder Erdbeben

C. Das Haus, das Jack gebaut hat. Ergänzen Sie die Lücken!

Dies ist der Bauer, _____ das Korn gepflanzt hat, _____ der Hahn gefressen hat, _____ den Priester geweckt hat, _____ den Mann verheiratet hat, _____ das Mädchen geküßt hat, _____ die Kuh gemolken hat, _____ den Hund getreten hat, _____ die Katze gebissen hat, _____ die Ratte gefangen hat, _____ den Käse gefressen hat, _____ im Hause, _____ Jack gebaut hat, gelegen hat.

D. Berühmte Persönlichkeiten Beschreiben Sie die folgenden Personen. Benutzen Sie nicht einfach nur: Mann oder Frau! Nennen Sie den Beruf der einzelnen Personen. Wenn Sie nicht wissen, wer die Personen sind oder waren, informieren Sie sich in einer Enzyklopädie oder fragen Sie.

BEISPIEL   Christoph Kolumbus   →
          Das war der Seefahrer, der Amerika entdeckte.

1. Wolfgang Amadeus Mozart
2. Albert Einstein
3. Rosa Luxemburg
4. Sigmund Freud
5. Marlene Dietrich
6. Wernher von Braun
7. Nina Hagen
8. Friedrich Ebert
9. Arnold Schwarzenegger
10. Steffi Graf

Hier einige Hilfen:

a. Relativitätstheorie
b. Psychoanalyse
c. *Die Zauberflöte*
d. NASA
e. internationale Tourniersiege
f. Punksängerin
g. Reichskanzler nach dem ersten Weltkrieg
h. KPD mitbegründet
i. Beine für eine Million Dollar versichert
j. *Twins* und *Total Recall*

9.3   Word Order in Relative Clauses

Relative clauses are dependent clauses. Therefore they require subordinate word order. Read the **Fachbegriffe** text on p. 322.

The relative clause usually follows the element of the main clause that it modifies:

(1) Ein Furnier ist eine dünne Holzschicht, **die auf eine Unterlage geleimt wird**.
(2) Ein Tisch, **der furniert ist**, ist nicht sehr widerstandsfähig.

> ### ◆ GRAMMATIK IM KONTEXT
>
> #### Fachbegriffe°
>
> Einbrennlackierung: Verfahren°, das die Farbe auf Metalloberflächen widerstandsfähig° und hart macht.
>
> Furnier: Dünne Holzschicht°, die auf eine Unterlage geleimt° wird. Eine Möglichkeit, natürliche Holzmaserungen° auf große Möbelflächen zu bringen.
>
> *aus: IKEA Möbelkatalog*

technical terms

process
resistant

wood layer/
glued/wood
grain

Germans do not always follow this prescriptive rule. Verbal complements or prefixes can stand between the noun phrase and the following relative clause:

(3) Hast du **den Sessel** gekauft, **der** in dem Katalog abgebildet ist?
(4) Gestern kam **der Schrank** an, **der** in England bestellt worden war.
(5) Ich habe mir **den alten Schreibtisch** furnieren lassen, **der** immer im Keller gestanden hat.

Relative clauses are introduced by a relative pronoun or relative adverb. Only a preposition can precede the relative pronoun:

(6) Das Auto, **an das** ich denke, hat eine Einbrennlackierung.
(7) Ich weiß, **worauf** ich bei Lackierungen achten muß.

Overview

Relative clauses are often used in definitions because they supply extra information. You will often read that a subordinate clause, as opposed to a main clause, cannot stand by itself. You have seen earlier in the case of subordinating conjunctions that this is not always true. Whether or not a clause can stand by itself always depends on the context. Look at the following dialogue:

(8) A: Ich habe den Schreibtisch zum Schreiner gebracht.
    B: Welchen?
    A: **Den** ich von meinem Vater geerbt habe.

As you see, the relative clause can stand alone as an independent statement when it supplies additional information. **Den** assumes the function of both the relative pronoun and the noun phrase being referred to. In sentence (8), the noun phrase is simply left out:

(9) (Den Schreibtisch), **den** ich von meinem Vater geerbt habe.

 # Anwendung und Kommunikation

A. Mit anderen Worten   Bilden Sie Relativsätze!

BEISPIEL   Ich interessiere mich nicht für diesen Film. →
           Das ist ein Film, für den ich mich nicht interessiere.

1. Ich rühre dieses Getränk nie an.
2. Die Musik dieses Sängers höre ich nicht gerne.
3. Die Arbeiten dieser Künstlergruppe finde ich langweilig.
4. In dieser Stadt möchte ich leben.
5. Diesen Wagen hätte ich gerne.
6. Auf diesem Stuhl würde ich auch gerne sitzen.
7. Die Bücher dieser Schriftstellerin langweilen mich.
8. Dieser Person möchte ich gerne einmal begegnen.

B. Definitionen   Ein/e Kommilitone/in kennt die folgenden Wörter nicht. Definieren und erklären Sie ihm/ihr die Wörter mit ein paar Sätzen.

Regal (das), Schreibtisch, Stuhl, Sofa, Kühlschrank, Elektroherd (der), Telefon, Lampe, Schreibmaschine, Teppich (der), Himmelbett, Bettcouch (die), Ohrensessel (der), Barhocker, Mikrowellenherd, Kuckucksuhr, Panzerschrank, Kommode, Truhe

BEISPIEL   Regal →
           Ein Regal ist ein Möbelstück, in das man Bücher oder andere Gegenstände stellen kann.

9.4   kennen and wissen

German uses two verbs for the English verb *to know*.[1] The verb **kennen** is used in the sense of *to be acquainted or familiar with something*. It is used with persons, places, or things.

(1) **Kennst** du Herrn Müller?
(2) **Kennen** Sie Mailand?
(3) Wir **kennen** den Film.

The verb **wissen** means *to have information about something, to know something as a fact.*

(4) Er **weiß**, daß wir kommen.
(5) Ich **weiß** nicht, wo das ist.
(6) Wir **wissen**, wer der Regisseur ist.

The difference between these two verbs is not only one of meaning but of grammatical usage.

Kennen must have a direct object.

(7) Ich kenne **seinen Namen**.

Wissen is typically completed by a subordinate clause.

(8) Ich weiß, **wie er heißt**.

If the direct object is an indefinite neuter pronoun (**alles**, **vieles**, **etwas**, **wenig**, **nichts**), **wissen** is usually used instead of **kennen**.

(9) Er **weiß** alles.
    —Nein, er **weiß** nichts.

---

[1] The verb **können** also can mean *to know* in the sense of *know how to do something:* **ich kann schwimmen;** *to know a language:* **ich kann Deutsch.**

◢ Anwendung und Kommunikation

A. Ratespiele Wie heißt diese Schauspielerin/dieser Schauspieler? Denken Sie sich eine Schauspielerin oder einen Schauspieler aus und geben Sie Ihren Kommilitonen Informationen über diese Person. Wer die richtige Person zuerst errät, hat gewonnen.

BEISPIEL   → Kennt ihr die Schauspielerin, ...?
            Wißt ihr, wie die Schauspielerin heißt, ...?

                die blonde Haare hat?
                die mit Toni Curtis als Partner in den 50er
                   Jahren eine Komödie drehte?
                die mit Arthur Miller verheiratet war?
                die Selbstmord beging?

B. Wie heißt diese/dieser berühmte Deutsche? Benutzen Sie ein Lexikon und schlagen Sie die Biographie einer/eines berühmten Deutschen nach. Schreiben Sie einige Angaben (Fakten) über diese Person auf.

BEISPIEL   Er war der erste, der ...
            Sie war eine Forscherin, die ...

Lesen Sie Ihrer Gruppe den Text vor und lassen Sie sie raten, wer diese Person ist oder war.

C. Personenraten Schreiben Sie jetzt Fragen zu bekannten Persönlichkeiten.

BEISPIEL   Wie heißt der Maler, der die Mona Lisa gemalt hat?

D. Was interessiert Sie? Was halten Sie von den folgenden Personen, Ländern, Städten oder Filmen?

Australien	Mick Jagger	*The Terminator*
Moskow	Rambo	*Ghostbusters*
China	Corazon Aquino	*Casablanca*
...	...	...

BEISPIEL   Australien →
            Australien ist ein Land, in das ich reisen möchte.
            Mick Jagger →
            Mick Jagger ist ein Sänger, den ich kennenlernen
            möchte.

Besprechen Sie jetzt mit einem/er Partner/in, was Sie geschrieben
haben.

BEISPIEL   ST1: Australien ist ein Land, in das ich reisen möchte.
            ST2: Das interessiert mich überhaupt nicht. Das Land,
            das mich am meisten interessiert, ist die Schweiz.

9.5 Modal Particles: **eben, eigentlich, überhaupt**

Like other modal particles, **eben**, **eigentlich**, and **überhaupt** can
have various meanings.

A. **Eben**
   Eben can be used in requests to mean *just*:

   (1) Kannst du **eben** helfen?
   (2) Kannst du die Bücher **eben** halten?

   The same meaning is conveyed in statements like:

   (3) Er hat **eben** das Haus verlassen.
   (4) Sie ist **eben** zum Bäcker gegangen.

   The modal particle **eben** can be used in a response to a statement when the speaker wants to imply that what he or she is

saying is a known fact and should have been known by the other person as well.

(5) Paul spielt sehr gut Klavier.
—Er ist **eben** Pianist.
He is a pianist, after all.

The use of **eben** may make the speaker sound dismissive or like a "know-it-all."

If advice is given using **eben**, it is usually not very friendly. It may sound like a dogmatic commentary on the other person's utterance and often has the flavor of "well, that's life, too bad." This type of advice often starts with **dann**.

(6) Ich habe kein Geld mehr.
—**Dann** mußt du **eben** zu Hause bleiben.

In southern Germany you will often hear **halt** as a regional variation with synonymous meaning.

B. **Überhaupt** and **eigentlich**
When used in questions, **überhaupt** and **eigentlich** are nearly synonymous. Look at the following examples:

(7) Hast du **überhaupt** Lust, ins Kino zu gehen?
(8) Hast du **eigentlich** Lust, ins Kino zu gehen?

(9) Kannst du **eigentlich** kochen?
(10) Kannst du **überhaupt** kochen?

Überhaupt (*at all*) expresses a slightly stronger doubt than **eigentlich** (*really, actually*).

As you remember, **denn** is used to make a question more personal and to show more interest. If **denn** is combined with **eigentlich** and **überhaupt**, it softens the doubt and makes what you want to express friendlier:

(11) Ich werde heute kochen!
—Kannst du **denn überhaupt** kochen?

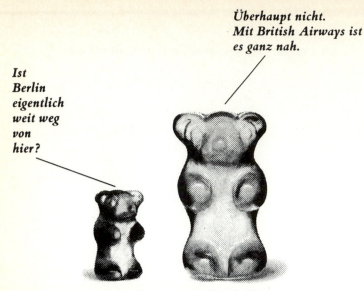

*Ist
Berlin
eigentlich
weit weg
von
hier?*

*Überhaupt nicht.
Mit British Airways ist
es ganz nah.*

In statements, **eigentlich** (*actually, really*) and **überhaupt** (*completely*), or **überhaupt nicht** (*not at all*) are used to talk about the actual state or condition of a person or thing. **Eigentlich** always expresses some doubt and when it is used, the speakers sound as if they are trying to convince themselves or others of the truth or reality of their statements:

(12) Er ist **eigentlich** ein netter Kerl.
(13) Er will das **eigentlich** nicht.

Überhaupt, in contrast, is used to verify a statement that has been made. The speaker expresses no doubt about the validity of the statement:

(14) Er ist **überhaupt** ein netter Kerl.
(15) Er will das **überhaupt** nicht.

♦ ## GRAMMATIK IM KONTEXT

Auch auf die Großmutter paßte° das Wort verkorkst° nicht, nicht einmal das Wort merkwürdig°, und — das wußte er — eigentlich war die Großmutter gut, sie war z.B. nicht überhaupt° gut, sondern nur eigentlich —und er begriff° nicht, daß Worte wie überhaupt, eigentlich und sonst° in der Schule verpönt° waren; mit diesen Worten ließ sich ausdrücken, was sonst nicht auszudrücken war. Bolda zum Beispiel war überhaupt gut, während die Mutter gut war, aber eigentlich unmoralisch.

*fits / screwed up
strange
altogether
understood /
    otherwise
frowned upon*

aus: Heinrich Böll, *Haus ohne Hüter*

Read the preceding excerpt from a novel by Heinrich Böll, and note the distinction made between **überhaupt** and **eigentlich**. Through the use of the two modal particles, Böll is able to emphasize the difference between the two women discussed, Bolda and the mother.

◢ Anwendung und Kommunikation

A. Naseweis Sprechen Sie mit Ihren Kommilitonen im Deutschkurs! Ihr/e Kommilitone/in hat Schwierigkeiten, für die Sie wenig Verständnis zeigen. Fordern Sie ihn/sie auf, die Konsequenzen zu ziehen. Benutzen Sie **eben**!

BEISPIEL   Mein Fahrrad ist kaputt. →
            Dann mußt du eben zu Fuß gehen.

1. Ich habe Kopfschmerzen.
2. Ich habe kein Geld.
3. Mein Auto muß schon wieder repariert werden.
4. In der letzten Klausur hatte ich schon wieder ein F.
5. Hier in Köln regnet es immer.
6. Ich habe sechs Kilo zugenommen.
7. Mein Kassettenrekorder ist kaputt.
8. Ich habe kein sauberes Hemd mehr.
9. Die Restaurants in der Stadt sind einfach zu teuer.
10. Meine Freundin und ich streiten uns nur noch.

B. So ist das eben Ihr/e Partner/in ist leicht zu beeindrucken. Das ärgert Sie und Sie reagieren darauf, wie ein arroganter Besserwisser.

BEISPIEL   ST1: Peter malt sehr gut.
            ST2: Er ist eben ein Künstler.

1. Martha singt wunderschön.
2. Jens spielt ausgezeichnet Tennis.
3. Rolf hat wieder ein F.
4. Hans zahlt immer alles.

5. Clara schreibt nur As.
6. Paul will Filmstar werden.
7. Jenny will Heavy-Metal-Gitarristin werden.
8. Walter hat schon wieder ein neues Auto.

HILFREICHER WORTSCHATZ

   Sängerin
   Angeber
   Träumer
   Profi
   faul
   reich
   wahnsinnig
   hochintelligent

C. Zweifel ausdrücken   Drücken Sie starken Zweifel gegenüber den Fragen und Vorschlägen aus. Benutzen Sie **überhaupt** oder **denn überhaupt!** Arbeiten Sie in Paaren.

BEISPIEL   ST1: Kannst du mir deinen Computer leihen?
            ST2: Kannst du überhaupt damit umgehen?
                 oder
                 Kannst du denn überhaupt damit umgehen?

 1. Kann ich dein Auto haben?
 2. Brauchst du am Wochenende deine Skiausrüstung?
 3. Sollen wir segeln gehen?
 4. Komm, wir gehen ins teuerste Restaurant der Stadt!
 5. Soll ich dich massieren?
 6. Ich möchte mir ein Haus bauen!
 7. Ich will auf den Mount Everest klettern!
 8. Jo will ein Buch über Südamerika schreiben!
 9. Soll ich morgen abend für uns alle kochen?
10. Ich habe zehn Pizzas für uns beide bestellt!

Erfinden sie mehr Situationen und schreiben Sie sie auf. Lesen Sie sie den Kommiliton(inn)en in der Klasse vor und lassen Sie sie darauf reagieren.

9.6   Word Formation: Verbs

A characteristic of German is that words can be compounded to form new words. In this section we will discuss compounding with verbs. The text below deals with the growing number of **be**-prefixed verbs in German.

◆ GRAMMATIK IM KONTEXT

Der Akkusativ ist weder inhuman noch human, sondern eine grammatische Form, die von human und inhuman Gesinnten° gebraucht werden kann. Sogar die akkusativierenden be-Bildungen sind so wenig inhuman, wie es inhuman ist, die Gefangenen zu befreien, die Schwachen zu beschützen, die Nackten zu bekleiden.

inclined

aus: Herbert Kolb, *Der inhumane Akkusativ*

The following modifiers can be compounded with verbs:

Modifier	*Stem verb*
verb	**spazieren**gehen
noun	**maschine**schreiben
adjective	**schön**tun
adverb	**abseits**stehen
preposition	**an**nähern
numeral	**zwei**teilen
inseparable prefix	**be**suchen

Note that as a general rule these modifiers are separable. (For more information on stress in prefixed verbs, see section 1.2.) In contrast to nouns, verbs can only be compounded with one modifier.

Inseparable Prefixes and Their Meanings

The inseparable prefixes in German are **be-**, **emp-**, **ent-**, **er-**, **ge-**, **miß-**, **ver-**, and **zer-** (see section 1.2). While the prefix may transform the meaning of the stem verb entirely, each prefix tends to have a nuance of meaning that is fairly consistent. This can help you guess the meaning of an unknown inseparable prefix verb.

1. **Be-** always makes a verb transitive, that is, a verb with the **be-** prefix requires an accusative object:

   (1) Ich antworte auf die Frage.
   (2) Ich **beantworte** die Frage.

   Verbs with **be-** prefixes can express the completion of an action:

   > beladen *to load up*   besteigen *to climb to the top*

   In some cases, the prefix **be-** creates a totally new meaning:

   > greifen *to grab*   begreifen *to understand*
   > stellen *to place, put*   bestellen *to order*
   > handeln *to act*   behandeln *to treat*
   > helfen *to help*   sich behelfen *to improvise*

   Be- is also used to form verbs from nouns and adjectives.

   > Mitleid   bemitleiden *to show sympathy*
   > Urlaub   beurlauben *to grant a leave of absence*
   > Freund   befreunden *to befriend*

   In some cases, an **-ig-** and/or an umlaut may be required as well:

   > Leid   beleidigen *to insult*
   > gut   begütigen *to soothe, appease*

2. **Ent-** indicates separation in the sense of *away from:*

   > entfliehen *to flee away*
   > entwenden *to take away; to steal*
   > entnehmen *to take away; to infer*

Ent- can also mean the opposite of the stem verb:

> entschädigen *to compensate*
> entkeimen *to degerm*
> entwaffnen *to disarm*

Ent- can also show the beginning of an activity:

> entzünden *to ignite*   entflammen *to set aflame*
> entdecken *to discover*

Ent- can also be used to form verbs from nouns or adjectives:

> leer   entleeren *to void*
> fremd   entfremden *to alienate*
> Mann   entmannen *to castrate*

In some instances, an **-ig**- and/or an umlaut are required in conjunction with **ent**-:

> Mut   entmutigen *to discourage*

3. **Er**- may indicate the transition into another state of being or the beginning of an action (*to begin to ...*):

> erwachen *to wake up*   erscheinen *to appear*
> erdichten *to make up*   erfinden *to invent*
> erweichen *to soften*   erhärten *to harden*
> ermutigen *to encourage*

Er- can also emphasize the achievement of an end or completion of an act:

> erreichen *to reach*   erobern *to conquer*
> erschlagen *to slay*   erleuchten *to illuminate*
> erwerben *to acquire*

A number of verbs dealing with death and murder begin with the prefix **er**-. The action of the stem verb is done to completion:[2]

---

[2] Although you cannot kill someone by **erspucken** and **erkitzeln**, every German would understand these verbs in the sense of *doing . . . to a fatal end.*

erschießen *to shoot to death*   erschlagen *to beat to death*
erdrosseln *to strangle*   erwürgen *to strangle*
ermorden *to murder*   erdolchen *to stab to death*

Often **er**- expresses the meaning *to get (obtain) by doing ...*:

erbetteln *to get by begging*
erbitten *to get by asking*
erkaufen *to get by buying*, i.e., influence
erschwindeln *to get by swindling*

4. **Ge**- can have a perfective meaning showing the completion of an action. It usually changes the meaning of the stem verb:

gestehen *to admit*   gehören *to belong to*
gereichen *to redound*   gebrauchen *to use*
gewöhnen *to get accustomed to*   gehorchen *to obey*
geschehen *to happen*   genießen *to enjoy*

5. **Miß**- indicates the opposite of the stem word in a negative sense; it corresponds to English **mis**- or **dis**-:

mißverstehen *to misunderstand*
mißglücken *to fail*
mißdeuten *to misinterpret*
mißtrauen *to distrust*
mißachten *to ignore*
mißhandeln *to abuse*
mißbrauchen *to misuse; to abuse*

6. **Ver**- can indicate an intensification or completion of an action; it conveys the sense of *to the end*:

verbluten *to bleed to death*   verbrennen *to burn up*
verhungern *to starve*   verkonsumieren *to consume*
verfaulen *to rot*   verbrauchen *to use up*
verrosten *to rust*   verfallen *to fall apart*

Ver- also indicates the negative opposite of the stem word in the sense of *wrong*:

sich versprechen *to make a slip of the tongue*
sich verlesen *to misread*
sich verschlucken *to swallow the wrong way*
sich verlaufen *to get lost*

Ver- is also used in the sense of *closing something:*

> verschließen *to lock up*
> vernageln *to nail shut*
> verstopfen *to plug up*
> verkleben *to glue together*

In some instances **ver-** switches the perspective of the original verb:

kaufen *to buy*	verkaufen *to sell*
mieten *to rent* (tenant)	vermieten *to rent* (landlord)
bieten *to offer; to bid*	verbieten *to forbid*

Ver- can often be used in the sense of *away* to indicate separation:

> verschenken, verreisen, verschicken, verjagen

Ver- can form verbs from adjectives, often from comparatives, with the meaning of *to make/become* ... :

> verschönern, verbessern, verkleinern, verlängern, vergrößern, verbreitern, verdicken, verblassen, verblöden, verdummen

7. **Zer-** is the easiest of the inseparable prefixes because it invariably conveys the sense of breaking or destruction *into pieces/ apart:*

> zerschlagen, zerreißen, zerstören, zerbrechen, zerschneiden, zerrinnen, zerlaufen, zerfließen

Overview

Prefixes expand the existing corpus of verbs by forming new verbs from other parts of speech. In many cases, these prefixes can be analyzed without looking up the verb in the dictionary (as with **zer-** or **miß-**). Where the prefix has multiple meanings (as with **ver-**), it is better to look up the verb if the meaning cannot be discerned with certainty from the context.

Anwendung und Kommunikation

A. Verben mit be-   Bilden Sie aus dem Adjektiv ein Verb. In einigen Fällen tritt **-ig-** zwischen das Adjektiv und die Endung des Verbs:[3]

BEISPIEL   Ich kann nicht verstehen, wie dich dieser Unsinn **belustigen** kann.

Wählen Sie das richtige Adjektiv aus der Liste!

eng   feucht   lästig   fest
richtig   frei   ruhig

1. Wir müssen diesen Irrtum _____ .
2. Es ist nicht leicht, sich von Vorurteilen zu _____ .
3. _____ Sie die Tafel mit einem Schwamm!
4. Der Motorenlärm _____ die Leute in der Stadt.
5. Die Tasche war schlecht am Fahrrad _____ . Sie fiel auf die Straße.
6. Hoffentlich fühlen Sie sich in dem kleinen Zimmer nicht _____ .
7. Das Kind war so nervös, die Eltern konnten es fast nicht _____ .

B. So endet es: Das Präfix _ver-_   Setzen Sie das passende Verb ein.

verwelken   verbrennen   verdampfen   verdursten
verfallen   verfaulen   vergehen
verglühen   verhungern   verschimmeln   verrosten

BEISPIEL   Die Zeit _____ . →
            Die Zeit vergeht.

1. Äpfel _____ , wenn man sie nicht kühl lagert.
2. Das Feuer _____ meine Hand.
3. Mein Auto _____ , weil das Klima hier so feucht ist.
4. Das Haus ist völlig _____ .

---

[3] These verbs are all weak.

5. Viele Menschen sind auch im letzten Jahr wieder _____ und _____ .
6. Das kochende Wasser _____ .
7. Das Weißbrot ist wieder _____ .
8. Die Zigarette _____ im Aschenbecher.
9. Die Blumen _____ in der Vase.

C. Dinge gehen kaputt! Das Präfix _zer-_ Setzen Sie das passende Verb ein:

zerbrechen	zerfallen	zerlesen
zerreißen	zerrinnen	zerreden
zerschmettern	zerkochen	zertreten

BEISPIEL   Er hat die Vase mit einem Hammer _____ . →
            Er hat die Vase mit einem Hammer <u>zerschmettert</u> .

1. Vorsicht! _____ die Spinne nicht.
2. Das Geld _____ mir unter den Fingern.
3. Ich habe nicht aufgepaßt. Die Kartoffeln sind _____ .
4. Er hat das Papier _____ .
5. Ich habe den Spiegel _____ . Das bedeutet sieben Jahre Unglück!
6. Das Buch sieht völlig _____ aus.
7. Das Haus _____ von Jahr zu Jahr mehr.
8. Jo spricht zu viel. Er _____ immer alles.

D. _Be-, ent-, er-_ oder _ver-_? Ergänzen Sie die Lücken.

BEISPIEL   Die Bande _____geht einen Mord. →
            Die Bande <u>begeht</u> einen Mord.

1. Die Zeit _____geht nur langsam.
2. Diese Gelegenheit kann ich mir nicht _____gehen lassen.
3. Dieses Kind _____geht ständig Dummheiten.
4. Ich habe das gesamte Semester ruhig über mich _____gehen lassen.
5. In einem Jahr _____geht die Stadt ihr 500-jähriges Jubiläum.
6. Es war ihm sehr peinlich. Er _____ging vor Verlegenheit.
7. Er ist sehr aufmerksam. Ihm _____geht nichts.

E. _Be-_, _ent-_ oder _ver-_?   Ergänzen Sie die Lücken.

1. Ich habe ein Buch _____stellt, aber es ist noch nicht gekommen.
2. Sie war sehr wütend, aber sie _____stellte ihre Stimme so, daß sie freundlich klang.
3. Nach dem Unfall war sein Gesicht _____stellt.
4. Bitte, _____stellen Sie Ihrer Frau einen schönen Gruß.
5. Ein Polizeiwagen _____stellte ihnen den Weg.
6. Das Radio ist so laut, kann ich die Lautstärke _____stellen?
7. Ich habe mir aus einem Katalog einen neuen Pullover _____ stellt.

F. Wörterratespiel   Sie hören einen Buchstaben. Tragen Sie ihn ein und schreiben Sie je ein Verb mit diesem Buchstaben in jedes Feld. Wer zuerst fertig ist, ruft: _Stop!_ Alle müssen aufhören zu schreiben. Für jedes Wort, das nur Sie und niemand sonst im Kurs hat: 20 Punkte; wenn andere im kurs dasselbe Wort haben: 5 Punkte. Addieren Sie Ihre Punkte.

Buchstabe	be-	ver-	zer-	ent-	er-	Punkte

◤ Zusammenfassende Aktivitäten

A. Kennen Sie Märchen?   Gruppenarbeit: In vielen Märchen verwandelt sich eine Figur in eine andere, ein Mensch in ein Tier oder umgekehrt. Denken Sie an alle Märchen, die sie kennen und beschreiben Sie, wer sich wie verwandelt.

HILFREICHE VERBEN

> sich verwandeln in
> sich verkleiden als
> (sich) verzaubern in
> sich präsentieren als
> sich geben wie
> sich ausgeben für

BEISPIEL   der Wolf →
        Der Wolf in Rotkäppchen verkleidete sich als Groß-
        mutter.

1. Schneewittchens Stiefmutter
2. der Frosch im Froschkönig
3. die Bremer Stadtmusikanten
4. Aschenputtel
5. die sieben Raben

Kennen sie andere Märchenfiguren? Wie haben die sich verwandelt?

B. Wie gut kennen Sie Märchen?   Fragen Sie Ihre Nachbarn.

BEISPIEL   Zwei Kinder finden ein eßbares Haus im Wald. →
        ST1: Das Märchen handelt von zwei Kindern, die ein
        eßbares Haus im Wald finden.
        ST2: Heißt das Märchen „Hänsel und Gretel"?

1. Ein schönes Mädchen schläft hundert Jahre.
2. Tiere verlassen ihre Herren und werden Musikanten.
3. Eine schöne Prinzessin wohnt bei sieben kleinen Männern.
4. Ein Männchen kann Stroh zu Gold spinnen.
5. Eine junge Frau putzt für Ihre Stiefmutter und zwei häßliche
   Stiefschwestern.
6. Ein böser Wolf frißt ein Mädchen und seine Großmutter auf.

Kennen Sie noch andere Märchen? Geben Sie in der Gruppe
einen Hinweis und sagen Sie, wovon das Märchen handelt.

C. Märchen heute!   Erzählen oder schreiben Sie ein Märchen in
    der Sprache, die man heute spricht. Sie können ein Märchen

aus der vorigen Aktivität wählen und es in der Gruppe neu schreiben. Bringen Sie auch eine neue, heutige Problematik mit in die Texte ein.

D. Wer paßt zusammen?   Ende gut alles gut! Und wenn sie nicht gestorben sind, dann leben sie noch heute... In Märchen kommen Traumpaare am Ende zusammen. Aber passen die wirklich immer so gut zusammen? Machen Sie neue Paare! Wer paßt wirklich zusammen? Begründen Sie Ihre Entscheidung! Arbeiten Sie in der Gruppe.

BEISPIEL   Aschenputtel, die den Prinzen bekommt, wäre viel besser mit dem Prinzen aus Dornröschen zusammen. Ihr Prinz ist ein perverser kranker Fußfetischist. Er ist ein Sadist. Was wird das arme Aschenputtel in dieser Ehe noch alles zu erdulden haben? Der Prinz aus Dornröschen, der mild ist, der ruhig und freundlich ist, wäre für sie ein besserer Partner.

Hier einige Personen:

1. der Frosch
2. Aschenputtel
3. Aschenputtels Stiefschwester
4. die Hexe aus Hänsel und Gretel
5. Rotkäppchens Großmutter
6. Dornröschen
7. ...

E. Wer hat Angst vor ...?   Denken Sie an die Märchen und sagen Sie, wer sich vor diesen Personen oder Dingen ängstigt!

BEISPIEL   Gretel ängstigt sich entsetzlich vor dem Kochtopf.
Die Prinzessin ekelt sich ganz grauenhaft vor dem...

HILFREICHE VERBEN

(alle mit **vor** + Dativ):
sich fürchten
sich ängstigen
sich erschrecken
sich ekeln

HILFREICHE ADJEKTIVE

schrecklich	irr
groß	irrsinnig
fürchterlich	wahnsinnig
grauenhaft	entsetzlich
furchtbar	lähmend
unheimlich	panisch
tierisch	unbeschreiblich
ekelhaft	unbewußt
beklemmend	unsäglich

Hier einige Personen oder Dinge:

der Teufel	der Kochtopf
die Stiefmutter	die Hexe
der Frosch	das Alleinsein
die Tiefe des Wassers	die Dunkelheit
der Tod	der Wolf
die Stiefschwester	der Wald
die Schönheit	der Jäger, ...
der Hunger	

F. Ende gut alles gut!   Die Figuren in den Märchen haben viele Abenteuer bestanden und am Ende ist alles gut. Aber wie geht das Leben dieser Figuren weiter? Was machen sie heute? Wo leben Sie? Mit wem? Sind sie noch mit ihren Traumpartnern zusammen oder sind sie inzwischen geschieden? Ist Schneewittchen dick und häßlich geworden? Leben die Zwerge immer noch allein? Was wurde aus dem Esel der Stadtmusikanten?

Schreiben Sie in Gruppen, was aus diesen Personen heute geworden ist!

Entwerfen Sie nun in Ihren Gruppen Briefe, die diese Figuren nach zehn Jahren an andere Figuren aus den Märchen schreiben könnten!

1. Schneewittchen an die Zwerge.
2. Aschenputtel an ihre Schwestern.
3. Die Stadtmusikanten an ihre alten Herren.
4. Die Froschkönigsfrau an ihren Vater.
5. Hänsel an Gretel.

10

Adjectives

When a German gets his hands on an adjective, he declines it, and keeps on declining it until the common sense is all declined out of it.

Mark Twain, *A Tramp Abroad*

10.1   Attributive Adjectives

An adjective has a descriptive function. Attributive adjectives usually precede the nouns they characterize and have endings that indicate the gender, case, and number of the noun.

◆ GRAMMATIK IM KONTEXT

Herzlich willkommen bei der Bahn.

Wenn Sie von schönen, bequemen, schnellen und großzügigen° Modellen träumen, sind Sie bei uns in jedem Fall an der richtigen Adresse. Gerade für Ihre persönlichen Wünsche haben wir nicht nur ein offenes Ohr, sondern auch die passenden Wagen. *spacious*

Auf die intelligente, ausgereifte° Technik unserer Spezialmodelle für kurze, mittlere und lange Strecken° trifft° das genauso zu wie auf ihre bekannt erstklassigen Fahreigenschaften und ihre serienmäßig komfortable Innenausstattung.° *perfect / distances / applies / interior décor*

Nicht weniger attraktiv werden Sie auch unser Preisleistungsverhältnis° finden—und zwar schon vor Abzug° unserer gängigen° Rabatte und Vergünstigungen.° Dafür aber mit dem kompletten Service, versteht sich. Bahnfahren ist eben etwas für Leute, die nicht nur schnell und pünktlich sein wollen, sondern auch dem Alltag seinen Reiz abgewinnen.° Probieren Sie es aus. *price perform discount / customary special rates acquire a taste for*

Intelligenter reisen.

Deutsche Bundesbahn

There are basically three categories of adjective endings, depending on what immediately precedes the adjective: (a) nothing (unpreceded), (b) a **der**-word, or (c) an **ein**-word.

Strong (or Primary) Adjective Endings

As you remember, nouns in German are characterized by gender, number, and case. In most instances, the nouns cannot reveal all three characteristics by themselves. Limiting words are used instead. (For more information about **der**- and **ein**-words used as limiting words, see section 6.2.) If, however, there is no limiting word preceding the noun, the adjective itself provides markers.

	Masculine	**Feminine**	**Neuter**	**Plural**
NOM.	d**er** Komfort groß**er** Komfort	d**ie** Bahn schnell**e** Bahn	d**as** Modell schön**es** Modell	d**ie** Wagen groß**e** Wagen
ACC.	d**en** Komfort groß**en** Komfort	d**ie** Bahn schnell**e** Bahn	d**as** Modell schön**es** Modell	d**ie** Wagen groß**e** Wagen
DAT.	d**em** Komfort groß**em** Komfort	d**er** Bahn schnell**er** Bahn	d**em** Modell schön**em** Modell	d**en** Wagen groß**en** Wagen
GEN.	d**es** Komforts groß**en** Komforts	d**er** Bahn schnell**er** Bahn	d**es** Modells schön**en** Modells	d**er** Wagen groß**er** Wagen

As shown in the chart, the endings of unpreceded adjectives (e.g., groß**er**) are identical with the definite article except in the genitive masculine and neuter. Since most nouns in these two instances are marked (e.g., by a genitive -**s**), the adjective ending does not need to reflect the genitive and takes the most common adjective ending in German, -**en**.

In a series of adjectives, all the adjectives will have the same ending.

(1) Wenn Sie von schön**en**, bequem**en** und schnell**en** Modellen träumen, sind Sie bei uns an der richtigen Adresse.

Remember that case can be determined by a preceding preposition, in this case **von**.

Adjectives also take strong endings after cardinal numbers (**zwei**, **drei**, **vier**, etc.):

(2) Wir möchten fünf preiswert**e** Fahrkarten, bitte.

 # Anwendung und Kommunikation

A. Was sagen Sie?   Wählen Sie die passenden Ausdrücke für die folgenden Situationen.

BEISPIEL   Sie sind mit Freunden beim Mittagessen. Das Essen kommt und bevor Sie zu essen beginnen, sagen Sie: →
Guten Appetit!

1. Sie kommen in Ihren 9.00 Uhr Kurs. Sie sagen: _____ !
2. Sie betreten gegen 12.00 Uhr die Cafeteria und treffen Freunde. Sie sagen: _____ !
3. Am Abend gehen Sie in ein Restaurant. Beim Betreten sagen Sie: _____ !
4. Wenn das Essen kommt, wünschen Sie Ihren Freunden am Tisch: _____ !
5. Eine Freundin fragt Sie, was Sie am liebsten trinken. Sie antworten: _____ !
6. Auf der Straße vor dem Restaurant steht ein Mann mit einem Würstchenstand. Er preist seine heißen Würstchen an und ruft: _____ !
7. Bevor Sie ins Bett gehen, sagen Sie zu Ihren Freunden: _____ !

B. Ganz im Gegenteil!   Man fragt sie nach Ihrer Meinung. Aber Sie sind ganz entgegengesetzter Meinung und drücken das deutlich aus.

BEISPIEL   Magst du salziges Essen? →
Nein, ich bevorzuge süßes!

1. Gefällt dir der dunkle Pullover?
2. Ißt du gern weiches Brot?
3. Hast du gern weichgekochte Eier?
4. Gefallen dir dünne Leute?

5. Magst du die laute Musik?
6. Hast du einen schnellen Wagen?
7. Was hältst du von dem kleinen Raum?
8. Gefallen dir runde Spiegel?
9. ...

C. Was trinken oder essen Sie am liebsten?   Sie haben echten Yuppie-Geschmack. Nur das Beste und Feinste ist gut genug für Sie.

BEISPIEL   Ich trinke am liebsten englischen Tee, mexikanisches Bier, italienischen Espresso, ...

HILFREICHE ADJEKTIVE

englisch, deutsch, amerikanisch, französisch, spanisch, italienisch, mexikanisch, heiß, kalt, weich, knusprig, groß, klein, roh, ...

HIER EINIGE SPEISEN UND GETRÄNKE

Tee, Kaffee, Bier, Wein, Orangensaft, Milch, ... Brot, Brötchen, Würstchen, Pizza, Orangen, Äpfel, Gemüse, Hamburger, ...

Vergleichen Sie Ihre Vorlieben mit Ihren Nachbarn/innen und sprechen Sie darüber.

BEISPIEL   ST1: Am liebsten trinke ich mexikanisches Bier und kalifornischen Weißwein. Und du?
ST2: Ich trinke am liebsten deutsches Bier. Wein trinke ich gar nicht gern. Wie ist es denn mit Gemüse? Ich esse am liebsten rohes Gemüse. Und du?

D. Vorlieben   Was trinken und essen Sie wann, wo, wozu am liebsten? Befragen Sie die Studenten in Ihrer Gruppe!

BEISPIEL   zum Abendessen →
ST1: Kaltes Bier schmeckt mir zum Abendessen am besten!
ST2: Heiße Würstchen esse ich am liebsten ... !

Bunter,
billiger,
besser!

EURO MARKT

**Das ist es, was den großen EURO-Prospekt
so interessant macht ...
am kommenden Wochenende wieder neu
in Ihrem Briefkasten oder auch ab Montag
in jedem EURO MARKT**

Kasseler Kamm
frisch aus dem Rauch   1000 g   **6.70**
Frisches Schweinekotelett
mager und mit Filet   1000 g   **7.90**

Frisches
Rindergulasch
1000 g   **8.90**

Frischer
Kalbskamm
von besten
Mastkälbern
1000 g   **8.90**

Ungarische junge
Puten
bratfertig gefroren
HKL. A
1000 g   **4.44**

Zucker
Grundsorte
Kategorie II
1 kg-Packung   **1.69**

„emzett" Sahne-, Vollmilch-,
Magermilchjoghurt
oder Bioghurt
je 150 g-
Becher   **-.49**

Persil
10 kg-
Trommel
entspricht
3 kg = 8.40   **27.99**

Tiefenfurter Bauernbrot
„Paech"
1000 g-Laib   **2.89**

„Moltex"
Höschenwindeln
Super 52er
Maxi 40er
Maxi Plus 32er   **15.90**

Jacobs Kaffee Krönung
500 g-Vac.-
Packung   **8.79**

Spanische
Orangen
KL. II
3 kg-Beutel   **4.99**

Italienische
Kiwi
Stück   **-.59**

Italienischer
Blumenkohl
KL. II
Stück   **1.59**

Bananen
1000 g   **1.59**

Dienstag, 22. November,
von 16 bis 17 Uhr, im
EURO MARKT im Forum Steglitz
Autogrammstunde mit
Fritz Walter
dem Kapitän der Fußball-
Nationalmannschaft von 1954
und heutigem Ehrenspielführer

Angabe nur in Mengen wie für einen 4-Personen-Haushalt üblich, solange Vorrat reicht. Druckfehler vorbehalten. Do. 46. Wo

Tegel, Ernststr. 7
Spandau
Gewerbehof 11. b. Ikea
Spandau-Hakenfelde
Galtzstr. 15-17
Kreuzberg
Stresemannstr. 48-52

Forum Steglitz
Schloßstr. 1
Reinickendorf
Markstr. 17/18
Kauf-Zentrum Siemensstadt
Siemensdamm 43/44

Wedding
Utrechter Str. 17
Tempelhof
Ullsteinstr. 135-141
Marienfelde
Buckower Chaussee 100
Lichtenrade, Steinstr. 37-41

Britz
Buckower Damm 122-124
Rudow
Wassmannsdorfer
Chaussee 28-40

Charlottenburg
Sömmeringstr. 24

zum Frühstück	nach einer langen Reise
zum Mittagessen	zum Kuchen
zum Abendessen	zwischendurch
zum Fernsehen	bei der Arbeit am Schreibtisch
vor dem Zubettgehen	im Sportstadion
auf einer Party	am Strand
zum Fisch	beim Skilaufen
zum Dessert	...
vor einer Prüfung	

 ## b Weak (or Secondary) Adjective Endings

When a noun is used with a **der**-word that marks the case, number, and gender of the noun, the adjective ending is either **-e** or **-en**.

The **der**-words are the definite articles (**der**, **die**, **das**, etc.) and **dieser**, **jeder**, **jener**, **solch**-, and **manch**-.

	Masculine	Feminine	Neuter	Plural
Nominative	e	e	e	en
Accusative	en	e	e	en
Dative	en	en	en	en
Genitive	en	en	en	en

As you see all the plural, the genitive, and the dative endings are **-en**. The only other **-en** is for the masculine accusative; this is easy to remember because the article is **den**:

(3) Wir haben **den** passend**en** Wagen.

c Mixed Adjective Endings

When the noun is preceded by an **ein**-word, the following endings are used:

	Masculine	**Feminine**	**Neuter**	**Plural**
Nominative	er	e	es	en
Accusative	en	e	es	en
Dative	en	en	en	en
Genitive	en	en	en	en

Where **ein** has no ending itself (i.e., in the nominative masculine singular and the nominative and accusative neuter singular), the adjective ending must be the marker.

The **ein**-words include the indefinite articles **ein**, **kein**, and the possessive adjectives **mein**, **dein**, **unser**, etc.

 ## Indefinite Adjectives

Indefinite adjectives such as **wenige** (*few*), **andere** (*other*), **viele** (*many*), **einige** (*some*), and **mehrere** (*several*) are plural expressions suggesting indefinite quantities. Just like regular adjectives, indefinite adjectives occur with weak endings when they are preceded by a limiting word:

(4) Keine **anderen** Angebote sind günstiger.
(5) Die **vielen** Angebote der Bahn sind überwältigend.

but they occur with primary endings when they are unpreceded:

(6) Die Bahn bietet dem Fahrgast **einige** attraktive Vergünstigungen.

Adjectives following these indefinite adjectives take the same endings.

Other similar indefinite adjectives used mostly in the plural are:

   ähnliche, folgende, verschiedene, weitere[1]

[1.] It is often helpful to use the acronym WAVEM (**wenige**, **andere**, **viele**, **einige**, **mehrere**) when referring to the most common indefinite adjectives. Remember when using these adjectives, they can "wave" the normal adjective endings "goodbye." Whatever ending these words have, the following adjectives have as well.

Proper Name Adjectives

Adjectives ending in **-er** derived from the names of cities and countries are not inflected. They are always capitalized:

(7) Ich fahre oft von der Inrather Straße zum **Kölner** Dom.
(8) Essen Sie auch so gerne **Holländer** Käse?

Some adjectives cannot be inflected and can only be used as verbal complements:

(9) Er geht **barfuß**.

Some of these adjectives add the syllable **-ig** when being used attributively:

allein	alleinig
barfuß	barfüßig
leid	leidig
schuld	schuldig

(10) Ich bin die Fahrerei mit der Bahn **leid**.
(11) Die **leidige** Fahrerei mit der Bahn ist jetzt zu Ende.

Uninflected adjectives occur in certain idiomatic or proverbial expressions:

arabisch Eins
römisch Zwei
ein halb Duzend / ein halbes Duzend
auf gut Glück
ruhig Blut

Overview

A limited number of adjective endings must be learned. If you know your articles well, you won't have a problem determining the appropriate ending for an adjective. On the other hand, it takes time to feel confident and comfortable with this aspect of German grammar. At times you may feel like the student Mark

Twain referred to in *A Tramp Abroad* when he wrote: "I heard a Californian student in Heidelberg say, in one of his calmest moods, that he would rather decline two drinks than one German adjective." But don't despair, at some point the endings will come automatically because **Übung macht den Meister**.

Anwendung und Kommunikation

A. Minidialoge   Ergänzen Sie die Lücken.

1. A: Hast du den neu_____ Film von Jim Jarmusch gesehen?
   B: Ja, ein toll_____ Film! Kennst du seinen letzt_____?
   A: Nein. Ich kenne nur den erst_____, *Stranger than Paradise*, das war ein ausgezeichnet_____ Film.
2. A: Hast du ein neu_____ Auto?
   B: Nein, das ist nicht mein eigen_____ Wagen. Der ist von meinem ältest_____ Bruder.
   A: Ein toll_____ Ding! Hat er dir den geliehen? Du mußt ja einen wirklich nett_____ Bruder haben.
   B: Nein, er weiß gar nicht, daß ich ihn fahre!
3. A: Trägst du schon wieder diesen alt_____ Pullover?
   B: Laß mich in Ruhe! Das ist mein liebst_____ Stück.
4. A: Bringen Sie mir bitte zwei knusprig_____ Brötchen, ein weich_____ Ei, etwas Butter, holländisch_____ Käse und einen heiß_____ Kaffee.
   B: Auch etwas frisch_____ westfälisch_____ Schinken?
   A: Nein danke, ich esse kein Fleisch.

B. Werbetext   Setzen Sie die fehlenden Adjektivendungen in den folgenden Werbetext ein.

Höchste Wertschätzung

Der BMW 7er hat innerhalb kürzest_____ Zeit die groß_____ Mehrheit anspruchsvoll_____ Autofahrer für sich gewonnen. Er ist international die gefragtest_____ exklusiv_____ Limousine. Überzeugend sind unter anderem die werterhaltend_____ Qualitäten dieses Automobils: Mit Notierungen, die in seiner Klasse ihresgleichen suchen, erweist sich der BMW 7er auch beim Wiederverkauf als überaus lohnend_____ Investition. Nach 60.000 Testkilometern zieht die Zeitschrift *mot* (22/1988) die Bilanz: „Der groß_____ BMW ist auch qualitativ ein Glanzstück ... Zum Schluß gab es tadellos_____ Abgaswerte und hoh_____ Schätzpreise." Das bestätigt den Qualitätsanspruch der 7er-Reihe, die von Anfang an auf Erstklassigkeit ausgelegt wurde.

Qualität ist also das Ergebnis absolut_____ Präzision und Gründlichkeit.

Wenn minimalst_____ Karosserieundichtigkeiten mit Ultraschall aufgespürt und beseitigt werden. Wenn mit Lasertechnik eventuell_____ Geräuschquellen schon im Entwicklungsstadium geortet und vermieden werden.

Das wirkt sich nicht nur positiv auf die Qualität aus, sondern ist auch mit ein Grund dafür, daß sich der BMW 7er auch noch nach Jahren höchst_____ Wertschätzung erfreut.

Die BMW 7er. Kauf, Finanzierung oder Leasing—Ihr BMW Händler ist der richtig_____ Partner.

C. Personenbeschreibung   Paararbeit: Wählen Sie für sich eine Person aus der Klasse aus und beschreiben Sie sie. Lesen Sie Ihre Beschreibung vor und lassen Sie die anderen Studenten im Kurs raten, wer das ist.

BEISPIEL   ST1: Der Student, den wir beschreiben, ist mittelgroß. Sein Haar ist dunkelblond und relativ lang. Er hat einen dünnen Bart. ...
Wer ist das?
ST2: Ist das ...

HILFREICHE WÖRTER

schlank, mittellanges Haar, Bart, Schnurrbart, lässig, gute Figur, mollig, modisch, salopp, Pony, Pferdeschwanz

D. Kleinanzeigen   Schreiben Sie eine Anzeige. Verwenden Sie viele beschreibende und erklärende Adjektive!

BEISPIEL   Freizeitpartner gesucht! Ich bin ein fünfundzwanzigjähriger ruhiger und intelligenter rothaariger Mann. Ich habe interessante Hobbies wie Schachspielen, internationale Briefmarken sammeln und alte Filme sehen. Ich suche aufgeschlossene, vielseitige, nicht zu sportliche und nicht zu unsportliche Leute, die wie ich neu in dieser Stadt sind und sich treffen wollen, um diese aufregende Stadt näher kennenzulernen.

Tauschen Sie Ihre Anzeige mit Ihren Kommiliton(inn)en in der Klasse aus und schreiben Sie eine Antwort!

10.2 Predicate Adjectives

Adjectives have a descriptive function. They can precede the noun they characterize, or they can be used with verbs like **sein**, **werden**, **bleiben**, and **scheinen** (*to seem*). When they are used with these verbs, they are called *predicate adjectives*. As opposed to adjectives preceding the noun, predicate adjectives *never* have an ending.

◆ GRAMMATIK IM KONTEXT

Von mir über mich

Es scheint verwunderlich; aber weil andere über mich geschrieben, muß ich's auch einmal tun. Daß es ungern geschähe, kann ich dem Leser, einem tiefen Kenner auch des eigenen Herzens, nicht weismachen,° daß es kurz geschieht, wird ihm eine angenehme° Enttäuschung° sein.

make believe / pleasant / disappointment

Ich bin geboren am 15. April 1832 zu Wiedensahl als der erste von sieben. Mein Vater war Krämer,° klein, kraus,° rührig,° mäßig° und gewissenhaft;° stets besorgt, nie zärtlich; zum Spaß geneigt, aber ernst gegen Dummheiten. Er rauchte beständig Pfeifen, aber, als Feind aller Neuerungen, niemals Zigarren ...

grocer / frizzy / bustling moderate / conscientious

aus: Wilhelm Busch, *Von mir über mich*

Try to identify the attributive adjectives, predicate adjectives, and adverbs in the text. Then compare your answers to the following information.

In the first paragraph of the text, there are a number of attributive adjectives (i.e., adjectives with inflectional endings):

—einem **tiefen** Kenner
—des **eigenen** Herzens
—eine **angenehme** Enttäuschung
—der **erste**

Adjectives following verbs like **sein**, **bleiben**, and **werden** refer back to the subject. They do not modify the verbs but rather describe the person or object they refer to. The following adjectives from the text are predicate adjectives:

—scheint **verwunderlich**
—Vater war **klein**, **kraus**, **rührig**, **mäßig** und
—**gewissenhaft**, stets **besorgt**, nie **zärtlich**, aber **ernst**

Adverbs, on the other hand, modify verbs, adjectives, and other adverbs. In the text, there are the following adverbs:

—**ungern** geschähe
—**kurz** geschieht
—rauchte **beständig**
—**stets** besorgt
—**nie** zärtlich

Both predicate adjectives and adverbs occur without endings.

Anwendung und Kommunikation

A. Wie würden Sie sich und andere beschreiben?   Hier ist eine Liste von Adjektiven, die Charaktereigenschaften beschreiben. Welche Eigenschaften finden Sie positiv, welche negativ? Markieren Sie die Adjektive mit **+** oder **−**. Bauen Sie die Liste aus, wenn Sie meinen, daß wichtige Adjektive fehlen!

sparsam, konservativ, selbstsicher, zielstrebig, autoritär, eigensinnig, reaktionär, eingebildet, rücksichtslos, wißbegierig, neugierig, hilfsbereit, einfühlsam, aufrichtig, tolerant, schwach, sentimental, taktlos, zudringlich, freigebig, klug, verschwenderisch, mitteilsam, pessimistisch, strebsam, vorsichtig, feige, geschwätzig, schlau, streberisch, opportunistisch, habgierig, phantasielos, pedantisch, ordnungsliebend, anpassungsfähig, streitsüchtig, empfindlich, nörglerisch, redselig, hochnäsig, empfindsam, kritisch, selbstbewußt, exaltiert, schmeichlerisch, nachlässig, weltfremd, unbeherrscht, großzügig, idealistisch, liebenswürdig, temperamentvoll, optimistisch, schüchtern, schweigsam, liberal, aufgeschlossen

Wie charakterisieren Sie ... ? Wählen Sie mindestens drei Adjektive.

sich	Ihre/n Deutschlehrer/in
Ihre Mutter	Geschwister
Ihren Vater	einen Studenten aus dem Kurs
Ihre beste Freundin	eine Studentin aus dem Kurs
Ihren besten Freund	...
Ihre/n Partner/in	

Vergleichen Sie Ihre Angaben mit denen Ihrer Gruppe. Erklären Sie, warum Sie diese Personen so charakterisieren. Fragen Sie, warum die anderen so entschieden haben, wie sie entschieden haben.

B. Freie Assoziationen   Wählen Sie drei Objekte aus und suchen Sie je zwei Adjektive, die Sie mit diesen Dingen assoziieren. Suchen Sie zunächst Studenten, die dieselben Objekte genommen haben wie Sie, und vergleichen Sie dann Ihre Adjektive mit ihnen. Erklären Sie, warum Sie gerade diese Adjektive gewählt haben, und lassen Sie sich erklären, warum die anderen ihre Adjektive gewählt haben.

Hier ist eine Liste von Objekten: Auto, Schreibtisch, Fernseher, Bett, Computer, Sportschuhe, Mikrowellenherd (der), Messer, Briefmarke, Buch, Füller, Pizza, Zigarette, CD (die)

Notieren Sie hier:

Objekt: _____   _____   _____
Adjektive: _____   _____   _____
             _____   _____   _____

C. Falsche Freunde   Verwandte Wörter (*cognates*) haben nicht immer die gleiche Bedeutung in beiden Sprachen. Vergleichen Sie die folgenden Wörter. Benutzen Sie ein Wörterbuch, und schreiben Sie zu jedem Adjektiv einen Satz, in dem die deutsche Bedeutung des Wortes klar wird.

BEISPIEL   dezent →
               Die Dekoration ist dezent und geschmackvoll.

fatal	affektiert
eventuell	ordinär
genial	sensibel
pathetisch	sympathisch
kurios	dezent

10.3   Direct and Indirect Questions

German, like English, has a large number of **w**-question words. We have discussed most of them in previous chapters. Here is a summary of them.

W-question words can be grouped into different categories.

◆ place, direction, origin:

wo, wohin, woher

◆ time, duration, or point in time:

wann, seit wann, von wann, bis wann, wie lange, wie oft

◆   ## GRAMMATIK IM KONTEXT

fragendes fürwort°   *pronoun*

wer bin ich
warum bin ich
wie bin ich
wo ich doch nicht so war
was bin ich geworden
wie lange werde ich sein
wem werde ich das gewesen sein
wie oft werde ich noch werden
wann werde ich sagen ich bin
woher wissen wie das ist
wen fragen wie das sein wird
wohin gehen was zu werden
wessen verlust gewesen zu sein
warum geworden
warum nicht anders geworden
wem sage ich das

Rudolf Otto Wiemer

◆ quantity:

wieviel, wie viele

◆ people:

wer, wem, wen, wessen

◆ objects:

was

◆ quality, condition:

wie, was für ein, welch-

◆ cause, reason:

warum, weshalb, weswegen, wozu, wieso

All **wo**-compounds with their specific meanings are also considered **w**-question words.

For more information about **da**- and **wo**- compounds, see section 8.4.

a   Direct versus Indirect Questions

In asking a question, you have the choice between posing the question directly:

(1) Wer ist das?

or indirectly:

(2) Weißt du, wer das ist?

Indirect questions are subordinate clauses to the main clause and are often questions themselves:

—Weißt du/Wissen Sie, ...
—Kannst du/Können Sie mir sagen/verraten/erklären/beschreiben/erläutern/usw. ...
—Hast du/Haben Sie eine Ahnung/Vorstellung, ...
—Kannst du dir/Können Sie sich vorstellen, ...
—Könntest du/Könnten Sie mir sagen, ...

Note that, in the indirect question, the verb is in final position according to the rule for subordinate clauses. (For more information on word order, see sections 2.1 and 2.4b.) When an indirect question is formed without one of the **w**-question words, **ob** must be used:

(3) Kommt er heute?
(4) Weißt du, **ob** er heute kommt?

Indirect questions are generally considered more polite than direct questions. Therefore, in most situations in which you are requesting information, it is more appropriate to ask your question indirectly. There are, of course, situations in which indirect questions are considered out of place, and inappropriate, for example, in states of emergency, fear, or anger. When you are in a burning house, you don't have to ask:

(5) Entschuldigung, wissen Sie, wo der Feuerlöscher ist?

It is more appropriate and natural for the situation at hand to scream:

(6) Wo ist der Feuerlöscher?

Remember you can also tone down your questions with an appropriate modal particle or change your intonation to make your question sound friendlier.

When you examine the poem by Rudolf Otto Wiemer at the beginning of this section, you will mainly find direct questions because the poem is a collection of questions the author is asking himself. Politeness is not a prerequisite in this situation. Therefore, only direct questions are asked.

Anwendung und Kommunikation

A. Schwerhörig oder unaufmerksam?   Jemand erzählt Ihnen die folgende langweilige Geschichte. Sie hören nicht gut zu und müssen immer wieder nachfragen. Fragen Sie nach den unterstrichenen Teilen.

1. Joe trifft   _____
2. Anna   _____
3. nachmittags   _____
4. in einem Café.   _____
5. Anna ist seine Frau.   _____
6. Er fragt sie, was sie
   machen will.
7. Anna will ins Kino gehen.   _____
8. Joe hat keine Lust dazu.   _____
9. Er kennt schon alle Filme,
   die laufen.   _____
10. Anna nicht. Es läuft ein Film
    in französischer Sprache,   _____
11. und weil sie Französisch
    studiert, will sie hin.   _____

12. Also <u>trennen sie sich</u> nach
    einer Tasse Kaffee.   _____

13. Anna geht ins Kino und
    Joe <u>geht nach Hause</u>.   _____

14. Er will <u>noch ein wenig</u>
    <u>arbeiten</u>,   _____

15. denn er hat morgen <u>eine</u>
    Prüfung.   _____

16. <u>Nach dem Film</u> wollen sie
    sich in einem Restaurant
    treffen   _____

17. und da gemeinsam <u>zu</u>
    <u>Abend essen.</u>   _____

B. Spontane Fragen   Wie fragen Sie in den folgenden Situa-
    tionen? Mit einer direkten oder einer indirekten Frage? For-
    mulieren Sie die Fragen!

BEISPIEL   Sie fragen einen Polizisten nach einer Straße. →
              Entschuldigung, können sie mir sagen, wo die
              Franklinstraße ist?

1. Ein Polizist fragt Sie, woher Sie kommen.
2. Sie fragen eine/n Professor/in nach einem Seminarraum.
3. Ihr/e Freund/in kommt zu spät nach Hause. Sie sind wütend
   und fragen woher er/sie jetzt kommt.
4. Ihre Mutter ist böse auf Sie und fragt nach einer Sache, die Sie
   nicht gemacht haben, aber machen sollten.
5. Sie gehen über die Straße und treffen einen Freund, der
   weinend an der Ecke steht und völlig verzweifelt aussieht. Sie
   fragen, was los ist.
6. Sie kommen zu Ihrem Wagen und ein Fremder sitzt hinter
   dem Steuer.
7. Sie haben schlechte Laune und kommen nach Hause und fragen einen Wohnungsgenossen, was es zu essen gibt.

C. Neu an der Universität   Sie sind neu an der Universität und
    brauchen Informationen über vieles, was Sie noch nicht ken-
    nen. Schreiben Sie Fragen zu den Themen:

    Freizeitmöglichkeiten, Studienberatung, Zimmervermitt-
    lung, Studium allgemein, Sportmöglichkeiten, Einkaufs-
    möglichkeiten

Sie können direkte Fragen mit **w**-Fragewörtern stellen oder indirekte mit:

—Weißt du, ...
—Kannst du mir sagen, ...
—Kannst du mir empfehlen, ...
—Hast du eine Ahnung, ...
—Was meinst du, ...

> Fragen Sie jetzt Ihren/e Nachbarn/in und antworten Sie auch auf dessen oder deren Fragen!

D. Informationen am Telefon erfragen   Machen Sie eine Liste mit allen Telefonnummern der Studenten und Studentinnen in Ihrer Klasse. Wählen Sie drei Nummern aus. Rufen Sie Ihre Kommilitonen an und fragen Sie nach den folgenden Dingen:

Familie: Geschwister/wie viele; wohnen/wo; kommen/woher
Studium: Hauptfach, Nebenfächer, seit wann, wie lange
Hobbies: was, wie lange schon, wo wird das gemacht,
Kosten

Notieren Sie, was Sie an Informationen bekommen haben.

Machen Sie sich auch Notizen darüber, wie diese Leute am Telefon reagiert haben. Haben sie immer alles verstanden? Mußten Sie oft nachfragen? Wie haben Sie das gemacht? War das das erste Mal, daß Sie am Telefon Deutsch gesprochen haben?

E. Einstellungsgespräch   Paaraktivität.
Student 1. Sie besitzen eine schnell wachsende Firma in der Computerbranche und suchen eine/n neue/n Abteilungsleiter/in. Leute kommen zu Ihnen und Sie führen selbst das Einstellungsgespräch. Nehmen Sie sich etwas Zeit und überlegen Sie sich Fragen, die Sie den Bewerbern stellen wollen. Fragen Sie zum Beispiel nach:

Ausbildung, Erfahrung, Gehaltsforderungen, Familienstand, regionale Flexibilität

FRAUEN SPRECHEN ÜBER IHREN BERUF

„Ich bin Verlagskauffrau und verdiene

2940 Mark"

Meine Arbeit: Ich betreue Umfragen, bei denen man die Wirkung von Anzeigen untersucht

Ausbildung, Gehalt, Extras. Was man über diesen Beruf wissen sollte

Voraussetzungen:	Interesse an Druckmedien, Kontaktfähigkeit, flexibel sein, kaufmänn. Denken
Schulabschluß:	Abitur oder mittlere Reife
Mehr Chancen mit:	Wirtschaftsabitur oder höhere Handelsschule (gute Deutschkenntnisse)
Chancen auf Ausbildung:	Wesentlich mehr Bewerber als Ausbildungsplätze. Derzeit gibt's ca. 2200 Azubis
Ausbildungsdauer:	3 Jahre. Verkürzung auf 2 Jahre möglich (bei überdurchschnittl. Leistungen)
Wieviel Azubi-Geld?	Unterschiedlich: 1. Jahr 750–860 DM, 2. Jahr 800–960, 3. Jahr 880–1065 DM
Wieviele fallen durch?	Nur sehr wenige. Verlegerverbände bieten prüfungsvorbereitende Kurse an
Anstellungschancen:	Derzeit gut
Anfangsgehalt:	Ca. 1800 bis 2200 Mark
Arbeitszeit:	Unterschiedlich: 37- bis 38,5-Stunden-Woche
Sonderleistungen:	Weihnachts- und/oder Urlaubsgeld, zusammen mind. 140% eines Tarifgehalts
Urlaub:	30 Tage
Extras:	Zeitungen und Zeitschriften aus eigenem Verlag kostenlos, Bücher gibt's billiger
Wer sind die Kollegen?	Fachleute für Anzeigen, Vertrieb, Marktforschung, Werbung, Redaktionen
Berufskrankheiten:	Keine bekannt
Aufstiegschancen:	Gut. Innerhalb eines Verlags aber sehr unterschiedlich
Gehalt mit 45:	Mitarbeiterinnen, die Aufstiegschancen nutzen, bekommen 5000 Mark und mehr
Rückkehr in den Beruf:	Jederzeit möglich
Altersversorgung:	Gesetzliche Altersversorgung
Arbeitslosenquote:	Gibt es nicht
Frauenanteil im Job:	Um 50 Prozent
Heiratschancen im Job:	Nicht schlecht. In der Branche schließt man schnell Kontakte
Wo ist der Job zu Hause?	In Zeitungs-, Zeitschriften- und Buchverlagen

Informationen: Bundesverband Dt. Zeitungsverleger e.V. und Verband Dt. Zeitschriftenverleger e.V. (beide in Bonn) sowie Börsenverein des Dt. Buchhandels e.V. in Frankfurt

Heiratschancen

BUNTE-Serie: „Frauen reden über ihren Beruf"

Jedesmal, wenn ich Ihre Rubrik „Frauenberufe" lese, wurmt mich die Frage nach den Heiratschancen im Job. Mein Sohn ist Berufsberater für Abiturienten – auch weiblicher. Noch nie aber habe ich gehört, daß eine der Abiturientinnen nach den Heirats- chancen im Beruf gefragt hat oder gar die Berufswahl da- von abhängig machte.
Ingeburg Wagner, Helmstedt

HILFREICHE FRAGEWÖRTER

wo, wohin, woher, wann, welch-, was (für ein), warum, wieviel, wie viele, wie oft, weshalb, wieso

Student 2. Sie sind der/die Bewerber/in in dieser Aktivität. Sie wissen, daß es immer sehr gut ist, ebenfalls viele Fragen zu stellen. Überlegen Sie sich Fragen, die Sie dem/der Besitzer/in der Firma stellen wollen. Fragen Sie zum Beispiel nach:

Arbeitszeit, Ferien, Sozialleistungen, Gehalt, Organisation der Firma, Aufstiegsmöglichkeiten, Firmenwagen

10.4 hin and her

You know the two directional adverbs **hin** und **her** from the question words **wohin** and **woher**. You will find **hin** and **her** in combinations with verbs or prepositions. Both **wohin** and **hin** denote a direction away from you. **Woher** and **her** denote a direction towards you.

Here are some combinations of **hin** and **her** with prepositions:

hinaus	heraus
hinein	herein
hinauf	herauf
hinüber	herüber
hinunter	herunter

Note that **ein** is used in place of the preposition **in** in combination with **hin** and **her**.

(1) Entschuldigung, bin ich hier in der Deutsch 4 Klasse?
   —Ja natürlich, kommen Sie **herein**.

♦ GRAMMATIK IM KONTEXT

DIE NEUE ROBINSON CLUB SPORT-INITIATIVE SOMMER '90

Tennis und Surfen inklusive in allen Clubs am Meer. Und Segeln° inklusive   *sailing*
in allen Robinson-Segelschulen. Also ran ans Netz, rauf aufs Brett oder
rein ins Boot. Wer mag, macht mit. Auch bei Shows und Disco. Beim Bar-
becue und Candlelight-Dinner. Mit lukullischen° Überraschungen und   *sumptuous*
Tischwein inklusive. Spaß, Unterhaltung und vieles mehr inklusive. Eines
von vielen Angeboten in Ihrem TUI Reisebüro: ROBINSON CLUB NEA SI-
VOTA in Griechenland. Kristallklares Meer mit kleinen Sandbuchten.°   *bays, inlets*
1 Woche Urlaub—Tennis, Surfen, Segeln inklusive—mit Flug pro Person
ab DM 1.493.-

In colloquial usage, you will most likely encounter the shortened
version (**raus**, **rein**, **rauf**, etc.) used instead of the full form.

(2) Also **ran** ans Netz, **rauf** aufs Brett oder **rein** ins Boot.

Some combinations with verbs are:

> hinfahren, hingehen, hinfliegen, herkommen, herfliegen,
> hersegeln

(3) A: Waren Sie schon in Berlin?
     B: Nein.
     A: Da müssen Sie unbedingt **hinfahren**.

Overview

Hin (indicating a direction away from the speaker) and **her** (indicating a movement towards the speaker) are very frequent in
German. But this distinction has become obscured over time. Often you will hear and read contracted forms such as **rein**, **raus**,
and so on, which cover both directions.

Hin can also mean *kaputt*. In time phrases **her** means *ago*.

(4) Ich habe den Pullover leider gewaschen. Er ist **hin**.
(5) Wie lange ist das **her**?
     —Das ist drei Stunden **her**.

Anwendung und Kommunikation

A. Minidialoge   Setzen Sie **hin** oder **her** in die Minidialoge ein!

1. *(Es klopft!)* A: _____ein!
2. *(B steht auf der Straße; A ist oben am Fenster.)*
   A: Komm zu mir _____auf!
   B: Nein, ich habe keine Lust, komm du _____unter.
   A: Ich kann nicht _____unter gehen, mein Bein ist gebro-
   chen.
3. *(Ein Hund kommt naß und voller Schmutz ins Haus.)*
   A: _____aus!
4. *(A und B stehen auf zwei Seiten eines Baches, über den ein schmales Brett führt.)*
   A: Ich habe es geschafft. Ich bin drüben. Komm auch
   _____über!
   B: Ich traue mich nicht, _____über zu gehen.
   A: Es kann nichts passieren. Komm schon!
   B: Ich habe Angst, ich falle ins Wasser!
   A: Na wenn schon, es ist warm, dann ziehe ich dich eben
   wieder _____aus.
5. A: Komm wir klettern auf diesen Baum!
   B: Was! Ich soll da _____auf? Ohne mich, das kannst du
   alleine machen!
   A: Hast du Angst _____unter zu fallen?
   B: Ja natürlich! Aber klettere nur, ich warte hier, und wenn
   du dann _____unter fällst, hebe ich dich auf.
6. A: Entschuldigung, wie komme ich bitte zum Bahnhof?
   B: Gehen Sie hier die Goethestraße _____unter, dann rechts
   in die Bahnstraße _____ein, dann sehen Sie den Bahnhof
   vor sich.

10.5   Adjectives as Nouns

Every adjective can be used as a noun in German. It is then capitalized and maintains inflectional endings that reflect gender,
case, and number.

◆ **GRAMMATIK IM KONTEXT**

Der Blaue ist wieder im Schlafzimmer, steht da, in Unterhose und Socken, und zieht sich gerade ein naturfarbenes Seidenhemd° an. Hört das Lachen, hängt sich eine weinrote Krawatte° mit kleinen weißen Punkten um, stellt im Gehen den Kragen des Hemdes auf, schiebt die Krawatte darunter. Im Eßzimmer begegnet° er dem Blonden.

silk shirt

tie

meets

aus: Herbert Genzmer, *Freitagabend*

Masculine and feminine adjectival nouns in the singular and the plural usually refer to people:

(1) **Der Blaue** ist wieder im Schlafzimmer.
(2) Im Eßzimmer begegnet er **dem Blonden**.

Common adjectives used as nouns are:

der/die: Abgeordnete, Angeklagte, Angestellte, Arme, Bekannte, Blonde, Fremde, Deutsche, Gefangene, Heilige, Irre, Kranke, Reiche, Reisende, Tote, Verlobte, Verwandte

Note that **der/die Deutsche** is the only nationality designated by an adjectival noun.

Neuter adjectival nouns in the singular usually refer to things or concepts:

(3) **Das Interessante** an der Krawatte sind die Punkte.

After **etwas**, **nichts**, **viel**, **wenig**, and **mehr**, the neuter adjectival nouns take strong adjective endings in the singular. After **alles**, weak endings are used.

(4) Sie haben **nichts** Neues erlebt.
(5) **Alles** Gute zum Neuen Jahr.

Note that the adjective **ander-** follows the same rules of inflection, but it is not capitalized:

(6) Er trägt nichts **anderes** als Seidenhemden.
(7) Alles **andere** ist ihm zu spießig.

When the adjective stands alone and refers to a specific noun, the gender, case, and number of the adjective are the same as the noun referred to. You will often hear people using adjectival nouns in answers to questions introduced by **welcher** *which* or **was für ein** (*what kind of*). Note that both are limiting words. **Welcher** is a **der**-word and **was für ein** is an **ein**-word.

(8) Was für einen Beruf üben Sie aus?—Einen **kaufmännischen**.
(9) Welche Bluse gefällt dir besser?—Die **rote**.

In the answers to the questions in sentences (8) and (9), the adjectives are not capitalized. In German you do not capitalize the adjective if it refers to a noun just previously mentioned.

Anwendung und Kommunikation

A. Minidialoge   Ergänzen Sie die Lücken.

1. A: Hast du den Dick_____ an der Kinokasse gesehen?
   B: Ja! Er will zusammen mit der Dunkelhaarig_____ ins Kino gehen.
2. A: Kennst du den da? Den Blond_____?
   B: Ja, er ist Deutsch_____ oder?
3. A: Komm, wir müssen aussteigen!
   B: Warum, wir sind doch noch gar nicht da.
   A: Da kommt ein Bahnbeamt_____ und ich habe keine Fahrkarte.
   B: Du bist und bleibst ein elend_____ Schwarzfahrer.
4. A: Da ist Paul, er hat sich gestern abend auf der Party stundenlang mit einer Deutsch_____ unterhalten.
   B: Ja, sie ist die Tochter eines Gelehrt_____, der hier an der Uni für ein Jahr unterrichtet.
5. A: Hast du mit dem Angestellt_____ in der Bank über den Kredit für das neue Auto gesprochen?
   B: Ja, aber ich bekomme ihn nicht. Das sind keine Angestell_____ hier, das sind lauter Beamt_____!

B. Vorlieben   Sagen Sie, was Ihnen besser gefällt!

BEISPIEL   ST1: Wie findest du den blauen Wagen?
              ST2: Der rote gefällt mir besser!
                   oder

ST1: Möchtest du den grünen Pullover?
ST2: Nein, ich bevorzuge den gelben!

1. Wie findest du alte Filme?
2. Trinkst du eiskaltes Bier?
3. Magst du heiße Schokolade?
4. Wie findest du die schwarzen Jeans?
5. Ich liebe rothaarige Frauen.
6. Ich finde blonde Männer toll!
7. Ich trinke gern schwachen Kaffee.
8. Ich hasse kurzärmelige Hemden.
9. ...

C. Stereotypen   Besprechen Sie das folgende Sprichwort:
„Arbeite nie für einen Deutschen, aber laß Deutsche für dich arbeiten.“

Warum, glauben Sie, existiert dieses Sprichwort? Was könnte es bedeuten? Kennen Sie ähnliche stereotypische Sprichwörter über Nationalitäten? Was könnte man über die Amerikaner, die Franzosen, die Italiener, usw. sagen?

10.6   Modal Particles: Interjections

In earlier chapters, we have discussed modal particles or, as they are sometimes called, *flavoring particles*. A subgroup of these words includes exclamations that we call **Empfindungswörter** (*interjections*).

Interjections are utterances that express a feeling, such as joy, pain, surprise, doubt, rejection, disgust, etc.

The following poem uses interjections to express attitudes about the Germans. The list below indicates how many commonly heard interjections are used. There is usually no direct equivalent in English.

◆ **GRAMMATIK IM KONTEXT**

empfindungswörter

aha die deutschen
ei die deutschen
hurra die deutschen
pfui die deutschen
auch die deutschen
nanu die deutschen
oho die deutschen
hm die deutschen
nein die deutschen
ja ja die deutschen

Rudolf Otto Wiemer

aha: surprise or a confirmation of something you have believed or known. If used by itself, you express that you are not really interested. **Ach so** is a variation you will often hear.

ei: in the sense of *now look at that*; usually positive.

hurra: just like in English.

pfui: (*yuck*); an expression of utter disgust.

auch: in the sense of *as well*; expresses disappointment if it has falling intonation and a positive surprise with rising intonation.

nanu: utter amazement (accent is on the second syllable).

oho: (*hats off*); compliment.

hm: just like English.

nein: with a rising intonation, like a question: total surprise (*You don't say!*); or with a flat even intonation indicating something bad (maybe with a shake of the head): *I never expected anything else anyway*; colloquial: **nee**.

ja ja: in the sense of *well, well*; it is a confirmation of beliefs and can be both negative or positive depending upon the context.

tja: in the sense of *too bad, it can't be helped*.

Anwendung und Kommunikation

Situationen   Reagieren Sie auf die folgenden Situationen mit Ausrufen! Benutzen Sie Empfindungswörter!

1. Peter hat im dritten Anlauf endlich das Examen geschafft. Sie sind völlig überrascht, denn das hätten Sie nicht geglaubt. Sie rufen: _____ !
2. Maria sagt Ihnen mit großer Freude, daß heute „Vom Winde verweht" ins Fernsehen kommt. Sie finden den Film langweilig und es interessiert Sie überhaupt nicht. Sie sagen: _____ !
3. Sie öffnen eines von Ihren Büchern und finden darin einen Hundertmarkschein. Sie sind sehr erstaunt und erfreut. Sie sagen: _____ !
4. Hans hat zu Anna „Du alte Schlampe!" gesagt. Sie finden das nicht gut und halten Hans sowieso für einen ekelhaften Macho. Sie rufen: _____ !
5. Ein alter Freund schreibt Ihnen nach vielen Jahren einen Brief. Sie freuen sich und denken: Nun sieh mal einer an! Sie sagen: _____ !
6. Sie sind Fußballfan und Ihr Team gewinnt gerade die Meisterschaft. Sie freuen sich sehr und rufen: _____ !
7. Jemand, der sowieso nie ein A schreibt und von dem Sie es auch nicht erwartet hätten, sagt, daß er wieder einmal ein C bekommen hat. Sie sagen: _____ !

 ## 10.7   Possessive Pronouns

A possessive pronoun is a word that replaces a noun while showing possession.

Possessive pronouns are similar to possessive adjectives. Although their stems are the same (**mein, dein, ihr**, etc.), they have different endings.[2] Because they are pronouns replacing nouns, they

---

[2.] For more information about **ein**-words as limiting words, see section 6.2.

◆ **GRAMMATIK IM KONTEXT**

Als es ganz dunkel geworden war, kamen die sieben Zwerge° ... Dann   *dwarves*
sah sich der erste um und sah, daß auf seinem Bett eine kleine Delle°   *indentation*
war, da sprach er "wer hat in mein Bettchen getreten?" Die andern kamen gelaufen und riefen "in meinem hat auch jemand gelegen."

aus: Schneewittchen

---

have the same endings as the definite article, i.e., strong adjective
endings.

(1) Hier liegt ein Schlüssel. Ist das **deiner**?
   —Nein, ich habe **meinen** im Auto gelassen.

If the possessive pronoun refers to a neuter noun, the abbreviated forms **meins**, **deins**, **seins**, etc., are preferred in colloquial
German.

(2) Hier ist dein T-Shirt. Wo ist **meins**?
   —**Deins** ist noch im Trockner.

Possessive pronouns, like any pronouns, help speakers to be more
economical in their speech. Once an object has been mentioned, it
is not necessary to constantly repeat the noun. You can simply use
the pronoun instead.

 ## Anwendung und Kommunikation

Familie   Sprechen Sie in Paaren über Ihre Familien.

BEISPIEL   ST1: Mein Vater arbeitet bei IBM. Wo arbeitet deiner?
   ST2: Meiner ist Automechaniker bei VW.

Mutter	arbeiten
Schwester, Bruder	sich interessieren für
Onkel, Tante	studieren
Großeltern	ist/sind ... alt
...	wohnen
	reisen
	...

Zusammenfassende Aktivitäten

A. Erwünschte und unerwünschte Eigenschaften   Welche Eigenschaften erwartet man besonders von Frauen, welche von Männern? Lesen Sie die Kleinanzeigen für Partnersuche, Hobbypartner und Freundschaften auf Seite 373 und suchen Sie alle Adjektive, die Eigenschaften bezeichnen für Männer und Frauen.

B. Informationen am Telefon

♦ Situation 1: Die Stellensuche

Ein/e Student/in sucht einen Job, ein/e andere/r gibt am Telefon Informationen aus. Verabreden Sie mit Ihrem/r Nachbarn/in, wer welche Rolle übernimmt.

Student 1 (Student/in, der/die Job sucht): Wählen Sie eine der Anzeigen aus, rufen Sie die Firma an und sagen Sie, daß Sie eine Anzeige gesehen haben. Fragen Sie nach den Besonderheiten des Arbeitsangebots und erklären Sie, warum Sie interessiert sind. Versuchen Sie ein persönliches Vorstellungsgespräch zu bekommen.

Student 2: (Student/in, der/die Informationen ausgibt): Lesen Sie die Anzeigen und überlegen Sie sich, welche Informationen Sie einem Interessenten dazu geben könnten.

Hier sind die Anzeigen:

a. Fremdsprachensekretärin gesucht! Aufgaben: Erledigung der Korrespondenz und der Telefonbearbeitungen in Englisch und Deutsch. Berufserfahrung erwünscht.
b. 2 Nachtwächter für Wachdienst am Wochenende in einem Supermarkt gesucht. Vorzugsweise Hundeliebhaber, da Sie mit einem Wachhund arbeiten werden. Beherrschung einer asiatischen Kampfsportart ist erwünscht aber nicht Bedingung für eine Einstellung.
c. Marktforschungsinstitut sucht bis zum 25. des Monats noch Damen und Herren, die an einer Umfrage für neue Produkte im Bereich Ernährung teilnehmen wollen.
d. Zweisprachiger Reiseführer Deutsch—Englisch gesucht. Für amerikanische Touristen, die auf ihrer Deutschlandreise in

MIT *bella* FREUNDE FINDEN

Lisa, 32 (8500 Nürnberg), verh., hat eine kleine Tochter und sucht Brieffreundinnen im In- u. Ausland. Hobbys: Puppen, Lesen, Sprachen. Chiffre RBE 001092

Barbara, 38 (2000 Hamburg 61), ist verheiratet und hat ein Kind. Ihr fehlt eine gute Freundin. Hobbys: Wandern, Backen. Chiffre RBE 001091

Ingrid, 20 (8834 Pappenheim), sucht Briefpartner/innen aus dem In- und Ausland. Hobbys: Lesen, Backen, Katzen. Chiffre RBE 001098

Silke, 28 (DDR-9550 Zwickau), ist geschieden und hat einen achtjährigen Jungen. Sie wünscht sich eine Brieffreundin aus dem deutschsprachigen Raum. Interessen: Menschen, Natur, Kunst. Chiffre RBE 001099

Kerstin, 23 (DDR-1550 Nauen), ist Mutter eines dreijährigen Sohnes. Sie wünscht sich Brieffreundschaften mit gleichaltrigen Muttis.

Hobbys: Handarbeiten und Malen. Chiffre RBE 001100

Regina, 22 (4030 Ratingen), sucht Bekanntschaften zu netten Leuten aus Düsseldorf/Ratingen. Sie freut sich ebenfalls über Brieffreundschaften aus aller Welt (engl. u. franz.). Chiffre RBE 001101

Antje, 23 (DDR-9626 Steinpleis), ist verheiratet und hat einen zweijährigen Sohn. Sie freut sich auf viele Brieffreundschaften. Chiffre RBE 001102

Harry, 26 (7602 Oberkirch), hat das Alleinsein satt und sucht auf diesem Wege nette Briefpartnerinnen. Chiffre RBE 001103

Carmen, 19 (1000 Berlin 46), möchte Briefkontakte zu Gleichaltrigen knüpfen. Gern auch aus der DDR. Hobbys: Musik, Tanzen, Schreiben. Chiffre RBE 001093

Andrea, 20 (DDR-2151 Groß Luckow), freut sich auf Briefbekannte, die wie sie

gern Musik hören, tanzen und über alle Probleme reden. Chiffre RBE 001096

Sabine, 25 (2300 Kiel 1), wünscht sich Brieffreundschaften aus aller Welt. Hobbys: Handarbeiten, Lesen, Musik. Chiffre RBE 001095

Sylvia, 30, und Rolf, 36 (DDR-2500 Rostock), haben zwei Mädchen und möchten mit Familien aus Hamburg, Lübeck oder Bremen Kontakt aufnehmen. Hobbys: Garten und Geselligkeit. Chiffre RBE 001177

Katrin, 25 (DDR-2500 Rostock), hat eine kleine Tochter und wünscht sich Freundinnen bzw. Mütter, die ihr schreiben wollen. Hobbys: Musik, Reisen und Stricken.

Gisela, 43 (1000 Berlin), ist geschieden und hat eine 17jährige Tochter. Sie sucht nette und unternehmungslustige Freundinnen, um die Freizeit und evtl. Urlaub gemeinsam zu gestalten. Hobbys: Wandern, Radfahren und Kochen. Chiffre RBE 001094

Martina, 27 (5802 Wetter 2), ist verheiratet und hat eine kleine Tochter. Ihre Hobbys: Handarbeiten, Basteln, Lesen und auch Briefeschreiben. Chiffre RBE 001097

Familie (DDR-4327 Hoym b. Aschersleben) mittleren Jahrgangs, fröhlich u. aufgeschlossen, wünscht sich Briefkontakt mit Leuten aus der BRD. Gegenseitige Besuche wären schön. Chiffre RBE 001131

Wenn Sie auch interessante Partner und neue Kontakte suchen, schreiben Sie an *bella*, Kennwort: Wer schreibt mir?, Postf. 10 04 44, 2 Hamburg 1. Name, Alter (über 18), Adresse nicht vergessen. Ihr Wunsch wird chiffriert. Alle Antworten, die innerhalb einer Woche nach Veröffentlichung eingehen, leiten wir an Sie weiter. Wegen der hohen Anzahl der Einsendungen kann *bella* nicht garantieren, daß Ihr Kontaktwunsch veröffentlicht wird. *bella* übernimmt auch keine Haftung für die Verbindung, die Sie aufgrund des Kontaktwunsches aufnehmen. Der Rechtsweg ist ausgeschlossen.

unsere Stadt kommen, sucht das Fremdenverkehrsbüro noch drei Reiseführer.

♦ Situation 2: Anruf bei der Post

Ein/e Student/in arbeitet bei der Post, ein/e andere/r ruft an, um folgende Informationen zu bekommen. Verabreden Sie, wer welche Rolle übernimmt.

Variation 1: Ihre Mutter hat ein Paket, das Sie ihr vor drei Wochen zuschickten, nicht bekommen. Finden Sie heraus, was passiert ist, und was Sie tun können.

Variation 2: Ihr Telefon funktioniert nicht mehr. Sie rufen von einer Telefonzelle oder vom Telefon eines Freundes an. Erklären Sie, was passiert ist und bitten Sie um schnelle Behebung des Schadens, da Sie das Telefon für Ihren Beruf brauchen.

♦ Situation 3: Anruf bei der Bank

Ein/e Student/in arbeitet bei der Bank, ein/e andere/r ruft an, um folgende Informationen zu bekommen. Verabreden Sie, wer welche Rolle übernimmt.

Sie haben Ihren Kontoauszug erhalten und festgestellt, daß Ihr Konto um 3000 DM überzogen ist und deshalb gesperrt ist. Erklären Sie, daß es sich um einen Fehler handeln muß, daß Sie keinen Scheck in solcher Höhe geschrieben haben. Machen Sie klar, daß Sie über Ihr Konto verfügen müssen, weil Sie Ihren Gehaltsscheck erwarten.

The Passive Voice

The choice between using the active or the passive voice depends on whether the speaker wants to focus on the person who performs an action or on the process or execution of an action. The active voice of a verb emphasizes the person doing something and describes an action performed by that agent. In the passive voice, the main focus is on the action as a process and its impact on the subject.

◆ GRAMMATIK IM KONTEXT

Späte Anerkennung°

acknowledgment

Der Kurde Ibrahim Özcan—vor zweieinhalb Jahren aus Frankfurt in die Türkei abgeschoben°—wird am Dienstag aus einem Gefängnis in der Nähe von Istanbul entlassen. Die hessischen Behörden° haben seine Abschiebung inzwischen als „Fehler in der Zusammenarbeit" zu entschuldigen versucht. Im Juli 1987 hatten zwei Polizisten den Asylbewerber° aus einer Wohnung bei Darmstadt geholt; noch am selben Tag wurde er zum Flughafen gebracht. In Istanbul wurde er bereits von der Polizei erwartet, verhaftet° und seinen Aussagen zufolge tagelang grausam° gefoltert.° Nach Angaben der Bundestagsabgeordneten° der Grünen Karitas Hensel ist der Kurde „physisch und psychisch am Ende". Die Bundesrepublik hat Ibrahim Özcan inzwischen als asylberechtigt anerkannt. Das hessische Innenministerium hat ihm ein Rückflugticket nach Frankfurt besorgt.°

deported
authorities

person seeking political asylum

arrested /
terribly tortured /
member of parliament

procured

aus: Der Spiegel

The passive is formed with forms of the verb **werden** plus the past participle of the main verb. Verbs in the passive voice can occur in the various tenses and in the indicative or the subjunctive. The tense of a passive sentence is shown by the tense of the verb **werden**; the past participle of the main verb is the invariable part.

11.1 Forms of the Passive

Present	Der Kurde **wird abgeschoben.**
Past	**wurde abgeschoben.**
Present Perfect	**ist abgeschoben worden.**
Past Perfect	**war abgeschoben worden.**

Future	**wird abgeschoben werden.**
Future Perfect	**wird abgeschoben worden sein.**
Subjunctive I	**werde abgeschoben.**
Past Subjunctive I	**sei abgeschoben worden.**
Subjunctive II	**würde abgeschoben.**
Past Subjunctive II	**wäre abgeschoben worden.**
Passive Infinitive	**abgeschoben werden.**

Note that the past participle of **werden** in the active voice is **geworden**; however, in the passive voice, **worden** is used. The preferred past tense in the passive voice is the simple past, not the present perfect as in the active voice. A passive imperative cannot be formed.

Observe the following sentences:

ACTIVE: (1) **Zwei Polizisten** haben **den Asylbewerber** geholt.
PASSIVE: (2) **Der Asylbewerber** wurde von **zwei Polizisten** geholt.

When active sentences are transformed into the passive:

A. The accusative object of the active becomes the subject of the passive sentence.

B. The subject of the active sentence becomes a prepositional phrase introduced by **von**. The prepositions **durch** or **mit** are used if an impersonal medium is used to accomplish the process:

   (3) Ein Rückflugticket wurde ihm **durch** das Innenministerium besorgt.
   (4) Er wird **mit** der Lufthansa nach Frankfurt geflogen.

The agent of the action can be omitted:

   (5) Ein Rückflugticket wurde ihm besorgt.

C. The active verb form is replaced by **werden** and the past participle. **Werden** agrees in number with the new subject.

In German, only the direct object of an active sentence can become the subject of a passive sentence. If the active sentence does not have an accusative object, the corresponding passive sentence does not have any grammatical subject. In such sentences, the verb **werden** is always in the 3rd person singular. For example, if you change a sentence that only has a dative object from active to passive, the dative object remains in the dative case:

(6) Das Innenministerium hat **ihm** ein Rückflugticket besorgt.
(7) **Ihm** wurde ein Rückflugticket besorgt.

Unlike English, German can use verbs that lack an object (intransitive verbs) or a subject in passive sentences.

(8) Ihm wurde lange nicht geholfen.
(9) Im Gefängnis wird nicht geraucht.

In order to avoid beginning the sentences with the verb, the impersonal word **es** is used if there is no other sentence unit to occupy Position I. **Es** functions as a substitute, but not as the subject of the sentence.

(10) **Es** wurde nicht geholfen.

Overview

The passive is mainly used in official administrative language and judicial texts. Orders, requests, and summons are given in the passive voice.

(11) Alle Hundebesitzer **werden aufgefordert**, die Hundesteuer bis zum 15.11. bei der Stadtkasse einzuzahlen.

The passive is used in theoretical and scientific texts, as well as in news reports, recipes, and instructions.

(12) Das Mehl **wird durchgesiebt** und nach und nach **werden** Milch und Eier **dazugegeben**.

Passive sentences give the impression of being more objective because they leave out describing and reporting about the subject. In this way, both the author and the reader of the text can distance themselves from the text. The passive is used as a device to shift the focus of an action from the person causing the events to the process, execution, or completion of the action. It is used to describe an action without a doer. Since the agent is generally not mentioned and remains anonymous, passive constructions are less personal.

One function of the passive is to minimize the role of the agent. A passive with an unexpressed agent can serve as a means for obscuring facts. Consider a situation in which a child has just broken a vase. When the mother asks what happened, the child can respond with one of the following:

(13) Ich habe die Vase zerbrochen.
(14) Die Vase wurde zerbrochen.
(15) Die Vase ist zerbrochen/kaputt.

Whereas the child claims responsibility for the act in sentence (13), responses (14) and (15) avoid identifying the agent.

Through the use of agentless passive sentences, we have a convenient means to avoid placing blame. This is a common practice when writing history:

(16) Die Berliner Mauer wurde gebaut.

Anwendung und Kommunikation

A. Dreimal werden   Lesen Sie die folgenden Sätze, und entscheiden Sie, in welchem Tempus und in welcher Bedeutung **werden** benutzt wird:

a. **werden** *to become*
b. **werden** + Infinitiv = Futur
c. **werden** + Partizip = Passiv

BEISPIEL   Volker will Architekt werden. →
         to become

1. Aber dafür wird er noch lange studieren müssen.
2. Er ist gerade mit seiner ersten Prüfung fertig geworden.
3. Das nächste Examen wird nicht leicht werden.

4. Wenn es nach Jo geht, wird er sich viel Zeit lassen.
5. Gleichzeitig wird er von seinen Eltern gedrängt, sich zu beeilen.
6. Sie sagen, daß ihm alles zu einfach gemacht wurde.
7. „Jetzt wird sich angestrengt," sagen sie.
8. „Überall wird immer nur gearbeitet," denkt Jo.
9. Was auch immer passiert, ich werde mir Zeit lassen.

B. Rüde Befehle   Reagieren Sie unsympathisch und aggressiv!

BEISPIEL   Sie wollen nicht, daß man in Ihrem Zimmer
            raucht. →
            Hier wird nicht geraucht!

1. Sie wollen nicht, daß man in der Bibliothek laut spricht.
2. Sie wollen nicht, daß man auf Ihrer Party tanzt.
3. Sie wollen nicht, daß man bei Ihnen Alkohol trinkt.
4. Sie wollen, daß man in Ihrer Straße vorsichtig fährt.
5. Sie wollen nicht, daß man auf dem Bürgersteig Fahrrad fährt.
6. Sie wollen nicht, daß man Abfälle auf die Straße wirft.
7. Sie wollen nicht, daß man im Park laute Musik spielt.

C. Berufe   Von wem werden diese Tätigkeiten ausgeführt?

BEISPIEL   Möbel aus Holz gemacht →
            ST1: Von wem werden Möbel aus Holz gemacht?
            ST2: von einem Schreiner/einer Schreinerin

1. Zähne plombiert	Mechaniker
2. ein Auto repariert	Pilot
3. ein Flugzeug geflogen	Regisseur
4. Bücher geschrieben	Schauspieler
5. Schuhe repariert	Busfahrer
6. Filme gedreht	Zahnarzt
7. eine Rolle in einem Film gespielt	Professor
8. Busse gefahren	Architekt
9. Studenten unterrichtet	Autor
10. ein Haus entworfen	Schuhmacher

Finden Sie andere berufliche Tätigkeiten und fragen Sie Ihre Kommilitonen.

D. Geschichte der USA Wie gut kennen Sie sie?

Wann oder von wem wurde ...

1. Amerika entdeckt
2. Lincoln erschossen
3. Kennedy erschossen
4. Reagan zum ersten Mal gewählt
5. Bürgerkrieg geführt
6. die ersten Jeans hergestellt
7. die erste Rakete gestartet
8. Gold in Kalifornien gefunden
9. die Arbeit an der Brooklyn Bridge angefangen
10. ...

Kennen Sie noch andere historische Daten und Persönlichkeiten? Schreiben Sie sie auf und fragen Sie die anderen Studenten im Kurs.

E. Der Skitrip Machen Sie mit Ihrem/r Nachbarn/in einen Plan für einen Skitrip mit einer Gruppe von Kindern. Schreiben Sie, wie der Tag ablaufen soll und was wann gemacht wird.

BEISPIEL Um 7.00 Uhr wird aufgestanden.
Um 7.30 Uhr wird geduscht.
Um 8.00 Uhr ...

F. Was wird an diesen Orten gemacht? Arbeiten Sie zu zweit.

Bett, Tisch, Dusche, Badewanne, Schwimmbad, Fußballplatz, Tennisplatz, Diskothek, Restaurant, Bar (die), Kino, Supermarkt, Zug, Kino, Wohnung, Bodybuildingraum (der), Sauna (die), Küche, Arbeitszimmer, ...

BEISPIEL Tisch →
An einem Tisch wird gegessen oder gearbeitet oder gespielt ...

G. Was wird gespielt? Sehen Sie sich das Programm auf der nächsten Seite an! Was wird gespielt? Von wem, wann, wie... ?

DÜSSELDORFER SYMPHONIKER

Donnerstag, 5. April 1990, 20 Uhr
Freitag, 6. April 1990, 20 Uhr
Sonntag, 8. April 1990, 11 Uhr

Tonhalle
10. Symphoniekonzert

Dirigent
Carlos Kalmar

Solist
Bruno Leonardo Gelber, Klavier

Ludwig van Beethoven

Klavierkonzert Nr. 5 Es-Dur op. 73

Kurt Weill

Symphonie Nr. II (1933)

Leoš Janáček

Taras Bulba (1918)

Während des Konzertes am Sonntagvor-
mittag können Besucher ihre Kinder im
Alter von 5 bis 12 Jahren beim Museums-
spaß von 10.30 bis 14.00 Uhr im
Kunstmuseum, Ehrenhof 5, von Pädago-
gen betreuen lassen.

AB203511

H. Ein Quiz   Schreiben Sie in der Gruppe einige Quizfragen, die nach berühmten Personen fragen. Benutzen Sie die Verben aus der Liste! Fragen Sie die Mitglieder der anderen Gruppen.

entdecken, erfinden, komponieren, malen, entwickeln, entwerfen, drehen, bauen, produzieren, schreiben

BEISPIEL   Von wem wurde der Film *Die Blechtrommel* gedreht? → Volker Schlöndorff!

11.2   Modal Verbs in the Passive Voice

The passive voice is often used with the modal auxiliaries. Such a construction consists of the modal verb + the passive infinitive. The passive infinitive consists of the past participle of the main verb + **werden**: **gebracht werden** (*to be taken*). Remember that modal verbs are always used with an infinitive, in this case, a passive infinitive:

(1) Ibrahim **muß** zum Flughafen **gebracht werden**.
(2) Ibrahim **mußte** zum Flughafen **gebracht werden**.

This construction occurs most frequently in the present and the simple past tenses.

Other tenses of modal verbs in the passive are:

♦ Present Perfect

(3) Ibrahim **hat** zum Flughafen **gebracht werden müssen**.
    Ibrahim had to be taken to the airport.

♦ Past Perfect

(4) Ibrahim **hatte** zum Flughafen **gebracht werden müssen**.
    Ibrahim had had to be taken to the airport.

♦ Future

(5) Ibrahim **wird** zum Flughafen **gebracht werden müssen**.
    Ibrahim will have had to be taken to the airport.

Anwendung und Kommunikation

A. Die Party   Sie geben eine Party und laden Ihre Freunde dazu ein. In Ihrer Einladung nennen Sie alle die Dinge, die auf

Ihrer Party gemacht werden können. Hier sind einige Aktivitäten, aber finden Sie noch mehr:

tanzen, essen, rauchen, trinken, singen, flirten, küssen, spielen, streiten, ...

BEISPIEL   Auf meiner Party kann getanzt werden.

Aber natürlich wollen Sie nicht, daß zum Beispiel Zigaretten auf dem Boden ausgetreten werden. Sagen Sie also auch, was nicht gemacht werden sollte.

BEISPIEL   Zigaretten sollten nicht auf dem Boden ausgetreten werden. Dafür haben wir Aschenbecher.

Arbeiten Sie jetzt in der Gruppe und besprechen Sie, was von wem für die Party gemacht wird. Hier einige nützliche Verben: besorgen, kaufen, aufblasen, leihen, fahren, aufstellen, kochen, machen, anrühren, ...

BEISPIEL   Die alkoholfreien Getränke werden von John besorgt.

Finden Sie noch andere Aktivitäten, die erledigt werden müssen.

B. Was ist zu tun?   Besprechen Sie in der Gruppe, was gemacht werden muß, wenn folgendes geschieht.

BEISPIEL   Was muß gemacht werden, wenn Sie einen Unfall sehen? →
Wenn Sie einen Unfall sehen, müssen Sie anhalten. Der Wagen muß nach Verletzten untersucht werden. Gibt es Verletzte, so muß ihnen geholfen werden. Die Polizei muß verständigt werden.

1. Was muß gemacht werden, wenn Sie mit dem Auto eine längere Reise machen wollen?
2. Was muß gemacht werden, wenn sich im Restaurant jemand an einer Fischgräte verschluckt hat?
3. Was muß gemacht werden, wenn Sie sich auf einen Test vorbereiten?

11.3   Alternatives to the Passive

There are several grammatical constructions that can be used instead of the passive:

♦ Active sentences with reflexive verbs. The cause or the performer of the action cannot be identified:

> (1) Die Gefängnistür wurde geöffnet.
> (2) Die Gefängnistür **öffnete sich**.

♦ Active sentences with the impersonal pronoun **man**:

> (3) Ihm wurde ein Flugticket besorgt.
> (4) **Man** besorgte ihm ein Flugticket.

♦ Active sentences containing the verb **sich lassen** + the infinitive of the main verb. Such constructions replace a passive sentence with the modal verb **können**.

> (5) Das Verhalten der Behörden **kann** nicht **entschuldigt werden**.
> (6) Das Verhalten der Behörden **läßt sich** nicht **entschuldigen**.

♦ The verb **sein** + **zu** + infinitive can replace passive sentences with the modal verbs **können**, **sollen**, and **müssen**.

> (7) Er **muß** als asylberechtigt **anerkannt werden**.
> (8) Er **ist** als asylberechtigt **anzuerkennen**.

Overview

As you have seen, the passive construction can be replaced by other constructions. However, be aware that these substitute constructions often have distinct differences in meaning. Here is a summary of these alternative forms:

(9) Die Gefängnistür wird geschlossen.
The prison door is being closed.

(10) Die Gefängnistür schließt sich.
The prison door closes.

(11) Die Gefängnistür läßt sich schließen.
The prison door can be closed.

(12) Die Gefängnistür ist zu schließen.
The prison door has to be/can be closed.

(13) Man schließt die Gefängnistür.
The prison door is being closed./They close the prison door.

 # Anwendung und Kommunikation

A. Schwyzertütsch   Sagen Sie dasselbe in anderer Form.

BEISPIEL   In der Schweiz wird eine andere Sprache
gesprochen. →
In der Schweiz spricht man eine andere Sprache.

1. Diese Sprache wird Schwyzertütsch genannt.
2. Die Kinder werden nicht in dieser Sprache unterrichtet.
3. Aber auf dem Land und in der Stadt wird sie oft verwendet.
4. Auch Bücher werden in diesem Dialekt geschrieben.
5. In den Zeitungen wird sie nicht benutzt.
6. Im Fernsehen wird diese Sprache nicht in den Nachrichten,
   sondern nur in Filmen verwendet.
7. Gedichte werden in diesem Dialekt veröffentlicht.
8. Von Schweizern wird diese Mundartliteratur leicht gelesen.
9. Von Deutschen wird diese Sprache fast nicht verstanden.

B. Rohmaterial   Was wird aus den folgenden Materialien hergestellt?

Holz, Leinen, Baumwolle, Wolle, Plastik, Eisen, Keramik,
Stahl, Gold, Silber, Glas, Kupfer, Aluminium.

BEISPIEL   ST1: Was kann aus Holz hergestellt werden?/Was kann
man aus Holz herstellen? →
ST2: Man kann Möbel herstellen./Möbel können hergestellt werden.

Statal Passive

11.4

The so-called statal passive focuses on the result of an action, that is, on a condition. German distinguishes between the process of an action, expressed by the passive voice, and a state of being or condition expressed by the statal or false passive. The statal passive is formed with the verb **sein** + the past participle of the main verb.

(1) Die Suppe wird gekocht.
   The soup is [being] cooked.

(2) Die Suppe **ist** gekocht.
   The soup is cooked.

(3) Die Arbeit wird getan.
   The work is [being] done.

(4) Die Arbeit **ist** getan.
   The work is done.

The agent of the action is usually not made explicit in the statal passive. The past participle functions like a predicate adjective.

(5) Die Suppe ist **gekocht.**.
(6) Die Suppe ist **lecker.**

 ## Anwendung und Kommunikation

A. Frühjahrsputz Sie und Ihr Freund wollen das Haus putzen. Er macht Pläne, was alles gemacht werden muß, aber Sie sind immer ein bißchen schneller: Alles ist schon gemacht. Antworten Sie auf die Aufforderungen Ihres Freundes!

BEISPIEL Die Betten müssen noch gemacht werden! →
   Sie sind schon gemacht!

1. Die Fußböden müssen noch geputzt werden!
2. Die Türrahmen müssen noch abgewaschen werden!

3. Das Geschirr muß noch gespült werden!
4. Die Fenster haben wir noch nicht geputzt!
5. Die Regale müssen noch abgestaubt werden!
6. Die Teppiche müssen noch gesaugt werden!
7. Der Kühlschrank muß noch ausgeräumt werden!

B. Reisevorbereitungen   Sie machen eine Reise und Ihrer Meinung nach ist alles fertig. Sie sind nervös, wollen abfahren und sagen Ihrem/r Partner/in, was alles schon fertig ist. Ihr/e Partner/in findet, daß noch vieles erledigt werden muß, bevor Sie abfahren können.

BEISPIEL   Auto/packen →
          Das Auto ist schon gepackt.
          Pflanzen gießen →
          Ja, aber die Pflanzen müssen noch gegossen werden.

1. Tank (der)/füllen
2. Reifendruck (der)/prüfen

3. Öl (das)/checken
4. Scheiben/putzen
5. Koffer/verstauen
6. Wasser/auffüllen
7. Auto/packen
8. Zelt (das)/einpacken
9. Proviant (der)/fertigmachen

10. ...

a. Eltern/anrufen
b. Elektrogeräte/ausschalten
c. Zeitung/abbestellen
d. Geschirr/spülen
e. Betten/machen
f. Wohnung/aufräumen
g. Fenster/schließen
h. Licht/ausmachen
i. Kühlschrank/saubermachen

j. ...

Comparison of Adjectives and Adverbs

11.5

When adjectives and adverbs are used to compare the qualities of people, things, or activities (nouns or verbs), they change forms. This change is called *comparison*. There are three levels or degrees of comparison: positive, comparative and superlative.

◆ **GRAMMATIK IM KONTEXT**

Was ist besonders deutsch an der deutschen Sprache?

Ihre schönsten und ihre häßlichsten Wörter verdankt die deutsche Sprache einer einzigen Möglichkeit: Man kann bei uns mehrere Wörter zu einem neuen Wort zusammenfügen°. Ein Wort, das vorher ohne jedes Anzeichen von Hinfälligkeit° frei existierte, gerät° unversehens° in den Bann° eines anderen Wortes, eine Anziehungskraft scheint wirksam zu werden, und schon hat die Paarung° stattgefunden.

join together
weakness / gets /
suddenly /
spell / mating

In dem neuen Wort, das jetzt entsteht, geht es selten ganz friedlich zu. Jedes Wort betont° seine Geschichte. Es hat Bedeutung gescheffelt°. Und je mehr Bedeutung das einzelne Wort nun mitbringt, desto schöner oder häßlicher kann das Ergebnis sein.

stresses /
won

aus: Martin Walser, *Einheimische Kentauren*

 a   The Positive Form

The positive form refers to the quality of a person, thing, or activity. It is simply the base form or dictionary form of the adjective or adverb:

(1) Die deutsche Sprache hat **schön**e und **häßlich**e Wörter.
(2) Man kann schnell **neu**e Wörter bilden.

In comparisons implying equality, the construction **so ... wie** (*as ... as*) is used with the positive form of predicate adjectives and adverbs:

(3) Andere Sprachen können nicht **so leicht Doppelwörter bilden wie** die deutsche Sprache.

Other common expressions to use for comparisons are:

    ebenso/genauso ... wie ...
    doppelt (zweimal, ... x-mal) so ... wie ...

(4) Das Wort Weltschmerz zeigt eine **ebenso** schwer auflösbare Konstruktion **wie** das Wort Weltanschauung.

b   ## The Comparative Form

The comparative form is used to express an inequality between the people, things, or activities being compared. It is formed by adding **-er** to the stem of the adjective or adverb. This form corresponds to the comparative of many short English adjectives:

(5) Je mehr Bedeutung das einzelne Wort nun mitbringt, desto **schöner** oder **häßlicher** kann das Ergebnis sein.
(6) Sobald das Doppelwort „Kunstwerk" existiert, regiert nicht mehr „Werk" in dieser Konstruktion, nicht mehr das Konkrete, sondern das **weniger** Konkrete: die Kunst.

A comparative form used as a predicate adjective or adverb does not have any ending other than the **-er** of the comparative.

Comparatives used as attributive adjectives add regular adjective endings to the comparative form, which ends in **-er**:

(7) „Werk" ist das **konkretere** Wort.
(8) Es gibt auch **logischere** Konstruktionen.

Most adjectives ending in **-el**, **-er**, and **-en** drop the **-e-** in the comparative:

(9) Selbst das dunk**lere** Wortgebräu „Weltschmerz" ist eine schwer auslösbare Konstruktion.

Many monosyllabic adjectives and adverbs with the vowels **a**, **u**, and **o** add an umlaut in the comparative:

Positive	Comparative
alt	älter
jung	jünger
kurz	kürzer
lang	länger
groß	größer
hart	härter
kalt	kälter
stark	stärker
schwach	schwächer

In the word **hoch**, the **-ch** is replaced by a silent **-h-** in the comparative:

hoch   hö**h**er

Just as in English, there are some irregular comparatives:

gut   besser
viel   mehr
gern   lieber
wenig   weniger (*or* minder)

Note that **gern** and **lieber** are adverbs only.

To compare two people, things, or activities, use the comparative + **als**:

(10) Manche Wörter sind **länger als** andere.
(11) Der Inhalt ist **wichtiger als** die Form.

The positive form may also be used to compare two characteristics of the same person, thing, or activity with the following constructions: **mehr ... als** and **eher ... als**:

(12) In der Wissenschaft sind viele Wörter **mehr** unverständlich
       als verständlich.
(13) Das ist **eher** ärgerlich **als** notwendig.

To express a relationship between two comparatives, the constructions **je ... desto/umso** and **je ... je** are used:

Eierköpfe

Eierkopf grüßt alle Landeier!

(14) **Je** weniger konkret ein Wort ist, **desto** herrschsüchtiger ist
    es.
(15) **Je** weniger wir wissen, **umso** mehr vermeiden wir das Einzel-
    wort.

Immer + the comparative is used for emphasis:

(16) Die Wörter werden **immer** länger.
    The words are getting longer and longer.

C   The Superlative Form

The superlative form is used to express the highest degree of a
quality. It is formed by adding -**st** to the stem of the adjective or
adverb (-**est** if the stem ends in -**d**, -**t**, or in an **s**-sound such as -**z**,
-**s**, -**sch**, -**ß**).

(17) Ihre **schönsten** und ihre **häßlichsten** Wörter verdankt die
    deutsche Sprache der Wortbildung.
(18) In der Politik spielen diese Wörter denn auch die **größte**
    Rolle.

When preceded by the definite article or a possessive adjective,
the superlative form takes the appropriate declensional endings.

(19) Die **neuesten** Wörter kreiert die Werbung.

Predicate adjectives and adverbs, as usual, do not take any endings. The superlative here is formed by the pattern **am** + adjective stem + -**sten**.

(20) Zusammengesetzte Wörter helfen uns **am meisten**.

Superlatives, like the comparative, add an umlaut to the vowels **a**,
o, and **u** in one-syllable adjectives. Some superlatives are irregular
and must therefore be memorized. The same adjectives and adverbs that are irregular in the comparative are irregular in the superlative:

gern	lieber	liebst-
groß	größer	größt-
gut	besser	best-

viel	mehr	meist-
hoch	höher	höchst-
nah	näher	nächst-
wenig	weniger /	wenigst- /
	minder	mindest-

The following are frequently used adverbial superlatives ending in **-ens**.

höchstens	*at (the) most*
wenigstens	*at least*
mindestens	*at least*
frühestens	*at the earliest*
spätestens	*at the latest*
meistens	*mostly, usually*

Overview

As you have seen, German uses only one type of construction for the comparative and superlative forms. English, on the other hand, has two possibilities, depending on the length of the adjective:

brave	braver	bravest
difficult	more difficult	most difficult

The comparative is used to compare the quality of a person, thing, or activity with another person, thing, or activity. The superlative is used to stress the highest degree of a quality. But there are other stylistic uses of the comparative. The comparative can express a general rather than a specific comparison (**eine längere Reise**, *a rather long trip*).

Paradoxically, the comparative can indicate a dilute or subdued meaning of the positive; for example, **eine ältere Dame** (*an elderly woman*) is not older but younger than **eine alte Dame** (*an old woman*). In this way the comparative is often used for understatement.

The superlative, on the other hand, can be used for overstatement or exaggeration. It can be made even stronger with the prefix **aller**-:

(21) Du bist die **allerbeste** Mutter.
(22) Das war der **allerschönste** Tag meines Lebens.

The superlative can also be expressed by certain adverbs and particles:

> außerordentlich, gänzlich, völlig, ungewöhnlich, gewaltig,
> winzig, riesig, super, schrecklich, furchtbar, irre, enorm,
> unheimlich, phantastisch, grauenhaft, toll, geil, tierisch

(23) Das ist der **beste** Film.
(24) Das ist ein **außergewöhnlich guter** Film.
(25) Das ist ein **super** Film.
(26) Das ist ein **tierisch guter** Film.
(27) Das ist ein **irre guter** Film.

The same sense of hyperbole can be achieved by compounding. Compounding is especially productive in advertisements. Here are a few common compounds:

> bettelarm, steinreich, goldrichtig, schneeweiß, hypernervös,
> supermodern, stinkfaul, federleicht, zentnerschwer, usw.

 # Anwendung und Kommunikation

A. Vergleichen Sie die Bilder!

B. Der Prahlhans   Seien Sie ein Prahlhans! Übertreiben Sie!

BEISPIEL   ST1: Ich bin stark.
ST2: Aber ich bin stärker als du. Ich bin bestimmt der
stärkere Mann.
ST1: Nein, du bist zimperlicher als ich.

reich	arm
intelligent	dumm
gesund	krank
schnell	langsam
charmant	langweilig
energisch	kultiviert
pessimistisch	optimistisch
liberal	konservativ
aggressiv	tolerant

C. Extreme   Fragen Sie Ihre Kommilitonen und Kommilitonin-
nen!

BEISPIEL   jung →
ST1: Wer ist der jüngste Mensch, den du kennst?
ST2: Mary, die Tochter meiner Schwester. Sie ist drei
Monate alt.

1. alt
2. interessant
3. nett
4. groß
5. intelligent

6. fleißig
7. schön
8. häßlich
9. dumm
10. langweilig

Erstklassige Gebrauchte vieler Marken und Klassen zu Top-Konditionen.

BMW 520I, 6/87, 44600 km, delphinmet., SSD, Color, Shadowline, Radio-Cass. **DM 20 950,- i.KA**
BMW 524 TD, 7/85, 70 500 km, bronzitbeigemet., ZV, el. SSD, Diebstahlwarn., Nebelscheinw., autom. Antenne, Radio Bavaria CR Digital **DM 19750,- i.KA**
BMW M 635 CSI, 2/85, 55 000 km, polarismet., Leder, Color, el. SSD, Klima, LM-Felgen, Radio Bavaria C Electronic, autom. Antenne **DM 47500,- i.KA**
BMW 323I/4 Kelleners K 3, 5/84, 42000 km, hennarot, 3,5-I-Motor, 218 PS, 90-I-Tank, Color, el. SSD, Sportsitze **DM 26250,-**
BMW 520I, 7/86, 36 500 km, lapisblau, LM-Felgen, Klima, el. FH vorn u. hinten
DM 19500,-
BMW 524 TD, 6/86, 57 000 km, delphinmet., ABS, ZV, Color, BMW-LM-Felgen, Radio Bavaria CR Digital **DM 23500,-**
BMW 525 E, Kat., 1/87, 72000 km, delphinmet., Klima, el. FH vorn, Color, ZV, Kopfst. hinten, Nebelscheinw. **DM 20950,-**
BMW 525I, Kat., 11/88, 61000 km, atlantisblau, Telefon Siemens, Außentemperaturanzeige, el. FH vorn, Nebelscheinw., Scheinwerfer-Wi-Wa, el. SD, Lordosenstütze, Sonnenschutzrollo, Radio Bavaria C Electronic **DM 38950,-**

FIAT Uno 75 S, Kat., 8/86, 38000 km, blaumet., Radio
DM 8750,- i.KA
Fiat Uno Turbo, 6/85, 62 800 km, schwarz **DM 9950,- i.KA**

FORD Sierra Ghia 2,0i, Kat., 6/87, 68000 km, blaumet., LM-Felgen, Sportfahrwerk, Hecksp., Radio
DM 19950,- i.KA
Ford Escort XR3I, 5/85, 73 000 km, schwarz, SD, Radio **DM 11500,- i.KA**

OPEL Rekord 2,2I CD, 3/85, 60365 km, blaumet., SSD, Servo, Bord comp., Radio **DM 11950,- i.KA**
Opel Kadett GT, 5/86, 66 000 km, rot, Radio **DM 11500,- i.KA**

PORSCHE 944 S 2, 12/89, 6500 km, schwarz, Leder, Sperre, ABS, Servo, Klima, Sitzhzg., get. Rücksitzlehne, Flankenschutzleiste
DM 75000,-

VW Golf GTI, Kat., 12/88, 11500 km, schwarzmet., Leder, SSD, Servo, ZV, ABS, ATS-LM-Felgen m. Breitreifen, Color, Sitzhzg., Radio-Cass. Garnma **DM 31950,-**

Individualität auf allen Ebenen.

harry scheller

Boschstraße 3 **4030 Ratingen**
Telefon-Nr. 0 21 02 / 42 0 42

DE135046

D. Gebrauchtmarkt Vergleichen Sie die Autos! Welche Vorteile und Nachteile haben sie? Welches würden Sie kaufen? Warum? Welches würde Ihr Vater/Ihre Mutter kaufen? Benutzen Sie viele Komparative!

E. Vergleiche   Vergleichen Sie sich mit Ihrem Freund oder Ihrer Freundin.

Alter
Aussehen (Nase, Augen, Haare, Größe)
politische Einstellungen (liberal, konservativ)
Charaktereigenschaften (pessimistsch, optimistisch, gesellig, ...)
Interessen (sportlich, künstlerisch, musikalisch)
...

F. Nationale Eigenarten   Erfinden Sie mindestens drei stereotype Eigenarten über diese Nationalitäten!

BEISPIEL   Die Deutschen sind die komischsten Menschen. Sie machen das beste Sauerkraut und die schönsten Autos.

1. die Franzosen
2. die Amerikaner
3. die Italiener
4. die Russen
5. die Japaner

6. die Spanier
7. die Chinesen
8. die Österreicher
9. die Schweizer
10. die Mexikaner

G. Vorlieben und Abneigungen   Sprechen Sie mit Ihren Kommiliton(inn)en!

1. Was war der langweiligste Film, den du je gesehen hast? Warum? Welcher Film war fast so langweilig wie dieser Film?
2. Was war der interessanteste Kurs, den du jemals belegt hast? Warum? Ist er so interessant wie dieser Kurs?
3. Wer ist der unfreundlichste Mensch, den du kennst? Was hat diese Person gemacht? Was müßte man mit dir machen, damit du genauso unfreundlich wärest?
4. Wer ist der neugierigste Mensch, den du kennst? Was macht diese Person? Bist du manchmal genauso neugierig? In welchen Situationen?
5. Welche Situation, in der du einmal warst, hat dich am wütendsten gemacht? Was ist passiert? Welche andere Situation würde dich genauso wütend machen?
6. Wer ist für dich die verführerischste Frau/der verführerischste Mann? Warum?

Zusammenfassende Aktivitäten

A. Sind Sie abergläubig?   Hier sind einige bekannte Aberglauben:

> Schwarze Katze; unter eine Leiter hindurchgehen; Salz verstreuen; Spiegel zerbrechen; Schornsteinfeger bringen Glück; Scherben bringen Glück; usw.

Notieren Sie andere bekannte Aberglauben. Sprechen Sie mit den Studenten in Ihrer Gruppe.

1. Wer ist der abergläubigste Mensch, den Sie kennen? Warum? Was macht er/sie (nicht)?
2. Erzählen Sie eine lustige oder ernste Geschichte, die mit Ihrem oder dem Aberglauben von anderen Personen zu tun hat!
3. Was bedeutet Ihnen die kürzeste Nacht des Jahres? Erklären Sie!
4. Bedeutet Ihnen die längste Nacht des Jahres auch etwas? Was?

B. Umweltprobleme   Sprechen Sie in der Gruppe.

1. Was sind für dich die größten Umweltprobleme? z.B. die Kohlekraftwerke, die Atomkraft, die Industrie, die Autos, die privaten Haushalte, usw.
2. Was sind deiner Meinung nach die besten Möglichkeiten, mit Umweltproblemen umzugehen?
3. Wo triffst du persönlich am häufigsten auf die verschmutzte Umwelt? Was tust du dagegen?

C. Rollenspiele zum Thema Umwelt   Hier sind einige Situationen, die Sie mit Ihren Kommiliton(inn)en im Deutschkurs durchspielen können.

◆ Situation 1
ST1: Sie haben ein Geschäft. Sie wollen dem Kunden Spraydosen mit Treibgas verkaufen (Haarspray, Deodorant, usw.)
ST2: Sie sind der Kunde/die Kundin. Sie möchten keine Dose mit Treibgas.

◆ Situation 2
ST1: Sie werfen eine leere Cola-Dose auf die Straße.
ST2: Sie reden mit ihm/ihr darüber.

◆ Situation 3
ST1: Sie wollen mit dem Auto zur Post fahren. Die Post ist 500 Meter entfernt.
ST2: Sie möchten, daß er/sie zu Fuß geht.

◆ Situation 4
ST1: Sie duschen dreimal täglich, lassen das Wasser immer laufen, waschen auch nur zwei oder drei Kleidungsstücke in der Waschmaschine und spülen auch zwei Teller und zwei Tassen in der Spülmaschine.
ST2: Sie finden das nicht gut.

D. Sprachliche Superlative

Superlative gibt es nicht nur grammatisch. Man findet sie vor allem auch in sprachlichen Varianten. Besonders im Sport finden Reporter immer Formen, die Aktionen von Sportlern und Sportlerinnen in Superlativen beschreiben. Hier sind einige dieser Formen:
der Wunderpaß, das Bilderbuchtor, die Spitzenform, die Meisterleistung, supernervös, seelenruhig, der Superrekord, eine Spielerin der Superlative, der weltbeste Fahrer, traumhafte Leistung, die Mannschaft gewinnt haushoch, absolut, enorm, er kämpft wie ein Löwe, ein mörderisches Spiel, Beckenbauer ist der Kaiser, Müller ist der Bomber, usw.

Schreiben Sie einen Sportbericht über ein Spiel oder eine Sportart Ihrer Wahl. Verwenden Sie nicht nur die Wörter und Ausdrücke oben, bilden Sie neue kreative Superlative!

E. Lebenslauf schreiben[1]

Lesen Sie den folgenden Lebenslauf eines Schülers.

Ich wurde am 14. März 1975 als Sohn des damaligen Postinspektors Alfred Schäfer und seiner Ehefrau Erika, geb. Schmidt, in E. St. geboren, wo ich auch evangelisch getauft wurde und meine

---

[1]. You can find another example of a **Lebenslauf** in the Quick Reference. In Germany a résumé is usually handwritten.

ersten Lebensjahre verbrachte. Als meine Eltern 1978 in E. eine ausreichende Wohnung erhielten, zogen wir dorthin um. Nach dem Besuch eines Kindergartens wurde ich 1981 in die Albert-Schweitzer-Schule eingeschult. 1985 verließ ich diese Schule und wurde in das Humboldt-Gymnasium in E. aufgenommen. Ich durchlief alle Klassen, ohne wiederholen zu müssen, und besuche jetzt die Obertertia. Besonderes Interesse habe ich an Deutsch und Mathematik. Mein nächstes Ziel ist die Reifeprüfung.

Schreiben Sie jetzt Ihren eigenen Lebenslauf. Vergessen Sie nicht:

—Geburtsjahr und -ort
—Berufe der Eltern
—Religion
—Wohnort(e)
—Erziehung (Schulbesuche und Daten, Schulabschluß)
—Interessen
—Berufliche Erfahrungen
—Berufsziel

F. Wie wird das gemacht? Erklären Sie, wie diese Dinge gemacht werden. Besprechen Sie sich mit Ihrem/r Nachbarn/in.

1. Wie wird Kaffee gekocht?
2. Wie wird ein Kuchen gebacken?
3. Wie wird ein Computerprogramm gestartet?
4. Haben Sie irgendwelche besonderen Hobbies/Interessen? Können Sie sie beschreiben? Wie werden sie gemacht? z.B. Wie wird Fußball/Baseball gespielt? Wie werden Fotos entwickelt?

G. Notruf! Aus welchen Gründen würden Sie die Polizei anrufen und was würden Sie sagen? Machen Sie Dialoge mit Ihrem/r Nachbarn/in:

BEISPIEL ST1: Ich bin auf der Straße überfallen worden! Mein Geld ist gestohlen worden.
ST2: Wo war das?/Wer war das? Kennen Sie die Person? Beschreiben Sie die Person! Wie spät war es? ...

HILFREICHE VERBEN

überfallen, angreifen, niederschlagen, berauben, verge-
waltigen, bedrohen, anfahren, überfahren, bestehlen, (bei
jemandem) einbrechen, beleidigen, beschimpfen, anpöbeln,
demolieren, aufbrechen, ausrauben

H. Partnerschaft   Diskutieren Sie in der Gruppe!

1. Wo ist es am leichtesten, jemanden kennenzulernen? Wo am
   schwersten?
2. Wie lernt man am besten jemanden kennen?
3. Was ist für dich das Wichtigste in einer Partnerschaft?
4. Was würdest du mit deiner Freundin oder mit deinem Freund
   am liebsten zusammen machen? Was am wenigsten gern?
5. Was ist das Schlechteste für eine Partnerschaft?

12

The Special Subjunctive

The subjunctive I, also called the *special subjunctive*, is a form mainly used in indirect discourse to report objectively what has been said by someone else. It is not used in everyday spoken language. You will encounter it most frequently in newscasts and in newspapers. It is more important to be able to recognize the special subjunctive than to actually use it.

As you see in the reading excerpt, you can report what someone else has said either by using direct discourse:

◆ **GRAMMATIK IM KONTEXT**

Heißes Wasser aufsetzen°

*to set hot water
on to boil*

Es war einmal ein kleiner Junge, der seiner Mutter nicht gern im Haushalt half. Darum stellte er sich meist dumm. Als eines Tages der Wasserkessel pfiff, und seine Mutter rief: „Dreh° doch mal das Wasser klein" konnte er gar nicht verstehen, was gemeint war. „Das Wasser ist doch schon klein—und wo kann man überhaupt daran drehen?" rief er zurück. Seine Mutter belehrte ihn, er solle das Gas kleindrehen, „unter dem Teekessel". Der Junge beteuerte° aber, er sehe keinen Teekessel, höchstens einen Wasserkessel für Teewasser. Aber dann drehte er doch großzügig° das Gas klein. Warnte man ihn, er solle sich vorsehen°, die Schüssel sei noch kochend heiß, so widersprach er mit Hingabe: Die Schüssel koche wirklich nicht, Schüsseln kochten überhaupt nicht, und diese habe höchstens achtzig Grad.

turn

*asserted
generously
pay attention*

aus: Eike Christian Hirsch, *Deutsch für Besserwisser*

(1) Seine Mutter rief: **„Dreh doch mal das Wasser klein."**

or by using indirect discourse:

(2) Seine Mutter belehrte ihn, **er solle das Gas kleindrehen**.

In direct discourse, you quote what someone has said word for word, whereas indirect discourse gives you the opportunity to paraphrase.

12.1   Forms of the Subjunctive I

There are three tenses of the special subjunctive: the present, the past, and the future. To form the subjunctive I in the present, take the stem of the infinitive and add the following endings (they are the same endings as for the subjunctive II):

Singular	**Plural**
ich geh**e***	wir geh**en***
du geh**est**	ihr geh**et**
Sie geh**en***	Sie geh**en***
er geh**e**	sie geh**en***

Note that the forms indicated by an asterisk are identical with the indicative.

To form the past subjunctive I, use the present subjunctive I form of **sein** or **haben** (following the conjugation pattern above) + the past participle:

(1) Er sagt, er **habe** ihn **gesehen**.
(2) Sie schwört, sie **sei** nicht da **gewesen**.

Note that **sein** has no **-e** ending in the 1st and 3rd person singular.

To form the future subjunctive I, use the present subjunctive I forms of **werden** + the infinitive.

(3) Der Junge sagte, er **werde** das Teewasser **kleindrehen**.

To paraphrase an imperative in indirect discourse, the modal verb **sollen** is used:

(4) Mutter: „Dreh das Gas klein!"
(5) Seine Mutter sagte, er **solle** das Gas kleindrehen.

Looking at the conjugation of the subjunctive, you can see that most verb forms in the subjunctive I are identical with their indicative forms. Whenever this is the case, the subjunctive II form is used instead in order to clearly distinguish the subjunctive from the indicative:

(6) „Wir gehen ins Kino!"
(7) Sie sagten, sie **(gehen) gingen** ins Kino.

Overview

Whereas the subjunctive II is used to express statements outside the realm of reality, that is, what is *unreal*, subjunctive I is used for reporting objectively something heard or read. The subjunctive I is an elevated form most likely to be found in written language. In everyday discourse, you will encounter it only in fixed expressions, if at all. In most spoken situations where people report on what somebody else said, the simple indicative is used:

(8) Er sagt, er **geht** ins Kino.

But sometimes you may hear the subjunctive II:

(9) Er sagt, er **ginge** ins Kino.

In cooking recipes or instructions for prescription drugs, you will encounter the verb forms of the subjunctive I, often accompanied by the impersonal pronoun **man** and the verb **nehmen**:

(10) **Man nehme** ein Pfund Mehl, einen Liter Milch und drei Eier.
(11) **Man gebe** einen Eßlöffel Backpulver hinzu.
(12) **Man nehme** drei Tropfen täglich.

Common fixed forms of the subjunctive I consist of formal rhetorical wishes, prayers, blessings, and the like. They are older forms that usage has "frozen" into idioms:

(13) Es lebe die Freiheit!
Long live freedom!

(14) Gott segne und beschütze uns!
God bless and protect us!

(15) Gott sei Dank!
Thank goodness!/ Thank God!

(16) Der Herr sei mit Dir und den Deinen.
The Lord be with thee and thine.

(17) So sei es!
So be it!

(18) Seien wir froh, daß alles gut gegangen ist.
Let's be glad that everything went well.

Probably the verb most frequently used in the subjunctive I is **sein**. It also occurs in constructions like:

—**es sei denn ...** (*unless*)

(19) Wir gehen heute spazieren, **es sei denn**, es regnet.
We're going for a walk today, unless it rains.

—**wie dem auch sei/sei dem, wie dem sei** ... (*be that as it may*)

(20) Ich habe aber keine Lust spazieren zu gehen.
—Wie dem auch sei (Sei dem, wie dem sei), wenn es nicht
regnet, gehen wir.

Since you will encounter forms of the subjunctive I in literary
texts, newpapers, and news reports, you have to be able to recognize them. You will see that the speaker/writer is reporting something without stating his or her opinion.

◢ Anwendung und Kommunikation

A. Heißes Wasser aufsetzen   Lesen Sie hier die Fortsetzung des
Textes von Eike Christian Hirsch, der am Anfang dieses
Kapitels abgedruckt ist. Sie sehen, daß der Autor zwei Formen der zitierten Rede benutzt, die direkte und die indirekte.

1. Unterstreichen Sie die Verbformen im Konjunktiv I.
2. Suchen Sie die direkten Zitate und schreiben Sie sie in indirekte um.

Wenn er beim Abwaschen trödelte, so daß man denken konnte,
er schlafe gleich über der Arbeit ein, rief seine Mutter wohl: „Das
kann ich gar nicht sehen, wie du bummelst!" Dann antwortete er:
„Dein Glück, daß du das nicht sehen kannst, es wäre bestimmt ein
schlimmer Anblick." Sagte seine Mutter aber: „Stell dich bitte
nicht so an", so erwiderte er: „Du stellst mich ja an, ich selbst
würde das nie tun."

Seine Mutter hatte sich bei alldem vorgenommen, keineswegs
nachzugeben und sich nichts anmerken zu lassen; doch ließ er sie
das büßen. Sie hatte ihn gebeten, er solle für sie Tee kochen, das
könne er ihr ruhig einmal abnehmen. Als er sich stillschweigend
fügte, war seine Mutter schon ganz erleichtert, bis sie merkte, daß
er in einem Topf mit Wasser die Teeblätter sprudeln ließ. Obwohl er genau wußte, wie man Tee zubereitet, nahm er doch alles
wörtlich, um sich unnütz zu machen.

Als er einmal gebeten wurde, heißes Wasser aufzusetzen, rechnete seine Mutter schon damit, er werde nicht wissen, was aufsetzen heißen solle. Aber er wußte es. Nur setzte er tatsächlich heißes Wasser auf, dampfend aus dem Boiler gezogen.

Seine Mutter war mit ihrem Küchenlatein am Ende. So brauchte er nie wieder etwas zu tun.

B. Rezepte   Schreiben Sie das Rezept für Ihr Lieblingsgericht oder -getränk auf. Benutzen Sie den Kochbuchstil mit **man**!

BEISPIEL   Man nehme etwas Mehl und drei Eier. Man mische sie zusammen.

HILFREICHER WORTSCHATZ

der Eßlöffel	schlagen
der Teelöffel	mischen
die Tasse	kochen
eine Prise	hinzugeben
das Gramm	hineingießen
das Pfund	backen

The Extended Adjective Construction

In German, participles used as attributive adjectives can be modified by other elements such as adverbs or prepositional phrases. It is important to be able to recognize these extended adjectives.

The most common cues for recognizing extended adjective constructions are given below. In each pair of examples, we have transformed the extended adjective into a relative clause to show its meaning. The opening and closing elements of the extended

---

◆   ## GRAMMATIK IM KONTEXT

Ameisen°   *ants*

Ameisen im Haus können Sie auf folgende Art vertreiben: Legen Sie
einen mit Essig getränkten° Schwamm° über Nacht neben die Ameisen-   *dipped /*
straße. Am nächsten Tag geben Sie den Schwamm in kochendes   *sponge*
Wasser, um die darauf sitzenden Ameisen zu töten.

Canapes

Die auf kleinen Brotscheiben angerichteten° Appetithäppchen° trock-   *prepared /*
nen nicht aus, wenn Sie ein Tablett mit einem leicht angefeuchteten°   *hors d'oeuvres /*
Küchentuch auslegen, die Canapés darauf setzen und kalt stellen. Kurz   *dampened /*
bevor der Besuch kommt, richten Sie die Canapés dann auf einer
Servierplatte an.

aus: Karin Winkell, *Haushaltstips praktisch und umweltfreundlich*

---

adjective construction are printed in bold type. Here are some of
the cues to look for in identifying an extended adjective construction.

◆ a limiting word followed by a preposition:

(1) Legen Sie **einen** mit Essig getränkten **Schwamm** neben die
    Ameisenstraße. =
(2) Legen Sie einen Schwamm, der mit Essig getränkt wurde,
    neben die Ameisenstraße.

Common limiting words used in these constructions are **ein**-
words, **der**-words, **alle**, **viele**, and numbers.

◆ two limiting words following one another:

(3) **Die** ihrem Weg folgenden **Ameisen** werden damit gefan-
    gen. =
(4) Die Ameisen, die ihrem Weg folgen, werden damit gefan-
    gen.

Not quite so common are extended adjectives—

♦ beginning with two prepositions:

> (5) **Mit** auf kleinen Brotscheiben angerichteten **Appetithäpp-chen** kann man seine Gäste beeindrucken. =
> (6) Mit Appetithäppchen, die auf kleinen Brotscheiben angerichtet werden, kann man seine Gäste beeindrucken.

♦ beginning without a limiting word:

> (7) **Mit** leicht angefeuchteten **Küchentüchern** kann man die Canapés gut kalt stellen. =
> (8) Mit Küchentüchern, die leicht angefeuchtet sind, kann man die Canapés gut kalt stellen.

This type of extended adjective occurs mainly with plural nouns and is generally introduced by a preposition.

♦ ending in participles used as nouns:

> (9) **Das** in dem Tip auf Seite 26 **Erwähnte** hilft beim Backen. =
> (10) Das, was in dem Tip auf Seite 26 erwähnt wird/worden ist, hilft beim Backen.

Note that relative clauses made from extended adjectives with a past participle are often in the passive voice; those made from present participles are in the active voice.

When you encounter an extended adjective and you want to analyze it, it is helpful to place parentheses after the first word of the extended adjective and before the noun it modifies. If the first word is a limiting word, the noun will agree with it in number, gender, and case.

$$\overset{1}{\text{Legen}} \text{ Sie } \overset{}{\textbf{einen}} \text{ } (\overset{5}{\text{über}} \text{ Nacht } \overset{4}{\text{mit Essig}} \text{ } \overset{3}{\text{getränkten}}) \overset{2}{\textbf{Schwamm}}$$
neben die Ameisenstraße.

Note that the numbers are a guide to translation word order. In the example above, we have isolated the extended adjective:

—über Nacht mit Essig getränkten

and are left with the basic sentence:

—Legen Sie einen Schwamm neben die Ameisenstraße.

To analyze the extended adjective, begin with the participle **getränkten** and work backwards:

—getränkten
—mit Essig getränkten
—über Nacht mit Essig getränkten

Using the information you have just read, try to find the extended adjectives in the text on page 408, and place parentheses around them. Replace them with relative clauses and then translate them. Remember: the participle becomes the verb of the relative clause.

Overview

Extended adjective constructions may appear confusing, but with a little practice you will be able to read them with ease. Identifying them, however, is the first step.

It is important to note that extended adjectives are normally reserved for the written language. In spoken language, relative clauses are used instead. Extended adjective constructions may be heard in weather reports (**Wetterberichte**). By means of the extended adjective construction, reports can be condensed into very short segments.

 ## Anwendung und Kommunikation

A. Römische Ruinen in der Stadt   Hier sind einige Sätze mit erweiterten Adjektiven. Bauen Sie sie in Relativkonstruktionen um.

BEISPIEL   Das ist eine von den Römern erbaute Stadtmauer. →
Das ist eine Stadtmauer, die von den Römern erbaut wurde.

1. Daneben steht ein ebenfalls von ihnen erbauter und dann von den Galliern zerstörter Palast.
2. Neben dem von Archäologen des frühen 20sten Jahrhunderts ausgegrabenen Amphitheater führt die Bahnlinie entlang.
3. Wegen dieses durch die Erschütterungen von Zerstörung bedrohten römischen Baudenkmals soll die Eisenbahnlinie umgelegt werden.
4. Mit jener von den Grünen vorgeschlagenen und schließlich von der Stadtverwaltung angeordneten Umbaumaßnahme wird gegen Ende des nächsten Jahres begonnen.
5. Unter sehr vielen in der Altstadt abgerissenen Häusern befinden sich weitere römische Ruinen.
6. Die auf diesen Grundstücken gefundenen Ruinen werden restauriert und die dort neu geplanten Gebäude können nicht gebaut werden.
7. Viele Hausbesitzer führen deshalb die Abrisse nicht mehr durch und sanieren stattdessen ihre Häuser.

B. Wetterberichte   Finden Sie die erweiterten Adjektive. Unterstreichen Sie sie im Text. Bauen Sie sie in Relativsätze um!

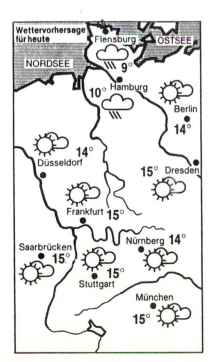

Freundlich

Atlantische Tiefausläufer führen zunächst milde, auf ihrer Rückseite jedoch polare Meeresluft heran.

Vorhersage für Samstag:
Heiter bis wolkig und niederschlagsfrei. Am Nachmittag Bewölkungszunahme und abends aufkommender Regen. Tagestemperaturen bei 14, im höheren Bergland um 10 Grad. In der Nacht Temperaturrückgang auf 6 bis 3 Grad. Mäßiger bis frischer Wind aus Südwest, in der Nacht auf Nordwest drehend.

Weitere Aussichten bis Sonntag:
Naßkaltes Schauerwetter. Tagestemperaturen nur noch 8 bis 10 Grad. Starker und böiger Nordwestwind.

Heute.
SA: 6.28 Uhr   MA: 5.24 Uhr
SU: 18.52 Uhr   MU: 16.02 Uhr

Pegelstände des Rheins von gestern:
Konstanz 291 unv., Rheinfelden 217 +7, Maxau 431 +6, Mannheim 230 -3, Worms 143 -2, Mainz 261 -4, Bingen 146 -6, Kaub 176 -7, Koblenz 200 -10, Andernach 237 -12, Bonn 266 -6, Köln 276 -3, Düsseldorf 257 unv., Ruhrort 372 -1, Wesel 328 -5, Rees 291 -7, Emmerich 250 -7.

12.3   Cardinal Numbers

In general, numbers have no declensional endings. The German cardinal numbers are:

0	null	11	elf	30	dreißig
1	eins	12	zwölf	31	einunddreißig
2	zwei	13	dreizehn	40	vierzig
3	drei	14	vierzehn	50	fünfzig
4	vier	15	fünfzehn	60	sechzig
5	fünf	16	sechzehn	70	siebzig
6	sechs	17	siebzehn	80	achtzig
7	sieben	18	achtzehn	90	neunzig
8	acht	19	neunzehn	100	(ein)hundert
9	neun	20	zwanzig	200	zweihundert
10	zehn	21	einundzwanzig	300	dreihundert

999	neunhundertneunundneunzig
1000	(ein)tausend
1947	eintausendneunhundertsiebenundvierzig
2000	zweitausend
10 000	zehntausend
100 000	hundert tausend
1 000 000	eine Million
10 000 000	zehn Millionen
100 000 000	hundert Millionen
1 000 000 000	eine Milliarde (*one billion*)
10 000 000 000	eine Billion (*one trillion*)

Note that the German word **Milliarde** corresponds to English *billion* and the German **Billion** to *trillion*.

Some numbers vary in pronunciation and spelling:

1	eins	*but*	21, 31 ... **einundzwanzig** (no **s**)
3	drei	*but*	30 **dreißig** (**ß** not **z**)
6	sechs	*but*	16 **sechzehn**, 60 **sechzig** (no **s**)
7	sieben	*but*	17 **siebzehn**, 70 **siebzig** (no **en**)

Eins is used in counting and at the end of a number:

zweihundert**eins** (201) *but* **ein**undfünfzig (51).

Eins is written ⟍ and **sieben** is usually written ⨸ .

To distinguish between **zwei** and **drei** in oral communication, especially on the telephone, the form **zwo** is often used instead of **zwei**. However, **zwei** must be used in writing.

In both speaking and writing, the ones precede the tens from number 13 on. This is similar to the older English form *four and twenty blackbirds*.

To indicate special years of wine and decades, the ending -**er** is added to cardinal numbers.

Der Film spielt in den **fünfziger** Jahren.
Der Wein ist ein **dreiundsiebziger** (Jahrgang).

Numbers from 1 to 9 are called **Einer** (*ones*); 10, 20, 30, and so on, are called **Zehner** (*tens*); 100, 200, 300, and so on, are called **Hunderter** (*hundreds*); 1000, 2000, and so on, are called **Tausender** (*thousands*).

Decimals are indicated by a comma not a period:

0,75 = null Komma fünfundsiebzig
3,8 = drei Komma acht

When pronouncing or writing out prices, **D-Mark** and **Pfennig** are always singular:

DM 4,30   vier Mark dreißig
DM 1,20   eine Mark zwanzig
DM 0,43   dreiundvierzig Pfennig

Mathematical expressions are written and spoken as follows:

$3 + 4 = 7$ 3 und (plus) 4 ist (sind) 7.
$12 - 8 = 4$ 12 weniger (minus) 8 ist 4.
$4 \cdot 4 = 16$ 4 mal 4 ist 16.
$4 \times 4 = 16$
$54 : 9 = 6$ 54 geteilt durch 9 ist 6.

$(a+b)^2$ a plus b in Klammern zum Quadrat

$\sqrt{49} = 7$ (Quadrat) Wurzel aus 49 ist 7.

 ## Anwendung und Kommunikation

Reise-Mark ist in USA mehr wert   Eine Mark ist nicht immer eine Mark wert, sondern in manchen Ländern ist die Kaufkraft höher oder geringer.

Vergleichen Sie die Kaufkraft der D-Mark im Ausland. Wo würden Sie als Deutsche(r) Urlaub machen?

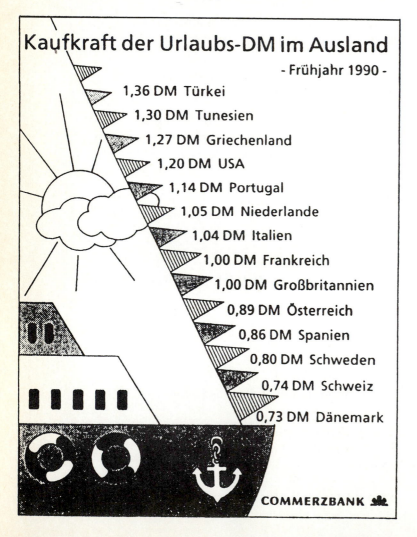

Kaufkraft der Urlaubs-DM im Ausland
- Frühjahr 1990 -

1,36 DM Türkei
1,30 DM Tunesien
1,27 DM Griechenland
1,20 DM USA
1,14 DM Portugal
1,05 DM Niederlande
1,04 DM Italien
1,00 DM Frankreich
1,00 DM Großbritannien
0,89 DM Österreich
0,86 DM Spanien
0,80 DM Schweden
0,74 DM Schweiz
0,73 DM Dänemark

COMMERZBANK

12.4 Ordinal Numbers and Fractions

Ordinal numbers are used to assign a definite order or rank to a person or thing. They are formed by adding **-t** or **-st** plus the inflectional adjective endings, to the corresponding cardinal number. Ordinal numbers are adjectives.

◆ ## GRAMMATIK IM KONTEXT
Kleinanzeigen°

Personal Ads

Lieber Charly
In die Gratulantenschar reihe ich mich gerne ein
und wünsche dem Jubilar Charly zu seinem
40. Dienstjubiläum
alles Gute und weiterhin viel Glück.
Mögen auch die nächsten Jahre voller Freude und
Zufriedenheit sein.
Herzlichst Deine Gattin Irmgard

25.3.1940   25.3.1990
Hurra, Hurra,
die Sonja wird heut
50 Jahr
Mach weiter so, du wirst es schaffen,
die 100 auch voll zu machen.
Es grüßen
Wilhelm, Töchter, Schwiegersöhne
und Enkel

Wir freuen uns über die Geburt unseres
Lukas Johannes
13. März 1990
Stefanie und Thomas Helikum
Gustav-Mahler-Straße 43, 6000 Heidelberg

All ordinal numbers follow the same pattern with the exception of **erste** (*first*), **dritte** (*third*), **siebte** (*seventh*), and **achte** (*eighth*), all of which change their stems.

♦ 1 to 19: Add **-t-** to the cardinal number

erst-	*first*
zweit-	*second*
dritt-	*third*
viert-	*fourth*
fünft-	*fifth*
sechst-	*sixth*
siebt-	*seventh*
acht-	*eighth*
neunt-	*ninth*
zehnt-	*tenth*
elft-	*eleventh*
zwölft-	*twelfth*
dreizehnt-	*thirteenth*
...	...
neunzehnt-	*nineteenth*

♦ 20 to ∞: Add **-st-** to the cardinal number

zwanzigst-	*twentieth*
einundzwanzigst-	*twenty-first*
zweiundzwanzigst-	*twenty-second*
...	...
dreißigst-	*thirtieth*
vierzigst-	*fortieth*
hundertst-	*hundredth*
...	...
tausendst-	*thousandth*
millionst-	*millionth*

In compound numbers only, the last number takes the **-t** or **-st**:

(1) Sie sind der zweitausendachtundvierzig**ste** Kunde.

To indicate that a number is an ordinal, German places a period after the number:

der 1.	der erste
der 22.	der zweiundzwanzigste

Ordinal numbers are used to indicate dates:

(2) Der wievielte ist heute? Heute ist **der achte**.
(3) Welcher Tag ist heute? Heute ist **der 13. März**.
(4) Den wievielten haben wir morgen? Morgen haben wir **den vierzehnten März**.

Dates on letterheads are always indicated as follows:

Krefeld, den 15.5.1991

The implied phrase is:

[Wir haben heute] den fünfzehnten Mai neunzehnhunderteinundneunzig.

The sequence in German is day-month-year.

To indicate when something is taking place, use **am** with the dative case ending.

(5) Wann hast du Geburtstag?
—Ich habe **am sechzehnten August** Geburtstag.
(6) Wann ist Valentinstag?
—Valentinstag ist **am vierzehnten Februar**.

After names of kings, emperors, popes, and so on, roman numerals are used. The ordinal numbers are capitalized since they are regarded as part of a proper name. They take the appropriate adjective endings:

(7) Sie sprachen über Kaiser Karl V. (den Fünften).
(8) Sie besichtigte das Schloß von König Ludwig XIV. (dem Vierzehnten).
(9) Papst Johannes XXIII. (der Dreiundzwanzigste) war weltoffen.

Adverbs are formed by adding the ending **-ens** to the ordinal number. They are used to indicate a sequence.

1. = erstens	10. = zehntens
2. = zweitens	11. = elftens
3. = drittens	12. = zwölftens
4. = viertens	

(10) Warum rufst du deine Mutter nicht an?
—**Erstens** habe ich keine Zeit, **zweitens** weiß
ich sowieso, was sie sagt, und **drittens** habe
ich kein Geld für lange Telefongespräche.

Fractions except for **die Hälfte** are neuter nouns. They are formed by adding **-el** to the stem of the ordinal number. They have no plural endings:

$\frac{1}{3}$ das/ein Drittel $\frac{1}{100}$ das Hundertstel
$\frac{1}{5}$ das Fünftel $\frac{1}{1000}$ das Tausendstel
$\frac{1}{4}$ das Viertel

All fractions are uninflected except for **halb**, which is usually used with endings:

(11) Ich möchte dreiviertel Pfund Käse, ein Achtel westfälischen Schinken und ein halbes Pfund Butter.

The upper numeral in a fraction is called **der Zähler** (*the numerator*) and the lower numeral is called **der Nenner** (*the denominator*).

Anwendung und Kommunikation

A. Erste, zweite, dritte ...   Ergänzen Sie die Lücken.

1. Ich bin am _____ _____ geboren.
2. Ich bin jetzt im _____ Semester an der Universität.
3. Ich bin das _____ Kind in meiner Familie.
4. Ich bin jetzt im _____ Lebensjahr.
5. Mein(e) Freund(in) hat am _____ _____ Geburtstag.
6. Die Deutschklasse findet im _____ Stock statt.
7. Vorgestern war der _____ _____ .
8. Heinrich der _____ hatte sechs Frauen.
9. Weihnachten ist am _____ Dezember.
10. Der _____ Juli ist der amerikanische Nationalfeiertag.

B. Peters Kalender!   Diskutieren Sie Peters Kalender auf Seite 419!

C. Interview Welche Daten sind wichtig in Ihrem Leben? Warum? Welche Daten vergessen Sie nie? Warum?

MÄRZ

Sonntag	Montag	Dienstag	Mittwoch	Donnerstag	Freitag	Samstag
		1 Chorprobe 9:00	**2** Georgia Tech Basketballspiel (im Fernsehen) 21:00	**3** – Tennis mit Theo 12:00 – den ganzen Tag Deutsch studieren	**4** – Beginn der Ferien – nach New York fahren	**5** ♡ mit Ursula ausgehen 20:00
6 Duke Basketballspiel (Fernsehen)	**7** das Museum besuchen 11:00 Schwimmen?	**8** einen Stadtbummel machen, morgens	**9** – Zurück nach Chapel Hill	**10** Tennis mit Theo 12:00	**11** ACC Tournament (beginnt)	**12** – ACC Tournament – mit Ilse ♡ ausgehen 20:00
13 ACC Tournament (endet) Ende der Ferien	**14** – an der Uni Schwimmen 15:00	**15** – Chorprobe 9:00 – mit Freunden ins Kino gehen 19:30	**16**	**17** Tennis mit Theo 12:00	**18**	**19** mit Maria ausgehen 20:00 ♡
20 – ins Theater gehen 19:00 mit Maria??	**21** – an der Uni Schwimmen 15:00	**22** Chorprobe 9:00	**23**	**24** Tennis mit Theo 12:00	**25**	**26** mit Susi ♡ ausgehen 20:00
27	**28** – an der Uni Schwimmen 15:00	**29** Chorprobe 9:00	**30**	**31** Tennis mit Theo 12:00		

Peters Kalender

BEISPIEL   Mein Geburtstag ist am 24. Mai. Das vergesse ich nie.
Meine Freundin wurde am 11. März geboren. Die
Hochzeit meiner Eltern ist am 29. Mai.

12.5   Subjective Use of Modals

Besides the general use of the modal verbs that you are familiar
with, modal verbs have a second function. Modals can be used to
express an opinion or assumption. A speaker comments on a fact
and, at the same time, indicates his or her attitude towards that
fact. This is called the *subjective use* of modal verbs.

(1) Hans **will** reich sein.

This statement can have two different meanings. As an objective
statement, it expresses a desire or intention: *Hans wants to be rich.*
As a subjective statement, on the other hand, it indicates that
Hans *claims* to be rich, but the speaker doubts the truth of his as-
sertion. The subjective use of modal verbs is a semantic substitute
for the subjunctive. It implies paraphrases like:

   ich bin (nicht) der Meinung, ich glaube (nicht), daß ... , usw.

Observe the following present tense sentence, **Hans ist krank**,
and the past tense, **Hans war krank**, used with modals in their
various subjective meanings.

Remember that modal verbs are always used with an infinitive.
For sentences in the past tense, this infinitive is the past infinitive:
gewesen sein.

(2) Hans soll krank sein.
     Hans is said to be sick.

(3) Hans soll krank gewesen sein.
     Hans is said to have been sick.

In sentences (2) and (3), the speaker does not know whether Hans is really sick; other people claim this.

(4) Hans will krank sein.
Hans claims to be sick.

(5) Hans will krank gewesen sein.
Hans claims to have been sick.

In sentences (4) and (5), the speaker doubts Hans's claim.

(6) Hans kann/könnte krank sein.
Hans may/could be sick.

(7) Hans kann/könnte krank gewesen sein.
Hans may/could have been sick.

Sentences (6) and (7) express that it is a possibility that Hans is (has been) sick.

(8) Hans dürfte krank sein.
Hans is likely to be sick.

(9) Hans dürfte krank gewesen sein.
Hans is likely to have been sick.

In sentences (8) and (9), the speaker is not sure, but it is very likely that this is the case.

(10) Hans mag krank sein.
Hans may, in fact, be sick.

(11) Hans mag krank gewesen sein.
Hans may, in fact, have been sick.

Sentences (10) and (11) indicate that the speaker draws his or her conclusion from some evidence.

(12) Hans muß krank sein.
Hans is bound to the sick.

(13) Hans muß krank gewesen sein.
Hans is bound to have been sick.

In sentences (12) and (13), the speaker is almost certain that Hans is (was) sick because there is unmistakable evidence.

Anwendung und Kommunikation

Viele Köche verderben den Brei   Hier sind einige Situationen. Reagieren Sie mit den passenden Modalverben in ihrer subjektiven Verwendung.

BEISPIEL   Ein Freund sagt, daß er ein Gourmetkoch ist, aber alles, was er kann, sind Spiegeleier und die sind nicht gut. →
Sie sagen: Du willst ein guter Gourmetkoch sein?

1. Maria ist seit drei Stunden in der Küche, um etwas zu kochen. Sie hat Ihnen immer erzählt, wie gut sie kochen kann, aber Sie haben noch nie etwas gegessen. Jemand fragt Sie, ob sie eine gute Köchin ist.
Sie antworten: _____

2. Über Anna haben Sie aber gehört, daß sie ausgezeichnet kocht. Sie haben noch nie etwas gegessen, was sie gekocht hat, glauben aber, daß sie sehr gut ist. Jemand fragt sie, ob sie eine gute Köchin ist.
Sie antworten: _____

3. Hans hat in den besten Restaurants des Landes als Koch gearbeitet. Sie haben seine veröffentlichten Kochbücher gesehen und Kritiken über ihn in der Zeitung gelesen, aber was Sie von ihm gegessen haben, hat Ihnen nicht geschmeckt. Jemand fragt Sie, ob er ein guter Koch ist.
Sie antworten: _____

4. Sie wissen einfach nicht, ob Paul ein guter Koch ist oder nicht. Aber sie zweifeln auch nicht daran. Jemand fragt sie, ob er ein guter Koch ist.
Sie antworten: _____

5. Über Joe haben Sie gehört, daß er gut ist. Jeder, der einmal etwas von ihm Gekochtes gegessen hat, sagt das. Als Sie ihn in der Küche gesehen haben, sah alles sehr professionell aus. Man fragt Sie, ob er ein guter Koch ist.
Sie antworten: _____

6. Jetzt stellen Sie sich selbst an den Herd und sagen, wie gut Sie kochen können. Alles brennt an. Es stinkt. Es schmeckt nach nichts. Ihre Freunde sehen Ihnen zu und sagen:

_____

Word Formation: Adjectives

As with nouns and verbs, there are many ways of compounding words or prefixes with adjectives in order to modify, alter, or expand their meaning.

◆ **GRAMMATIK IM KONTEXT**

Schauen Sie Doch Mal Bei Uns Rein

Die Zeiten, in denen sich Kreditinstitute mit nichts anderem beschäftigten als mit Geld, sind vorbei.

Unter Einsatz leistungsfähiger Computer-Technologien haben sich die Geldinstitute zu Dienstleistungsunternehmen° entwickelt, die ihren Kunden problemorientierte Lösungen° auch bei betriebswirtschaftlichen° Fragestellungen anbieten können.

Als Branchenführer° haben die Sparkassen diesen Prozeß entscheidend vorangetrieben. Davon können Sie sich in Hannover überzeugen.

service industries
solutions /
business
management
branch
leaders

Anzeige der Sparkasse Finanzgruppe

Adjectives can be modified by most other types of words:

Modifier	**Stem + adjective**
verb (schreiben)	schreibfaul
noun (Leistung)	leistungsfähig
adjective (bitter)	bittersüß
adverb (früh)	frühzeitig
preposition (auf)	aufrichtig
numeral (erst)	erstbeste
pronoun (ich)	ichbezogen
prefix (ur)	uralt

Verb-Adjective Compounds

When you combine an adjective with a verb, the infinitive ending
-**en** is dropped in most cases.

> gehfaul, schreibfaul, eßlustig, trinkfest

Some verbs, however, drop only the -**n** and maintain the -**e**-:

> les**e**freudig, werb**e**wirksam, red**e**freudig, speis**e**fertig

In addition, every verb in its present or past participle form can
be used as an adjective. This, of course, includes verbs with
prefixes as well. The proper adjective endings must be used:

> aufregend-   Das war ein aufregend**er** Film.
> aufgeregt-   Er ist ein aufgeregt**er** Mensch.

Note that the present participle is formed by adding -**d** to the
infinitive. For the formation of past participles, see section 3.2a.

Noun-Adjective Compounds

This combination is by far the most common. Most new word cre-
ations (neologisms) are found in this category:

> leistungsfähig, mundfaul, fußkrank, genußstark, koffein-
> haltig, blitzartig, nadelspitz, pfeilschnell, schrankgroß,
> turmhoch, riesengroß, hundemüde, bärenstark, affengeil

In order to describe more precisely the color of an object or
create a new color, you can compound any noun with a color
adjective:

> maus**grau**, schiefer**grau**, signal**rot**, blut**rot**, wein**rot**, neon-
> **gelb**, zitronen**gelb**, gras**grün**, schilf**grün**, flaschen**grün**,
> meer**blau**, kobalt**blau**, kaffee**braun**, schokoladen**braun**

A number of adjectives can be compounded with just about any noun and many verbs:

-ähnlich	*-like*
-artig	*-like*
-förmig	*shaped*
-fertig	*ready to- ...*
-los	*free of*
-frei	*free of*
-reich	*rich in ...*
-mäßig	*as regards ... , in terms of ...*
-technisch	*as regards ... technology*
-aktiv	*easily ...*

Look at the following examples:

holz- / tassen- / lampen- / menschen**ähnlich**
affen- / buch- / stuhl- / orangensm**artig**
lippen- / tisch- / nieren- / baum**förmig**
reise- / trink- / eß- / gebrauchs**fertig**
interesse- / ereignis- / witz- / bargeld**los**
abgas- / blei- / arbeits- / spannungs**frei**
wasser- / lieb- / einfluß- / kurven**reich**
arbeits- / steuer- / wohnungs- / routine**mäßig**
fahr- / organisations- / arbeits- / computer**technisch**
farb- / wasch- / atmungs- / fahr**aktiv**

Compounding with Adverbs, Numerals, Prepositions, and Pronouns

Most adjectives in this category are derived from verbs or nouns and have been changed into adjectives with the addition of a suffix.

with adverbs:

zurückhaltend, **vorder**gründig, **rechts**bündig, **links**seitig

with numerals:

eindimensional, **zwei**seitig, **dritt**weltlerisch, **vier**teilig

with prepositions:

> **ab**seitig, **vor**schnell, **an**hänglich, **ab**gründig

with pronouns:

> jenseitig, diesseitig, ichbezogen, ichbewußt

d   Compounding with Prefixes

erz-   Used to intensify the meaning of an adjective, this prefix usually has a pejorative meaning. The English *arch-* is a direct translation.

> **erz**faul, **erz**dumm, **erz**schlecht, **erz**konservativ

ge-   A number of adjectives begin with the prefix **ge-**. They are all words in their own right. This prefix is not compounded to form any new adjectives:

> **ge**duldig, **ge**hässig, **ge**räumig, **ge**sund

miß-   This prefix is mostly found in lexicalized adjectives that have a negative connotation:

> **miß**günstig, **miß**trauisch, **miß**liebig, m**iß**farbig

un-   This prefix denotes the *opposite* of the stem word.

> **un**treu, **un**moralisch, **un**gleich, **un**bezahlbar

ur-   Most often used as an intensifier, rarely with a negative meaning.

> **ur**gemütlich, **ur**alt, **ur**komisch, **ur**deutsch

e   Compounding with Suffixes

In addition to the variety of compounding possibilities that we have presented, there are a number of suffixes that can change other parts of speech into adjectives. Here are the most important ones:

-bar   usually forms adjectives from verbs. This suffix is the equivalent of English *-able* or *-ible* and indicates ability or possibility:

sicht**bar**, fühl**bar**, dank**bar**, zahl**bar**

-e(r)n   forms adjectives from nouns to denote a material quality in the sense of the *made (out) of*:

gold**en**, metall**en**, woll**en**, seid**en**, hölz**ern**, silb**ern**

-haft   forms adjectives from nouns or other adjectives. It conveys the sense *just like*:

krank**haft**, jungen**haft**, bild**haft**, tier**haft**

-sam   forms adjectives from nouns, verbs, and other adjectives. It is similar to English *-ous*.

arbeits**sam**, wunder**sam**, ein**sam**, streb**sam**, unbeug**sam**

-ig[1]   The most frequent adjective suffix in German, **-ig** forms adjectives from all kinds of words. It denotes a property, a state of being, or a similarity (here often in the same sense as **-en** or **-ern**). The English equivalent is *-y* or *-ly*.

freud**ig**, haar**ig**, dein**ig**, sünd**ig**, wackel**ig**, lebend**ig**, jetz**ig**, hies**ig**, diesseit**ig**, gehör**ig**, woll**ig** (wollen), seid**ig** (seiden)

-isch   forms adjectives denoting origin or a property. It is often used with proper names. Like **-ig**, it expresses a characteristic but often a negative one. The stem word sometimes adds an *umlaut*:

engl**isch**, rhein**isch**, amerikan**isch**, got**isch**, berlin**isch**, lügner**isch**, maler**isch**, kind**isch**, neid**isch**, städt**isch**, närr**isch**

---

[1] Final **-ig** is pronounced **ich**. When you add an ending to it, the **-g-** is pronounced.

-lich   forms adjectives with nearly all kinds of words. It denotes an inherent characteristic:

betriebswirtschaft**lich**, freund**lich**, herr**lich**, weib**lich**, lieb**lich**

If the stem word ends in **-n**, a **-d-** or **-t-** is added:

morgen**dlich**, eigen**tlich**, namen**tlich**, orden**tlich**, wesen**tlich**

The suffixes **-lich**, **-isch**, and **-ig** added to the same stem adjective convey distinct nuances of meaning. Note the various differences here:

◆ The difference between **-ig** and **-lich**:

dreistünd**ig**	*lasting three hours*
dreistünd**lich**	*happening every three hours*
geschäft**ig**	*industrious, busy*
geschäft**lich**	*business-like, commercial*
geist**ig**	*intellectual*
geist**lich**	*pertaining to the clergy*
verständ**ig**	*sensible, reasonable*
verständ**lich**	*understandable, intelligible*

◆ The difference between **-lich** and **-isch**:

weib**lich**	*female*
weib**isch**	*effeminate*
heim**lich**	*secretive*
heim**isch**	*homey*
herr**lich**	*wonderful*
herr**isch**	*domineering*
kind**lich**	*childlike*
kind**isch**	*childish*

Overview

Compounding with words, prefixes, suffixes, etc., to create new adjectives is very productive in German. Aside from the German suffixes discussed here, there are many foreign suffixes that combine only with words of foreign origin. Here are a few:

> praktik**abel**, nation**al**, hum**an**, eklat**ant**, pol**ar**, desper**at**, kultur**ell**, turbul**ent**, grot**esk**, flex**ibel**, merkant**il**, posit**iv**, dubi**os**

Some compounding possibilities are more productive than others. The suffixes **-aktiv**, **-mäßig**, and **-technisch** are among the most recent and productive endings used to form new adjectives:

> atmungs**aktiv**, routine**mäßig**, bank**technisch**

---

begriffe

steinweich
käsehart
sauschön
bildblöd

käseweich
sauhart
bildschön
steinblöd

sauweich
bildhart
steinschön
käseblöd

bildweich
steinhart
käseschön
saublöd

Hermann Jandl

Present and past participles are the most productive group, capable of condensing an extended adjective construction into a single word:

> Ein für die Jugend geeigneter Film
> ein jugendgeeigneter Film

Examples of adjectives created from participles are:

> kostensparend, sesselschonend, strafmildernd,
> kariesfördernd, sinnentsprechend, blutbildend,
> körpergepflegt, schaumgebremst, formvollendet,
> jugendgeeignet, maschinengestrickt, runderneuert

You will encounter many of these especially in advertisement slogans and the media.

Anwendung und Kommunikation

A. -lich oder -bar?   Wählen Sie das passende Adjektiv.

    a. haltbar b. erhältlich
1. Wo ist dieses Buch _____?
2. Dieser Buchumschlag ist besonders _____?

    a. wunderbar b. wunderlich
3. _____, dieses Essen schmeckt mir!
4. Über die Jahre ist er _____ geworden.

    a. lösbar b. löslich
5. Diese Mathematikaufgabe ist für mich einfach nicht _____.
6. Dieses Material ist in Wasser nicht _____.

    a. unbrauchbar b. ungebräuchlich
7. Das sagt man heute nicht mehr, das ist _____.
8. Der Motor ist kaputt, damit ist das Auto _____.

    a. denkbar b. bedenklich
9. Die Benutzung dieses Geräts ist _____, es ist gefährlich.
10. Es ist _____, daß das Projekt schon früher abgeschlossen wird.

B. -lich oder -ig?   Wählen Sie das passende Adjektiv.

   a. geschäftig b. geschäftlich
1. Morgen fliege ich _____ nach Berlin.
2. Er kann nie ruhig sitzen, immerzu rennt er _____ herum.

   a. zeitlich b. zeitig
3. Wir können uns nicht sehen, ich werde das _____ nicht schaffen.
4. Morgen muß ich _____ aufstehen, damit ich nicht zu spät komme.

   a. tätig b. tätlich
5. Auch im hohen Alter ist sie noch in der Firma _____ .
6. Der Verbrecher griff die Frau _____ an.

   a. farbig b. farblich
7. Diese Sachen passen _____ einfach nicht zusammen.
8. Dieser Blumenstrauß ist so _____ , es freut mich, ihn anzusehen.

   a. verständlich b. verständig
9. Trotz seines Hustens hört er nicht auf zu rauchen; das ist nicht _____ .
10. Dieser Hund ist fast wie ein Mensch, er ist richtig _____ .

C. -lich oder -sam?   Wählen Sie das passende Adjektiv.

   a. spärlich b. sparsam
1. Diese Farbe muß man sehr _____ gebrauchen.
2. Er hat einen _____ Haarwuchs.

   a. länglich b. langsam
3. Er arbeitet einfach zu _____ .
4. Unser Wohnzimmer ist _____ .

   a. wirksam b. wirklich
5. Ich glaube nicht, daß sie das _____ gemeint hat.
6. Manche Medikamente sind nach einigen Monaten nicht mehr _____ .

   a. fürchterlich b. furchtsam
7. Gestern hatten wir einen _____ Sturm.
8. Er kann keine Horrorfilme sehen, er ist einfach zu _____ .

a. beachtlich b. achtsam
9. Es ist gestern eine _____ Menge Schnee gefallen.
10. Er ist immer so _____, aber jetzt hat er etwas kaputt gemacht.

D. -lich oder -haft   Wählen Sie das passende Adjektiv.

a. schädlich b. schadhaft
1. Dieses Gerät ist _____, es muß repariert werden.
2. Treibgase sind extrem _____ für die Umwelt.

a. schrecklich b. schreckhaft
3. Das Unwetter gestern war einfach _____.
4. Vorsicht, unser Hund ist äußerst _____.

a. männlich b. mannhaft
5. Sie hat eine sehr _____ Stimme.
6. In dieser Gefahrensituation hat er sich wirklich _____ verhalten.

a. herzlich b. herzhaft
7. Ich habe Lust, mal wieder richtig _____ in einen Apfel zu beißen.
8. Der Empfang bei ihnen war wirklich sehr _____.

E. -lich oder -isch?   Wählen Sie das passende Wort.

a. kindlich b. kindisch
1. Man kann ihn nicht ernst nehmen, er verhält sich zu _____.
2. In vielen Dingen ist mein Bruder noch richtig _____.

a. herrlich b. herrisch
3. Was für eine _____ Aussicht.
4. Mein Chef ist unangenehm und _____.

a. künstlerisch b. künstlich
5. Ich hasse _____ Blumen.
6. Maria hat ein großes _____ Talent.

a. angeblich b. angeberisch
7. _____ soll er das zu ihr gesagt haben.
8. Sie war aufdringlich und _____, wie immer.

F. Ableitungen   Finden Sie in der Gruppe mögliche Ableitungen von den folgenden Verben. Nehmen Sie Ihr Wörterbuch zu Hilfe.

BEISPIEL singen →
Gesang, singbar, gesanglich, singend, Sänger, Sängerin, Singakademie, Gesangverein, Gesangbuch, Sangeslust, sangesfreudig

1. gehen	5. schreiben
2. hören	6. schneiden
3. sehen	7. essen
4. sitzen	8. trinken

G. Positiv oder negativ? Hier ist eine Liste von Adjektiven. Nehmen Sie Ihr Wörterbuch und finden Sie die Bedeutung der Wörter. Erklären Sie sie mit Ihren eigenen Worten. Und markieren Sie, ob das Wort eine negative (−) oder positive (+) Bedeutung hat.

Wort	Bedeutung	(+) oder (−)
sparsam	_____	_____
kindisch	_____	_____
fröhlich	_____	_____
selbstbewußt	_____	_____
nachlässig	_____	_____
faul	_____	_____
weiblich	_____	_____
häuslich	_____	_____
skrupellos	_____	_____
ehrlich	_____	_____
still	_____	_____
einfältig	_____	_____
egoistisch	_____	_____

12.7 Sexism in Language

In recent years, increasing attention has been paid to avoiding the use of sexist language. To avoid sexism in language, we must be able to recognize it.

◆ **GRAMMATIK IM KONTEXT**

In meinem Paß steht: „Der Inhaber dieses Passes ist Deutscher." Ich bin aber kein Deutscher. Hätte ich je in einem Deutschaufsatz geschrieben, ich sei „Deutscher", so wäre mir das Maskulinum als Grammatikfehler angestrichen worden. Ich bin Deutsche. Es müßte also heißen: „Der Inhaber dieses Passes ist Deutsche." Nein, das ist auch falsch. Zwar gilt es nicht als Fehler, wenn ich, obwohl weiblich, über mich sage: „Ich bin der Inhaber dieses Passes." Genauso korrekt ist aber inhaberin richtig: „Die inhaberin dieses Passes ist Deutsche."

aus: Luise Pusch, Das Deutsche als Männersprache

Here are a few often quoted examples that illustrate the absurdity of some statements which, though grammatically correct, might be considered sexist:

(1) Jeder erlebt seine Schwangerschaft anders.
(2) Wer hat seinen Lippenstift im Badezimmer gelassen?
(3) Die Menstruation ist bei jedem ein bißchen anders.

Several German authors (Guentherodt, Hellinger, Pusch, and Trömel-Plötz) have put together a program (similar to guidelines used in the United States) to help avoid sexist usage. These authors targeted four aspects of sexist language usage:

1. Frauen sollen explizit genannt und angeredet werden.
2. Frauen sollen an erster Stelle genannt werden, bis Frauen und Männer gleichrangig vorkommen.
3. Frauen sollen in anderen Rollen sichtbar werden als den bisher üblichen.
4. Frauen sollen nicht mehr sprachlich degradiert werden.

Keeping these points in mind, we list a few suggestions for avoiding the use of sexist language.

A. Use plural subjects whenever possible so as to avoid referring to *him* or *her:*

    der Mensch, der   →   alle Menschen, die
    jeder Student   →   alle Studierenden

Der kluge Mann baut vor.   →   Kluge (Leute) bauen vor.
Liebe deinen Nächsten!   →   Liebe deine Nächsten!

In cases where this cannot be done, be sure to mention both sexes:

Wir suchen jemand, der   →   Wir suchen jemand, der
   uns hilft   oder die uns hilft
Sekretärin gesucht   →   Sekretärin/Sekretär gesucht.

B. Split nouns with a slash or parentheses (as shown throughout this book) so as to include both sexes:

—Elektriker/innen
—Student (inn)en
—Ingenieur/innen

C. When referring to persons, be sure to use titles consistently, as in the following examples:

Den Ärger mit Frau   →   Den Ärger mit Frau
   Thatcher hat sich Bundes-   Thatcher hat sich
   kanzler Helmut Kohl ...   Herr Kohl vom Hals
   vom Hals geschafft.   geschafft.
Herr Meier mit Frau   →   Frau Meier und Herr
      Meier; das Ehepaar
      Meier; Familie Meier

There is no reason why some traditional expressions cannot be reversed to de-emphasize male importance:

Söhne und Töchter   →   Töchter und Söhne
Männer und Frauen   →   Frauen und Männer

D. Avoid words that reinforce stereotypes:

alte Jungfer	*old maid*
Tippse	*female typist* (derogatory)
Emanze	*women's libber*
Macho	*macho*
Chauvi	*male chauvinist*
Waschweib	*chatterbox*
alter Knacker	*old fogy*

Quick Reference

Articles

A. Definite Article

	Masculine	Feminine	Neuter	Plural
NOMINATIVE	der	die	das	die
ACCUSATIVE	den	die	das	die
DATIVE	dem	der	dem	den
GENITIVE	des	der	des	der

B. *der*-words

	Masculine	Feminine	Neuter	Plural
NOMINATIVE	dieser	diese	dieses	diese
ACCUSATIVE	diesen	diese	dieses	diese
DATIVE	diesem	dieser	diesem	diesen
GENITIVE	dieses	dieser	dieses	dieser

C. Indefinite Article

	Masculine	Feminine	Neuter	Plural
NOMINATIVE	ein	eine	ein	-
ACCUSATIVE	einen	eine	ein	-
DATIVE	einem	einer	einem	-
GENITIVE	eines	einer	eines	-

D. *ein*-Words

	Masculine	Feminine	Neuter	Plural
NOMINATIVE	mein	meine	mein	meine
ACCUSATIVE	meinen	meine	mein	meine
DATIVE	meinem	meiner	meinem	meinen
GENITIVE	meines	meiner	meines	meiner

Pronouns

A. Personal Pronouns

NOMINATIVE	ACCUSATIVE	DATIVE
ich	mich	mir
du	dich	dir
Sie	Sie	Ihnen
er	ihn	ihm
sie	sie	ihr
es	es	ihm
wir	uns	uns
ihr	euch	euch
sie	sie	ihnen
Sie	Sie	Ihnen

B. Reflexive Pronouns

NOMINATIVE	ACCUSATIVE	DATIVE
ich	mich	mir
du	dich	dir
Sie	sich	sich
er, sie, es	sich	sich
wir	uns	uns
ihr	euch	euch
sie	sich	sich
Sie	sich	sich

C. *der, die, das* as Relative Pronouns and Demonstratives

	Masculine	Feminine	Neuter	Plural
NOMINATIVE	der	die	das	die
ACCUSATIVE	den	die	das	die
DATIVE	dem	der	dem	denen
GENITIVE	dessen	deren	dessen	deren

D. The Demonstrative *derselbe*

	SINGULAR			PLURAL
	Masculine	**Feminine**	**Neuter**	**All Genders**
NOMINATIVE	derselbe	dieselbe	dasselbe	dieselben
ACCUSATIVE	denselben	dieselbe	dasselbe	dieselben
DATIVE	demselben	derselben	demselben	denselben
GENITIVE	desselben	derselben	desselben	derselben

E. Interrogative Pronouns

	For people	**For things**
NOMINATIVE	wer	was
ACCUSATIVE	wen	was
DATIVE	wem	
GENITIVE	wessen	

Nouns

A. Declension of Nouns

SINGULAR

	Masculine	**Feminine**	**Neuter**
NOMINATIVE	der Freund	die Mutter	das Kind
ACCUSATIVE	den Freund	die Mutter	das Kind
DATIVE	dem Freund	der Mutter	dem Kind
GENITIVE	des Freundes	der Mutter	des Kindes

PLURAL

NOMINATIVE	die Freunde	die Mütter	die Kinder
ACCUSATIVE	die Freunde	die Mütter	die Kinder
DATIVE	den Freunden	den Müttern	den Kindern
GENITIVE	der Freunde	der Mütter	der Kinder

B. Declension of Weak Nouns (masculine singular only)

NOMINATIVE	der Mensch	der Herr	der Junge
ACCUSATIVE	den Menschen	den Herrn	den Jungen
DATIVE	dem Menschen	dem Herrn	dem Jungen
GENITIVE	des Menschen	des Herrn	des Jungen

Adjectives

A. Strong (Primary) Adjective Endings

	Masculine	Feminine	Neuter	Plural
NOMINATIVE	alter Mann	nette Frau	braves Kind	gute Freunde
ACCUSATIVE	alten Mann	nette Frau	braves Kind	gute Freunde
DATIVE	altem Mann	netter Frau	bravem Kind	guten Freunden
GENITIVE	alten Mannes	netter Frau	braven Kindes	guter Freunde

B. Weak (Secondary) Adjective Endings

	Masculine	Feminine	Neuter	Plural
NOMINATIVE	der rote Apfel	die frische Milch	das kalte Bier	die grünen Bohnen
ACCUSATIVE	den roten Apfel	die frische Milch	das kalte Bier	die grünen Bohnen
DATIVE	dem roten Apfel	der frischen Milch	dem kalten Bier	den grünen Bohnen
GENITIVE	des roten Apfels	der frischen Milch	des kalten Bieres	der grünen Bohnen

C. Adjectives Used as Nouns

	Masculine	Feminine	Plural
NOMINATIVE	der Verwandte / ein Verwandter	die Verwandte / eine Verwandte	die Verwandten / Verwandte
ACCUSATIVE	den Verwandten / einen Verwandten	die Verwandte / eine Verwandte	die Verwandten / Verwandte
DATIVE	dem Verwandten / einem Verwandten	der Verwandten / einer Verwandten	den Verwandten / Verwandten
GENITIVE	des Verwandten / eines Verwandten	der Verwandten / einer Verwandten	der Verwandten / Verwandter

Prepositions with Cases

ACCUSATIVE	DATIVE	GENITIVE	ACCUSATIVE or DATIVE
bis	aus	(an)statt	an
durch	außer	trotz	auf
für	bei	während	hinter
gegen	gegenüber	wegen	in
ohne	mit	diesseits	neben
um	nach	jenseits	über
	seit	oberhalb	unter
	von	unterhalb	vor
	zu	außerhalb	zwischen
		innerhalb	

Verbs

A. Verb Forms

Infinitive	lesen	fahren	sagen
Past Infinitive	gelesen haben	gefahren sein	gesagt haben
Passive Infinitive	gelesen worden sein	gefahren worden sein	gesagt worden sein
Past Participle	gelesen	gefahren	gesagt
Present Participle	lesend	fahrend	sagend

B. Verb Tenses: Active Voice

Present	er	liest	fährt	sagt
Simple Past	er	las	fuhr	sagte
Present Perfect	er	hat gelesen	ist gefahren	hat gesagt
Past Perfect	er	hatte gelesen	war gefahren	hatte gesagt
Future	er	wird lesen	wird fahren	wird sagen

C. Verb Tenses: Passive Voice

Present	es	wird gelesen	wird gefahren	wird gesagt
Simple Past	es	wurde gelesen	wurde gefahren	wurde gesagt

Present Perfect	es	ist gelesen worden	ist gefahren worden	ist gesagt worden
Past Perfect	es	war gelesen worden	war gefahren worden	war gesagt worden
Future	es	wird gelesen werden	wird gefahren werden	wird gesagt werden

D. Verb Conjugations

ACTIVE VOICE

Indicative (Present)

	Strong	**Strong**	**Weak**
ich	lese	gehe	sage
du	liest	gehst	sagst
er, sie, es	liest	geht	sagt
wir	lesen	gehen	sagen
ihr	lest	geht	sagt
sie	lesen	gehen	sagen
Sie	lesen	gehen	sagen

Indicative (Simple Past)

ich	las	ging	sagte
du	lasest	gingst	sagtest
er, sie, es	las	ging	sagte
wir	lasen	gingen	sagten
ihr	last	gingt	sagtet
sie	lasen	gingen	sagten
Sie	lasen	gingen	sagten

Indicative (Present Perfect)

ich	habe		bin		habe	
du	hast		bist		hast	
er, sie, es	hat		ist		hat	
wir	haben	} gelesen	sind	} gegangen	haben	} gesagt
ihr	habt		seid		hat	
sie	haben		sind		haben	
Sie	haben		sind		haben	

Indicative (Past Perfect)

ich	hatte		war		hatte	
du	hattest		warst		hattest	
er, sie, es	hatte		war		hatte	
wir	hatten	} gelesen	waren	} gegangen	hatten	} gesagt
ihr	hattet		wart		hattet	
sie	hatten		waren		hatten	
Sie	hatten		waren		hatten	

Indicative (Future)

ich	werde		werde		werde		
du	wirst		wirst		wirst		
er, sie, es	wird		wird		wird		
wir	werden	} lesen	werden	} gehen	werden	} sagen
ihr	werdet		werdet		werdet		
sie	werden		werden		werden		
Sie	werden		werden		werden		

Imperative

du-*form*	lies!	geh(e)!	sag(e)!
ihr-*form*	lest!	geht!	sagt!
Sie-*form*	lesen Sie!	gehen Sie!	sagen Sie!
wir-*form*	lesen wir!	gehen wir!	sagen wir!

Subjunctive II (Present Time)

ich	läse		ginge	sagte
du	läsest		gingest	sagtest
er, sie, es	läse	*rarely used*	ginge	sagte
wir	läsen		gingen	sagten
ihr	läset		ginget	sagtet
sie	läsen		gingen	sagten
Sie	läsen		gingen	sagten

würde-Paraphrase

ich	würde		würde		würde		
du	würdest		würdest		würdest		
er, sie, es	würde		würde		würde		
wir	würden	} lesen	würden	} gehen	würden	} sagen
ihr	würdet		würdet		würdet		
sie	würden		würden		würden		
Sie	würden		würden		würden		

Subjunctive II (Past Time)

ich	hätte		wäre		hätte		
du	hättest		wärest		hättest		
er, sie, es	hätte		wäre		hätte		
wir	hätten	} gelesen	wären	} gegangen	hätten	} gesagt
ihr	hättet		wäret		hättet		
sie	hätten		wären		hätten		
Sie	hätten		wären		hätten		

Subjunctive I (Present Time)

ich	lese	gehe	sage
du	lesest	gehest	sagest
er, sie, es	lese	gehe	sage

wir	lesen	gehen		sagen
ihr	leset	gehet		saget
sie	lesen	gehen		sagen
Sie	lesen	gehen		sagen

Subjunctive I (Past Time

ich	habe		sei			habe	
du	habest		seiest			habest	
er, sie, es	habe		sei			habe	
wir	haben	} gelesen	seien	} gegangen		haben	} gesagt
ihr	habet		seiet			habet	
sie	haben		seien			haben	
Sie	haben		seien			haben	

PASSIVE VOICE

Passive (Present)

ich	werde	
du	wirst	
er, sie, es	wird	
wir	werden	} gesucht
ihr	werdet	
sie	werden	
Sie	werden	

Passive (Present Perfect)

ich	bin	
du	bist	
er, sie, es	ist	
wir	sind	} gesucht worden
ihr	seid	
sie	sind	
Sie	sind	

Passive (Simple Past)

ich	wurde	
du	wurdest	
er, sie, es	wurde	
wir	wurden	} gesucht
ihr	wurdet	
sie	wurden	
Sie	wurden	

Passive (Past Perfect)

ich	war	
du	warst	
er, sie, es	war	
wir	waren	} gesucht worden
ihr	wart	
sie	waren	
Sie	waren	

Passive (Future)

ich	werde	
du	wirst	
er, sie, es	wird	
wir	werden	} gesucht werden
ihr	werdet	
sie	werden	
Sie	werden	

E. Verb Spelling Changes

	stehen	**beißen**[1]	**arbeiten**[2]	**nehmen**[3]
ich	stehe	beiße	arbeite	nehme
du	stehst	beißt	arbeitest	nimmst
er, sie, es	steht	beißt	arbeitet	nimmt
wir	stehen	beißen	arbeiten	nehmen
ihr	steht	beißt	arbeitet	nehmt
sie	stehen	beißen	arbeiten	nehmen
Sie	stehen	beißen	arbeiten	nehmen

	stehlen[3]	**fahren**[3]	**laufen**[3]	**wissen**[4]
ich	stehle	fahre	laufe	weiß
du	stiehlst	fährst	läufst	weißt
er, sie, es	stiehlt	fährt	läuft	weiß
wir	stehlen	fahren	laufen	wissen
ihr	stehlt	fahrt	lauft	wißt
sie	stehlen	fahren	laufen	wissen
Sie	stehlen	fahren	laufen	wissen

Notes:
1. Verbs with stems ending in an *s* sound (**-s**, **-ß**, or **-z**) add only **-t** to the second person singular.
2. Verbs with stems ending in **-d** or **-t**, and **-m** or **-n** (preceded by a consonant other than **l** or **r**) insert an **-e-** between stem and ending.
3. Some strong verbs have a stem vowel change in the second and third persons singular: **e→i, e→ie, a→ä, au→äu**.
4. **Wissen** must be memorized (its conjugation in the present tense is similar to the modals.)

F. Separable-Prefix Verbs: *anrufen*

Indicative Present	**Simple Past**	**Present Perfect**
ich rufe an	ich rief an	ich habe angerufen
du rufst an	du riefst an	du hast angerufen
...	...	...

Past Perfect	**Future**	**Imperative**
ich hatte angerufen	ich werde anrufen	ruf(e) an!
du hattest angerufen	du wirst anrufen	rufen Sie an!
...	...	...

Subjunctive II (Present Time)	*würde*-**Paraphrase**
ich riefe an	ich würde anrufen
du riefest an	du würdest anrufen
...	...

Subjunctive II (Past Time)

ich hätte angerufen
du hättest angerufen } *rarely used*
...

Subjunctive I (Present Time)	**Subjunctive I (Past Time)**
ich rufe an	ich habe angerufen
du rufest an	du habest angerufen
...	...

G. Auxiliary Verbs: *haben, sein, werden*

	haben	**sein**	**werden**
Present			
ich	habe	bin	werde
du	hast	bist	wirst
er, sie, es	hat	ist	wird
wir	haben	sind	werden
ihr	habt	seid	werdet
sie	haben	sind	werden
Sie	haben	sind	werden
Simple Past			
ich	hatte	war	wurde
du	hattest	warst	wurdest

er, sie, es	hatte	war	wurde
wir	hatten	waren	wurden
ihr	hattet	wart	wurdet
sie	hatten	waren	wurden
Sie	hatten	waren	wurden

Imperative

du-*form*	hab(e)...!	sei...!	werde...!
ihr-*form*	habt...!	seid...!	werdet...!
Sie-*form*	haben Sie...!	seien Sie...!	werden Sie...!
wir-*form*	haben wir...!	seien wir...!	werden wir...!

Subjunctive II

ich	hätte	wäre	würde
du	hättest	wärest	würdest
er, sie, es	hätte	wäre	würde
wir	hätten	wären	würden
ihr	hättet	wäret	würdet
sie	hätten	wären	würden
Sie	hätten	wären	würden

Subjunctive I

ich	habe	sei	werde
du	habest	sei(e)st	werdest
er, sie, es	habe	sei	werde
wir	haben	seien	werden
ihr	habet	sei(e)t	werdet
sie	haben	seien	werden
Sie	haben	seien	werden

H. Modal Verbs

	können	**dürfen**	**müssen**	**sollen**	**wollen**	**mögen**
Present Tense						
ich	kann	darf	muß	soll	will	mag
du	kannst	darfst	mußt	sollst	willst	magst
er, sie, es	kann	darf	muß	soll	will	mag
wir	können	dürfen	müssen	sollen	wollen	mögen
ihr	könnt	dürft	müßt	sollt	wollt	mögt
sie	können	dürfen	müssen	sollen	wollen	mögen
Sie	können	dürfen	müssen	sollen	wollen	mögen

Simple Past

| ich | konnte | durfte | mußte | sollte | wollte | mochte |

Past Participle

| | gekonnt | gedurft | gemußt | gesollt | gewollt | gemocht |

Subjunctive II

| ich | könnte | dürfte | müßte | sollte | wollte | möchte |

I. Principal Parts of Strong and Irregular Weak Verbs

Infinitive	Present (3rd, sing.)	Simple Past	Subjunctive II	Past Participle	Meaning
backen	backt/ bäckt	backte		gebacken	*to bake*
befehlen	befiehlt	befahl	befähle/ beföhle	befohlen	*to command*
beginnen		begann	begänne/ begönne	begonnen	*to begin*
beißen	beißt	biß	bisse	gebissen	*to bite*
begreifen		begriff		begriffen	*to understand*
bekommen		bekam		bekommen	*to receive*
bergen	birgt	barg	bürge	geborgen	*to conceal*
betrügen		betrog		betrogen	*to betray*
*bewegen		bewog		bewogen	*to induce*
beweisen		bewies		bewiesen	*to prove*
sich bewerben	bewirbt	bewarb	bewürbe	beworben	*to apply*
biegen		bog		gebogen	*to bend*
bieten		bot		geboten	*to offer*
binden		band		gebunden	*to bind*
bitten		bat		gebeten	*to ask*
blasen	bläst	blies		geblasen	*to blow*
bleiben		blieb		(ist) geblieben	*to stay*
braten	brät	briet		gebraten	*to grill*
brechen	bricht	brach		gebrochen	*to break*
brennen		brannte	brennte	gebrannt	*to burn*
bringen		brachte		gebracht	*to bring*
denken		dachte		gedacht	*to think*
dringen		drang		gedrungen	*to crowd*

---

* Asterisk indicates that this verb also has a weak (regular) conjugation with a somewhat different meaning.

Infinitive	Present (3rd, sing.)	Simple Past	Subjunctive II	Past Participle	Meaning
empfangen	empfängt	empfing		empfangen	to receive
empfehlen	empfiehlt	empfahl	empfähle/ empföhle	empfohlen	to recommend
empfinden		empfand		empfunden	to perceive
sich ent- scheiden		entschied		entschieden	to decide
erlöschen	erlischt	erlosch		erloschen	to extinguish
*erschrecken	erschrickt	erschrak		(ist)erschrocken	to be startled
essen	ißt	aß		gegessen	to eat
fahren	fährt	fuhr		(ist)gefahren	to drive
fallen	fällt	fiel		(ist)gefallen	to fall
fangen	fängt	fing		gefangen	to catch, seize
finden		fand		gefunden	to find
fliegen		flog		(ist)geflogen	to fly
fliehen		floh		(ist)geflohen	to flee
fließen		floß	flösse	(ist)geflossen	to flow
fressen	frißt	fraß	fräße	gefressen	to pig out
frieren		fror		gefroren	to freeze
geben	gibt	gab		gegeben	to give
gedeihen		gedieh		(ist)gediehen	to thrive
gehen		ging		(ist)gegangen	to go, walk
gelingen		gelang		(ist)gelungen	to succeed
gelten	gilt	galt	gälte/gölte	gegolten	to be valid
genesen		genas		genesen	to convalesce
genießen		genoß	genösse	genossen	to enjoy
geraten	gerät	geriet		(ist)geraten	to get in(to)
geschehen	geschieht	geschah		(ist)geschehen	to happen
gewinnen		gewann	gewänne/ gewönne	gewonnen	to win
gießen		goß	gösse	gegossen	to pour
gleichen		glich		geglichen	to resemble
gleiten		glitt		geglitten	to glide
graben	gräbt	grub		gegraben	to dig
greifen		griff		gegriffen	to grasp
haben	hat	hatte		gehabt	to have
halten	hält	hielt		gehalten	to hold
hängen		hing		gehangen	to hang (intrans.)

Infinitive	Present (3rd, sing.)	Simple Past	Subjunctive II	Past Participle	Meaning
hauen		hieb/haute		gehauen	*to hew*
heben		hob		gehoben	*to lift*
heißen		hieß		geheißen	*to be called*
helfen	hilft	half	hälfe/hülfe	geholfen	*to help*
kennen		kannte	kennte	gekannt	*to know (a person)*
klingen		klang		geklungen	*to sound*
kommen		kam		(ist)gekommen	*to come*
kriechen		kroch		(ist)gekrochen	*to crawl*
laden	lädt	lud		geladen	*to load*
lassen	läßt	ließ		gelassen	*to leave*
laufen	läuft	lief		(ist)gelaufen	*to run*
leiden		litt		gelitten	*to suffer*
leihen		lieh		geliehen	*to borrow, lend*
lesen	liest	las		gelesen	*to read*
liegen		lag		gelegen	*to lie*
lügen		log		gelogen	*to tell a lie*
mahlen		mahlte		gemahlen	*to mill, grind*
meiden		mied		gemieden	*to avoid*
messen	mißt	maß		gemessen	*to measure*
mißlingen		mißlang		(ist)mißlungen	*to be unsuccessful*
nehmen	nimmt	nahm		genommen	*to take*
nennen		nannte	nennte	genannt	*to name*
pfeifen		pfiff		gepfiffen	*to whistle*
preisen		pries		gepriesen	*to praise*
*quellen	quillt	quoll		gequollen	*to spring (intrans.)*
raten	rät	riet		geraten	*to advise*
reiben		rieb		gerieben	*to rub*
reißen		riß	risse	gerissen	*to tear*
reiten		ritt		geritten	*to ride*
rennen		rannte	rennte	(ist)gerannt	*to run*
riechen		roch		gerochen	*to smell*
ringen		rang		gerungen	*to wrestle*
rinnen		rann	ränne/rönne	(ist)geronnen (trans. w/ haben)	*to run (intrans.)*
rufen		rief		gerufen	*to call out*

Infinitive	Present (3rd, sing.)	Simple Past	Subjunctive II	Past Participle	Meaning
salzen		salzte	salzte	gesalzen	*to salt*
saufen		soff		gesoffen	*to drink excessively*
saugen		sog/saugte		gesogen (gesaugt)	*to suck, absorb*
*schaffen		schuf		geschaffen	*to create*
scheiden		schied		geschieden	*to separate*
scheinen		schien		geschienen	*to appear, shine*
scheißen		schiß		geschissen	*to defecate*
schieben		schob		geschoben	*to shove*
schießen		schoß		geschossen	*to shoot*
schlafen	schläft	schlief		geschlafen	*to sleep*
schlagen	schlägt	schlug		geschlagen	*to beat, hit*
schließen		schloß		geschlossen	*to close*
schlingen		schlang		geschlungen	*to entwine*
schmeißen		schmiß	schmisse	geschmissen	*to throw*
schmelzen	schmilzt	schmolz		(ist)geschmolzen	*to melt (intrans.)*
schneiden		schnitt		geschnitten	*to cut*
schreiben		schrieb		geschrieben	*to write*
schreien		schrie		geschrie(e)n	*to scream*
schreiten		schritt		(ist)geschritten	*to stride*
schweigen		schwieg		geschwiegen	*to be silent*
schwimmen		schwamm		(ist)geschwom-men	*to swim*
schwinden		schwand		geschwunden	*to dwindle*
schwingen		schwang		geschwungen	*to swing*
schwören		schwor	schwüre	geschworen	*to swear*
sehen	sieht	sah		gesehen	*to see*
sein	ist	war		(ist)gewesen	*to be*
senden		sandte (sendete)	sendete	gesandt (gesendet)	*to send*
singen		sang		gesungen	*to sing*
sinken		sank		(ist)gesunken	*to sink*
sitzen		saß		gesessen	*to sit*
speien		spie		gespie(e)n	*to spy*
spinnen		spann	spänne/spönne	gesponnen	*to spin, be crazy*
sprechen	spricht	sprach		gesprochen	*to speak*

Infinitive	Present (3rd, sing.)	Simple Past	Subjunctive II	Past Participle	Meaning
springen		sprang		(ist)gesprungen	to jump
stechen		stach		gestochen	to sting
stehen		stand	stände/stünde	gestanden	to stand
stehlen	stiehlt	stahl	stähle/stöhle	gestohlen	to steal
steigen		stieg		(ist)gestiegen	to climb
sterben	stirbt	starb	stürbe	(ist)gestorben	to die
stinken		stank		gestunken	to stink
stoßen	stößt	stieß		gestoßen	to shove
streichen		strich		gestrichen	to stroke
streiten		stritt		gestritten	to fight
tragen	trägt	trug		getragen	to carry, wear
treffen	trifft	traf		getroffen	to meet
treiben		trieb		getrieben	to propel
treten	tritt	trat		(ist)getreten	to tread, step
trinken		trank		getrunken	to drink
tun	tut	tat		getan	to do
verderben	verdirbt	verdarb	verdürbe	verdorben	to spoil
verdrießen		verdroß	verdrösse	verdrossen	to annoy
vergessen	vergißt	vergaß	vergäße	vergessen	to forget
verlieren		verlor		verloren	to lose
vermeiden		vermied		vermieden	to avoid
verschwinden		verschwand		(ist)ver-schwunden	to dis-appear
wachsen	wächst	wuchs		(ist)gewachsen	to grow
waschen	wäscht	wusch/waschte		gewaschen	to wash
*weichen		wich		(ist)gewichen	to give way
weisen		wies		gewiesen	to point, show
wenden		wandte/wendete	wendete	gewandt	to turn
werben	wirbt	warb	würbe	geworben	to woo
werden	wird	wurde		(ist)geworden	to become
werfen	wirft	warf	würfe	geworfen	to throw
*wiegen		wog		gewogen	to weigh (intrans.)

Infinitive	Present (3rd, sing.)	Simple Past	Subjunctive II	Past Participle	Meaning
winden		wand		gewunden	*to turn (trans.)*
wissen	weiß	wußte	wüßte	gewußt	*to know (a fact)*
ziehen		zog		gezogen	*to pull, haul*
zwingen		zwang		gezwungen	*to force*

J. Verbs with the Dative

absagen	*to retract*	mißraten	*to turn out bad*
ähneln	*to resemble*	mißtrauen	*to mistrust*
antworten	*to answer*	nacheifern	*to emulate*
begegnen	*to encounter*	nachgehen	*to pursue*
beipflichten	*to agree*	nachlaufen	*to run after*
beistehen	*to stand by, aid*	nahen	*to approach*
beistimmen	*to agree*	nähern (sich)	*to approach*
bleiben	*to remain*	nützen/nutzen	*to be useful*
danken	*to thank*	passen	*to fit*
dienen	*to serve*	raten	*to advise*
drohen	*to threaten*	schaden	*to be harmful*
entfliehen	*to escape*	schmecken	*to taste*
entsprechen	*to correspond*	schmeicheln	*to flatter*
erwidern	*to reply*	stehen	*to suit*
fluchen	*to curse*	trauen	*to trust*
folgen	*to follow*	vergeben	*to forgive*
gefallen	*to please*	verzeihen	*to excuse*
gehorchen	*to obey*	widersprechen	*to contradict*
gehören	*to belong*	widerstehen	*to resist*
gelingen	*to succeed*	widerstreben	*to oppose*
genügen	*to suffice*	winken	*to wave*
glauben	*to believe*	zuhören	*to listen to*
gratulieren	*to congratulate*	zureden	*to urge*
helfen	*to help*	zusagen	*to promise*
lauschen	*to eavesdrop*	zustehen	*to be entitled to*
mißfallen	*to displease*	zustimmen	*to assent*
mißlingen	*to be unsuccessful*		

Miscellaneous

A. Useful Expressions for Stating an Opinion

You assume or believe

Ich nehme an, daß...
Ich glaube/ denke/ vermute,...
Man könnte sagen/ behaupten/ beweisen,...
Meiner Meinung nach/Meiner Ansicht nach...
Ich bin der Meinung/ der Ansicht...
Angenommen, daß...
Man geht davon aus, daß...

You are very sure

Es ist eine Tatsache, daß...
Es steht fest,...
Es ist sicher,...
Bekannt ist, daß...
Es ist erwiesen, daß...
Ich bin davon überzeugt.

You agree wholeheartedly

Ich stimme damit überein.
Ich stimme dem zu, daß...
Ich schließe mich der Meinung an, daß...
Ich kann nur zustimmen.

You are not quite sure

Zweifelhaft ist...
Das ist sehr umstritten...
Ich frage mich,...
Ich stelle mir die Frage,...

You agree to some extent

Es ist richtig insofern, daß...
Es hängt davon ab,...
Es kommt darauf an,...

You want to explain or convince

Das liegt (vielleicht) daran, daß...
Das kommt (wahrscheinlich) daher, daß...
Das hat (vermutlich) damit zu tun, daß...
Erstens... Zweitens... Drittens...
Es ist wichtig, daß...
Es handelt sich um/Es handelt von...
In vielen Fällen kann gesagt werden, daß...
Hauptsache ist, daß...
Es muß erwähnt werden, daß...
Ich möchte hinzufügen, daß...
Darüber hinaus...
Aus diesem Grund/Aus diesen Gründen/Aus den obengenannten
     Gründen/Aus folgenden Gründen...

You want to express conflicting views

Auf der einen Seite... Auf der anderen Seite...
zum einen... zum anderen...
Einerseits... Andererseits...
theoretisch... in Wirklichkeit aber...
zwar... aber...
Im Gegensatz zu...
Herr X hingegen meint, daß...

B. Common Abbreviations

bzw.	beziehungsweise	*or, or else*
z.B.	zum Beispiel	*for example*
d.h.	das heißt	*that is*
u.a.	unter anderem	*among other things*
usw.	und so weiter	*etc.*
v.a.	vor allem	*above all*
z.T.	zum Teil	*partly*

C. Useful Adverbs and Transitions

nämlich	*namely, as a matter of fact*
wahrscheinlich	*probably*
anscheinend	*it seems that*
dennoch	*however*
in der Tat	*in fact*
mindestens	*at least*
wenigstens	*at least*
übrigens	*besides*
einigermaßen	*to a certain extent*
trotzdem	*nevertheless*
selbstverständlich	*of course*
gelegentlich	*occasionally*
eventuell	*perhaps*
hauptsächlich	*mainly*

Zuerst
Dann
Danach
Nachher
Schließlich

Business Letter

```
Inge Fassbinder                    5 Köln, den 25.7.1991
                                   Ehrenstr. 23


Chiffre Zk 834
"Stadtnachrichten"
Werdenerstr. 213
43 Essen

Betr.: Bewerbung als Sekretärin

Sehr geehrte Damen und Herren!

Hiermit bewerbe ich mich auf Ihre Anzeige in den
Stadtnachrichten um die ausgeschriebene Stelle als
Sekretärin des Verkaufsleiters. Lebenslauf, Fotokopien
meiner Zeugnisse und ein Lichtbild füge ich diesem Brief
bei.

Frühester Anfangstermin ist der 1. Oktober 1991. Meine
Gehaltswünsche möchte ich in einer persönlichen
Besprechung darlegen. Da ich in meiner jetzigen Stellung
seit 3 Jahren keine Aufstiegsmöglichkeiten sehe, lege ich
großen Wert auf eine geeignete Basis mit einem
interessanten selbständigen Aufgabengebiet.

Für eine persönliche Vorstellung stehe ich gerne zur
Verfügung.


Mit freundlichen Grüßen

Inge Fassbinder


Anlagen
1 Lebenslauf
1 Foto
4 Zeugniskopien
```

Personal Letter

Paris, den 1.4.92

Lieber Thomas,

vielen Dank für Deinen letzten Brief. Zur Zeit bin
ich in Paris und möchte Dich von hier recht
herzlich grüßen. Gestern war ich natürlich schon
auf dem Eiffelturm und habe die Aussicht
sehr genossen. Dabei habe ich sofort an Dich
und Deine Höhenangst gedacht und mußte Dir
gleich einen Brief schreiben. Die nächste
Woche ist vollgepackt mit Plänen. Ich werde
also nicht mehr genug Zeit haben, um Dir
noch einmal zu schreiben.
Grüße auch Deine Eltern von mir und mach's
gut. Tschüß und bis bald.

Deine Christine

Tabular Format Lebenslauf

```
L E B E N S L A U F


Angaben zur Person:        Roman Graf
                           Nelkenstr.19
                           8397 Essenbach
                           Tel.: 0147/45 87 90

Geboren:                   16. August 1960 in Ingolstadt

Staatsangehörigkeit:       deutsch

Familienstand:             ledig

Religion:                  römisch-katholisch

Eltern:                    Markus Graf, Handelskaufmann
                           Sieglinde Graf, geb. Leithner, Schneiderin

Schulbildung:              1966 - 1970   Grundschule Füssen
                           1970 - 1971   Gymnasium Füssen
                           1971 - 1980   Hans-Leinberger Gymnasium,
                                         Landshut

Abschluß:                  Abitur

Berufsausbildung:          1980 - 1982    Universität Regensburg

Prüfung:                   Zwischenprüfung in Germanistik und Anglistik

                           1982 - 1983    University of Colorado,
                                          Boulder, Colorado USA
                           1983 - 1985    University of Oregon,
                                          Eugene, Oregon USA

Abschluß:                  Magister in Germanistik (Master of Arts)

                           1986 - jetzt   University of North Carolina,
                                          Chapel Hill, NC USA

Abschluß:                  voraussichtlich: 1991 Doktor der Komparatistik


Berufliche Ziele:          Professor der Komparatistik in Germanistik an
                           einer amerikanischen Universität
```

Handwritten Lebenslauf

Chapel Hill, den 21. Januar 1992

<u>Lebenslauf</u>

Am 16. August 1960 wurde ich, Roman Graf, als erster Sohn des Handelskaufmanns Markus Graf und der Schneiderin Sieglinde Graf, geborene Leithner, in Ingolstadt geboren. 1962 zog ich nach Füssen im Allgäu und trat 1966 dort in die Grundschule Füssen ein. Nachdem ich 1970 an das Gymnasium Füssen gewechselt hatte, zog ich im Frühjahr 1971 nach Landshut und ging dort auf das Hans-Leinberger Gymnasium, an dem ich 1980 das Abitur ablegte.

Von 1980 bis 1982 studierte ich an der Universität Regensburg und bestand 1982 die Zwischenprüfungen in Germanistik und Anglistik.

Nach einem einjährigen Studienaufenthalt an der University of Colorado in Boulder, Colorado, U.S.A. von 1982 bis 1983, studierte ich an der University of Oregon in Eugene, Oregon, U.S.A. von 1983 bis 1985 Germanistik und erlangte 1985 den Magister in diesem Fach. 1986 begann ich noch in Eugene das Studium der Komparatistik. Seit Herbst 1986 studiere ich an der University of North Carolina in Chapel Hill, North Carolina, U.S.A. Ich hoffe im Herbst 1992 dort meinen Doktor der Komparatistik zu erlangen.

Roman Graf

Zodiac Signs

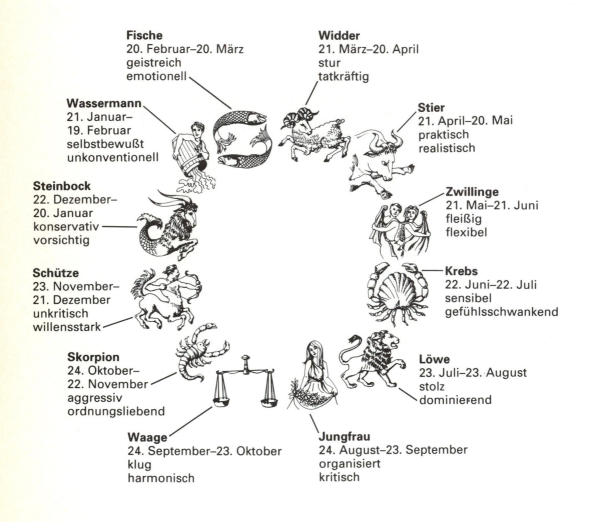

Fische
20. Februar–20. März
geistreich
emotionell

Widder
21. März–20. April
stur
tatkräftig

Wassermann
21. Januar–
19. Februar
selbstbewußt
unkonventionell

Stier
21. April–20. Mai
praktisch
realistisch

Steinbock
22. Dezember–
20. Januar
konservativ
vorsichtig

Zwillinge
21. Mai–21. Juni
fleißig
flexibel

Schütze
23. November–
21. Dezember
unkritisch
willensstark

Krebs
22. Juni–22. Juli
sensibel
gefühlsschwankend

Skorpion
24. Oktober–
22. November
aggressiv
ordnungsliebend

Löwe
23. Juli–23. August
stolz
dominierend

Waage
24. September–23. Oktober
klug
harmonisch

Jungfrau
24. August–23. September
organisiert
kritisch

Glossary

The following abbreviations are used:

acc	accusative	*nom*	nominative
adj	adjective	*o.s.*	oneself
coll	colloquial	*pl*	plural
dat	dative	*s.o.*	someone
gen	genitive	*s.th.*	something
inf	infinitive	*v.*	verb

* Asterisk indicates nouns formed from adjectives and participles.

The English meanings correspond to the context of the reading selections and activities.

der **Abfalleimer, -** dustbin

der/die ***Abgeordnete, -n** delegate, representative

abgespannt exhausted

abhängen (von + *dat*) to depend on

die **Abmachung, -en** arrangement, settlement

die **Abneigung, -en** aversion

das **Abonnement, -s** subscription

abschaffen, schuf ab, hat abgeschafft to abolish, do away with

der **Abschied, -e** leave-taking, farewell

absprechen (spricht ab), sprach ab, hat abgesprochen to settle

abstreiten, stritt ab, hat abgestritten to deny, to dispute

die **Abwesenheit, -en** absence

der **Abzug, ⁼e** discount

achten (auf + *acc*) to pay attention (to), mind

achtsam careful

die **Achtung (vor** + *dat*) respect (for)

affektiert affected

aggressiv aggressive

ähnlich similar

die **Ähnlichkeit, -en** similarity

das **All** universe, cosmos

allein alone

alleinig sole

allerdings nevertheless

der/die **Altersgenosse/in, -n/-nen** contemporary, person of same age

das **Altertum** antiquity

sich **amüsieren** to have a good time

amüsieren to amuse *s.o.*

an (+*dat/acc*) on, at, upon

anbieten, bot an, hat angeboten to offer

der **Anfall, ⁼e** attack, seizure

anfangen (mit + *dat*) **(fängt an), fing an, hat angefangen** to begin (with)

anfordern, hat angefordert to demand, claim

die **Angabe, -n** declaration, showing off

der/die **Angeber/in, -/-nen** blowhard, braggart

angeberisch showing off, bragging

angeblich alleged

der/die ***Angeklagte, -n** defendant

angeln to fish

angenehm comfortable, pleasant

der/die ***Angestellte, -n** employee

die **Angewohnheit, -en** habit

die **Angst, ⸚e (vor** + *dat*) fear (of)

anklagen to accuse

sich **annehmen (nimmt an), nahm an, hat angenommen** (+*gen*) to take care of

sich **anpassen** to adapt (*o.s.*)

anpassungsfähig adaptable

die **Anrede, -n** address, salutation

die **Anrichte, -n** set of drawers, sideboard

die **Anschauung, -en** perception, conception

die **Anschuldigung, -en** accusation

die **Ansicht, -en** view, idea

die **Ansichtskarte, -n** postcard

anspruchsvoll pretentious, ambitious

anstatt (+*gen*) instead of

sich **anstellen** to line up, to act as if

(sich) **anstrengen** to exert (*o.s.*)

antworten to answer

die **Anwendung, -en** usage

die **Anzeige, -n** ad; denunciation

die **Apotheke, -n** pharmacy

der **Apparat, -e** machine

das **Aquarell, -e** watercolor (painting)

arbeiten (bei + *dat*) to work (at)

arbeiten (an + *dat*) to work (on)

der/die **Arbeitgeber/in, -/nen** employer

das **Arbeitsamt, ⸚er** employment office

die **Arbeitszeit, -en** working hours

der **Ärger** annoyance, anger

sich **ärgern (über** + *acc*) to be upset, annoyed (about)

arm poor

der/die ***Arme, -n** the poor, poor thing

die **Art, -en** kind, sort

der **Aschermittwoch** Ash Wednesday

der/die **Asylant/in, -en/nen** *s.o.* requesting political asylum

ätzend corrosive, (*coll*) boring, bad

auf (+*dat/acc*) on, on top of

auffallen (fällt auf), fiel auf, ist aufgefallen attract attention, be conspicuous

auffassen, hat aufgefaßt to conceive, to imagine

die **Aufforderung, -en** invitation, summons

die **Aufgabenverteilung, -en** assignment of duties

aufgeregt nervous

aufgeschlossen open-minded

auf Grund von on the basis of

aufhören (mit + *dat*) to stop (what *s.o.* is doing)

aufknöpfen to unbutton

auflachen to burst out laughing

aufräumen to clean up

aufrichtig honest

der **Aufsatz, ⸚e** essay, composition

aufspüren to find, detect

der **Aufstieg, -e** ascent, rise

die **Aufstiegsmöglichkeiten** (*pl*) career opportunities

der **Auftrag, -e** order

die **Augenbraue, -n** eyebrow

ausbilden to educate, train

die **Ausbildung, -en** education, training

ausdenken *sich etwas,* **dachte aus, hat ausgedacht** to think up, invent

ausdrücken to express

der **Ausdruck, ⸚e** expression

der **Ausflug, ⸚e** excursion, trip

ausfragen to interrogate, question

sich **ausgeben (für** + *acc*), **(gibt aus) gab aus, hat ausgegeben** to pass *o.s.* off for, pretend

ausgelastet pushed to the limit

ausgereift perfect

ausgezeichnet excellent

der/die **Ausländer/in, -/nen** foreigner

auslösen to produce, start

ausmachen to matter; **es macht nichts aus** it does not matter

die **Ausrede, -n** excuse

die **Ausrüstung, -en** equipment

die **Aussage, -en** statement, declaration

aussagen to state, declare

der **Aussagesatz, ⸚e** affirmative proposition

ausscheiden, schied aus, ist ausgeschieden to withdraw, drop out

ausstehen, stand aus, hat ausgestanden to endure

die **Ausstellung, -en** exhibition, show

außerdem besides, moreover

außerhalb (+*gen*) outside of

ausverkauft sold out

der **Ausweis, -e** ID card
autoritär authoritarian

der **Bach, ⁻e** creek
bald soon
barfuß barefoot
barfüßig barefooted
der **Bart, ⁻e** beard
bauchtanzen to bellydance
der **Baustein, -e** brick; component
beachtlich noticeable
der/die **Beamte/in, -n/nen** civil servant
sich **bedanken** (**bei** + *dat*) to thank (*s.o.*)
der **Bedarf** (**an** + *dat*) need (for)
bedenken, bedachte, hat bedacht to consider
bedenklich doubtful, critical
bedeuten to mean, signify
(sich) **bedienen** to serve (*o.s.*)
bedrängen to press hard
sich **beeilen** to hurry
beeindrucken to impress
der **Befehl, -e** order
befehlen, befahl, hat befohlen to order
befürchten to fear, be afraid
begegnen, ist begegnet to meet, run into
die **Begegnung, -en** meeting, encounter
begeistern to inspire, excite
die **Begeisterung** inspiration, excitement
sich **begnügen** (**mit** + *dat*) to content
  (*o.s.* with)
begreifen, begriff, hat begriffen to understand
der **Begriff, -e** term
begrüßen to greet
begründen to found; to prove
die **Begründung, -en** proof
begütigen to soothe, appease
behandeln to treat
beheben, behob, hat behoben to remove, solve
die **Behebung, -en** removal
sich **behelfen** (**behilft**), **behalf, hat beholfen** to improvise, manage
beherrschen to dominate, govern
behilflich helpful
der/die *****Behinderte/r, -n** disabled person

die **Behörde, -n** (state) agency
beiderseits on both sides of
beinahe nearly
beipflichten to agree with
beistehen, stand bei, hat beigestanden to support
(un)bekannt (un)known
der/die *****Bekannte, -n** acquaintance
beklemmend oppressive
beladen, belud, hat beladen to load, burden
belegen to cover, occupy
beleidigen to insult
die **Belichtungszeit, -en** exposure time
beliebt favorite, popular
sich **bemächtigen** to seize
sich **benehmen, (benimmt), benahm, hat benommen** to behave
benutzen to use
beobachten to watch
bequem comfortable
das **Beratungsgespräch, -e** advising, consultation
berauben to rob
(sich) **bereiten** to prepare (*o.s.*)
bergen (**birgt**), **barg, hat geborgen** to save, salvage
bergsteigen to mountain climb
der **Bericht, -e** report
die **Berufserfahrung, -en** professional experience
sich **beschäftigen** (**mit** + *dat*) to occupy
  (*o.s.* with)
bescheiden modest
bescheren to give, bestow upon
beschließen, beschloß, hat beschlossen to decide
beschuldigen to accuse
der **Beschwerdekasten, ⁻** box for complaints
die **Besonderheit, -en** special feature
die **Besorgung, -en** procurement; shopping
der/die **Besserwisser/in, -/nen** smart aleck
beständig constant, steady
das/der **Bestandteil, -e** part, ingredient
bestätigen to confirm
bestehen (**auf** + *dat*) to insist (on)

bestehen (**aus** + *dat*) to consist (of)
bestellen to order
bestimmen to decide, determine
bestimmt surely
besuchen to visit
betiteln to entitle
betreten, betrat, hat betreten to enter; set foot in
die **Betriebsanleitung, -en** operating instructions
der **Betrug,** *pl* **Betrügereien** fraud
die **Betrügerei, -en** cheating, fraudulence
beurteilen to judge
bevorzugen to prefer
bewahren to conserve
sich **bewähren** to stand the test
beweisen, bewies, hat bewiesen to prove, establish
sich **bewerben** (**bei** + *dat*) to apply at
die **Bewerbung, -en** application
die **Beziehung, -en** relation
bieten, bot, hat geboten to offer
bildhauen to sculpt
das **Blatt, ⁻er** leaf, sheet
blaumachen to skip class, take a semester off, skip work
bleiben (**bei** + *dat*) to stay (with)
blind blind
das **Blöken** bleat
blond blond
der **Blumenstrauß, ⁻e** bouquet of flowers
der **Bogen, ⁻** arch
böse angry, evil
die **Bratwurst, ⁻e** grilled sausage
braun brown
die **Bräunung, -en** tan
der **Brei, -e** mush, pulp
brennen, brannte, hat gebrannt to burn
das **Brett, -er** board, plank
die **Briefmarke, -en** (postage) stamp
die **Brieftasche, -n** wallet
der **Briefumschlag, ⁻e** envelope
bringen, brachte, hat gebracht to bring
die **Brücke, -n** bridge
brustschwimmen, ist brustgeschwommen to do the breast stroke
der **Bub, -en** kid, boy
das **Bulettenbrötchen, -** meatball sandwich

bummeln to loaf
das **Bürgertum** bourgeoisie
das **Büro, -s** office

der/die **Chef/in, -s/-nen** boss, employer

dagegen against it; in comparison with
daher from there, hence
dahinter behind that
damals back then
danach afterwards
daneben next to, besides
(un)dankbar (un)grateful
die **Dankbarkeit** gratitude
dann then
darüber over that; concerning that
darum about that; therefore
das **Dasein** existence
dauerhaft durable, lasting
davor before that; of it
dazu to that; moreover
die **Delle, -n** dent
demnächst soon
denkbar thinkable, conceivable
(sich) **denken** to think (to *o.s.*)
denken (**an** + *acc*) to think (of)
dennoch nevertheless
deprimiert depressed
deshalb therefore, that is why
dezent unobtrusive
dienen to serve
diesseits on this side of
diktieren to dictate
der **Donner, -** thunder
donnern to thunder
dringend urgent(ly)
die **Drogerie, -n** drugstore
drohen to threaten
die **Druckerpresse, -n** printing press
dumm stupid
dunkel dark
dünn thin
durch (+*acc*) through
durchfallen (fällt durch), fiel durch, ist durchgefallen to flunk; fall through
das **Dutzend, -e** dozen
duzen to use the familiar "du"

eben just, plain
egal equal, all the same
egoistisch egoistic
die **Ehefrau, -en** wife, spouse
die **Ehre** honor
(die) **Ehrfurcht vor** respect for
ehrlich honest
die **Eigenschaft, -en** quality, characteristic
der **Eigensinn** obstinacy
eigensinnig obstinate
eigentlich actually
das **Eigentum, -̈er** property
die **Einbrennlackierung, -en** process of burning paint into metal, mainly used for cars
der **Einbruch, -̈e** burglary
eindrucksvoll impressive
der **Eindruck, -̈e** impression
einfallen to come to mind
einfältig simple, stupid
einfühlsam sensitive
das **Einfühlungsvermögen** sensitivity, empathy
einführen to import, introduce
eingebildet arrogant
der **Einkaufsbummel, -** shopping, marketing
einladen (zu + *dat*) to invite (for)
die **Einladung, -en** invitation
einlassen (läßt ein), ließ ein, hat eingelassen to let in, engage in
sich **einmischen** to interfere
die **Einreise, -n** entry
einrichten to furnish
die **Einrichtung, -en** arrangement; set-up
einsam lonely
der **Einsatz, -̈e** stake; employment, use
(sich) **einschmieren** to smear on (*o.s.*)
einst at one time
die **Einstellung, -en** recruiting; attitude
das **Einstellungsgespräch, -e** job interview
die **Eintagsfliege, -n** mayfly (insect)
einverstanden sein, ist einverstanden to agree
das **Einwohnermeldeamt, -̈er** registration office
einzigartig unique
eislaufen (läuft eis), lief eis, ist eisgelaufen to skate

ekelhaft repulsive
(sich) **ekeln (vor + *dat*)** to loathe
der/die **Empfangschef/in, -s/nen** receptionist (in a hotel)
empfehlen (empfiehlt), empfahl, hat empfohlen to recommend
empfinden, empfand, hat empfunden to feel
empfindlich sensitive, touchy
empfindsam sensitive, sentimental
endlich finally
die **Energiequelle, -n** source of energy
die **Energieversorgung, -en** energy supply
eng narrow
entdecken to discover
entfernt distant
entfremden to alienate
entgegenfahren (fährt entgegen), fuhr entgegen, ist entgegengefahren to drive toward
entgegengesetzt opposite
entgegensehen (sieht entgegen), sah entgegen, hat entgegengesehen look toward
sich **enthalten (enthält), enthielt, hat enthalten** to abstain
entheben, enthob, hat enthoben to exempt from
enthusiastisch enthusiastic
entkeimen to degerm
sich **entledigen** to get rid of
entleeren to empty
entmannen to castrate
entreinigen to clean
entschädigen to compensate
die **Entscheidung, -en** decision
sich **entschließen, entschloß, hat entschlossen** to decide
entsetzlich horrible
(sich) **entspannen** to relax
entsprechend corresponding, equivalent
entstehen, entstand, ist entstanden to emerge, originate
die **Enttäuschung, -en** disappointment
entwaffnen to disarm
entweder ... oder either ... or
entwickeln to develop
die **Entwicklung, -en** development

die **Entwicklungsphase, -n** developmental phase

der **Entwurf, ⸚e** design, sketch

entzünden to inflame

sich **erbarmen** (+*gen*) to pity *s.o.*

der/das **Erbe, -n** heir; heritage

die **Erbschaft, -en** inheritance

das **Erdbeben, -en** earthquake

erdichten to make up, invent

erdrosseln to strangle

erdulden to suffer, endure

sich **ereignen** to happen

das **Ereignis, -se** event

die **Erfahrung, -en** experience

erfinden, erfand, hat erfunden to invent

die **Erfindung, -en** invention

die **Erfolgkurve, -n** curve of success

erfolgreich successful

sich **erfreuen** (**an** + *dat*) to rejoice (in)

sich **erfüllen** to fulfill

(sich) **ergeben (ergibt), ergab, hat ergeben** to give up, surrender

erhältlich obtainable

erhärten to confirm

sich **erholen** to recover

sich **erinnern** (**an** + *acc*) to remember

erinnern (**an** + *acc*) to remind

sich **erkälten** to catch (a) cold

erklären to explain

erkunden to explore

sich **erkundigen** (**nach** + *dat*) to inquire (about)

erlauben to permit

erläutern to explain

erledigen to settle, do

erledigt! done!

erleuchten to illuminate

die **Erleuchtung, -en** illumination

die **Ermäßigung, -en** reduction, discount

ermöglichen to make possible

ermutigen to encourage

die **Ernährung, -en** nourishment, food

ernst serious

erobern to conquer

die **Eröffnung, -en** opening

erraten (errät), erriet, hat erraten to guess

erreichen to reach

erscheinen, erschien, ist erschienen to appear

erschießen, erschoß, hat erschossen to shoot to death

erschlagen (erschlägt), erschlug, hat erschlagen to slay

erschöpft exhausted

die **Erschöpfung, -en** exhaustion

erschrecken (erschrickt), erschrak, ist/hat erschrocken to be frightened; to frighten

erstaunlich amazing

ertragen (erträgt), ertrug, hat ertragen to endure

erwachen, ist erwacht to wake up

erwachsen adult

sich **erwehren** to keep off

erweichen to soften, to move

sich **erweitern** to broaden

erwerben (erwirbt), erwarb, hat erworben to acquire

erwünscht desirable

erwürgen to strangle

erzählen to tell

erziehen, erzog, hat erzogen to educate

der/die **Erzieher/in, -/-nen** educator

die **Erziehung, -en** education

es gefällt ... *s.th./s.o* is pleasing to *s.o.*

es geht ... *s.th.* works

es gelingt ... *s.o./s.th* is successful

es geschieht ... it happens (to *s.o.*)

es gibt there is/are

es kommt ... vor it happens (to *s.o.*)

es scheint ... it appears

es tut ... leid *s.o.* is sorry

eventuell perhaps

exaltiert eccentric

der **Fachbegriff, -e** technical term

die **Fachkraft, ⸚e** specialist

die **Fahrbahn, -en** lane

fahren (mit + *dat*), **fuhr, ist gefahren** to go by means of

das **Fahrrad, ⸚er** bicycle

falls in case, if

der **Familienstand, -e** family status

fangen (fängt), fing, hat gefangen to catch

farbig colored, colorful

farblich with respect to color

die **Farbwiedergabe, -n** color reproduction

fatal awkward

faul lazy

fehlen (+*dat*) to be missing; not to have
   es fehlt ... *s.th.* is lacking

feiern to celebrate

feig(e) cowardly

der **Feigling, -e** coward

das **Feld, -er** field

die **Ferien,** *pl* vacation

der **Fesselballon, -e** balloon

fest firm

feucht damp

der **Feuerlöscher, -** fire extinguisher

die **Feuerwehr, -en** fire department

die **Figur, -en** figure

das **Finanzamt, ̈er** revenue office

der **Firmenwagen, -** company car

die **Fläche, -n** plain, surface

der **Fleck, -en** spot

fleißig industrious

fleischig fleshy

der **Flohmarkt, ̈e** flea market

der **Fluchtversuch, -e** escape attempt

der/die **Fluglotse/in, -n/-nen** flight con-
   troller

das **Flugzeug, -e** airplane

föhnen to blow dry

folgen to follow

folglich consequently

die **Forderung, -en** demand

der **Fortschritt, -e** progress

die **Fortsetzung, -en** continuation

fragen nach (+*dat*) to ask about

freigebig generous

fremd strange

der/die ***Fremde, -n** stranger, foreigner

der **Fremdling, -e** stranger, foreigner

fressen (frißt), fraß, hat gefressen to devour, gorge

Freude an (+*dat*) joy in

sich **freuen (auf** + *acc*) to look forward
   (to)

freundlich friendly

der **Friede** peace

froh glad

fröhlich happy

die **Fröhlichkeit** happiness

der **Frosch, ̈e** frog

früher earlier

frühestens at the earliest

der/die **Fußgänger/in, -/-nen** pedestrian

führen to lead

der **Führerschein, -e** driver's license

für (+*acc*) for

die **Furcht (vor** + *dat*) fear (of)

furchtbar horrible, gruesome

(sich) **fürchten (vor** + *dat*) to fear, be
   afraid of

fürchterlich horrible, terrible

furchtsam fearful, timid

das **Furnier, -e** veneer

furnieren to veneer

die **Fürsorge, -n** welfare

das **Fürwort, ̈er** pronoun

gähnen to yawn

der **Gang, ̈e** walk, gait

gängig customary

garantiert guaranteed

der/die **Gärtner/in, -/-nen** gardner

geben (gibt), gab, hat gegeben to give

das **Gebiß, -sse,** teeth, dentures

das **Gebirge, -** mountains

das **Gebot, -e** order, command

gebrauchen to use

das **Gebüsch, -e** bush

das **Gedächtnis, -se** memory

der **Gedanke, -n** thought

gedenken, gedachte, hat gedacht to
   remember

das **Gedicht, -e** poem

die **Geduld** patience

geduldig patient

die **Gefährdung, -en** peril, danger

gefährlich dangerous

gefallen (gefällt), gefiel, hat gefallen to
   like, please

der **Gefallen, -** favor

der/die ***Gefangene, -n** prisoner

das **Gefängnis, -se** prison

gefärbt tinted

das **Gefühl, -e** feeling

gefühlskalt cool, insensible

gegen (+*acc*) against, around

das **Gegenteil, -e** opposite

der **Gegenverkehr** oncoming traffic

das **Gehalt, ̈er** salary

die **Gehaltsforderung, -en** salary demand
der **Gehaltsscheck, -s** pay check
gehässig malicious, spiteful
gehorchen to obey
gehören (**zu** + *dat*) to belong (to)
gehorsam obedient
geistig intellectual
geistlich pertaining to the clergy
das **Gelächter, -** laughter
das **Geländer, -** railing
der **Geldschein, -e** banknote
die **Gelegenheit, -en** opportunity
der/die ***Gelehrte, -n** scientist
gelingen, gelang, ist gelungen to succeed
gemäß (+*gen*) according to
das **Gemälde, -** painting
gemeinsam together
das **Gemüse, -** vegetables
genial ingenious
genießen, genoß, hat genossen to enjoy
das **Gepäckstück, -e** piece of luggage
gerade just (now)
das **Gerät, -e** appliance
geräumig spacious
gereichen to prove to be
gereizt irritated
der **Gerichtshof, ⸚e** court of justice
die **Gerichtsverhandlung, -en** trial
gering little, small, trifling
die **Geringschätzung, -en** disregard, disrespect
das **Gerippe, -** skeleton
die **Gesamtheit** totality, the whole
der/die ***Gesandte, -n** diplomat, envoy
geschafft! done! finished!
das **Geschäft, -e** shop, business
geschäftig industrious, busy
geschäftlich on business
die **Geschäftsfrau, -en** business woman
das **Geschäftsviertel, -** business district
geschehen (geschieht), geschah, ist geschehen to happen
geschieden divorced
der **Geschmack, ⸚er** taste
geschmackvoll tasteful
geschmückt adorned
das **Geschrei** yelling, shouting

geschwätzig talkative
das **Gesetz, -e** law
gesinnt disposed, -minded
die **Gesinnung, -en** conviction, opinion, belief
das **Gespräch, -e** conversation
gestehen, gestand, hat gestanden to confess
das **Gestirn, -e** constellation
gestreift striped
gesund healthy
das **Gesundheitswesen, -** public health
die **Gewaltanwendung, -en** use of force
gewissenhaft conscientious
sich **gewöhnen** (**an** + *dat*) to get used (to)
das **Gewohnheitstier, -e** creature of habit
gießen, goß, hat gegossen to water
der **Glanz** brightness, gloss, shine
glauben (**an** + *acc*) to believe (in)
gleich equal
die **Gleichberechtigung, -en** equality (of rights)
gleichen, glich, hat geglichen to equal, resemble
das **Gleichgewicht** balance
gleichgültig indifferent
gleichzeitig at the same time, simultaneously
glücklich happy
die **Glühbirne, -n** light bulb
glühen to glow
die **Glut, -en** heat, glowing fire
gnädig gracious, kind
gräßlich ghastly, hideous
gratulieren (**zu** + *dat*) to congratulate (on)
grauenhaft horrible, terrible
greifen, griff, hat gegriffen to grab
die **Grippe, -n** flu, influenza
groß big, large, tall
der **Großteil, -e** majority
großzügig generous
grob coarse, gross
gründen to found
günstig favorable
das **Gut, ⸚er** possession, goods
das **Gymnasium, -ien** high school, pre-university course of study

haben (hat), hatte, hat gehabt to have
habgierig greedy
hacken to hack, chop
der **Haken, -** hook
haltbar durable
halten (von + *dat*) **(hält), hielt, hat gehalten** to think, have an opinion (of)
halten (für + *acc*) to hold, think, take to be
sich **handeln (um** + *acc*) to be a matter of
handeln (von + *dat*) to deal with
handeln (mit + *dat*) to negotiate, deal with
handlungsstark strong (in action)
der **Handschuh, -e** glove
im Handumdrehen right away; at the drop of a hat
das **Hauptfach, ̈er** major
die **Hauptstadt, ̈e** capital (city)
der **Haushalt, -e** household
der **Haushaltsartikel, -** household utensil
häuslich domestic
die **Haut, ̈e** skin
die **Hautreizung, -en** skin irritation
keinen Hehl aus etwas machen to make no secret of
heiß hot
der/die *****Heilige, -n** saint
heimisch homey
heimlich secretive
helfen (hilft), half, hat geholfen to help
der **Hengst, -e** stallion
die **Herausforderung, -en** challenge
herrisch domineering
herrlich wonderful
herstellen to produce
herzhaft hearty
herzlich cordial
heute today
heutig of this day
heutzutage nowadays
die **Hexe, -n** witch
hilfsbereit helpful
das **Himmelbett, -en** four-poster bed
sich **hineinversetzen** to imagine
hingegen on the other hand
hinten behind, in the rear

der **Hintergrund, ̈e** background
der **Hinweis, -e** hint
der **Hobbymarkt, ̈e** hobby supplies store
hochnäsig snooty, haughty
höchstens at (the) most
die **Höchstgrenze, -n** maximum limit
hoffen (auf + *acc*) to hope (for)
holen to go get, fetch
die **Hülle, -n** cover, wrap
der **Hund, -e**/die **Hündin, -nen** dog
der **Hustensaft, ̈e** cough syrup
sich **hüten (vor** + *dat*) watch (out for)
der/die **Hüter/in, -/nen** keeper, guardian

idealistisch idealistic(ally)
ihresgleichen the likes of her/them
die **Illustrierte, -n** magazine
der **Imbiß, -sse** snack
immer always
immerhin still, after all
indem whilst, while
indessen meanwhile; however
ineinander in(to) one another
infolge as a consequence of
inmitten in the middle of
innerhalb inside of, within
insgesamt altogether
das **Interesse, -n (an** + *dat*) interest (in)
inzwischen meanwhile, in the meantime
irr crazy
irrsinnig insane
der **Irrtum, -er** mistake, error

die **Jagd, -en** chase, hunt, hunting
der **Jäger, -** hunter
jämmerlich lamentable, pitiable
jedenfalls in any case, however
jedoch however, nevertheless
jenseits (von + *dat*) on the other side (of)
jetzt now
jubeln to rejoice, cheer
das **Jubiläum, -äen** jubilee
jugendlich youthful
der/die *****Jugendliche, -n** young adult
der **Jugendverband, ̈e** junior association

die **Kachel, -n** tile
kalt cold
die **Kantenschärfe, -n** sharpness of an edge
kaputt broken, ruined
der **Karfreitag, -e** Good Friday
der **Kasten, ∹** box
der **Kater, -** tomcat; hangover
die **Katze, -n** cat
kauen to chew
kaufen to buy
der/die **Kaufmann/frau, ∹er/-en** merchant, shopkeeper
der **Kaugummi, -s** chewing gum
der/die **Kenner/in, -/-nen** connoisseur, expert
kettenrauchen to chain smoke
die **Kiefer, -** pine tree
der **Kiefer** jaw
die **Kindererziehung** upbringing, child education
kindisch childish
kindlich childlike
die **Kiste, -n** box
kitzeln to tickle
klagen (über + *acc*) to complain (about)
der **Klatsch** gossip
die **Klausur, -en** exam, test
klein little, small
die **Kleinanzeige, -n** classified ad
klemmen to squeeze, jam
klug intelligent, clever
die **Klugheit, -en** intelligence
knacken to crack, break
die **Knappheit, -en** tightness, shortage
der **Knick, -e** tightness, shortage
der **Knoblauch** garlic
der **Knopf, ∹e** button
knusprig crisp
der **Kometenschweif, -e** tail of a comet
die **Kommode, -n** chest of drawers
Konjunktiv subjunctive
konservativ conservative
das **Konterfei, -s** portrait
der **Kontoauszug, ∹e** bank statement
kopfrechnen to calculate mentally
einen Korb bekommen to meet with a refusal
die **Körnigkeit** grain, texture
die **Kosten (*pl*)** cost, expenses

kostenlos free of charge
kotzen to vomit, puke
der/die **Krämer/in, -/-nen** merchant, shopkeeper
krank ill, sick
das **Krankenhaus, ∹er** hospital
kratzen to scratch
der **Kredit, -e** loan
das **Kriegsrecht** martial law
kritisch critical
der **Kuchen, -** cake, pie
kündigen to give notice, to quit
die **Kundschaft, -en** clientele, customer
künstlerisch artistic(ally)
künstlich artificial(ly)
kurios odd, funny
kürzlich recently
küssen to kiss
die **Küste, -n** coast

lachen (über + *acc*) to laugh (about)
der **Lack, -e** lacquer; finish (of photos)
lähmend paralyzing
die **Landeskunde** information about a country, e.g. its geography, culture, history
die **Landschaft, -en** landscape
länglich longish
langsam slow
die **Langspielplatte, -n** long playing record
langweilig boring
der **Lärm** noise
lärmen to make noise
lässig cool, relaxed
lästig annoying, troublesome
lauschen to listen in, eavesdrop
die **Lautstärke, -n** volume (of sound)
die **Lebensführung, -en** life-style
der **Lebenslauf, ∹e** curriculum vitae
die **Lebensmittel (*pl*)** food, provisions
die **Lebensqualität, -en** quality of life
der **Lebensstandard, -s** living standard
leer empty, void
der **Lehrling, -e** apprentice
lehrreich educational
leibhaftig in person
das **Leid, -en** sorrow
  es tut mir leid I am sorry

leider unfortunately
leidig disagreeable
leihen, lieh, hat geliehen to lend; to borrow
der/die **Leiter, -/-n** boss; ladder
die **Lesebrille, -n** reading glasses
die **Leuchtkraft, ̈e** illumination power
die **Lichtung, -en** clearing
lieb dear, nice, kind
liebenswürdig lovable, amiable
der **Liebeskummer** lover's grief
der/die **Liebhaber/in, -/-nen** lover
liegen (an + *dat*) to be due to; to depend on
das **Lineal, -e** ruler
links left
der **Lipizzaner, -** breed of horses
lösbar soluble
löslich soluble
die **Lust, ̈e (auf** + *acc*) pleasure, joy (in)

die **Mähne, -n** mane
Mainzelmännchen elflike cartoon characters who appear between commercials on ZDF in Mainz
malerisch picturesque
manchmal sometimes, once in a while
der **Mangel, ̈, (an** + *dat*) lack (of)
mangels for lack of
die **Manieren** (*pl*) manners
mannhaft manly
männlich male, masculine, manly
das **Märchen, -** fairy tale
die **Marke, -n** stamp; token
die **Maserung, -en** wood grain
die/das **Maß, -e** measurement; beer-size in Bavaria (1 liter)
massieren to massage
die **Maßnahme, -n** measure, provision
die **Matura** examination at the end of secondary school in Austria
das **Maul, -er** mouth (usually of animals)
   Halt's Maul! Shut up!
die **Mehrheit, -en** majority
meistens mostly; usually
sich **melden** to register; to announce
die **Melone, -n** melon
die **Menge, -n** crowd; amount

merkwürdig strange
das **Messer, -** knife
mindestens at least
das **Ministerium, -ien** government department
die **Mißachtung, -en** disregard
mißbrauchen to abuse
mißdeuten to misinterpret
die **Mißernte, -n** bad harvest
mißfallen (mißfällt), mißfiel, hat mißfallen to displease
mißglücken to fail
die **Mißgunst** envy, jealousy
die **Mißhandlung, -en** abuse, ill-treatment
der **Mißstand, ̈e** nuisance, grievance
mißtrauen to mistrust
mißverstehen, mißverstand, hat mißverstanden to misinterpret
der **Mist** dung, manure
der **Mitesser, -** blackhead
das **Mitglied, -er** member
das **Mitleid, (mit** + *dat*) sympathy (with), pity (for)
die **Mitte, -n** middle
mitteilen to communicate, tell
mitteilsam communicative
mittlerweile in the meantime
modisch fashionable
möglich possible
die **Möglichkeit, -en** possibility
mollig snug, rounded
das **Moped, -s** moped
der/die **Mörder/in, -/nen** murderer
müde tired
die **Müllabfuhr, -en** garbage collection
münden to flow, run into
der **Mundgeruch, ̈e** bad breath
mündlich oral(ly)
die **Muschel, -n** shell
der **Muskelkater, -** sore muscles

nachdem after
nachdenken (über + *acc*) to think (about)
nachlässig sloppy, negligent
die **Nachricht, -en** news
der/die **Nachrichtensprecher/in, -/nen** news anchor
nachsichtig indulgent, lenient
nächstens shortly, very soon

der **Nachtwächter, -** night watchman
der **Nagellack, -e** nailpolish
nahe near
die **Nahrung, -en** food, nourishment
närrisch foolish
naturfarben natural-colored
natürlich naturally
das **Nebenfach, ̈er** minor
neidisch envious, jealous
nervös nervous
die **Neuerung, -en** innovation
die **Neugier** curiosity
neugierig curious, nosy
neulich recently
nicht nur ... sondern auch not only ... but also
nie never
nirgendwo nowhere
nörglerisch nagging
die **Notierung, -en** quotation (of prices)
nun now
nützen to be of use
nützlich useful
die **Nutzung, -en** yield, revenue

oben above
die **Oberfläche, -n** surface
oberhalb above, at the upper part of
obgleich although
obschon although
das **Obst** fruit(s)
das **Obstgeschäft, -e** fruit store
offen open
offensichtlich obvious, evident
oft often
ohne (+*acc*) without
ordinär common; vulgar
ordnungsliebend orderly
orten to locate
geortet detected

packen to pack, seize
panisch panicky
die **Pantomime, -n** pantomime
die **Parkuhr, -en** parking meter
die **Partnerschaft, -en** partnership
passieren to happen, occur

das **Pech** bad luck
peinlich embarrassing
das **Pferd, -e** horse
der **Pferdeschwanz, ̈e** ponytail
die **Pflicht, -en** duty
phantasielos unimaginative
der **Platz, ̈e** place; square
plaudern to chat
die **Pleite, -n** bankruptcy
das **Portemonnaie, -s** wallet
prägen to stamp, impress
der **Prater** amusement park in Vienna
preisen, pries, hat gepriesen to praise
preiswert inexpensive
die **Premiere, -n** opening night
das **Profitstreben, -** desire for profit
pünktlich punctual, on time
die **Putzfrau, -en** cleaning woman

querfeldein cross-country

(sich) **rächen** (**an** + *dat*) to take revenge (on)
der **Rachen, -** throat
radieren to erase
der **Radiergummi, -s** eraser
der **Rasen, -** lawn
die **Rasur, -en** shave
raten (rät), riet, hat geraten to advise; guess
die **Rate, -n** installment
das **Rathaus, ̈er** city hall
reaktionär reactionary
recht haben to be right
   du hast recht you are right
rechts right, to the right
der **Rechtschutz** legal protection (in form of an insurance)
rechtzeitig on time
redselig talkative
das **Referat, -e** report, paper
regelmäßig regular
(sich) **regen** to move, to stir
reißen, riß, hat gerissen to tear
reichen to reach; to extend; to last
der **Reichtum, ̈er** wealth
das **Reisebüro, -s** travel agency

der/die **Reiseführer/in, -/-nen** travel guide (book/person)

der **Reiz, -e** charm, attraction

der/die **Rennfahrer/in, -/-nen** racing car driver

die **Reportage, -n** news report

die **Rezension, -en** review

sich **richten (nach** + *dat*) to go along with; to act according to

die **Richtung, -en** direction

riechen (nach + *dat*) to smell (of)

rinnen, rann, ist geronnen to drip, flow

roh raw

der **Rohstoff, -e** raw material

der **Rollschuh, -e** roller skate

der **Rollstuhl, ̈e** wheelchair

der **Roman, -e** novel

der **Rosenmontag, -e** Monday before Mardi Gras

rosten to rust

die **Rubrik, -en** column, rubric

rücksichtslos reckless(ly)

das **Ruderboot, -e** rowboat

sich **rühmen** to boast

rühren to stir, move

der **Ruin, -e** decay, ruin

der **Rüssel, -** trunk

der **Säbel, -** saber

der **Sakko, -s** sports jacket

der **Salbei** sage

salopp casual

der **Sammelbegriff, -e** general term

sammeln to collect

sämtlich all, complete, entire

das **Schachspiel, -e** chess game/set

die **Schachtel, -n** box

schade! too bad!

schaden to harm

der **Schaden, ̈** damage

schadhaft damaged, broken

schädlich harmful

das **Schallplattengeschäft, -e** record store

der **Schaufensterbummel** window shopping

sich **schämen** to be ashamed

sich **scheiden lassen** to (get a) divorce

die **Scheidung, -en** divorce

die **Scheidungsrate, -n** ratio of divorces

scheinbar seemingly

der **Schemel, -** stool

schenken to give, bestow

die **Schere, -n** scissors

schicken to send

schimmeln to get moldy

der **Schinken, -** ham

der **Schirm, -e** umbrella

schlagen (schlägt), schlug, hat geschlagen to hit, beat

schlagwortartig like a slogan or catchword

die **Schlammlawine, -n** avalanche of mud

die **Schlampe, -n** slovenly person, slut

schlank slim

schlau clever, intelligent

schlecht gelaunt in a bad mood

schließlich finally

das **Schloß, -össer** castle

schmal narrow, slim

schmecken (nach + *dat*) to taste (like)

schmeicheln to flatter

schmeichlerisch flattering

der **Schmetterling, -e** butterfly

schmettern to smash; blare

schmieden to forge

schmieren to grease

(sich) **schminken** to make (*o.s.*) up

schmutzig dirty

der **Schneebesen, -** whisk, egg-beater

der **Schnellimbiß, -sse** snack bar

der **Schnurrbart, ̈e** moustache

schreckhaft fearful, timid

schrecklich horrible, terrible

schreiben, schrieb, hat geschrieben to write

das **Schreibwarengeschäft, -e** stationery store

schüchtern shy, bashful

die **Schuld (an** + *dat*) guilt; debt; blame for

schuldig guilty

die **Schüssel, -n** bowl

schütteln to shake

schützen (vor + *dat*) to protect (against)

schwach weak

die **Schwangerschaft, -en** pregnancy

der **Schwanz, ̈e** tail

schwärmen (für + *acc*) to be a fan of
der/die **Schwarzfahrer/in, -/-nen** fare dodger (e.g. on bus or train)
der **Schwarzmarkt, ⁼e** black market
schweigsam taciturn
der **Schweinestall, ⁼e** pig pen
schwerhörig hard of hearing
schwierig difficult
die **Schwierigkeit, -en** difficulty, problem
die **Schwimmsachen** (*pl*) swim gear
schwindelig dizzy
schwitzen to sweat
schwören, schwor, hat geschworen to swear
die **Seele, -n** soul
die **Segeljacht, -en** yacht
sich **sehnen (nach** + *dat*) to long (for)
die **Sehnsucht (nach** + *dat*) longing (for)
seiltanzen to walk a tightrope
seinerseits for his part
seit (+*dat*) since; for
seitdem since, since then
der **Sekt, -e** sparkling wine
selbstbewußt self-confident
selbstsicher self-reliant
selten rare, seldom
die **Seltenheit, -en** rarity, curiosity
senden to send, mail
sich **senken** to sink; drop
sensibel sensitive
sicher sure, safe
das **Sieb, -e** sieve
das **Siedlungsgebiet, -e** settlement area, colony
siezen to use the formal "Sie"
der/das **Silvester, -** New Year's Eve
skrupellos unscrupulous
sobald as soon as
soeben just (now)
solange as long as
der **Sonnenbrand, -e** sunburn
sooft whenever; as often as
sorgen (für + *acc*) to care (for)
sich **sorgen** to worry
die **Sorge, -n** worry, grief
sowie as soon as
sowohl ... als auch both ... and
die **Sozialleistung, -en** social services

spärlich sparse
sparsam frugal, economical
später later
spätestens at the latest
die **Spätzle** (*pl*) type of German pasta
der **Spediteur, -e** carrier, forwarding agent
sperren to bar, close
spießig stodgy, narrowminded
der **Spielplatz, ⁼e** playground
das **Spielzeug, -e** toy
die **Spinne, -n** spider
die **Spitze, -n** peak, top, point
sportlich athletic
die **Sprechblase, -n** cartoon bubble
sprechen (spricht), sprach, hat gesprochen to talk
sprechen mit (+*dat*) to talk to/with
sprechen von (+*dat*) to talk about/of
sprechen über (+*acc*) to talk about/of
das **Sprichwort, ⁼er** proverb
das **Staatsoberhaupt, ⁼er** head of state
städtisch town-, municipal
die **Standuhr, -en** grandfather's clock
starren to stare
statt (+*gen*) instead of
stattfinden, fand statt, hat stattgefunden to take place
der **Stau, -e** traffic jam
staubsaugen to vacuum
das **Steckenpferd, -e** hobby; hobby-horse
stehen, stand, hat gestanden to stand
stehlen (stiehlt), stahl, hat gestohlen to steal
steigen, stieg, ist gestiegen to climb
stellen to place, put
das **Sternzeichen, -** zodiac sign
die **Steuer, -n** tax
der **Stichling, -e** stickleback
die **Stiefmutter, ⁼** stepmother
die **Stiefschwester, -n** stepsister
still still, quiet, silent
die **Stimmung, -en** mood
stoßen (stößt), stieß, hat gestoßen to push
stolz proud
der **Strand, -e** beach
streben (nach + *dat*) to strive (for)
streberisch over-ambitious
strebsam assiduous

die **Strecke, -n** stretch, distance
der **Streit, -e** (**mit** + *dat*) conflict, fight (with)
streitsüchtig quarrelsome
das **Stroh** straw
stützen to support, uphold
suchen (**nach** + *dat*) to search, look (for)
die/der ***Suchtabhängige/e, -n** drug addict
sympathisch congenial, nice

die **Tageszeitung, -en** daily newspaper
taktlos tactless
die **Tankstelle, -n** gas station
die **Tasche, -n** bag
das **Taschentuch, ̈er** handkerchief
der/die **Täter/in, -/-nen** offender, perpetrator
tätig active, busy
tätlich violent
der **Tau** dew
das **Tau, -e** (thick) rope
teilnehmen (**an** + *dat*), (**nimmt teil**), **nahm teil, hat teilgenommen** to take part in
teils ... teils ... partly ... partly ...
temperamentvoll vivacious, animated
teuer expensive
die **Tierhandlung, -en** pet shop
tierisch bestial, brutish
die **Tinte, -n** ink
tja! well!
der **Tonarm, -e** pick-up arm of a record player
der **Tor, -en** fool
das **Tor, -e** gate, goal (post)
töten to kill
tragen (**trägt**), **trug, hat getragen** to carry, wear
die **Träne, -n** teardrop
sich **trauen** to have confidence, dare
träumen (**von** + *dat*) to dream (about/of)
der/die **Träumer/in, -/-nen** dreamer
traurig sad
treffen (**trifft**), **traf, hat getroffen** to meet
treiben, trieb, hat getrieben to press, urge, move
das **Treibgas, -e** fuel, gasoline
(sich) **trennen** to separate
die **Trennung, -en** separation

treu faithful, loyal
trinken, trank, hat getrunken to drink
der **Trockner, -** drier
trösten to console, comfort
trotz in spite of
trotzdem nevertheless
die **Truhe, -n** trunk, chest

über (+*dat*/*acc*) above, over
überaus exceedingly, extremely
die **Überbevölkerung, -en** overpopulation
überdies moreover
überdreht overexcited, crazy
übereinander on top of one another
übereinstimmen to agree
überführen to convict; to carry over
sich **übergeben** (**übergibt**), **übergab, hat übergeben** to hand over; to vomit
überhaupt at all
überlegen (*adj*) superior; (*v*.) to think over
übernehmen (**übernimmt**), **übernahm, hat übernommen** to take over
überraschen to surprise
die **Überraschung, -en** surprise
überreden to persuade
überstürzen to hurry, act rashly
übertragen (**überträgt**), **übertrug, hat übertragen** to transmit
übertreiben, übertrieb, hat übertrieben to overdo, exaggerate
überwältigend overwhelming
überzeugen to convince, persuade
überziehen, überzog, hat überzogen to overdo, exaggerate
um (+*acc*) around
    um (**acht Uhr**) at (eight o'clock)
    um zu (+*inf*) in order to
umfangen (**umfängt**), **umfing, hat umfangen** to embrace
die **Umfrage, -n** opinion poll
der **Umgang** (**haben mit** + *dat*) to associate with
die **Umgangsform, -en** social manners
umgehend right away
umgehen (**mit** + *dat*), **ging um, ist umgegangen** to handle, deal with
umgekehrt reverse, inverse
umkrempeln turn upside down

umschultern to embrace
umspielen to play around *s.o./s.t.*
der **Umstand, ⁻e** circumstance
umstellen to switch; to surround
umstritten contested
unangenehm unpleasant, uncomfortable
unaufmerksam distracted
unbedingt absolutely
unbegreiflich unbelievable
unbeherrscht lacking self-control
unbeschreiblich indescribable
unbewußt unconscious
undenkbar unthinkable, inconceivable
der **Unfall, ⁻e** accident
ungeachtet regardless
ungeduldig impatient
das **Ungeheuer, -** monster
ungewöhnlich extraordinary
das **Unglück, -e** misfortune
unheimlich sinister, weird
das **Unkraut, -kräuter** weed
der **Unmensch, -en** monster, brute
unruhig impatient, fidgety
unsäglich unspeakable
unscharf blurred
unschuldig innocent
unsichtbar invisible
der **Unsinn** nonsense, rubbish
die **Unstimmigkeit, -en** disagreement, discrepancy
unten below, downstairs
die **Unterbrechung, -en** interruption
unterhalb below
sich **unterhalten (unterhält), unterhielt, hat unterhalten (mit** + *dat*) to talk (with); **unterhalten** to entertain
die **Unterlage, -n** document; base, foundation
unternehmen (unternimmt), unternahm, hat unternommen to undertake, do
das **Unternehmen, -** enterprise; company
die **Unterscheidung, -en** distinction
unterstellen to place under, park; presuppose, allege
sich **unterstellen** to take shelter
die **Untersuchung, -en** investigation; research; examination
unterwegs on the way, in transit
das **Untier, -e** monster

der **Unwille** displeasure, annoyance
unzufrieden unsatisfied
die **Uraufführung, -en** first performance, première
das **Urbild, -er** prototype, original
der/die **Urheber/in, -/-nen** author, originator
der **Urmensch, -en** primitive human
die **Ursache, -n** cause, reason
urteilen to judge
das **Urvolk, ⁻er** primitive people
der **Urwald, ⁻er** primeval forest, jungle
der **Urzustand, ⁻e** primitive state

die **Verabredung, -en** date, appointment
sich **verabschieden (von** + *dat*) to say goodbye (to)
der **Verband, ⁻e** bandage; formation, unit
der **Verbandskasten, ⁻** first-aid kit
verbessern to improve
verbinden, verband, hat verbunden to bind (up); to connect
verblassen to fade
verblöden to turn stupid
verbluten to bleed to death
das **Verbot, -e** prohibition
das **Verbrechen, -** crime
der/die **Verbrecher/in, -/-nen** criminal
verbrennen, verbrannte, hat verbrannt to burn
verbringen, verbrachte, hat verbracht to spend (time)
der **Verdacht** suspicion
verdächtigen to cast suspicion on
verderben (verdirbt), verdarb, ist/hat verdorben to spoil, corrupt
vereinbaren to arrange, agree upon
die **Vereinigung, -en** union
das **Verfahren, -** method; legal procedure
verfallen (verfällt), verfiel, ist verfallen to decay
verfaulen to rot, decay
verfügen to decree, order
vergeben (vergibt), vergab, hat vergeben to bestow; to forgive
die **Vergeßlichkeit** forgetfulness
sich **vergewissern** to make sure
vergleichen mit (+*dat*) to compare (with)

das **Vergnügen, -** pleasure
　Vergnügen (an + *dat*) etwas haben to take pleasure in
vergraben (vergräbt), vergrub, hat vergraben to bury
die **Vergünstigung, -en** special rate
das **Verhältnis, -se** relation; love-affair
sich **verheiraten (mit + *dat*)** to get married (to)
verhindern to prevent
das **Verhör, -e** interrogation
verhungern to die of hunger
verkaufen to sell
sich **verkleiden (als + *nom*)** to dress *o.s.* up (as)
verkonsumieren to consume
verkorkst bungled
verlangen (nach + *dat*) to long (for)
sich **verlassen (verläßt), verließ, hat verlassen (auf + *acc*)** to depend (on)
die **Verlegenheit, -en** embarrassment, difficulty
verletzen to hurt, injure
verletzt injured
sich **verloben (mit + *dat*)** to get engaged (to)
der/die ***Verlobte, -n** fiancé(e)
der **Verlust, -e** loss
der/die **Vermieter/in, -/-nen** landlord/lady
vermuten to presume, guess
vermutlich presumable, presumably
die **Vermutung, -en** presumption, supposition
verpestet infected, poisoned
verpönen to taboo, prohibit
verraten (verrät), verriet, hat verraten to betray, give a secret away
der/die **Verräter/in, -/-nen** traitor
verrosten to rust
verrückt crazy, mad
verschieben, verschob, hat verschoben to shift, displace
verschieden different
verschimmeln to get moldy
(sich) **verschlafen (verschläft), verschlief, hat verschlafen** to oversleep
verschlingen, verschlang, hat verschlungen to devour
verschlucken to swallow

verschweigen, verschwieg, hat verschwiegen to keep a secret, conceal
verschwenderisch wasteful
sich **versichern** to insure *o.s.*
verständig sensible, reasonable
verständlich understandable, intelligible
das **Verständnis, -se** insight, comprehension
verständnisvoll appreciative; knowing
verstehen, verstand, hat verstanden (von + *dat*) to understand (about *s.th.*)
verteidigen to defend
die **Vertiefung, -en** deepening, recess
(ver)trauen to trust
der/die **Vertreter/in, -/-nen** representative
verwandeln to change, transform
die/der ***Verwandte, -n** relative
verwirrt confused
verwöhnen to spoil
verwunderlich astonishing
verzaubern to bewitch, enchant
verzeihen, verzieh, hat verziehen to pardon
verzichten to renounce, waive
verzweifelt desperate
der **Vetter, -** cousin
die **Vielgesichtigkeit, -en** multifaceted view
vielleicht maybe, perhaps
vielmehr rather
vielseitig versatile
voll full
die **Voraussetzung, -en** precondition
　unter der Voraussetzung, daß on condition that
vorbei over
(sich) **vorbereiten** to prepare *o.s.*
das **Vorbild, -er** model, prototype, ideal
der **Vordergrund, ⁻e** foreground
die **Vorgabe, -n** odds, handicap
die/der ***Vorgesetzte/r, -n** superior, boss
vorher prior to this, before
vorhin a while ago
vorig- last; **vorige Woche** last week
die **Vorliebe, -n** preference
vorn in front, before
der **Vorschlag, -e** proposition, suggestion
vorschlagen (schlägt vor), schlug vor, hat vorgeschlagen to suggest, propose

vorsichtig careful

(sich) **vorstellen** to introduce (*o.s.*); to imagine

die **Vorstellung, -en** performance; introduction; conception

das **Vorstellungsgespräch, -e** job interview

vorüber over, past

vorwerfen (wirft vor), warf vor, hat vorgeworfen to reproach

der **Vorwurf, ⁀e** reproach

vorzugsweise preferably

der **Vulkanausbruch, ⁀e** volcano eruption

der **Wachdienst, -e** guard service

die **Waffe, -n** weapon

die **Wahl, -en** election

wahnsinnig insane

während (+*gen*) during, in the course of; (*conj.*) while, whereas

wahrscheinlich probably

wandern to hike

warmherzig warm-hearted

das **Warndreieck, -e** triangular warning signal required for cars in Germany

warnen (vor + *dat*) to warn (against)

warten (auf + *acc*) to wait (for)

wechseln to change, exchange

der **Wecker, -** alarm clock

weder ... noch neither ... nor

wegen (+*gen*) because of

wehtun, tat weh, hat wehgetan to hurt

weibisch effeminate

weiblich female; feminine

weich soft

die **Weile, -n** while, moment

weiter farther

weiterbilden to develop

sich **weiterbilden** to continue one's studies

weitergeben (gibt weiter), gab weiter, hat weitergegeben to pass on

weiterlachen to continue laughing

welken to fade, wither

das **Weltall** universe

weltfremd inexperienced in the ways of life, starry-eyed

(sich) **wenden** to turn (*o.s.*) over, around

wenigstens at least

der **Werdegang** development

wert worth

weshalb why, for what reason

wessen whose

wetten to bet

der **Widerruf, -e** retraction

widersprechen (widerspricht), widersprach, hat widersprochen to contradict

widerstandsfähig resistant

die **Widerstandskraft, -e** resistance

widerwillig reluctant

wildmähnig with a wild mane

willkommen welcome

die **Windel, -n** diaper

wirklich real; really

die **Wirklichkeit, -en** reality

wirksam effective

wißbegierig eager for knowledge

wissen (von + *dat*) to know (about)

der **Witz, -e** joke

wohingegen whereas

der **Wohlstand** wealth, prosperity

die **Wohltätigkeitsarbeit, -en** charity work

wollen to want

wund sore

sich **wundern** to wonder, be surprised to see

das **Wunschdenken** wishful thinking

wünschen to wish

die **Würde, -n** dignity

würdelos undignified

der **Würfel, -** dice; cube

würfeln to throw dice, to raffle

der **Würstchenstand, ⁀e** hot-dog stand

die **Wut** rage, fury

wütend angry, mad

das **Zahlungsmittel, -** currency, legal tender

der **Zahnarzt, ⁀e** die **Zahnärztin, -nen** dentist

zärtlich tender; fond

zaubern to practise magic, conjure

die **Zechprellerei, -en** hotel fraud, bilking
der **Zeigefinger, -** index finger
zeigen to show, indicate
zeitig on time
zeitlich temporal
die **Zeitung, -en** newspaper
der **Zeitungsstand, ⁝e** newspaper stand
der **Zeltplatz, ⁝e** camping ground
zerbrechlich fragile, breakable
zerfasert disintegrated
zerfließen, zerfloß, ist zerflossen dissolve, melt
zerkauen to chew to pieces
zerreißen, zerriß, hat zerrissen to tear to pieces
zerrinnen, zerrann, ist zerronnen melt away, vanish
zerschmettern to smash
zerstören to destroy
zielstrebig single-minded
die **Zimmervermittlung, -en** hotel room information
zittern (vor + *dat*) to tremble (from)
zudem besides, moreover
zudringlich importunate, obtrusive
zuerst first
der **Zufall, ⁝e** accident, chance

zufällig by accident, accidentally
die **Zufriedenheit** satisfaction, contentment
zugeben (gibt zu), gab zu, hat zugegeben to admit
zuhören to listen
zuknöpfen to button up
zukünftig in the future
zuletzt last; finally
zumal the less so since (negative); the more so since (positive)
zumindest at least
zunächst first of all
der **Zungenbrecher, -** tongue twister
zurückhaltend reserved
die **Zurückhaltung** reserve
zusammenpassen to match, harmonize
zustimmen to agree
zwar ... aber no doubt ... but
zweckmäßig suitable
zwecks for the purpose of
der **Zweifel, -** doubt
zweifeln (an + *dat*) to have doubts (about)
der **Zwerg, -e,** die **Zwergin, -nen** dwarf, little person
die **Zwiebel, -n** onion
zwischendurch in between

COPYRIGHT CREDITS

Grindelwald Anzeige, ADAC Verlag GmbH, München.

Stadtplan von München © 1990 Bassler Verlag, Karlsruhe. All rights reserved.

Mit Bella Freunde finden. Redaktion Bella, Hamburg, 1990.

Vassily Kandinsky, *Punkt und Linie zur Fläche.* © 1973 Benteli Verlag, Bern.

BMW—Höchste Wertschatzung. BMW Vertrieb Deutschland.

Bärchen-Anzeige, British Airways, Frankfurt.

dtv-Brockhaus-Lexikon in 20 Bänden, Band 10. F.A. Brockhaus GmbH, Mannheim und Deutscher Taschenbuchverlag GmbH & Co., München 1990.

Harald Labbow, „Kindererziehung" in *Freundin;* „Ausbildung, Gehalt, Extras" (table); „Heiratschancen" © 1990 Illustrierte BUNTE / Burda Publications, München.

Karin Winkell, *Haushaltstips praktisch und umweltfreundlich.* Falken-Verlag GmbH.

Rudolf Otto Wiemer, „empfindungswörter" und „fragendes fürwort" in *Beispiele zur deutschen grammatik. Gedicht.* © Wolfgang Fietkau Verlag, Berlin.

Gerold Späth, *Commedia.* © 1980 S. Fischer Verlag GmbH, Frankfurt am Main.

Burckhard Garbe, „für Sorge"; Kurt Marti, „Umgangsformen"; Josef Reding, „denunziation" in Rudolf Otto Wiemer (Hg.), *bundesdeutsch: lyrik zur sache grammatik.* © Peter Hammer Verlag, Wuppertal.

Horst Bienek, „Klatsch am Sonntagmorgen" in *Die Meisengeige,* Günter Bruno Fuchs (Hg.), 1964. Wolf Wondratschek; „43 Liebesgeschichten" in *Früher begann der Tag mit einer Schußwunde.* © 1969 Carl Hanser Verlag, München/Wien.

Eike Christian Hirsch, *Deutsch für Besserwisser.* © 1976 Hoffmann und Campe Verlag, Hamburg.

Hermann Jandl, „begriffe". © Autor.

Ernst Jandl, „lichtung" und „fünfter sein" in Ernst Jandl, *Gesammelte Werke in drei Bänden.* © 1985 Luchterhand Literaturverlag, Frankfurt am Main.

Mercedes-Benz Anzeige "Wir suchen nicht einfach schnellen Kontakt zu Ihnen, sondern dauerhaften". Mercedes-Benz AG, Stuttgart.

Deklarationstext Penaten Creme. Penaten GmbH, Bad Honnef.

Düsseldorfer Symphoniker; Harry Scheller, used cars; Wettervorhersage; Kleinanzeigen © 1990 Rheinische Post, Düsseldorf.

Elfriede Jelinek, *Die Klavierspielerin.* © 1983 Rowohlt Verlag GmbH, Reinbek.

Kurt Tucholsky, „Ein Ehepaar erzählf einen Witz." *Gesammelte Wirke* © 1960 Rowohlt Verlag GmbH, Reinbek.

Artikel: Späte Anerkennung (der Kurde Ibrahim Özcan...) Nr 3, 44 Jahrg., 15.1.1990, S. 15 Der Spiegel, Hamburg.

Rezept: Polenta mit Salbei. Text: GEO Produktiverbung. „Eierköpfe" cartoon von Tesche. © 1987 Redaktion STERN, Hamburg.

Bertolt Brecht, „Wenn die Haifische Menschen wären" und „Wenn Herr K. einen Menschen liebt" in *Gesammelte Werke* © 1962 Suhrkamp Verlag, Frankfurt am Main.

Bodo Kirchhoff, *Olmayra Sanchez und ich.* © 1987 Suhrkamp Verlag, Frankfurt am Main.

Herbert Genzmer, „Freitagabend" © 1988 und „Manhattan Bridge." © 1987 Suhrkamp Verlag, Frankfurt am Main.

Jürg Federspiel, „Die Ballade von der Typhoid Mary." Suhrkamp Verlag, Frankfurt am Main 1987.

Luise Pusch, „Das Deutsche als Männersprache." Suhrkamp Verlag, Frankfurt am Main 1984.

Peter Handke, „Der kurze Brief zum langen Abschied." Suhrkamp Verlag, Frankfurt am Main 1984.

Wolfgang Hildesheimer, „Der hellgraue Frühjahrsmantel". *Die lieblosen Legenden.* © 1962 Suhrkamp Verlag, Frankfurt am Main.

Maxim Biller, „Yuppie"; Claudius Seidl, „The Palm Beach Story"; Micky Reman, „New Age: Die globale Erleuchtung"; Kodak EKTAR ad. Redaktion TEMPO, Jahreszeiten Verlag, Hamburg.

Herbert Kolb, „Der inhumane Akkusativ" in ZDS 1960.

Sybil Gräfin Schönfeld, „Laßt die Raucher in Frieden." *Zeitmagazin,* © 1989 Die Zeit, Hamburg.

Der Robinson Club Anzeige © Touristik Union International.

Index

Glenview Public Library
1930 Glenview Road
Glenview, Illinois

Glenview Public Library
1930 Glenview Road
Glenview, Illinois